现 代 教 育 管 理 论 丛

丛书主编 张茂聪 李松玉

宽基教育：
呈现学校价值力

王念强 等著

山东教育出版社

丛书编委会

顾　问　顾明远　戚万学

主　编　张茂聪　李松玉

编　委　（按姓氏笔画排序）

王念强　李秀伟　李松玉　张茂聪

张　雷　赵瑞情　葛新斌　谭维智

序　言

　　教育管理学作为研究和阐明科学管理教育事业的一门学科,在我国已经历了近百年的发展历程。但自其产生以来,并未真正引起社会各界足够的重视。毛礼锐先生就曾说过,"过去,我们对历史上的教育实践取士制度和教育家的研究比较注重,在管理体制方面从文教政策和学校教育制度方面也有许多探讨,而对教育管理体制、学校管理的经验教训、教育家的教育管理实践与思想等的研究,则较薄弱,至于近现代教育管理方面的重大问题,几乎没有作出专题研究"。直至改革开放以来,教育管理学在恢复与重建的基础上得到了一定程度的快速发展,对这门学科的研究也呈现出良好的态势,表现为研究人员逐渐增多,研究领域逐渐扩展,研究主题也越来越丰富。然而,随着社会与教育改革的不断深入,教育管理学在其发展过程中逐渐暴露出了一些弊端,不得不引起我们的重视。

　　就现代教育管理学的发展来看,其研究主要存在以下三个方面的问题。首先,国际比较视野的研究仍较薄弱,现有的对国外教育管理学的研究多数仅停留在简单的理论介绍层面。国外教育管理学起步较早、理论流派较多,借鉴他们的理论对于我国教育管理学的发展具有重要作用。然而,理论是难以简单移植的,必须结合我国的实际。其次,单调的研究方法限制了我国教育管理学的发展与进步。目前的研究多采用思辨方法,解释性和经验性研究较多,实证研究与实地研究较少。第三,研究主要以个体形式进行,缺乏合作性研究,不利于教育管理的创新与突破。

　　《国家中长期教育改革和发展规划纲要(2010—2020年)》强调教育管理

体制的改革，提出要完善中国特色现代大学制度、中小学学校管理制度，健全统筹有力、权责明确的教育管理体制的要求。山东师范大学教育管理与政策研究团队主持完成的《现代教育管理论丛》，以现代教育管理为研究对象，选择一些教育管理与政策研究中的前沿问题展开针对性的专题研究，并借鉴一些国家的经验，以解决制约我国高等教育管理、义务教育管理以及学校管理中的问题，是具有很大进步意义的。

该丛书由《现代大学管理制度改革与创新：国际比较的视野》《宽基教育：呈现学校价值力》《公平与均衡：义务教育管理体制改革及制度保障》《学生社团生活：一种学习的新视野》《现代小学教育管理新论》《中小学教师激励与管理》六册著作组成。研究内容涉及现代大学管理制度、义务教育管理体制、学生生活与发展等多个方面。虽侧重点有所不同，但均为我国教育管理领域中的热点问题。在把握当前社会发展趋势的基础上，深刻分析了我国现代教育管理领域所面临的一些新变化和新挑战，并结合了当代大学生和中小学生的需求变化，论证了完善我国现代教育管理方法与措施的必要性。借鉴国外先进的教育管理经验，并与我国的实际情况相结合，探寻适用于我国的改进高等教育与义务教育管理的有效路径。

总的来看，该丛书的特点在于问题意识强，论证观点明确，严谨且清晰，研究内容紧紧围绕国家教育发展中的热点问题，具有一定的科学性、系统性和应用性。该丛书还及时总结现有的研究成果，并吸纳了新颖的管理理念和方法，是教育管理学领域的一次探索和创新。当然，丛书的内容比较分散，尚不够集中、系统，有待进一步研究与完善，但其研究成果值得从事教育管理领域的研究者、决策者和研究生、本科生们阅览，相信对于促进现代教育管理的发展会有所帮助，这也正是丛书作者们力求达成的愿望。

前　言

　　"百年大计,教育为本。"教育是国家发展的基石,教育振兴直接关系国民素质的提高和国家振兴。基于这样的背景,《国家中长期教育改革和发展规划纲要(2010—2020 年)》的颁布,让我们有了一个良好的、充满希望的开端。《纲要》提出了我国教育改革发展的战略目标:到 2020 年,基本实现教育现代化,基本形成学习型社会,进入人力资源强国行列。实现《纲要》所表达的愿景,需要反思我们现行的教育能否完成《纲要》的战略目标。自 1994 年实施素质教育以来,一大批有激情、有勇气和创造力的基础教育改革者,不断探索由应试教育向素质教育的转向,不断平衡两者的关系。我国倡导素质教育,绝不是要摒弃应试教育中对基础强调的过程,而是要取两者之所长,鱼与熊掌兼得,所依者,教育之道也。这对教师队伍素质提出了更高的要求,需要教师领会教育的精髓所在。

　　面对教育改革的新形势,如何促使教师的理论和实践有进一步的发展?如何促进学生们真正茁壮成长?伴随着对这些问题的思考,济南市胜利大街小学从教育理念、教学思想、教学方法和课程改革等方面进行综合协调改革,以"立足宽实基础,面向多元发展"为基本思想,提出了"宽基教育"的探索性研究。

　　教育的真谛在于成就人,在于提升人的生命价值。教育家杜威在《明日之学校》中指出:教育即人的自然发展,不是把外面的东西强迫儿童去吸收,而是要使人类与生俱来的能力得以生长。而在现代社会中,科学技术的发展和经济建设的需要,使教育的本质与功能日益被工具化,人的生命意义日

1

渐淡化,人的生命价值逐渐失落,因而整个世界都在强烈呼吁教育功能与作用的回归。"现代教育的意义应当促进每个人的全面发展,即身心、智力、敏感性、审美意识、个人责任感、精神价值等方面的发展。"(侯晓明:《让青少年在生命教育中健康成长》,《教育研究与实验》2009年第5期)

我们高兴地看到,在"宽基教育"中,这不仅是一个愿景,一种主张,一个目标,而且是实实在在的行动和结果。在教研成果中,我们看到了教育向人的回归,向着生命的自由、幸福的回归。"宽基教育"在回望反思中逐步清晰起来。

一、教育曾经的失落

我们可对传统知识本位下"双基教育"进行一番审视与反思。以基础知识和基本技能为重点的"双基教育"一直是我国基础教育长期遵循的教学指导思想和沿用的基本教学模式。"双基教育"对于学生掌握基本知识与技能具有直接、快捷、高效的作用,但在知识与技能迅速变迁的现代社会和以促进学生发展为目标的教育教学改革的大趋势下,"双基教育"的片面性、局限性暴露了出来。

一是以知识客观化为认识基础,认为知识是冰冷的、客观存在的、毋庸置疑的,由此而衍生出的教育观是将知识量化、分解,以各个孤立的知识点作为学生学习的全部,知识与知识之间、不同学科知识之间缺乏应有的联系。比如小学中的英语与语文两门学科,同样是语言教学,都属于社会科学门类,但在"双基"教育观下,两者是没有任何联系的,割裂了两门功课的系统性与双关性,这就为学生的学习人为地制造了很多障碍。再比如数学与科学两门课程,也是如此。二是知识的绝对化,人们相信"知识就是力量",奉知识——特别是课本知识为权威,作为绝对性的教育内容进行传授,知识成为唯一目标,限制了学生的综合发展。三是知识的简单化,认为知识是确定的、固定不变的,可以按照一定的逻辑形式进行传授,而不受其他外在因素的干扰和制约。

历史车轮进入现代社会以后,社会发生了质的变化,教学目标和内容也都发生了根本性的变化,教学内容变得多、难、深并容易过时,已由"双基"变成"知识与技能、过程与方法、情感态度与价值观等六项基本要求"了,这样,"教师讲、学生被动听"的班级授课制就再也无法完成"大面积地培养全面发展的高素质的创新人才"的现代教育教学任务。尤其是在片面追求升学率倾向的驱使下,对基础知识和基本技能的过分关注和重视,使我们的教育偏离了方向。传统"双基"教育的目标单一,不利于学生能力的形成和发展。

华东师范大学陈玉琨教授一针见血地指出:"我国的双基,只是学生学习的基础,而不是学生终生发展的基础。正是这些,促使着我们去思考更为先进的、更加适合我们现阶段教学的教育理论。

基础教育课程改革强调的是发展本位的教育范式,从教育价值观上讲,追求智慧本位;从教育主体上讲,倡导学生为本;从教育方式上讲,重视学生活动建构;从教育效果上讲,重视科学高效。教育的最高目的是通过知识教育来培养学生的能力,健全学生的人格。知识掌握的多少已不是判断学生学业成绩好坏的主要标准,因为并不是所有的知识都是需要学生掌握的,有些知识只要学生知道,需要时到什么地方索取就可以了。

小学教育是为学生一生可持续发展打基础的教育,必须在知识、技能、学习方法、学习欲望、问题发现能力与解决能力、思考力、判断力和表现力等方面打下基础。为此,我们提出了"宽基教育"的理念。

我们所说的基础,既包括学生基本知识、基本技能,更关注学生良好的学习兴趣、行为习惯等情意基础;既要保证学生思维水平、学习能力等智力因素的培养,更要关注于学生情感、个性等非智力因素的形成和发展;既体现出学生对各学科知识的内化与巩固,更重视综合分析、灵活运用能力的形成。宽基教育将学生具有扎实的基础知识作为培养创新素质的前提,这里的基础知识是由学生内化了的,是活的、可以应用的知识,僵死的知识是没有基础性价值的,在教育思想、形式、内容、手段上将基础知识的传承与创新素质的培养相结合,以全面实现学生作为一个生命体的整体发展目标。

我们所说的"面向学生未来发展需要的基础",绝不是一味眼望将来,忽视过去的经历和现在的体验。我们主张重视学生对当前现实生活的亲历体验,并由此建构起一生生活的观念与行为。学生的现实生活并不是为未来生活服务的,而是未来生活的一种存在形式。教育不能为了学生的未来而牺牲学生的今天,基础也不是为了将来而刻意地改变或者追逐今天所无法达到的目标。宽基教育理论的提出,反映了胜利人对教育发展规律的深入思考,对素质教育方针的独特践行,体现的是胜利大街小学从自身实际出发,对基础教育课程改革理念的理解与认同。学生的今天奠定学生的未来,遵循学生的生命需求来建设学生的人生基础是最好的教育。这就是我们宽基教育视野中的基础观。

二、从学生的明天看过来

近年来,世界各国都在反思教育,总是感觉社会改变了,但教育没跟上。从工业社会进入后工业社会,机构变小,管理变松,结构变扁平,对人才的要求着重于灵活、可变、适应性强,对综合素质的要求越来越高。而目前中国的基础教育还是一种知识本位的教育范式,课程局限于狭窄的学习科目,学习局限于大墙围起的学校,远远不能满足未来对学生的需要。在这种情况下,知识不是学得越多越好,人不能让无用的知识塞满头脑,不能因为过分重视"双基"而削弱甚至牺牲对学生创新精神和实践能力的培养。

当今世界,一个属于真正意义上的"人"的时代即将到来。即使从社会视角来分析,后工业时代的社会背景之下,"人"在工业时代被深深失落的状态下重新找回了自我。香港大学程介明教授曾对这个时代的人的素质与应对社会的能力结构作过如下的分析:

　　◇ 能够有效地交流沟通

　　◇ 有足够的应变能力

　　◇ 能够在团队中工作

　　◇ 灵活的人际关系

　　◇ 乐于解决难题

　　◇ 有分析和概念化的能力

　　◇ 能够承担责任

　　◇ 有自我反思的能力

　　◇ 有自我管理的能力

◇ 有创造、革新和批评的能力

◇ 有随时随地学习新事物的能力

◇ 有跨越不同行业的能力

◇ 有跨文化流动的能力

◇ 个人必须为不确定的前景与不安全的现状作好充分的准备

可见，这是一个人与人之间密切相关的时代，不再是人与机器、人与技术等非人性存在的时代。如果说，工业社会可以通过一技之长来维持生计，那么，新的后工业时代则要求每一个人都要有复合的能力，而且蕴含其中的道德能力、人格能力具有决定性的作用。因为，工业社会曾经将"人"彻底失落了，而后工业时代不仅重新寻回了"人"，而且使"人"成为一种社会发展的"可能"和"必需"。这是一个有了"人"并且依赖于"人"而发展的时代，这是一个更加关注个性的人的时代。道德在这样的一个时代，也必将更多地具有了人性归属的特质。我们要让学生经历宽阔的学习经历，压缩传统意义的课程，扩大社会责任、创新能力、道德操守、人际交往等丰富的学习生活，培养学生的人生价值观。在学习体验中培养未来需要的有自学、自律意识的人，有责任感、善于自我管理的人，有成功欲望的人。

三、以宽基构建未来

基于学校"生活化语文"的成功经验，"宽基教育"还源自于学校"十五"期间的"生活化语文"课题实践研究。曾几何时，由于学校生活割裂了学生与周围社会环境的关系，在课堂上教师们给学生太多抽象的、结论性的知识，却不敢或不愿把真实的社会生活呈现给他们。孩子们空虚得只剩下了各种抽象的符号和概念，失去了感受生活和欣赏美的能力，失去了对语文学习的兴趣和热情，也失去了自由发展的最初的自主动机和力量。"语文本源于生活却又远离了生活；学生每日每时都在使用语文，却又在一天天地疏远甚至厌恶语文，这到底是为什么？"认识到这一点之后，老师们开始把目光投向了生活，把学生语文素养的形成与丰富的校园文化生活、家庭生活、社会生活紧密整合，着力创建师生共同的精神家园。

走进校园，你会看到三五成群的学生们聚集在教学楼或活动楼的"中华千句文"前高声朗诵；校园里，各级各类的朗诵比赛此起彼伏；"朗诵大王""古诗状元"不断地在各班产生。学生们徜徉在书的海洋里，沐浴在书的馨香中。学校营造的这种和谐融洽的教育环境、积极向上的人际环境，让学生们在学校中享受到家庭般的温暖、亲情般的呵护。通过生活化语文实践，语文教学的沉沉天幕上蓦然展现出了黎明的曙光。学校于无声处转化为学生的成长乐园、亲情家园和人本校园。2005年，《山东教育》7—8期以《宽基语文植根生活的沃土》为题，报道了学校宽基语文教学改革的成果，也使胜利人看到了学校整体改革的希望所在。

2005年是学校文化建设年。经过全面梳理学校的历史文化与办学愿景，胜利人更加明确了基于先进的办学理念才可能孕育出优秀的学校文化，并对宽基教育思想进一步充实完善。在全体胜利人的心目中，宽基教育就是以"创生"这一核心价值观为引领，立足创造、生成之教育宗旨，以生活教育、建构理论、人本理念、多元智能等现代教育思想为理论基础，从学校、教师、学生的实际出发，关注全体师生的素质、个性、能力与智慧的自我生成、自我发展、自我创新和自我完善，追求生命成长的内源性、丰富性与持续性发展，面向生活，面向现代化，面向未来，构建融知识、技能、品德、体质四位为一体，促进学生全面、和谐、健康发展的教育体系。其内容与要求是：搭建宽广的舞台，创设宽松的环境，构筑宽厚的文化，让教育与生命相连，让教育与生活相连，让教育与幸福相连。

这本书就是宽基教育理论研究和实践探索的优秀成果，特别感谢刘绍辉局长对本书出版的关心。本书是集体研究的成果，凝聚了多位教育工作者的智慧和心血，部分章节作者在文中有体现。主要编写人员有：王念强、李秀伟、唐忠亮、汤丽萍、胡滨、李伟等。

胜利人"宽基教育"的探索研究已经开始，并将一如既往地坚持下去。

目　录

第一章
宽基教育的缘起

我们欣慰地看到,在胜利大街小学,一大批教育一线的教师、管理者以自觉的态度投入到宽基教育探索中,成为教育研究与创新的生力军。作为实践着的研究者,他们能更加清晰真切地触摸到中国基础教育的脉搏,看得到问题,开得出良方。特别是那些多年来执著于基础教育改革的探索者和实践者,他们有深厚的学养、独到的思考、革新的勇气,有切实的思路和方法,有一方实验的田地,这使得他们的研究更具生命力、创造力,也更能实际地造福于学生。

第一节　语文教育生活化探索

全面提高学生素养,突出课程的实践性和学生学习的自主性,实现人的全面发展。基于这样的思考,"生活语文"应运而生了。曾几何时,我们的课堂阻断了学生与生活的联系,以教材代替了丰富的大千世界;我们给了学生太多抽象的、结论性的知识,却不敢或不愿把真实的社会生活呈现给他们。孩子们失去了感受生活和欣赏美的能力,失去了对语文学习的兴趣和热情,也失去了自由发展的最初的自主动机和力量。由此,老师们把目光投向生活,把学生语文素养的形成与丰富的校园文化生活、家庭生活、社会生活紧密整合,着力创设师生共同的精神家园。

一、反思中的研究

学生怠于学习引发了我们的思考。

思考之一:学生怠于学习的原因。

语文课程具有丰富的人文内涵,从课程广度看,上至天文,下至地理,古今中外,无所不包;从课程深度看,或赏心悦目,或回味无穷,或动人心魄,或刻骨铭心。面对如此丰富生动的内容,在语文课堂上发言高举的小手,却像沙漠中的绿树星星点点,课堂气氛死气沉沉。在日常生活中,学了几年语文的学生写个留言条、请假条叙述不清,交代不明。再看学生的习作则是假大空,虚构编造,不能表达真情实感。语文教学怎么了? 究其原因,学习生活中"生活世界"被严重地剥离了,"科学世界"成了孩子唯一的生长家园,学校教育中人与自然、人与人的关系出现了空前的危机。再看教师的备课、教学,反思我们的语文教学,我们发现了注重知识的传授和技能的训练、为了教而教的倾向,致使教与学脱节。那些反映过去人们对生活的体验与感悟的文章,由于学生的认知水平与文本之间很难建立起某种联系,教师又不去联系学生生活中的情感经历,不去挖掘教师自己的情感体验,以本为本,致使学生因语文学习缺乏真实而深刻的生活体验,学习兴趣淡然。教师没有树立起生活化的"新课程"观,使学生所获甚少,学习效果堪忧。

思考之二:如何解决学生学习的倦怠。

语文是生命之声,是文化之根,是人的精神家园。如何让语文课堂焕发生命活力,让学生的生命因语文而精彩,我们想通过"读生活、说生活、写生活、会生活"一体化教学体系的研究,改变单一的语文课堂教学模式,使师生到生活的源头活水中去学语文,为生活而学语文,开展丰富多彩的语文实践活动,以此来弥补教材的不足,与时俱进,把语文教学和生活紧密结合起来,激发学生读生活之书,思生活之理,做生活之事,行生活之路。让这种生活语文给学生感受自然、社会、事实、人物、过程的机会,使学生在与现实世界的撞击、交流中产生对世界、对生活的爱。当我们的学生真正学会关注社会、关心他人、关爱自己，懂得捕捉生活中的每一次感受，珍惜自己的独特体验时，才真正学会了学习。打破语文的时空界限，学生才能把课堂上的"知"到生活中去广泛运用，在生活中提高语文综合素养。"应试的课堂""狭窄的课堂"就会变成"丰富多彩的生活课堂""闪烁生命光彩的课堂"。

思考之三：如何建构语文生活化的教学。

从学生的学习入手，把握语文学科的生活化要素，我们做出了语文生活化教学的基本假设。

其一，通过课题研究，建立"读生活、说生活、写生活、会生活"一体化教学体系，达到让学生读生活之书、思生活之理、做生活之事、行生活之路的目标，促进学生的全面发展。要立足文本，研究学习内容的生活化；立足于学生主体的自主学习和自主发展，研究学习方式的生活化；通过创设生活化的教学情境，调动学生的生活经验与情感体验，还原生活场景，在还原生活中体验生活意蕴，沟通"书本世界"和"生活世界"的联系，使教学过程、教学情景生活化；着眼于学生的学以致用，使教材、学生生活和综合实践活动在教与学过程中水乳交融，使学生的学习活动生活化，使语文学习沟通生活、融入生活，同时又高于生活、引领生活，强化在生活中学语文、用语文的意识，使语文教学更加贴近生活，服务生活。

其二，树立生活化的课程观，开发与利用好生活化课程资源。开发与利用生活化课程资源，首先是发掘语文课程丰富的人文内涵；其次是发掘学生、教师的情感体验、生活经历，还要充分开发利用好家长、社区等资源。通过生活化语文，激发学生作为生活主体参与活动的强烈愿望，在探究性学习中掌握知识技能，学会学习方法，切实提高收集、分析、加工、运用生活信息的能力，提升学生道德境界，培养审美情趣，增长人生智慧，丰富文化底蕴，使之可持续性发展。

其三，造就一支专业化的高素质教师队伍。通过实验使教师彻底转变教育观念，形成专业服务精神和自我发展意识，拓宽专业知识，提高专业能力。通过开展有实效的教研活动，使教师取人之长，补己之短，互相学习，共同提高，打造一支研究型、学者型、专家型的名师队伍。

二、在探索中研究，在研究中前行

循着多元的路径，我们提出了"语文生活化四维论"。

语文的外延与生活的外延是相等的。以往的语文教学只注重课堂学习和课外阅读，忽略了学生丰富多彩的活动，忽略了学生的生活。我们认为系统的课堂学习对于培养学生基本的语文素养是非常必要的，而融听说读写为一体的课外阅读的体验，则是走向生活的第一步。语文综合实践活动生活化最有利于将语文学习与生活沟通，让学习更贴近生活，便于学生将课堂上的"知"广泛运用到生活中去，在实际运用中提高听说读写能力。这种生活的体验还能帮助学生更好地理解课文内容，赋予课文以生命和活力，更好地揭示其全新的潜在意义，使学生真正受到启迪。开发生活化校本课程不但丰富了学校课程，使学校课程多元化，还为学生体验自然、体验家庭生活、体验社会生活提供了广阔的空间，为学生个性化发展搭建了平台，为学生语文素养的提高奠定了基础。

"语文生活化四维论"即依托课堂教学生活化、课外阅读生活化、语文综合实践活动生活化、校本课程资源开发生活化四条途径，来实现语文生活化教育。其内在联系如下图：

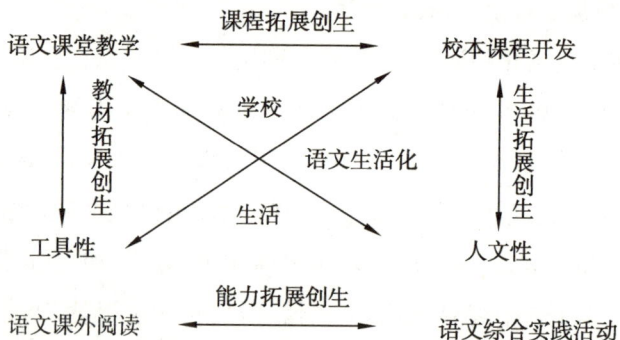

四维指标之间互相联系，互相补充。从语文课堂教学向校本课程开发，实现课程拓展创生；从语文课堂教学向语文课外阅读，实现教材拓展创生；从校本课程开发向语文综合实践，实现生活拓展创生；从语文课外阅读向语文综合实践，实现能力拓展创生。同时，我们通过语文课堂教学与语文课外阅读的结合,深化语文工具性;通过校本课程开发与语文综合实践的结合,深化语文人文性。实现语文工具性与人文性的均衡发展,为学生综合素养的提高打下了良好基础。

"生活语文"最终演化成了"宽基语文"。从语文教学目标来说,就是把语文的工具性与人文性有机结合,不但着眼于培养学生的听说读写能力,而且着眼于奠定学生的人文根基;从学习内容上说,就是以语文教材为依托,打通教材学习与课外阅读的篱笆,让语文学习的内容与大文化、大经典相融合;从形式上说,就是从课堂出发,打通语文学习与生活的篱笆,让学生的语文学习生活化、活动化,从而完成从知识到素养、从学业到成长、从会学到乐学的转变,促进新课程三维目标的实现。

"宽基语文"提倡"大语文观","大语文观"就是要以"人的发展"为语文教学的根本目的。而要达到这一目的,仅靠每周几节语文课、每学期几十篇课文显然是不够的。语文课堂教学不单单是把握住课文,更应向外延伸,跳出课堂教语文,想方设法将学生的家庭生活、学校生活、社会生活作为课堂的延伸,使学生在"用语文"中"学语文",在生活中学语文,实现"语文生活化"。

开展宽基语文研究以来,每位教师都重新制定了自己的课堂教学目标。"一切为了学生,为了一切学生,为了学生的一切。"学校教育的本质内涵是塑造人,以人为本。"教育就是把人变成人"的过程。教师在教学过程中要做到"既教书又育人"。从一定的层面上来说,教师的育人比教书更为重要。教师课堂教学内容要从"以知识为中心"向"以学生的发展、能力培养为中心"转变。

【案例】

《向命运挑战》是一篇说理性强、饱含激情的夹叙夹议的文章。它通过讲述英国著名物理学家史蒂芬·霍金以顽强拼搏的精神战胜残酷的病魔、坚持科学研究、在天体物理学上取得伟大成就的故事,向人们揭示了只有具备不怕失败、不怕困难,敢于向命运挑战的精神,才能获得成功的道理。文章开门见山提出了作者的观点,然后以霍金向命运挑战的事例令人信服地证明了这个观点。本文在表达上有两个突出的特点：第一，先概括后具体的叙述方法；第二，在叙事中饱含着作者浓浓的情感。让学生阅读这篇文章，目的在于使小学生在刚刚开始了解人生的时候，受到霍金这样的杰出人物的鼓舞和激励，为他们树立正确的人生观、价值观产生积极的影响，提供学习的榜样。如何让学生在独立阅读中，自然而然、水到渠成地理解文章的深远意蕴，体会文章的思想感情，领悟作者的表达方法呢？教师经过反复的研究，立足于"学生自能读书"能力的培养，重新确定了"自主读书，合作探究，走进霍金其人"这一教学目标。

(一) 从人物入手点明课题

教师以亲切自然的导语契入，引出霍金此人，让学生谈谈：你知道这个人吗？你了解这个人吗？你是怎么知道的？当你了解他的事迹后，你的第一反应是什么？引起学生强烈的求知欲望。学生拿出课前所搜集到的资料，和小组成员讨论、归纳后交流。

(二) 明确学习目标

学生认真默读课前的阅读提示，明确阅读的四个要求。然后引导学生自主读书，初步感受霍金是怎样向命运挑战的，为下一阶段的主动探究打下基础。同学们边读边勾画相关语句，再围绕要求进行小组合作学习，在讨论交流中整理思路，交换各自的感悟。在这种热烈的氛围下，教师把主体地位交还给了学生，学生成为学习的主人，他们积极、主动地去探究知识的形式过程。学生在汇报的过程中，实际上已经学会了解决问题的方法。

(三) 朗读课文深层体会

此时，学生内心深处对文中霍金以百折不挠的毅力战胜病魔、延长了生命、坚强地活着、顽强地工作并取得巨大成就的事迹产生了强烈的震撼。在此基础上，教师顺势引导："多么了不起的人呀！多么令我们崇敬的人呀！我们能否通过朗读表达出此时此刻的心声呢？"很自然地激发学生朗读的欲望。教师让学生自行选择自己感受最深的段落朗读，把自己对霍金的赞美、敬佩之情融入朗读之中，使教师与学生、学生与作者的情感产生了共鸣。

(四) 创设情境，升华主题

教师创设出一个情境："如果霍金跟你在网上聊天，要求你只能问三个问题,你准备向他提出哪三个问题?"学生一下子变得十分兴奋,他们自由组合了学习小组,以角色扮演的形式展开合作,把自己对课文内容的理解和对思想观点的感悟渗入问题中。学生的表现相当精彩,他们认真扮演各种角色,将生活的情景再现;学生的问题相当出色,他们向"霍金"提出了一个又一个不同的问题:"您在得知自己只能活半年后,内心深处是如何激烈地斗争的?""您取得成功的因素是什么?""您的身体是残疾的,您如何对待别人对你的身体的轻视?"

(五) 结合生活实际谈启示

最后,教师让学生以一名记者的身份发表一篇报道,谈谈采访了霍金后,从他创造的奇迹中受到的启示。学生联系课文,结合生活学习实际谈了感受,畅所欲言。

学生是学习语文的主人。在教学中,教师要结合课本要求,以学生自主的语文实践活动为重心,引导他们在实践中主动获取知识,让语文课成为学生自己真正的生活体验。同时,让学生觉得课堂生活很有意义,使他们永远难忘、留恋。课堂中,应激发学生发现目标、明确目标,创设实现目标的情境,自主实现目标。苏霍姆林斯基说过:"拥有可以自由支配的时间,是个性发展的一个重要条件。孩子的素质和天资只有当他每天都有时间从事自己自行选择的喜爱的劳动时才能得到发挥。"所以,让学生自主选择朗读语段,也是学生感悟语言文字的一个切入点。读,是一种手段,也是一种目的,更是一种过程,是一种全身心的投入。当读成为学生的一种内在需求时,它就能够实现心灵的震撼、心智的启迪。在学生认真阅读了课文,了解霍金与病魔斗争、顽强生活与工作的事例后,自由朗读才能成为一种全身心的融入,其成效是明显的。学生在声情并茂的朗读中去亲历、去感受、去体验,似乎静止无声的语言文字变得鲜活起来,陌生的世界迅速与学生熟知的生活世界相联系,课堂教学与学生的生活紧紧相连,学生对课本的理解,通过已有的生活方式表达出来,取得了很好的效果,这是本节课的成功之处。成功的原因在于教师教学目标明确,选取众多目标中一个最重要的目标,针对这一目标设计一系列的过程和思路,引导学生积极主动地去探究和思考,提高了学生的听说读写能力，让学生每一节课都有所得，从而实现有效课堂，实现育人的目的。

改变课程过于注重知识传授的影响，强调形成积极主动的学习态度，使学生获得知识与基本技能的过程同时成为学会学习和形成正确价值观的过程，这是宽基教育的目标之一。为了适应知识经济时代的需要，我们的教育不能只停留在完成传递文化、知识、技能上，停留在让学生只知学习与继承，不会思考也不会创造的水平上，而应该把学生探索的欲望点燃，将创造的潜能开发出来，让每个学生的个性和特长得到更好的发展，让每个胜利人感受成功的喜悦，教师和学生教学相长，将学生的心灵需求作为教育的第一信号。

第二节　学科教学生活化拓展

一、数学学科

语文生活化的探索，让课堂教学内容从"以知识为中心"向"以学生的发展，能力培养为中心"转变。教师不仅着眼于培养学生的听说读写能力，而且着眼于奠定学生的人文根基。

语文学科的探索给数学老师们带来了冲击，长期以来数学教育是以"缺乏美、少乐趣、负担重"的面貌出现，把数学教学单纯地与提高学生的成绩联系在一起，忽视了数学的文化气息、快乐的内涵。数学教师经过一段时间的探索实践，从寻求数学教育可持续进行的动力出发，以"快乐数学"为内容的教学活动激发学生的求知欲望，我们尝试从以下四个方面探究数学的美，让学生体验学习数学的快乐。

（一）充分经历建模过程——体验数学的自然美

数学最大的特点就是它的真，如果不真，就不称其为科学。同时，数学也是美，并且真本身就包含着美。数学来源于现实。学生学习的所有的数学内容，包括概念、思想、方法，都来源于现实，它的美是与生俱来的。但如果我们的数学教育、数学教材将这些数学内容与现实割裂开来，只剩下一堆为应付考试而死记硬背的条文，那怎么能让学生喜欢呢？在教学中我们不是将这些知识"教"给学生，而是与学生一起尝试在解决问题的过程中建立模型，包括引入适当的概念和定义，"发明"适当的方法。当学生亲眼看见数学知识怎样从他们身边生动活泼的现实中诞生并大显神通时，他们自然就会体会到数学的美，引起对数学的兴趣和热爱，愿意与数学交朋友。什么是数学模型呢？广义地说，数学中的各种基本概念，如自然数、有理数、实数、向量、集合等都是数学模型；从狭义来说，是专指用数学符号语言或图像语言刻画表达的某种实际问题的数学结构。数学建模是数学学习的一种新的方式，它为学生提供了自主学习的空间，有助于学生体验数学在解决实际问题中的价值和作用，体验数学与日常生活和其他学科的联系，体验综合运用知识和方法解决实际问题的过程，增强应用意识；有助于激发学生学习数学的兴趣，发展学生的创新意识和实践能力。

（二）开放教学过程——用"快乐"引领

《数学课程标准》指出："数学教学活动必须建立在学生的认知发展水平和已有的知识经验基础之上。教师应激发学生的学习积极性，向学生提供充分从事数学活动的机会，帮助他们在自主探索和合作交流的过程中真正理解和掌握基本的数学知识与技能、数学思想和方法，获得广泛的数学活动经验。"所以教学中应创设有利于学生发展的开放式教学环境，通过教学时空的拓展，激发学生的学习活力。倡导课堂回归生活、属于生活，学生在"生活的情境中"感受学习数学的快乐。这就要求教育工作者提供给学生顺利成长与发展的土壤，使课堂充满学生情感、智慧、人格成长的阳光雨露，即"快乐因子"，最终让课堂成为师生生命的绿洲。那么，怎样使课堂充满生命的活力呢？——用"快乐"引领！

1. 营造"快乐"的教学氛围

课堂上，教师应从"授业"中解脱出来，以一个组织者、引导者、参与者的身份出现。要变"师生关系"为"朋友关系"，尊重每一位学生，把微笑带进课堂，把期望带给学生，把爱心留给学生，以此唤起学生的积极情感，用自己的真情与爱心点燃学生心中的希望之火，不断加强师生之间的情感交流。这些，只是"快乐数学"的一部分，也是必需的部分。最根本的是从教材本身挖掘其价值，让学生感受学习数学是快乐的。

对于教学过程的开放，我们采取了以下做法：

（1）课前、课后开放——拓宽学习空间，强化数学的应用性。

《数学课程标准》指出："要强调学生的数学活动，发展学生的应用意识；让学生认识到现实生活中蕴含着大量的数学信息，数学在现实世界中有着广泛的应用；面对新的数学知识时，能主动地寻找其实际背景，并探索其应用价值。"教学中，教师要着力发展学生的这种应用意识，课前先向学生公布学习内容，要求学生进行社会调查，动手实践，搜集与学习内容有关的信息资料。

例如：四年级学生在学习《大数的认识》之前，调查搜集生活中的大数，使学生逐步认识到，数的产生与发展都是生活实践的需要，认识数是为了用它来交流，来解决生活中的实际问题，培养学生的数学意识，体会数学与生活的紧密联系。六年级在学习《利息》之前，让学生通过调查了解有关利息、利率、本金等知识，学生通过走进银行、"走进"因特网、询问爸爸妈妈等形式，了解了大量的相关的知识，也在调查过程中产生了一些问题，增强了师生共同研究、学习的欲望，激发了学生的学习热情。

作为教师，深知学生应用数学知识的能力需要长期培养，因此，要让学生多经历，多实践，在应用中体验数学的价值。胜利大街小学的学生现在已不满足于上完数学课后仅仅完成书本上的几道算术题，他们有了自己更广阔的施展空间，通过实践感受学习数学的价值。（1）应用于实际生活。让学生调查小组同学的身高、体重、考试分数等，计算小组的平均身高、平均体重、平均分，并且做出了比较科学的分析，开展"关爱生活、健康成长"的主题班会；在学习利息后，我们鼓励学生帮助家长计算如何存钱最合算，学会如何理财，并引导学生将自己的零花钱存入银行，既支援国家建设，又养成勤俭节约的好品德。学生经历了存钱的过程,多了一次生活阅历,又多了一份"数学就在身边"的感受。(2)应用于其他学科。在小学的其他学科教学中,也会碰到许多数学问题,如《品德与社会》中的地图就涉及到比例的知识。教师鼓励学生对这些数学问题进行积极思考,这样不仅能深化对有关知识的理解,沟通学科之间的联系,还能促使学生养成用数学眼光观察身边事物的好习惯。现在,不少学生不再局限于研究数学课本上的问题,他们真正走进了"生活",进行独立的研究,如:广告中的数据的可靠性、商标设计与几何图形、黄金分割引出的数学问题、艺术中的数学、军事与数学、金融中的数学等。

(2)35分钟课堂开放——提供学生探索的舞台。

著名科学家杨振宁曾指出:优秀的学生倒不在于他优秀的成绩,而在于他优秀的思维方式。在教学中,我们注意给学生提供开放的探索材料,引导学生学会从不同的角度去思考和发现问题,提倡解题思路的多、奇、活、新,培养学生创造性解决问题的能力和开放的思维方式。

以下是我校苏萌老师的教学案例:

【案例】

《对称图形》这节课旨在让学生认识轴对称的现象,感受轴对称图形的美,理解轴对称图形的基本性质,利用轴对称的性质剪出美丽的图形和解决简单的实际问题。这部分内容是学习空间与图形知识的必要基础,对于帮助学生建立空间观念、培养学生的空间想象能力都有着不可忽视的作用。

在教学过程中,我设计了生动鲜活的课件,将收集的生活中的轴对称图形用课件的形式一一呈现给学生,涉及面很广,有动物,如蜻蜓、蝴蝶;有植物,如树叶、松树;有建筑,如相国寺、埃菲尔铁塔;有艺术品,如京剧脸谱、心形等等。通过观察、折叠,不仅让学生初步感知了这些图形的共同属性——对称,而且给学生渗透了对称美的教育。

另外,注重数学的生活化,整节课贯穿始终的是"在生活中学习,在生活中应用"。一切数学学习的素材都来源于现实生活,如松树、京剧脸谱、蝴蝶、蜻蜓等等都是从生活中精选出来的。同时,学习的目的也是为了更好地应用、美化生活，如中西方许多宏伟的古建筑等等。无论是用生活中的对称图片观察导入，还是动手剪对称图形，再到欣赏古建筑等生活中对称的例子，无时无刻不渗透着生活中所蕴含的数学美，体现了数学来源于生活又美化生活。

① 给学生搭设"快乐"的研究平台，激发学生探究学习的积极性。通过一次比赛，制造一种"不公平"，让学生之间产生分歧，把学生引入一种与问题有关的情境中，从而激发学生的学习动机。如：出示比赛成绩后，让学生判断：五班和六班哪个班获胜？有的学生认为："五班赢，因为五班投中的总数多。"有的马上反驳："这样不公平，因为五班参赛人数多，而六班参赛人数少。"有的接着说："那把五班的一个同学给六班或者把他投中的个数平均分成两份，给五班一份。""可五班同学会同意吗？"有的学生满是疑惑地问。老师不失时机地问道："看来同学们认为在两班人数不等的情况下，比较总数的方法不公平，那么，这时候该比较什么呢？"通过以上一系列的争论，学生产生了强烈的探究欲望，老师再适时地明确探究的目标，并给定思维的方向，从而极大地激发了学生的学习动机。② 组织讨论时增强探究的意识。例如，学习如何求平均数，让学生动手操作，在小组内充分交流，自己揭开平均数神秘的面纱。学生开动脑筋、相互启发、相互补充，想出了移多补少、先找出同样多的部分再把剩余的部分平均分、先合后分等几种好方法。这样的小组学习不是流于形式、走过场，而是实实在在的讨论。把教材中缺乏生活气息的例题变为"解决现实问题"，一方面学生参与学习的积极性比过去高得多，唤起学生亲近数学的热情；另一方面让学生感受到了数学的实用价值，体现了数学的实用性，同时又培养了学生解决实际问题的能力。以学生身边的生活场景引入，提出问题，非常自然。学生不仅对问题感兴趣，更体会到数学在生活中的应用价值。

2. 拓宽教师的教学空间——数学发展史的研究与应用

了解数学发展史，就是为了了解数学学科本身，就是了解数学知识。要了解数学发展史，主要就是要了解历史上重要的数学家及其成就，了解数学内容及数学思想方法发生发展的过程。一个教师对数学发展史了解得越多,他的学科素养就越高,对数学的认识就越能高屋建瓴,在数学教学中就越得心应手。

基于以上想法,学校决定开展数学史研究,以提高数学教师的数学学科素养,为建构学校的数学文化打好基础。

课堂的研究内容:

中外数学发展的大致脉络。

具体了解一些数学家的生平及主要数学成就,提供数学方法,并进一步思考与小学数学的哪些内容相关,哪些可当作教学素材引入课堂。

了解某一特定数学内容的发生发展史。

了解一些数学经典著作的主要内容,这些内容与当前小学数学内容又有怎样的联系?

了解数学工具的发展史。

了解数学符号的历史。

收集古今中外有趣的、有价值的数学资料,包括有趣的数学问题、巧妙的解题思路、具有美的特质的数学内容,总而言之,就是一切能引起学生的兴趣、能引入课堂的对学生有益的数学资料。

以教研组为单位,每个教研组确定一个子研究课题,教研组制定详细的研究方案,将各部分任务分配给老师,每个月以教研组为单位交流汇总,每学期交流两次,将研究成果汇总。现在这项研究工作正在有条不紊地开展。另外,我们还开设了"数学专业研究会"以及"数学双语教学研究会"等特色组织,这些组织的建立使教学的实效性进一步增强,研究宗旨概括为五个字——从快乐出发!

(三) 开放学习天地 ——用快乐导航

苏霍姆林斯基说:"在人的心灵深处,都有一种根深蒂固的需要,这就是希望自己是一个发现者、研究者、探索者,而在儿童的精神世界中,这种需要更为强烈。"所以,为学生创设一个良好的学习情境,使学生产生学习的兴趣显得尤为重要。有了兴趣,学习就不会成为负担,而会成为一种执著的追求;有了兴趣,学生才会去积极主动地探索,才会创造性地运用知识,达到更高更好的教学效果。

1. 开放的作业设计——作业也是一种生活

我校避免了那些机械、重复、乏味的低效作业，充分调动了学生做作业的积极性，让他们在完成数学作业的过程中享受到学习数学、运用数学的快乐，赋予数学作业生命的色彩。"作业自助餐"的形式让学生有自主选择的空间。

（1）自助餐之一——"作业自选超市"。

每位学生在学习上都有差异，这种差异是客观存在的。在设计作业时，教师要针对学生的差异，因材施教，设计多梯级、多层次的作业，给学生留有自主选择的空间，充分发挥他们的学习主动性，让他们各取所需，自主选择作业的数量与难度。比如在作业布置时，利用"作业自选超市"的形式设置三类题目：

作业 A：快乐驿站——基础题部分，这是针对基础知识、基本技能而设立的一项套餐，作业浅显易懂，主要培养学生的细心，有利于他们获得成功的快乐，增强学习的自信心。

作业 B：智慧风帆——知识扩展部分，紧扣当天所学的内容，并在难度上稍有提高，增强题目的应用性以及解决问题策略的多样性。

作业 C：挑战无极限——发展题部分，这种题目有一定的难度，主要是针对基础好的学生设计的，有利于培养学生思维的灵活性和深刻性，增强学生的创新意识以及实践能力。

在"作业自选超市"里，学生可自主选择类型，也可以各种类型自由搭配，做到因人而异，各取所需。

（2）自助餐之二——团队型作业（家庭团队、学习小组团队）。

以前的数学作业，教师过于片面地强调独立思考，没有将合作作为重要的素质来培养。对于自主型的作业，我们允许学生自主选择完成作业的方式，鼓励他们与人交流，进行有效合作。一方面，我们充分发挥家庭在教育中的作用，密切与家长配合，采用"家庭套餐"的形式，对学生进行口算、听算以及数学实践活动等内容，请有条件的家长参与其中；另一方面让学生以四人小组合作的形式编制一份单元检测卷或者办一份数学小报,在制作过程中,学生在学习小组长的带领下复习本单元内容,找重点,列提纲,选择题型,忙得不亦乐乎。编制试卷的过程是学生对知识进行梳理的过程,也是同伴合作交流的过程。一份试卷的编制使学生更深刻地感受到自己是学习的主人,主动学习的意识得到了激发和增强。

(3) 自助餐之三——开展"数学小博士"活动。

数学的天地是广阔的,教师要善于引导学生从熟悉的日常生活中汲取营养,让学生在社会生活、家庭实践活动中完成数学作业,为他们在实际生活中运用所学的数学知识解决生活问题提供机会、搭建平台,使他们真实地感受到生活中处处有数学、数学无处不在。为此,我们开展了"数学小博士"工程,这项活动的开展,对于引领学生快乐发展发挥了重要作用。这项"小博士工程"分三个系列——"口算小博士","数学小博士","智力扬帆"。

在我校"口算小博士"已经成了一项重要的活动,分为视算、口算、听算三部分。所谓视算,就是教师拿口算条(或者是小黑板),给学生出示口算题(背面有答案),学生采用接力赛的形式进行练习,这已成为早读课的重要内容。现在视算已经上升为另一种形式:把计算题写在小黑板上,出示一分钟,换另一组题,培养学生的效率意识以及有效注意力。口算和听算都在每人一本的"小博士"中,每节数学课前都有固定的口算时间。听算是我们最近尝试的一项活动,教师口述口算题或计算题,学生听后直接写得数,长期培养下去,学生的听讲习惯得到了较大的提高。

"数学小博士"是我校的一项特色活动,就是引领学生在完成日常教学任务的前提下,拓宽自身学习空间的一项实践性活动。在"小博士"的引领下,一是增强学生运用知识的能力,使一些枯燥乏味的数字趣味化、生活化,通过实践,使学生把书本上的数学知识转变为运用数学知识解决实际问题的能力。如学习了重量计量单位后建议学生回家称一称一千克鸡蛋大约有几个? 学习了"比的应用"后,安排学生调制奶茶或配兑饮料……让"学"融于"玩"中,在"玩"中实践,既使学生学得轻松快乐,又培养了他们的多种能力。二是增强学生的实践意识,如快乐 ABC 扫描活动,让学生进行社会调查,用研究的眼光来分析调查所得的资料,再运用多种知识来解决生活中的实际问题。《数学课程标准》中就为我们提供了一个很好的范例:请调查一天内你家丢弃多少个塑料袋?一周呢?一月呢?一年呢?全班学生一年大约丢弃多少个塑料袋?全校学生呢?……这些塑料袋相当于在祖国土地上盖几层呢?你能针对塑料袋问题向环保部门提个建议吗?这些有趣又紧密联系学生生活实际的数学问题有效地激发了学生参与探索的意识,在完成作业的过程中,将数学知识与其他学科进行了有效的整合,有利于学生综合素质的提高。另外,我们鼓励学生进行课外阅读,对课外阅读中发现的名题、趣题、巧题,包括数学家的故事等经过自己的理解,把这些题目以及自己找到的解题方法记录在专门的小博士中。有的学生在搜集的过程中,把自己在课外阅读中获得的数学知识、名人名言以及数学思想、方法写进小博士,拓展了数学学习的空间,感受了数学知识的美。学生主动地学习,快乐地学习,体验数学带给他们的喜悦。

在数学小博士的基础上,我们又在学生中开展了"数学自制书"的撰写活动。学生们在大量阅读的基础上根据自己的兴趣爱好,自立主题,广泛搜集材料,采编、撰写、美工设计、编制目录,形成一本爱不释手的"书",充分体现了学生的创新精神和实践能力。

"智力扬帆"主要是针对在数学学习方面有特长的学生设立的,这里有数学教师在教学中设计的一些具有极强挑战性的题目。有专家这样说,学生如果没有长时间"啃"一道题的经历,那他还称不上真正在学习数学。正是这些挑战性的题目,让这部分学生时常陷入深深的思考,时常爆发出开怀大笑,体验着数学带给他们的魅力和快乐。

"处处是创造之地,天天是创造之时,人人是创造之人。"学生正用他们的智慧营造出一道道绚丽多彩的作业风景线。作为教师,应大力挖掘学生的潜能,让学生在自主选择、实践运用中张开智慧的翅膀,使数学作业成为他们放飞潜能的天空,从而赋予数学作业生命的色彩。

2. 开放的评价——给学生腾飞的翅膀

下面是胜利大街小学学生阶段性评价表:

（　　）年级数学学习"阶段性"评价表（自评）

济南市胜利大街小学 （　　）年级（　　）班　姓名：

优秀作业

第1周　　　第2周　　　第3周　　　第4周

优异成绩

第一周　　　第二周　　　第三周　　　第四周

小明星

第一周　　　第二周　　　第三周　　　第四周

我想对自己说：

爸爸妈妈说：

（　　）年级数学学习"过程性"评价表

济南市胜利大街小学 （　　）年级（　　）班　姓名：

	上课			作业	成绩	书写	拓展
	会听讲	敢发言	会合作	作业好	成绩好	书写优	启明星
第1周							
第2周							
第3周							
第4周							
个数	（　）个	（　）个	（　）个	（　）个	（　）个	（　）个	（　）个
次数	（　）次	（　）次	（　）次	（　）次	（　）次	（　）次	（　）次

(　　)年级数学学习"阶段性"评价表

济南市胜利大街小学　(　　)年级(　　)班　姓名：

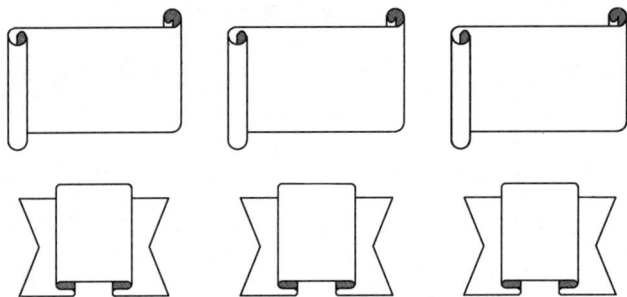

你获奖了吗?

我们的做法是：改变过去以分数衡量学生优劣的形式，取而代之的是反映学生数学学习整体情况的数学学习素养报告单。本着定量与定性结合的原则，对学生的数学技能、数学思考、语言表达、提出问题、解决问题、合作交流等数学素养全面地进行评价。

由教师单一的评价转向学生自评、互评和家长评等多种形式共同参与，扩大评价的主体，增强评价的互动性，使评价更加全面。打破量化的单一模式，采用评语、象征性的评价符号等定性评价方式，评价学生学习过程的兴趣与态度、交流与合作，使评价更具个性化及针对性。

(四) 反思课堂教学——从"快乐"出发

反思不是一般意义上的"回顾"，而是反省、思考、探索和解决教育教学过程中各个方面存在的问题。它是一种理想与实践之间的对话，是这两者之间相互沟通的桥梁，又是理想自我与现实自我在心灵上的沟通。反思总是指向自我的，按照布迪尼的说法，反思是自我反思，它要求既把自己看作反思的对象，又看作反思的承担者。教师反思过程实际上是使教师在整个教育教学活动中充分地体现双重角色：既是引导者又是评论者；既是教育者又是受教育者。写反思能帮助我们留心生活中的细节，改掉一些教学中的固有习惯,形成良好的教学艺术风格。

教师进行教学的自我反思,就是反思自己的教育教学行为,记录教育教学过程中的所得、所失、所感。教师自觉地把自己的课堂教学实践作为认识对象,进行全面深入的冷静思考和总结,从而进入更优化的教学状态,使学生得到更充分的发展。如果说备课、上课等基本教学实践是元研究的话,那么教学反思就是次研究。这对于提高教师的教学能力非常重要。教师是实施课堂教学的主体,只有教师本人最了解课堂教学的外在情景和内在条件,了解学生的水平、特点与需求,进行教师的自我总结、自我完善。

过去的教师处在被研究者地位,现在的教师要成为研究者、成为反思性的实践者;教师不仅要成为教学的主体,而且要成为教学研究的主体,把自己作为研究的对象,研究自己的教学观念和实践,反思自己的教学观念、教学实践、教学行为以及教学效果。通过反思、研究,教师不断更新教学观念,改善教学行为,提升教学水平,同时形成对教学现象、教学问题的创造性见解,使自己真正成为教学和教学研究的主人,提高教学工作的自主性和目的性,克服被动性、盲目性。实践证明,教学与研究相结合,教学与反思相结合,还可以帮助教师在劳动中获得理性的升华和情感上的愉悦,提升自己的精神境界和思维品位,从而可以改变教师自己的生活方式,使教师能够体会到自己存在的价值与意义。

学校开展的"行知论坛"活动就是以论坛的形式让老师们反思自己的教学过程,提升自己的教学经验。"经验＋反思＝成长",没有经过反思的经验是狭隘的经验,意识性不够,系统性不强,理解不深透,它只能形成肤浅的认识,并容易导致教师产生封闭的心态,从而不仅无助于而且可能阻碍教师的专业成长。只有经过反思,使原始的经验不断处于被审视、被修正、被强化、被否定等思维加工中,去粗存精,去伪存真,这样经验才会得到提炼、得到升华,从而成为一种开放性的系统和理性的力量,唯有如此,经验才能成为促进教师专业成长的有力杠杆。

学生也要进行反思,通过反思来学习。学习中的反思如同生物体消化食物和吸收养分一样,是别人无法代替的。但在目前的教学实践中,最薄弱的正是反思性学习这一环节。我们为了培养学生的反思意识，让学生明确没有反思便难有自我改错纠偏的道理，明确反思不仅能及时改正错误，还能优化已有认识，提高自身合理性水平，对此我校针对不同层次的学生创设了反思的情境。智慧风帆是针对学有余力的学生开展的一项特色作业。学生在掌握好基础知识和基本技能的基础上可以进一步地反思自己的学习，开拓自己的思维，学习一些灵活性较大、较有难度的数学知识。智慧风帆给学生创造了一个协调、信任的环境进行反思性学习，才使得反思者——学生有一个开放的、负责的、执著的心态进行反思性学习。数学小博士也是我校的一项特色。学生在平时的学习中所掌握的重点知识，或者是自己掌握不扎实的问题都可以在数学小博士中记录下来，同学之间、师生之间交流解答问题。每周学生都要反思总结自己这一周的学习心得，写到"我的心声"中。家长也可以帮助孩子进行反思，从而促进孩子的全面发展。但是，这种反思总结不是简单的回顾和一般的分析，而是培养学生的反思毅力。使学生明确意识到自己学习中的不足往往不是很容易的，因为，这是对他个人能力、自信心的一种"威胁"。而用这种形式则使学生从新的层次、新的角度看到自己的不足，这样既不会丧失自信心，又能正确地认识自己、评价自己，使学生健康、快乐地学习。

二、英语学科

生活化研究在学校各个学科迅速展开，英语课程不仅是"文本"课程（教学计划、课程标准、教科书等文件），更是"体验课程"（被教师与学生实实在在地体验到的课程）。英语教师同样要关注学生的生活世界，重建学生的生活世界，让课堂教学从一味地"拓展知识"转向"回归生活"，赋予教育以生活意义和生命价值。

英语教学走向生活化的途径有：

其一，丰富生活化的英语教学内容。从生活经验中选取教学内容，使学生感到亲切、自然、易学，使学生适应学习，获得经验，得到发展。选取的话题包括数字、颜色、身体、食品、玩具、个人情况、家庭、学校、朋友等，这些都是家庭生活和社会生活中的内容，很容易将教学内容和生活联系起来。

其二,挖掘生活化的英语课程资源。英语教材的编写已经充分考虑到要接近学生的生活,我们还要开发教材以外的生活课程资源。以课本为依托,根据内容找到合适的切入点,把身边的、世界的、近期发生的事情通过图片、投影、照片展示等多种方法引入到教学中来,使学生在学习的同时感受到所学知识与外界相联系,能够用简单的句式表达自己的思想,从而体会到学习英语的成就感。

其三,创设生活化英语课堂教学情景。把教学情景还原为生活情景,把教学活动还原为学生的生命活动,尽可能多地为学生提供丰富的语言材料和语境,将学生校外的生活经历与校内的学习活动联系起来,把图片、音像、报刊文摘、个人生活经历与课堂教学活动相结合,给学生生活与学习是一体的感觉,激发学生学习的内在动机,由学生自主地进行有意义的建构。让学生在听、说、读、写的过程中,能说他们感兴趣的话题,描述他们喜欢的事情,运用所学知识去交流传递真实的信息,讲述生活中真实的经历,把注意力集中在语言的运用上,从而达到交际的目的,而不是背诵课文和转述他人的文字。这样才是有活力的课堂教学。

其四,营造富有英语气息的校园文化环境。校园文化环境主要包括物质文化环境和精神文化环境。物质文化方面的建设主要表现为校园生活、学习场所的语言标识:走廊上挂起标英语的宣传画、教室内实物也都用英文标出、展示具有国外风俗习惯的图片、举办英语学习园地、在校园内创设英语墙报等等。精神文化方面主要表现为积极开展丰富多彩的英语校内外活动,如利用节日开展英语主题活动,像母亲节、圣诞节、愚人节、万圣节等都是可利用的资源。在这种多元文化的氛围下,孩子们装扮教室,制作礼物,用英语来庆祝节日,更好地体现了语言的交流作用。

三、思想品德、艺术及科学

(一) 思想品德课

思想品德课不仅要让学生知道一些思想品德课的知识,更要让学生能运用学到的知识来指导自己的生活,引领自己的发展。

其一,走进生活,获取教学活动的资源。发掘生活中的思想品德素材,唤醒学生的生活体验，将思想品德知识与学生的生活实际紧密联系起来，把社会生活中的题材引入课堂教学之中，是思想品德课堂教学生活化的重要一环。① 创设生活情境，确立学生主体地位。选择合适的生活情境，调动学生的生活体验和知识经验，激发学生参与课堂建构的积极性，使学生从生活实际出发，就怎么样解决生活中碰到的问题，开展认真的思考，寻找符合社会规范的方法。其意义在于，除了让课堂充满思辨的活力，不再空洞枯燥外，更为重要的是让学生参与知识学习，有话可讲，有理可说，课堂不再是教师的独角戏，学生不再是站在一旁看热闹的观众，从而确立了学生在课堂学习中的主体地位。② 结合时政热点，培养学生责任感。善于捕捉和思想品德学科相关的社会热点问题，将德育、时政融于教学之中，有效激发学生关注国家大事和国际时事的兴趣，养成"家事、国事、天下事，事事关心"的良好品质，增强了学生的爱国情操和责任感，为学生的发展起到引领作用。③ 联系乡土知识，培养学生爱乡情怀。乡土知识贴近学生的生活实际，在教学中运用乡土知识能唤醒学生的乡土情怀，对地方文化产生亲近感和归属感，从而增强学生的爱乡之情，为学生的终身发展打下厚实的精神底色。同时能提高学生的实践能力，达到学以致用的目的。

其二，用于生活，提升学生自主创新的能力。教学要从生活中来，到生活中去，要倡导学生大胆实践，在做中学，在学中做。"用于生活"，就是将学生学到的书本知识运用于生活实际，去解决生活中的相关问题，提高学生解决问题的能力。① 开展制作性活动。所谓制作性活动，就是由学生自己设计、自己制作与思想品德课教学内容有关的作品，使学生在动手动脑的过程中理解与掌握相关知识，并学会思考。这一类制作性活动可以是手抄报制作、文献参考资料剪辑、PPT 课件设计等。② 开展社会调查。开展社会调查是建立开放型思想品德课堂的有效方法之一，其操作步骤为：制作调查计划—走访调查—总结成果。让学生亲临现场，用自己的感官搜集第一手资料，让学生获得深切的体会，产生积极的情感，有助于培养学生适应社会的能力，为最终融入社会做好充分的准备。

（二）艺术课程生活化

成功的音乐教育不仅在学校课堂上，也应在社会大环境中进行，对社会音乐生活的关心,对班级、学校和社会音乐活动的积极参与,能使学生的群体意识、合作精神和实践能力等得到锻炼和发展。美术课程与学生生活经验紧密关联,使学生在积极的情感体验中提高想象力和创造力,提高审美意识和审美能力,增强对大自然和人类社会的热爱及责任感,发展创造美好生活的愿望与能力。让知识回归"自然",用"生活"铺垫知识,用知识陶冶"生活"。艺术来源于生活,高于生活,艺术与生活是鱼水交融的关系。艺术课程要真正走进学生的生活世界,从关照生活世界中的学生出发,艺术教育才具有生命的活力和生活的价值与意义,才能实现艺术能力与人文素养的整合发展。

艺术教育生活化的措施:

其一,使教学内容生活化。进行艺术教学生活化调研,创造性地运用教材、补充教材,贴近学生生活。对教学内容进行合理加工和整合。从生活中挖掘艺术素材和媒材,建立丰富的现实资源库,结合学生的艺术技能和水平加以开发、提炼,对学生的生活资源进行合理有效的利用。

其二,使教学过程生活化。进行"生活化"学习的内涵与外延研究,在教学中实施生活化学习的行动研究,运用多种手段来再现和创设生活情境,激发学生关注生活、美化生活的兴趣。设置开放性、实践性作业形式,使学生的艺术知识能应用于日常生活,形成主动进行知识建构的意识,促使学生素质全面提升。

其三,联系生活实际,优化教学手段。根据教学内容的安排和学生身心发展水平的特点,采用语言、实物、游戏、操作、多媒体教学等教学手段,创设课堂的生活情境,以更便捷直观的方式沟通书本知识与生活现象,激发学生的学习和探索兴趣。

其四,开展家庭、社区艺术实践。引导学生走出课堂,走向社会,有目的地开展与生活实际相联系的课外活动,在问题和现实情境中展开自主探究的过程,创设学校、家庭、社区一体化的展示平台,体会艺术在现实生活和科学发展过程中的作用,提高改善生活、美化生活的能力。

(三) 生活化科学课堂

生活化科学课堂以学生丰富的生活经验作为舞台背景,通过生活化的课堂教学，让学生掌握科学方法和原理，再让学生回归生活去锻炼和再思考，形成生活的真实技能和本领。具体包括以下几方面：

其一，以生活为切入口，创设生活情境。思考生活化科学课堂如何创设生活情境，在学生的生活感知体验的基础上导出科学内容，是科学课堂教学的良好开端。创设生活情境的基本策略包括：课前教师对教材内容进行前期研究，将知识内容与生活结合，特别要结合学生的生活实际。创设生活情境时，可以用生活材料作为教学材料，可以拍摄生活照片作为教学素材，可以用叙述或录像资料的形式来进行情境导入设计。

其二，以科学为基点，进行生活探究。科学源于生活而又高于生活，科学是对生活的一种提炼和升华，而科学理论又是建立在人们对生活的探究基础之上的。课堂上，在学生已有生活经验的基础上，学习和探究科学原理，形成有效科学的基本原理后，再安排学生去探究生活中的相应科学原理，可以有效提升学生的科学理解空间。开展以生活科学为主题的系列活动，包括"生活中的科学""科学改变世界""我爱科学""找找身边的科学"等。教育学生要参与生活、发现生活，培养学生热爱生活和用科学改善生活的兴趣和意识。

其三，以生活为归宿点，思考生活应用。科学的最终目的是要回归于生活，这样才能显示科学的真正价值。教学时，发掘生活素材和生活问题，进行生活的应用性思考就成为一项很有必要的环节。在将有针对性的生活问题呈现在学生面前时，要求学生仔细观察、理清和思考生活问题，灵活使用课堂科学知识，找到问题的关键，进行归纳演绎，更好地理解生活中的科学原理。学生遇到生活难题时，能借用电脑网络进行查询，从中可以最快地得到生活参考，学到生活本领。关注《动物世界》、中央电视台科技频道的节目等，了解世界各地的生活百科，有效开拓学生的眼界。

其四，实践与思考生活，进而创造生活。学生有了课堂科学知识的理解和应用性思考后，进行生活中的科学实践就成为学生对已学科学知识技能进行锤炼的有效手段。学生所学知识有了实实在在的用武之地，也是形成学生生活本领的一个最终环节。进行实践阶段中，主要将已学知识的应用空间进行圈定,合理布置实践应用性作业,让学生回家进行实践性应用操作。如举行生活技能比赛等活动,并将活动过程写成小文章或小论文,也可以让学生在家饲养自己喜好的小动物。学生在饲养过程中学到了各种小动物的生理特性,包括身体特征、生活习性等。组织学生将饲养过程通过日记或小论文的形式展现在同学面前,让大家共享成果,并进行有效交流。通过实践不仅提高了学生的生活技能,还培养了学生热爱生活的好习惯。

生活化研究,使教师的课程观、学生观、质量观都发生了变化。在教学中,教师自觉从学生的生活实际出发,把生活经验与课堂学习相结合,问题生活化,把社会生活中的鲜活题材引入学习的大课堂中,使学生感受到知识与现实生活的联系,从而激发学生学习兴趣。生活化的课堂更让学生在学习的过程中直接体验到知识来源于生活,又服务于生活。学生的学习方式、学习观念也发生着变化,他们学会从生活的角度去观察、分析新知识,用知识去解决日常生活中的问题,形成勇于探索、勇于创新的科学精神。

第三节 学生发展生活化归属

早在两千多年前,我国古代思想家、教育家孔子就说过:"不观于高崖,何以知颠坠之患;不临于深渊,何以知没溺之患;不观于海上,何以知风波之患。"形象生动地阐明了知识与生活实践之间的关系。美国实用主义教育思想的创始人杜威,他批评以教师和教科书为中心、无视儿童内部本能和倾向的主张,并提出:"教育即生活,而不是生活的准备;教育即生长;教育即经验的不断改组或改造。"

实施素质教育以来,课程由科学世界回归生活世界几乎成为了所有学科共同追求的目标。因为人始终生活在生活世界之中,人在生活世界之中认识自然现象,理解与体验社会的道德、法律和艺术,通过与他人的交往和自己的反思来提升自己的人格。生活世界是人的生命存在的背景，是人生价值得以实现的基础，它为人生奠定了基石。学生首先接触的是生活世界而不是科学世界，学生生活在生活世界中，而不是生活在科学世界中。从学校教育的培养目标来看，要培养社会所需要的人才，要培养"学会认知""学会做事""学会生存""学会共同生活"的人才。因为学生最终将走上社会，走向生活，要适应生活，适应未来日益激烈的竞争。课程只有面向生活，才能真正改变学生的生存状态、生活方式，提升他们的生活质量。"宽基教育"正是把教育与生活、社会广泛联系，提倡教育与实践的紧密结合，使教育充满生机，充满活力。"宽基教育"新模式让学校的管理、课程、学生、教师突破了传统教育的局限，关注儿童整个生活世界，开放课堂，将学生从抽象、虚拟的课本堆中解脱出来，让课程走进生活，让生活走向课堂，使学生自发地、主动地去获取知识，同时又在这一过程中陶冶情操、磨炼思想、完善人格，"保证人人享有他们为充分发挥自己的才能和尽可能牢牢掌握自己的命运而需要的思想、判断、感情和想象方面的自由"，最终使我们的学校教育成为建立在生活基础上的生气勃勃的活的教育。正像"鱼到水里"畅游不已，"鸟到树林"自由飞翔，也像"春光之下的花草"，欣欣向荣，"一天新似一天"。赋予教育生活的意义和生命的价值，正是我们宽基教育的追求。

一、宽基教育生活化的内容

学校在实施生活化教育的过程中整合国家课程、地方课程，开发校本课程，融合德育、学科教学为一体，形成"生活教育"体系，以一条发展主线贯穿于学校工作的各个方面，以游戏、读书、才艺为有效的手段，引导学生树立在生活中学习，为生活学习，运用于生活的理念。生活化教育分四个方面实施：读生活之书；明生活之理；做生活之事；行生活之路。

（一）读生活之书

生活有两部书，一是有字的教科书，二是无字的生活书。我们都要教会学生看。

有字的教科书。我们要把各学科教学生活化地呈现在学生面前，积极探索各学科生活化实践研究的课题。另外，大力发展校园读书工程，引导学生广泛阅读文学经典、优秀书籍,诵读古诗文,诵读中华文化千句文。引导学生在读书中明理,在读书中陶冶情操,在读书中品味生活、提高生活价值观、丰富精神生活。同时,研发具有学校特色的"阅读步步高","胜利学子必读书目",开设具有人文性的实践研究的课程,如"泉城文化"、"名著伴我生活"等。

无字的生活书。我们要引导学生学会观察生活,在生活中学习,最终增强生活意识,树立终身学习的意识。开展各学科的综合实践活动,指导学生深入生活调查、实践、采访,使学校小课堂连接着生活大课堂,使学生不再感到是为父母读书,为升学读书,为奖励读书,而是因为读书就是他充满意义的生活方式。让学生获得这样一种感受:我又多了一份对生活的认识,我的生活又增添了一分智慧(而不是我又记住了一个公式、一首诗词),我的生活又丰富了一分。把教学跟学生现实的生活联系起来,以生气勃勃的精神去激励、唤醒、鼓舞他们的生活,而不是做跟他们当前的生活并不相干的知识堆积。

在此基础上,学校积极开发校本课程,引导学生品味生活之美。包括人文性课程,如"泉城文化",感受名泉之美,名城之美,名人品德之美;自然社会性课程,如"绿色家园",感受环境保护带给生活之美;艺术性课程,如"艺苑家园"系列,通过美术、音乐、劳动等学科的校本学习,提高学生的生活品位,养成高雅的修养和情趣。

(二) 明生活之理

生活中做人、做事的道理无处不在,空洞的说教不能深入学生的心灵,不能融入他们的精神生活,只有在潜移默化的读书、生活中感受,才能树立起生活的价值观,学会做人。

学校一方面通过学科教学有机渗透德育内容,另一方面加强品德与生活、品德与社会课的教学研究。同时开展校本课程的拓展学习,如"生活与礼仪","泉城名人","学会合作"等专题,融合为生命美育,提升学生的生命质量。

(三) 做生活之事

学会生活本领,养成良好生活习惯,培养学生自理、自立,学会做事。

一是加强综合学科的教学。如：劳动与品生课、德育整合，分年段制定我校学生自理目标，培养学生掌握基本生活技能；体育课不只是室外活动，教师可制定计划，整合健康教育课，每学期有室内的教学内容，如健康的生活方式、生活中的小锻炼等，还可以编排具有我校特色的儿童操、武术操、跆拳道，丰富大课间的活动形式。

二是开发家长资源。家校一起培养学生学技能，养习惯。网络优势、家长学校体现家长培训家长。形成学校特色的"胜利家庭"，持续开展家庭才艺，文明家庭评选。但是家庭才艺评选不宜太难，目的是引导家长重视提高自身素质，科学地家教。

（四）走生活之路

目的是引导学生在现实生活中应用所学的知识，提高生活质量，长大后更好地走入生活，创造美好生活。这对小学生是一种较高的境界要求，但是，我们不强加、不说教，而是在前面一系列教育教学活动中使学生得到熏陶，立下志向。通过引导学生积极地去感受、理解、省察、创造自己的生活，从而为未来生活提供一种积极的生活方式，不断地充盈小学生的精神生活世界，这种不断积累的生气勃勃的人文精神奠定了小学生走向未来的精神之路，并作为一种内在的力量去积极地影响小学生对自己未来生活的把握，让他们以生活主人的形象走向未来生活。

二、宽基教育生活化带来的变化

（一）"三园式"校园的魅力

学校的环境、管理、教学和发展正在发生巨变，学校为学生提供了更加全面、生动、贴近生活的求知环境。

学校投资 80 万元新建了富有文化气息的蝴蝶馆、健身俱乐部、种植园花房。在蝴蝶园中，几千只品种各异的蝴蝶成了孩子们的好友，它们翩翩起舞，累了，就停在小姑娘的发梢儿、裤脚和孩子们粉嫩的小巴掌上歇脚。多达 500 余种的蝴蝶和标本，为学生们提供了近距离观察自然、体验生活的阵地。

校园创建"成长乐园、亲情家国、人本校园"的"三园"式环境，是"宽基教育"的一部分。一进校门，迎面是自然、人文、科技为主题的大型壁画，顶部是一个象征希望的大鹏展翅，有一种凝重而不失活泼、华美而不失庄重的富有时代感的"静态美"。校内的厚基楼、共进楼、博艺楼、生态园和创生广场浑然一体，让人感到神清气爽，所到之处满眼生机。校园里四季鲜花不断，绿树葱茏，百鸟争鸣。

学校建起了科普生态馆，包括生物类、地质类、天象类、植物类等六个展室，有近千种矿石、陆地生物、海洋生物等标本。为了将这一宝贵资源用活，学校开发了《蝶舞童趣》课程，通过开展蝶画（诗配画）、蝶文（想象情境，提升品格）、蝶曲、蝶舞等多种实践活动，培养学生爱科学、学科学的兴趣，提升学生观察、品味、感悟生活的能力。在活动中感受团结、合作的乐趣，逐步提高学生综合性学习的能力，实现学科之间的整合，形成丰富多彩的校本课程资料。

《中华文化千句文》的诗词壁画，是学校著名"景点"，吸引家长、师生们驻足诵读。在艺术大厅中，学生弹奏的优美动听的钢琴曲，让专家们听得如痴如醉。辅导老师现场介绍，上课铃也是学生们弹奏的世界名曲。

（二）"调皮大王"变科技迷的背后

学校为热爱科学、学习科学的孩子们开启了创造的大门。科学院组织指导学生参观科普展、科技馆，动手做实验，尝试小发明、小创造，极大地调动了学生自主探究的热情。"小蘑菇头"是学校有名的"科技迷"，荣获山东省车模大赛冠军。可谁能想到，两年前他还是一个有名的"调皮大王"。

当学校投资 7 万余元建起了机器人试验室后，他就成了这里的常客，课余精力全部投入到了摆弄车模机器人身上，从此变得爱钻研，爱提问了。家长感慨地说："学校重视发展学生的兴趣爱好，不仅带给孩子很多书本以外的知识，还让原本厌学的儿子迷上了学习，让人喜出望外。"

很多孩子像"小蘑菇头"一样，受学校"宽基教育"的影响，学习兴趣变得非常浓厚。学校的图书馆、体育场向学生们自由开放，课堂扩展到农贸市场、风景名胜地等校外的世界，连各种标牌和广告都成了活生生的教材。四年级 2 班学习《风筝》一课时，老师带领学生扎风筝，到体育场放风筝，让学生亲身感受、领悟风筝的相关知识。

学校还经常举办故事会、演讲会、辩论会、朗诵会，创编小说、童话，编演课本剧等，营造了学生主动参与的教育情境。孩子们自主办报编书，师生一起进行社会调查，将课堂教学和实践相结合，让小课堂变成了生活的大舞台。

（三）新课堂带来勃勃生机

如何创造性地理解和使用教材，让学习充满活力？一种新的教学法，让胜利大街小学师生们乐此不疲。教师们倡导科学地整合教材和学科。例如，语文与美术完美结合，建立了"童话与童画"课题，让学生在绘画中放飞思维，在表达中凝炼思想。孩子们通过"扩读课"学习，锻炼节选和扩写能力。

校园实施和推广"小博士工程"，引领学生以实践锻炼增强"小博士"精神，教会孩子们运用知识解决各种实际问题。

外出旅游是学生假期的重要活动，学校专门设计了"童年之旅"系列活动，包括四个研究侧重点：优美景致、物产采撷、风土人情、历史文化。研究成果的呈现形式多样，学生可将自己游历祖国大好河山时拍摄的照片展示出来，与同学们分享旅行的快乐，让伙伴们如临其境地感受自然的美妙；也可以将旅行归来后所见、所闻、所思、所感用"童年之旅"小报记录下来，更充分地体验、领略祖国大好河山的奇秀壮美；还可以举办旅游实物展览会，让这些珍贵的纪念品，为伙伴们打开一扇感受祖国文化的博大精深之门；还可以围绕一个地域、一种物产、一种风俗、一种建筑等进行深入研究，真正领会各地的文化精髓。这种与生活紧密结合的活动，帮助学生树立了在生活中学习的观念。

（四）"个性化作业"展示自我的成功舞台

"自制书"是学生记录成长足迹，提高综合能力的实践型积累作业。这里每个班都有专题活动和学生个人生活的自制书。

班级自制书是全班同学在一次次专题活动中的资料汇集册。这种自制书一本一个主题，所有的文章都是同学结合自己的生活实际，用不同方式表达的思想感受。班级自制书方便学生积累资料,同时也为后续年级的同学留下了活动启示和学习参考资料。

学生个人的自制书年级不同,特点不同。低年级同学的自制书,主要以剪贴图文、看图写话、编故事为主要内容,图文并茂,生动活泼,促进了学生的自主识字。中年级学生的自制书则围绕观察作文和生活日记展开,记录下他们成长的快乐和烦恼,记录下他们的实践和想象。翻开高年级学生的自制书,一篇篇精彩的课内外习作、读后感和调查报告引领着我们走进他们的生活和阅读天地。

自制书是学生利用寒暑假时间制作的。有的完全手写;有的是打印文字再配上手绘插图;有的完全是电脑设计,从打印文字到编辑目录,从谋划篇章到设计版面,经历编书的整个过程。自制书的编写过程既有教师指导,又有家长的参与:教师对自制书的大小、封面设计、书名命名、目录、插图等进行详细的指导,还注意平时指导学生积累自制书的资料;家长对书的装帧、美化出谋划策。

为了充分发挥自制书的作用,使学生在交流中达到积累语言、提高能力、获得成就感的目的,学校开展了多层次交流和评价活动。初级交流在本班同学之间传阅;中级交流在同年级同学中传阅;高级交流在同年段和相邻年段之间传阅交流。学生们十分珍惜这个学习的机会,并在每本书上十分诚恳地写下了自己的"温馨留言"。学生们经过多层次交流,推荐出了最优秀的自制书,参与全校的交流和展评。获得"优秀小作家"称号的同学向大家介绍经验,还请来他们的父母参与交流,家长谈自己如何培养孩子阅读积累的习惯,鼓励孩子克服困难动手制作。

特色作业的设计带来了作业的新变化,作业内容由老师布置变成了学生自主选择;作业种类由单一的读读写写,变成了阅读感悟、实践体验;作业的形式由枯燥的文字,变成了图文并茂的生动画面;作业的评价由教师的评定,变成了学生、教师、家长共同参与的交流展示、改进提高。学生把作业看成了感兴趣的活动,自然消除了心理压力。

(五)德育和行动不再是"两张皮"

胜利大街小学提出以"读生活之书,明生活之理,做生活之事,行生活之路"作为学生德育培养的目标,用他们自己的生活去"现身说法"。

学校德育主任讲述了这样一个案例:学生参加区里组织的环保活动,到英雄山清洁广场和绿地,每个学生的环保意识都表现得比较强。然而,当活动结束后,很多学生买了雪糕,随手就把冰糕纸扔到地上,与之前的活动表现产生了强烈的对比。这就是应该警惕的德育与行为的"两张皮"现象。

学校在对学生进行"我的理想"的问卷调查时发现,学生的理想大多是成为科学家、歌唱家、公司老板、明星等,几乎没有人愿意做一个平凡而普通的劳动者。一次晨会上,教导主任拉着几位学生的手走到主席台上,这次要表扬的学生不是取得了多么大的成绩,而是在校园生活中做的几件点滴小事:有弯腰捡起楼内脏纸的,有看到水管堵塞主动清理的,有礼让小同学先走的。过去这些被学生不屑一顾的小事,正是当前独生子女所缺乏的一种责任心。为此,一场德育体验式教育开始在校园迅速展开。

学校首先从礼仪着手,包括学校礼仪、家庭礼仪、社会礼仪三方面。学校礼仪又分为课堂礼仪、课间礼仪、路队礼仪、升旗礼仪、作业礼仪、同学之间、对待师长、诚信守礼等方面。家庭礼仪从打电话、餐桌礼节、亲子之间等引导学生。学生在社会交往中,提倡以对方为中心,使学生发自内心地形成讲礼仪的意识,自然地体现在言谈举止中,形成了自律律人、自爱爱人、自助助人的特色学生文化。

学校生态园落成后,学生当起了小导游。学生在准备的过程中,搜集资料,编写导游词,在向同学、家长、来宾的一次次讲解中,待人接物的礼仪和自主探究、热爱科学、爱护大自然、珍爱生命的精神自然生成。

在学校读书周活动中,四年级一班的同学编排了课本剧《永生的眼睛》。学生们在扮演盲人的过程中,深刻地感受到了盲人生活的困难,他们感慨地说:"我们只是一时地扮演盲人,都这么困难,而盲人一生都看不见这个世界,该是多么痛苦啊!以后再见到盲人时,我一定主动帮助他们。"像这样的体验式教育是胜利大街小学普遍推广的一种教育教学新模式。

宽基教育关注学生的生活,不仅引导学生去生活,而且引导学生去感受生活;不仅教给学生生活技能,更多的是启发学生树立健康生活的意识、积极生活的热情。关注学生的生活还意味着不限定他们的生活，引导他们去调节、规范自己的生活，去践行生活的意义，实现生活的价值。陶行知说："教育要通过生活才能发出力量而成为真正的教育。"我们认为教育只有成为精神融入学生的生活，并成为他们生活世界中生气勃勃的智慧和精神，才能真正发出力量而使教育成为真正的教育。我们努力实现培养学生成为"真善美的活人"。

第四节　教育能达的宽基境界

"宽基"是相对于"双基"而提出的理念。"双基"通常是指学校教学内容中的基础知识和基本技能。基础知识和基本技能的界定应在于它的基础性和发展性，随着新课程改革的实施，终身发展必备的基础知识和基本技能也随之进行了重新界定。

什么是学生终身发展的基础？根据专家诠释，除了基础知识与基本技能，还应当包括浓厚的学习兴趣、旺盛的求知欲、积极的探索精神、坚持真理的态度以及培养搜集和处理信息的能力、获取新知识的能力、分析和解决问题的能力、交流与合作的能力，这是新时期为学生全面打好基础的基本内涵。还应当明确的是，基础是多种要素的有机整合，是学生终身发展必备的基本素养，不单纯是知识和技能，创新精神、实践能力、人生规划能力、创业意识等也是基础。由此可以看出，新课程已经充分认识到传统的"双基论"已经不能涵盖当前学生成长与发展的素质要求。"宽基"正是新课程背景下对"双基"的继承与发展。宽基教育即宽厚根基的教育，它是以夯实基础为准则、以创造生成为手段、以发展个性为灵魂、以铸造人格为归宿的教育。从人文的角度解读宽基教育，则似大山般厚重，大海般辽阔，是集知识、技能、体质、人格四位一体，立足宽实基础，面向多元发展的教育。

　　"宽基"理念的本质是奠基与拓展。"宽基"之基是核心，为学生终身发展所必须的因素，是以双基为原点不断生成的学生学会生存、学会学习、学会做人、学会做事的综合素养。"宽基"之宽是方法，为达成学生终身发展的手段，主要体现为课程创生。"宽基"就是以奠定学生终身发展的基础为目标，以课程创生为手段，使学生成为适应时代发展需要的合格人才。

　　宽基教育应打好三方面基础：

　　一是培养身心强健的人，为学生身心健康发展打好基础，这是基础的基础。爱因斯坦说过："如果人们已经忘记了他们在学校里所学的一切，剩下的就是教育。"人能够剩下的首先就是身心健康。身心健康是对人一生的发展负责的教育，不仅要让学生通过现在的努力获得将来的幸福，也让现在的成长过程充满幸福和快乐。

　　二是培养有教养的人，为学生继续学习打好基础，这是第二个任务。不仅要求学生修完学业，还要培养其自学能力，有终身学习的意识和能力。

　　三是培养精神丰富的人，为学生走向社会打好基础。让学生对社会、对国家、对家庭、对自己有爱心，有责任心，讲诚信。

　　"宽基教育"是世界眼光、适性标准、专业化能力这三者的有机结合，构建"三维立体"式教育。横向坐标是世界眼光，代表宽度；纵向坐标是适性标准，代表长度；两者结合，拓展提升的部分是专业化能力，代表的是实现目标的高度，也可以说是能力和目标的契合度。用一句通俗易懂的话说就是"有多大本事，做多大事"。

　　宽基教育的行动指南是"42117"，即四全、两多、一广、一高、七观。具体说来，"四全"就是全纳性、全体性、全面性、全程性；"两多"是指多元化、多样性；"一广一高"分别指视野广、境界高；"七观"则指宽基教育的七个重要观点：管理观、教师观、学生观、课程观、课堂观、质量观、评价观。

　　宽基教育的关键词是：解放、夯实、创生、发展。

　　解放：解放大脑，让学生能思会思；解放双眼，让学生能看会看；解放双耳，让学生能听会听；解放心灵，让学生能懂会懂；解放双手，让学生能做会做；解放双脚，让学生能走会走。

夯实：夯实学生的智商、情商、健商，"正面思考，多运动"，身心健康理念决定一个人的生命质量，21 世纪的优秀人才应该是情商、智商、健商三合一的人才。

创生：创造、生成之意，它不同于生长。生长是有限的、线性的、需依赖外部力量的，而创生则意味着人或事物成长的内源性、丰富性、新奇性、可持续性。它以人或事物内部的生命力为动力，表现为不断自我生成、自我变革、自我发展、自我完善的过程。以新课程改革为标志的教育改革，其核心价值观就是"创生"，就是要教会学生学习，使他们通过建立终身学习的信念和养成终身学习的能力，来获得自身的可持续发展。要完成这一使命，单纯的知识传授和技能培养都不够，必须以不断创生的教育激情去开启学生个体的全部的生命力，以达成终身的自我维新。

发展：求真务实夯基础，改革创新谋发展。提升教师和学生生活质量和生命价值，以创新求发展。让"胜利"的每一个人成为最好的自己。

发展 15 要素：①以信念责任主动发展；②以思想引领发展；③以理论支撑发展；④以研究促进发展；⑤以过程完善发展；⑥以课程丰富发展；⑦以师资提升发展；⑧以制度保障发展；⑨以特色经营发展；⑩以标准规范发展；⑪以技术助推发展；⑫以评价改进发展；⑬以创新统领发展；⑭以学生成长衡量发展；⑮ 以文化品牌长效发展，从而形成广阔的（知识、技能、体质、人格）、多元的（课程、课堂、评价、六课程、各美其美的模式、八证书）、厚重的（教师文化、学生文化、家庭文化）、立体的（三维目标、立体的人）的宽基教育。

第二章
宽基教育的理念阐释

作为教育研究的全新领域,宽基教育的提出、研究、发展始终坚持实践理性,这也是宽基教育产生实践价值的动力所在。

第一节　宽畅的成长基因

如同植物的苗壮离不开雨露的滋润,学生的成长也离不开学校精心的培育。环境的影响、文化的熏陶、同伴的榜样、老师的身教、习惯的养成、社会的引导……一切有益于儿童发展的因素,都是学生欢畅成长的春风细雨,它们潜移默化地影响着学生的人格、习惯、兴趣、爱好、意志、品格等的形成与发展,也影响着学生知识的掌握、能力的形成和智力的发展,有时甚至影响着学生的一生。因此,关注学生"宽""畅"的成长过程,就成了胜利大街小学"宽基教育"中举足轻重的切入点。

基于人性本身的特点,学校教育更多地关注这种全方位的成长基因,即使学生个体舒畅、流畅、欢畅、全面健康地成长。看吧,他们每个人都从懵懂的学龄前儿童,成长为处处洋溢着阳光自信的"胜利少年"。他们有自己的胜利少年科学院；他们自发举办书法节、艺术节、体育节、头脑运动会等活动；他们实施"小博士工程"，编制自制书；他们在全校范围内开展"校园星"评选和考核综合能力的"会写一手好字、会说日常英语、会计算机操作、会制作科技作品、会说普通话、会一种美术技能、会一种音乐技能、会一种健身技能"的"八证书"活动……

正如爱因斯坦在《论教育》中指出的："学校应该永远以此为目标：学生离开学校时是一个和谐的人，而不是一个专家。"因此，是否给学生提供宽畅的成长基因，决定着我们能够培养出什么样的学生，也决定着我们祖国的未来是否能够更加强大。如何做到让学生"宽畅成长"？我们的着眼点就是按照邓小平同志提出的"三个面向"精神，用全球视野和未来眼光，全方位培养孩子的整体素质，在普遍交往和全球化的格局下，使学生走向世界，走向未来。

一、重构教育理念

传统理念导向下的教育是人力教育，不是人的教育，已与教育的原义背道而驰，严重扭曲了教育的本质。而立足于培育受教育者全面人格的宽基教育，则是确立以"宽畅发展"为内核的和谐教育理念。

（一）和谐的管理制度

学校首先改革各种管理方式，加强人性化管理，把关心人、激励人、解放人、发展人放在管理工作的首位。学校实施"扁平化"（同心圆）管理方式，即学生是圆心，在外围是教师，最外面才是领导干部。学生作为这个同心圆的圆心，他们每个人在成长中都能体会到自己是备受重视的。在学生的日常管理中，学校做到了换位思考，通过"小小游戏管住腿，日有所诵管住嘴，志工体验凝聚心"这种模式，让学生们进行自我教育、自我管理。他们每一天的心情是欢畅而又充实的，这种状态是一种力量，一种精神，是他们每个人的成功之本。

（二）欢畅的课堂舞台

课堂是学生成长中接受教育的主要阵地，如今很多学校喊着"减负"实则"增负"的现状，肯定无法给学生带来舒畅的心情。我们的宽基课堂则尊重学生的自然成长规律，对学生充满包容和耐心，重视学生内心感受，注意维护学生人格尊严，对每个学生都给予充分关注、尊重、关爱，没有歧视、轻视、忽视，更没有嘲笑、责备与体罚。宽基课堂总能把握住社会发展脉搏，踩准时代的节拍，抓住时政热点，提供最新的科技人文咨询，从而把课堂与时代的发展紧密相连，让学生与社会成长紧密相连，从而真正地宽畅成长。

看吧，我们不把学校的课堂理解成学校里的教室，而是必要时把课堂设置到大自然中去，把课堂设置到社会生活中去，一切可以收到比学校更好的教学效果的场所都可以当作课堂。

（三）阳光的教师队伍

阳光是大自然赋予人类光明和温暖的使者，学生们天天面对的胜利教师如果也具有阳光般魅力，能够温暖每一个人、感染每一个人的话，学生的心灵将是纯净的，成长将是欢畅的。

我们宽基教育理念下的教师，首先强调的就是"师德"。所谓"亲其师，信其道"，如果没有德，就无法为学生树立榜样；没有才，便不能挖掘学生的潜力。学校管理理念中，对于"有德无才"的教师，我们培养使用；对于"有才无德"的教师，我们限制使用；对于"无德无才"的教师，我们坚决不用；对于"有才有德"的教师，我们搭台重用。

我们每个教师都清楚地记着我们宽基教育中的"三才"观。教师能够得到尊重，关键在于他的德与才。人才最基本的内涵就是要求教师成为有品德、有才能、有某种特长的人。初级标准是"做人才"，即做技能型教师；中级标准"变人材"，即做研究型人才，在"才"字怀里加上一个"木"，就是要让研究型的人才像说书人的"醒堂木"，哪怕半尺长，却能摔得响，有醒堂之动力，通过研究把自己的个性与特长充分发挥出来；高级标准"成人财"，即做智慧型人才。有了这些理念的引导，宽基教育下的每个教师都是向上的，都是阳光的。与这样的老师生活在同一片蓝天下，我们每个学生都是快乐的，健康的！

（四）自由的个性空间

人的成长需要自由的空气，学生的宽畅成长更需要自由的环境。要想让学生在学校这个大环境中获得相对的自由，"民主"是很关键的。所谓"民主"，就是每个人做自己的"主"，这个"主"是权利与责任的统一。真正的民主，是提供平台让每个人尽情地施展才华，自己决定自己的行为，为自己决策，为自己的行为与决策负责。民主不是一种方法，也不只是一种意识，而是"自律"的要求和规范，是一种人生观和价值观。

如果过分限制孩子的自由，就会使他们丧失生存空间，从而失去生存的本能，更谈不上发展与创新了。我们对学生的正当合理的要求应大力支持，积极引导，让他们充满自信地投入到集体中，用真心感受生活，用真情体验生活，在实践中拓宽知识面，发挥潜能，增长才干。

看吧，我们胜利学子课堂上敢于对老师说"不"；课堂下，他们充分发挥自己的智慧，自编游戏；他们申请做图书馆义工，他们主动设立"班级读书角"；他们集合起来去倾听"最美的声音"，去寻找"最美的笑脸"，去探寻"最美的瞬间"……这一切，都源自学校和班级给他们的自由、个性空间。

二、丰富教育内容

教育，在任何时代都是永恒的主题。学生接受的是什么样的教育，也将关系到学生的终身。因此，丰富教育内容，拓宽教育范围，创新教育理念，成为了我们宽基教育的重要关注点。

(一) 课程

我们的宽基课程观：读生活之书，明生活之理，做生活之事，走生活之路。

我们引导学生读有字书、读无字书，引导学生在看得见的地方获得知识，在看不见得地方获得智慧。宽基教育中很重要的一方面即建构宽厚基础，面向多元发展的课程体系。对于所有的课程，我们既注重理论也重视实践，重知识也重视能力，重技术也重视创新，重纵向联系也重视横向联系，重必修课也重选修课，重显性课程也重视隐形课程。人、生活、社会、天地万物都是一本本精彩的课程，都是无字的教科书，如果不把其纳入课程，就会导致教育与社会、自然、生活的脱离，就会导致学生成为书呆子。宽基教育就是要拓宽视野，就是让教材、课程、课堂融入社会，融入生活。生活即课程，社会即课程，课程只有与社会生活紧密联系起来，才能走出小课堂、小校园，融入社会课堂。同时，学校还征集家委会的支持，通过家委会报名，把有特长的家长请进课堂为学生指导，为学生引入更宽泛的社会资源。

（二）文化

浓厚的文化氛围会给学生带来一生的影响。一走进济南市胜利大街小学，占据了满满三个墙壁、洋洋数万言的《中华文化千句文》，述说着中华民族五千年灿烂的文化。走进主教学楼，五彩缤纷的壁报会把你吸引。一楼的"青青园地"，二楼的"安全生活你我他"交通安全漫画，三楼的中华经典文化的精彩阐释，教室内充满童趣的儿童画，童真流露的精短诗文……楼道间、教室里的各个角落开设了各种各样的展台和活动角。红领巾网吧、阅览室、行知社、雏鹰电视台、广播站、锣鼓喧天的鼓号室，蝴蝶园、科普生态馆……学生们在这浓厚的文化氛围中，净化着灵魂，体味着快乐，放飞着理想。这里是他们生活的乐园，这里是他们成长的摇篮。

除了这些显性的文化带给学生成长中的能量，校园中还处处洋溢着流动的文化。看，彰显在每个师生脸上的精气神、真善美，不随地吐痰，乐于助人，遵守交通规则，不高声喧哗，面带微笑……

（三）情感

关注学生的情感，关系着学生们能否顺利发展与成长。关注情感教育，更是宽基教育中亮丽的风景线。我们提倡师生共同接受教育，相互教育。

宽基教育是遵循人的发展特点的，我们明白人性是有先天弱点和缺点的。我们从不苛求每个学生成长为圣人，但每个胜利学子都熟知"铅笔的五个特性"：(1) 尽管你可能做很多大事，但你千万不能忘记，那是因为一直有一只手在引导着你，我们不能忘本。(2) 有时我们不得不停下来，用铅笔刀削一削它。这样虽然会使铅笔经受痛苦，但是削过之后，它会变得更加尖利。所以，每个胜利学子必须学会忍受痛苦和悲伤，因为它们能使你成为一个更优秀的人。(3) 铅笔，总是允许我们使用橡皮擦擦掉错误，纠正我们做过的一些错事并不是坏事，它可以帮助我们走上正确的道路。(4) 铅笔告诉我们，真正有用的不是外表漂亮的笔杆，而是里面的铅芯。所以，每个胜利学子更应重视的是自己的内心世界。(5) 无论如何,它总是会留下印记。同样的道理,我们胜利学子都懂得,人生旅途上,你所做的任何事都会留下印迹。所以,今后无论你做什么,都要考虑清楚后果。

三、营造和谐的校园氛围

不同的校园环境塑造出不同的人格,学生的成长过程也是一种被环境影响和熏陶的结果。宽基理念下的校园氛围是否健康、和谐,对学生是否"宽畅"的成长具有直接的影响。为了营造和谐的校园氛围,首先,我们尽全力提供优质的校园物质文化。校园物质文化是学校精神的固化体现,我们有各种图书资料、教学科研设备、文体活动设施、校园网络等教育教学硬件设施,还有可观可赏的环境布局,如校园的总体规划设计、教学楼、教室的布局美化、校园道路、花草树木、雕塑牌匾壁挂等。其次,我们努力打造富有人文情怀的制度体系,并取得了广大师生对制度规范的认可。以正面激励为主,给不同的看法、做法留有适当的时间和空间,削弱各级被管理者的逆反心理,努力创设出一种相互尊重、相互理解、和谐共处的氛围。我们极力倡导相互关心爱护、理解体谅、严以律己、宽以待人、以诚相待、团结友爱、乐于助人的校园行为风尚,让大气、雅气、灵气的胜利学子精神浸润校园各个角落,引导全校师生形成健康向上、自信乐观的精神文化和社会主义核心价值体系。

四、创新教育方式

创新,是教育中不变的主题。

课堂中,我们丢弃大肆流行的各种"花架子",和学生们共同探讨出新型的、轻松的宽基课堂模式。我们的"三目标""三追求"和"三不讲",让每位教师和每个学生都脱离了形式的束缚,真正成为课堂的主人。每个胜利人品尝着真正的创新带来的甘甜,大家啧啧感叹:这是一种颠覆,是属于我们胜利人的骄傲。

对学生的评价,我们打破常规模式,探索出了"八证书"方式的多元评价体系,每个学生每学期根据自己的特长选择两个或几个项目就行。我们要的是参与,要的是实效,要的是对每个学生的肯定与支持。

每个人都有着不同的个性与特点,学校不是只针对"好孩子"进行教育的场所,我们打破所有的"有色眼镜",让每个孩子都能够在这片沃土中茁壮成长。看吧,"调皮大王"成了科普社团中的主力兵;"多动症"的他竟然在"机器人"小组大放光彩;刚来学校时不进课堂的她,竟然是"科学院"的小院长……

雨果曾经说过:未来将属于两种人——思想的人和劳动的人。实际上这两种人是一种人,因为思想也是劳动。相信,未来璀璨的星空中,总有那么一些闪耀着我们"胜利"的光芒。

第二节　宽容的行为基准

学校是孕育青春花朵的沃土,是陶冶情感气质的源泉,是指导行为习惯的引路人,是校长、教师和干净如雪般的孩子第二个家。有句俗语说得好:"十年树木,百年树人。"但如何树人不仅仅要靠教学,而是要靠如潺潺流水般滋润渗透,如洪峰般敲打灵魂,如沧海般宽厚与无形。这一切靠的是无痕的熏陶,最直接地体现在师生的行为基准上。我们学校就以独特的理念阐释这宽容的行为基准,在无形中融汇"宽以济猛,猛以济宽,政是以和"。

著名作家房龙在他的名著《宽容》中曾经引用《不列颠百科全书》关于宽容的定义:宽容即允许别人自由行动或判断,耐心而毫无偏见地容忍与自己的观点或公认的观点不一致的意见。我国《现代汉语词典》中对宽容的解释是:宽大有气量,不计较或不追究。

胜利的风尚和词典中的解释相合,每一位教师和学生从踏入胜利校门的第一步开始,就会被宽宏而阔大的气势所感染。这所地处繁华却宁静厚重的学校,以其独特的底蕴、开阔的胸怀、朴实不浮夸的态度、隐忍内敛的荣耀,兢兢治学半个多世纪。

一、关怀让老师们不再寒冷

如果说宽容是个人的美德,那么胜利人则把宽容变成了独树一帜的气场,不拘泥于形式,在于自然地散发。

由于常年夜以继日地伏案,很多老师患上了腰椎间盘突出,加上生活和家庭等方面的因素,不能正常上课,给学校工作带来了许多麻烦。尤其是五年级组,几员大将均卧病在家,教学工作步履维艰。校长领导们知道后,没有一点责怪,没有一丝嫌弃,反而给予了特殊的照顾和关心。领导们一同去医院探望,去家里谈心。老师痊愈后上班,领导也时时询问状况怎么样,让老师多多休息。"世界上最宽阔的是海洋,比海洋宽阔的是天空,比天空宽阔的是人的胸怀。"面对这样的真心付出,谁不会奋而发起,铭记于心呢? 谁不会兢兢工作回报学校的关怀和帮助呢?

还记得有位新教师说过,刚踏上工作岗位时,他对学校既期待又胆怯,尤其是害怕见到领导。有一天晚上因为个人原因凌晨2点才睡觉,第二天学校开校会,实在焦困难忍的他不知不觉中进入了梦乡。校长在演讲之余,看见了一切,但校长没有当场叫醒他或者会后批评他,只是微微一笑,下班后给他发了条短信:"今晚别忙太晚了,早点睡吧。"看后,这位老师非常惭愧。都说宽容自古以来就是一种美德、一种胸怀、一种处事方式,但宽容更是一种智慧、一种艺术、一种境界。

在胜利的校园里,用眼睛看到的,用耳朵听到的,用心感受到的都是温情。校长去教育局开会,老师们会说:"今天王校不在家。"一个"家"字深深地打动了新教师的心,是怎样的氛围能让老师们亲切地称校为"家"? 在如此宽容的气氛、宽松的环境下治学,师生的发展辽阔无碍。

现今社会,有着丰富的物质和发达的科技,人才济济,但人和人之间仿佛隔着太平洋般疏远与计较。在浮夸的生活中,人们对宽容的理解日渐淡薄,宽容犹如沧海遗珠般沉寂了。

来到胜利,你会发现这里没有禁锢的思想和保守的闭门造车,人与人的距离可以很自然。如果有了难解的课题,大家会倾其所有,只为能够帮助你，哪怕是一点点。胜利人常说："开放是自信的表现"，所以无论哪位老师在哪个领域取得了成就，都会第一时间与老师分享经验，不怕被超越。也许只有勇者无畏，才会从不曾被超越。这又何尝不是一种宽大，不是一种宽容呢？

每一位教师刚踏上工作岗位时，都会由于经验、处事方面的欠缺给校长及搭班的老师带来许多麻烦，但校长和老师们从不责怪，而是鼓励。有一位新上任的年轻班主任尚未得到家长的认可，于是搭班的数学老师杨庆苹老师每天利用下班时间陪着班主任挨家挨户地家访，经常访到深夜。她在家访过程中教班主任如何与家长沟通交流，好几次都忘了接在幼儿园望眼欲穿的女儿。对于这些杨老师没有一丝埋怨，而是用她的宽大的气量支撑着年轻教师的意志，这是无私，更是宽容。试问胜利有这样的教师团队，哪一位教师不会奋进努力，坚持至懿呢？胜利给老师们足够宽阔的空间去调试、去成长、去开拓。

可以说，校长用宽容的艺术，教师用宽容的智慧，达到了胜利宽容的境界。

二、胜利的校园永远是晴天

"以大度兼容，则万物兼济。"

曾几何时，各大媒体报刊屡次刊登教师体罚学生的事件，引人深思，老师们到底怎么了？师者同样父母心，多数老师还是用爱和宽容来浇灌娇嫩的花蕊的。

（一）用宽容树立自信与自尊

每个孩子都是一个天使，只是有的天使发展得缓慢一些或者有其特殊之处。发展略缓稍带叛逆的小天使们，初入小学时会很不适应。他们这种不适应表现为频频制造状况，来引起同学与老师的注意，但当老师教导时却又反叛地抵抗。

记得有位老师说，他到班里一打开门，一把扫帚就从天而降，顿时班里鸦雀无声，所有的学生都怯怯地准备迎接暴风雨。"草萤有耀终飞火，荷露虽团岂是珠。"这位老师知道不能只看到调皮捣乱的表面，他们不是想整盅老师,他们的目标是一位同学,所以他并没有发作,只是分析事件的性质,最后说很庆幸被打到的是老师,如果是同学那是多么危险的事啊。并且让同学们一起来说一说这件事,如果你是老师你要怎么办,相信这是一堂很有意义的教育课。力和力之间是相互作用的,你拍得越重,反弹就会越大,所以只有了解了孩子的初衷才能真正帮助他改过,站在孩子的角度设身处地地替他们着想,他们一定会明白老师的用心。而若辣手摧花般的教育批评,只能严重伤害孩子的自尊心,让师生间更加疏远、更加对立。"不知荣辱乃不能成人",教训多了,教将不教。但是,老师对学生的宽容绝不是放任自流,而是为了减轻学生的心理压力,帮助学生树立自尊、自信心,建立平等的师生关系,做学生可探讨、可交流、可期盼的人。引导学生意识到自己的错误,主动改错。变被动为主动,让学生做自己学习生活中的主人。

(二)用宽容来感染学生

"近朱者赤,近墨者黑",那么近宽容的人会怎样呢?老师们自身的宽容,像一团红艳艳的火焰照亮了周围的人。不是烛光,而是阳光,可以温柔地洒进心灵,照亮灵魂。

二年级的小张同学上课传纸条,老师看见后拿走了纸条,孩子害怕老师看到纸上的内容,就想撕毁证据。老师看出他的意图,义正辞严地说:"这里面有你的秘密,老师尊重你的隐私,把它还给你,但是你上课写纸条是不对的。老师愿意原谅你,是因为相信你一定会改,你还是老师眼中那个优秀的孩子。"相信这无疑是播下爱和宽容的种子,让学生也懂得如何去爱护和宽容别人。不久后老师就看到了小张同学的进步,并发现他也学会宽容他人了,这真让老师欣慰。作为老师的我们,面对的是正在成长、性格还没有定型的孩子,他们最需要的是爱和宽容的滋润,我们给予他们的宽容也一定会影响到日后他们对待别人的态度。"不会对别人宽容的人,对自己也不会宽容;不会爱别人的人,别人也不会爱你!"要相信你付出的爱越多,你也会获得越多的爱,宽容别人就等于宽容自己,给别人留一扇窗,给自己开一条路。

教育不仅包括"之乎者也""勾股弦角",也包括对于处在社会关系中的人进行思想道德素质技能的教育。师者,传道授业解惑也,是要与受教者道德灵魂进行谈话的职业。只有让学生自己明了是非，才是真正的教有所果。给学生一点宽容，培养他们自我约束的能力，让内因的作用充分发挥，也是学生自我感知的过程。让学生对所犯的错误有自己的认识，有新的理解，同时重新审视老师的态度。内化后，学生会迸发出一种新的力量与动力，去不断改进自己，约束自己。"处处绿杨堪系马，家家有路到长安。"

胜利的天空永是晴天。我们在宽容的行为沃土里教学相长，在胜利基准的天空中肆意驰骋。

第三节　宽适的课堂基点

要实现教育本质的回归，就要按照"人是目的""以学生发展为本"的追求进行课堂的改造。回归到学生素质培养的目标，课堂教学不仅仅是知识的传输，更是以知识为载体的能力培养和学生生命内涵的丰富与激发。教学流程的根本是让学生生命活力充分展现、充分点燃求知欲望、创造充分调动激情的机会，必须让课堂的灵性主导课堂。根据这些年学校的实践探索，我们认识到，必须时刻把提高课堂教学质量放在心中，当前尤其要关注重新建构课堂教学的认识、评价，并以此为指导进行积极的实践，才能为素质教育赢得良好的舆论环境，并取得广泛的支持，为学生的全面发展奠定良好的基础。

根据宽基教育的思想，在学科教学中如何进一步体现"宽"与"基"，找准宽适的课堂基点呢？

一、做实学生的根基

基础教育是为学生一生发展奠基的工程。基础性是基础教育的本质特点。基础教育必须回归"基础"，因此，夯实基础是中小学学科教学的直接价值体现，是基础教育的本质要求。

所谓实质性的提高,是指学生扎扎实实地实现所处学段的发展,包括兴趣、习惯、学习能力等基础性目标。对于小学生的学习,应当说,没有真正的基础性,就没有真正的发展性。小学阶段是养成良好学习习惯、掌握科学学习方法的重要时期,会影响一个人终身的学习与发展。因此,我们必须准确地把握小学学科教学的层位与程度,夯实小学学习的基础。

如语文学科的培养目标:喜欢读书、能说会写、一手好字。

数学学科的培养目标:概念清楚、能讲会算、解题灵活。

英语学科的培养目标:词汇丰富、主动听说、勤于应用。

体育学科的培养目标:喜欢锻炼、健康第一、动有所长。

为了夯实基础,在努力探索学科培养目标的前提下,教师着力激发学生的学习热情,培养良好的学习习惯,使学生形成必备的学习能力。学校采取"三个实"以夯实基础。

（一）做实学段

如语文学科各学段落实"基"的底线要求:

低年级段的"基"定位在以下四个方面,即基在认字写字、基在掌握词句、基在感情朗读、基在习惯养成。中年级段的"基"定位在:基在观察细致有法、基在写段具体有序、基在积累素材有效。高年级段的"基"定位在:基在阅读能力发展、基在习作质量提高、基在语文素养提升。

数学学科各学段落实"基"的底线要求:

低年级段的"基"定位在:基在会写会算、基在会思会讲、基在爱学会学。中年级段的"基"定位在:基在概念清楚、基在计算准确、基在探究有效。高年级段的"基"定位在:基在知识系统、基在计算扎实、基在情感体验。

（二）务实课堂

宽基课堂首先应该是优质高效的课堂,教师应把课堂教学过程作为一种文化过程,让学生形成良好的学习习惯,掌握正确的学习方法,让小嘴常开,小手直举,小脸通红,小眼发亮。着重抓住"兴趣、对话、倾听、体验、选择、生成、有效、共赢"八个关键词进行深入研究,形成"3＋2"备课模式。"3"是教师在备课时着重做好"三备":备教材、备学生、备自己。对于教材资源,在备课中,老师们注重分三类进行深入理解:哪些课可以充分利用教材资源;哪些课可以改进调整教材资源;哪些课可以创造性使用教材资源。同时,备课时根据学生情况创造性地设计学案,力求做到"两变":变枯燥为生动,变复杂为简单。再者,在备课时,鼓励备出自己的特点,充分挖掘自身的优势,及时总结教学方法技术。"2"是指两种备课方式,即教研组集体备课和个人再次备课相结合;个人备课和专业研究备课相结合。在教研组长的带领下,共同确立教学目标,对教材进行梳理、分类,作为教师的"通用教案",实现资源共享。之后,教师在上课前,再结合自身的教学实际和个性特色,补充完善。部分教师的备课中已经有了诸如"名师支招""精彩一瞬""宽基链接""宽基资料袋"等特色的备课栏目。

(三)落实主体

终身学习理念的提出要求我们重新认识教育价值与学习主体问题。基础教育学科教学必须实现由"知识论"到"主体论"的时代转换,并树立新的教学价值观,即从培养"记忆知识的学生"转变为培育"生动活泼、自主自信的学习者"。我们在老师中提出了"学生第一"的观点,真正把学生放到主体地位。实施考试改革,打破传统考试只重结果和分数的做法,着眼于构建学生的宽厚基础,注重考双基、考技能、考创新、考书法(书写姿势)、考速度和质量、考质疑精神、考诚实等七种能力,构建形成全面、发展、激励、人文的学生质量评价机制,如建立了"胜利娃成长记录册",展示学生成长的足迹。

二、宽基课堂模式简述

在课堂教学中,总体的研究思路定位在"二十四个字":整体把握,分段落实;研究课堂,主攻一课;同课异构,点上深研。对于宽基课堂教学模式的研究,学校经历了两个过程:从宽基课堂整体转化(五段式)教学模式到宽基课堂"三标"教学法。

(一)宽基课堂整体转化(五段式)教学模式

基:双基,应知应会,国家的课程标准;宽:拓宽、联系、联结、连接。

宽基课堂整体转化(五段式)教学模型主要源于太极图。白鱼是已知,黑鱼是未知。由已知的尾部入手(基),再进入未知之头(宽),经过探索到达未知之尾部（基），从未知之尾部出来到达已知的头部（宽），最后回到已知的尾部（基）。虽然是重新回到已知的尾部，但与课开始入手的尾部不在同一个位置，已经发生螺旋上升。五个环节：先行组织，明确目标（基）；自学指导，整体感知；合作探究，深度思维（基）；宽泛练习，巩固提高（宽）；达标检测，拓展提升（基）。

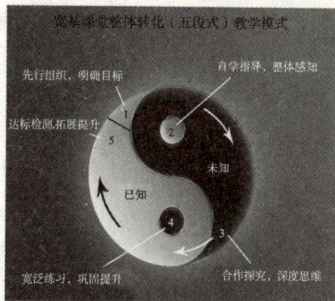

具体环节：

1. 先行组织，明确目标

这是一节课的开始环节，这一环节的设计是引领学生走向新知的桥梁。教师可以针对新旧知识的衔接点设计相应的练习——由学生已经具备的某一个先在的知识点引入，或者由一个需要新知解决问题的情境引入——激发学生学习新知的兴趣，由此引出要学习的新知。此时，教师揭示本堂课的课堂教学目标，如同调度员给驾驶员下达任务那样，准确地揭示教学目标，激发学生学习动机，调动学生学习的积极性。

2. 自学指导，整体感知

此处的宽，即整体浏览，宽泛把握。这一环节是在学生已有的知识基础上，对知识进行拓展，过渡到新知识点，过渡到最近发展区。在这个环节，教师应本着先学后教的原则，先让学生自学，自己感悟新知。教师对学生的自学进行指导，教给学生自学的方法，如提出自学提纲，让学生带着问题整体浏览，初步体验。这一环节的宽不仅体现为学生对已有知识点的拓展，还体现为学生自主学习能力的提高。指导要做到四明确——明确时间、内容、方法、要求，绝不能实行"放羊式"的自学。

3. 合作探究，深度思维

这一环节的核心是对新知识的深入分析、挖掘。此处的深入是在宽的基础上选择性地深度挖掘，挖掘强有力的思想观点、知识体系，促进学生深度理解，落实本节课的核心目标。

这一环节主要是学生之间的合作探究，引导学生通过自主学习讨论总结出的新的知识规律，来发现探究新的问题，这是学生学习的进一步深化和发展。首先是小组内的交流，然后是全班之间的交流。让尽可能多的学生参与到学习中来，通过学生们之间的交流，问疑解惑，实现对新知识的深入分析和挖掘，从而让每个学生对新知有更深刻的认识和掌握。此处体现的"基"是使学生对新学习的知识能够正确地理解和掌握，体现的"宽"是培养学生之间团结协作、互帮互助的能力，提高学生与人交流的能力，培养学生提出问题的能力，实现学生学习能力的提高。

这就是"动车组理论"和"宽度理论"。动车组理论就是让每位学生都能成为动力源，这样跑起来的速度才会快，才能真正实现有效教学；宽度理论就是让老师拓宽教学内容，开发课程资源，让尽可能多的学生参与到学习中来，即增加车道，让道路永远畅通。教师做好"平等中的首席"，规范学生的一些概念、步骤、方法等，充分给学生展示的平台，展现学生"我参与，我快乐，我自信，我成长"。

4. 宽泛练习，巩固提升

这一环节指的是深入之后再拓展。对深度挖掘的东西再进行扩展，提供广泛的知识，应用到真实生活中，学以致用。在相关知识构成的知识系统范围之内，插入尽可能多的活动，这些活动必须是学生所需要的，而且是可行的。

指导练习时，覆盖面要广，思维指向也要宽。通过练习，以点带面，以"基"延"宽"，这是螺旋上升的关键。

5. 达标检测，拓展提升

这一环节是当堂检测环节，使学生掌握新知技能，达到自动化水平的提升。课堂练习要做到"堂堂清，人人清"。检测要求像考试那样完全独立地、快节奏地按时完成，教师不做辅导，学生不得抄袭。

这里体现的基是考查学生对新学知识点的掌握，宽是全面提高学生的素质，如发展学生的思维，锻炼学生的意志，增强竞争意识、独立意识、严谨的态度，等等。它能及时反馈出准确的信息，便于教师进行补缺。学生在课堂教学的过程中高度紧张地学习，取得事半功倍的效果，减轻了课外负担。

教师要引导学生从某个点上深入,总结收获,知识联网,达到一定的广度。

　　学校提出的宽基课堂整体转化(五段式)教学模式,融合了西方先进的教学理论和中国古老的哲学思想,作为一种原创教学理论,在实践中不断丰富和完善,逐步使环节更加清晰,课堂教学目标更加明确。

　　(二)宽基课堂"三标"教学法

　　在五段式的基础上,学校围绕一节课的教学目标,又实施了"三标"课堂教学,使教学效益最大化。

　　1. 基本思想

　　"基"——三追求:

　　学会为根本——力求规范简约;会学为核心——力求法多扎实;应用为宗旨——力求会用快乐。

　　"宽"——两开放:

　　在三不讲(学生已经学会的不讲,学生能自己学会的不讲,学生能合作解决的不讲)的原则下,追求课堂的开放,即形式的开放和内容的开放。

　　2. 实施过程

　　三环节:

　　预设目标:在导入新课时"亮目标",使学生明确学习任务。

　　说明:教师先出示这节课的教学目标。形式可以是文字式,也可以是知识树式。目标要准、实。

　　达成目标:先试后导(先练后讲),合作探究。

　　说明:先进行自学指导,整体感知(一般可参考以下步骤进行:阅览梗概,初步了解学习内容;仔细阅读,逐字逐句认真阅读;勾画批点,边自学边做批注)。自学可与合作探究相结合(形式可多样)。然后进行汇报交流,深度思维。最后进行生生交流,教师点拨(点拨解答疑难,总结知识规律,形成学习方法)。

　　反馈目标:进行巩固练习,拓展应用,进行本节课目标达成度的小结。

　　说明:根据课的难易程度,探究时间的长短,主要进行 2—3 个环节(其中,第 2 环节可根据难易自主安排进行)的练习:① 仿练,再变式练(常规练习,检测);② 知识的拓展提高(分层练习,自编练习);③ 对本节课教学目标达成情况梳理小结。

第四节　宽展的课程基地

一、课程开发的背景与原则

宽基教育是胜利大街小学的办学特色,学校课程围绕"宽识博见,个性发展"展开,全面服务于学校个性化的培养目标。本校学生中干部子女较多,家长文化素质较高,但是在生活中学生还存在着娇生惯养、依赖家长、以自我为中心、生活能力不强等缺点。学生是生活中的人,将来要走入社会生活,学校因此以课程为载体,引导学生为生活作好准备,使学生在学习中学会选择,为学生终身发展奠基。

学校课程采用必修课程、选修课程和社团活动等形式,接轨国际教育,关注学生发展需要,综合利用资源,优化学校课程结构。如让学生在虚拟的科学实验室接触最新的前沿科技,在多达近百种的选修课程中发展个性,在同国外的沟通中感受多元文化,在新奇的科技馆中大胆地畅想、动手创造。

学校课程的总目标:① 发挥地方和学校的资源优势,满足学生的不同需求与不同特点,使课程促进学生个性的健康发展和多样化发展。② 帮助学生理解知识的丰富多样性,提高学生的实际生活能力,培养他们的自信自主和独立批判精神。③ 重视培养学生在所处社会中获得知识和能力,利用实际营造多样化的认识环境和活动空间,帮助学生认识、理解和尊重这种知识和认识方式的多样性。④ 创设开放、宽松、平等和多样化的教学环境,彼此之间相互交流、竞争和对话,从而培养学生公正对待各种知识乃至自身经验的理性态度。⑤ 积极拓展知识,使学生建立学习与发展的自信心。在活动中不断探索研究,培养创造意识与创新精神。学校课程开发总结为一句话:基于学校生源、资源、办学理念,教师能上,学生喜欢。

二、学校课程设置

学校课程以五个模块、五个切入点为基本框架,教师在基本框架下发挥个人特长,体现"创生"理念。学校课程主要以必修课、选修课、社团活动等基本形式落实和实施。

学生必修类课程包括:经典诵读、2+1快乐大课间、时政资讯、国际象棋、八证书。前三项以"一日课程"形式落实于学生生活每一天,后两项则纳入学校课程表。

选修类课程包括:① 科学素养课程。以胜利少年科学院为活动载体,包括国际象棋课程、电脑机器人制作课程、DIY皂吧课程、车模航模海模课程、动植物养殖课程等。② 艺术素养课程。以胜利明天少儿艺术团为活动载体,包括书法、国画、舞蹈、合唱、民乐、剪纸、影视欣赏、影视表演等课程。③ 健康体魄课程。以胜利青少年体育俱乐部活动为载体,开设柔力球、羽毛球、篮球、拉丁操、健身操、韵律操、玩转老游戏等活动,使胜利的学生会生活,爱生活,身体健。④ 健康心理课程。以心灵小屋——胜利心理咨询室活动为载体,通过心理团队游戏、美丽心情、聊聊吧等,培养学生的健康心理。⑤ 学会生活课程。以学校生态馆、蝶舞童趣园为载体,进行童年之旅、蝶舞童趣活动;以"童年之旅"为主题,组织学生结合假期外出旅游,围绕地域、物产、风俗等开展研究性学习活动;借助学校科普生态馆和蝴蝶园资源优势,开发"蝶舞童趣"综合实践类校本课程,通过蝶画、蝶文、蝶曲、蝶舞等实践活动,培养学生爱科学、学科学的兴趣,提高学生综合性学习的能力;以学生生活为内容,开设小小营养师、巧手爱厨、美化生活居室、井井有条巧收纳等课程,提高生活品位和生活质量。

三、学校课程实施

1. 课程时间安排

原则上每学期调整一次授课内容,固定时间,固定地点,固定老师,固定学生(一学期一换)。每周四下午二、三节,学生社团活动,家长进课堂、社区实践活动。每周五下午第二节、第三节,学生上选修课。

2. 课程模式探究

在课程实施中,着力培养学生"四会"能力(会观察、会提问、会实践、会发展)。着眼点在于通过课程的实施,引导学生围绕某一个问题或专题进行观察、思考。通过亲身实践获取直接经验和体验以及与他人合作收集信息、整理信息或实验、操作等,初步懂得分析问题和解决问题的方法,养成科学的精神和态度,对问题的探究产生较为浓厚的兴趣。

学校课程拟形成课程模式:① 课题菜单自选式;② 探究型课程模式;③ 教师特长衍生式;④ 主题活动生成式。

课题菜单自选式:学校课程开发委员会根据对学校与社会本土资源的分析,在尊重师生创造性的基础上,提供课题研究的部分子课题,形成课题菜单,供参与课程开发的教师自主选择。

探究型课程模式:以"引导—探究—发展"作为教与学的基本模式(如下图)。

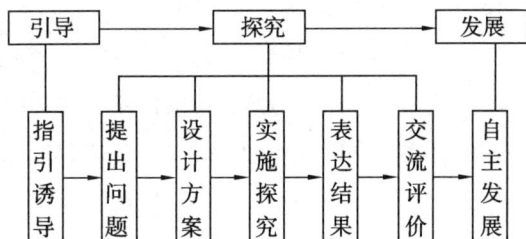

此模式以问题为中心,侧重于让学生"独立钻研""合作探究""充分发展"。因此,无论是学生的学习方式,还是教师的思想观念和教学手段,都将发生巨大的变化。只有这样,才能促进学生的创新精神和实践能力得到充分地培养和发展。

由于"引导—探究—发展"的教学模式是以学生已有的知识储存为基础的,我们根据不同年级学生的现有发展水平和不同课题的特点,对实施这个模式提出了不同的要求,做到有差异、有层次地进行。具体列表如下:

程序 角色 层次	引导	提出 问题	设计 方案	实施 探究	表达 结果	交流 评价	发展	适应 年级
第一层次	教师	教师	师生	学生	师生	互评	学生	低
第二层次	教师	师生	学生	学生	师生	互评	学生	中
第三层次	教师	学生	学生	学生	师生	互评	学生	高
研究时空	课内			课外		课内		

在上述三个层次的教学过程中,低年级以游戏活动为主,激发学生的探究愿望和兴趣,逐步培养合作精神;中年级以主题活动为主,激发学生的求知欲,强化创新意识,逐步培养求异思维、探究能力等;高年级以课题活动为主,培养创新精神和实践能力。这一切都将通过师生的双边活动来完成。

教师特长衍生式:参与课程开发的教师根据自身专业特长,结合学会生活课程开发要求,自主创生课题。如:刘宗镇、陈庆亮老师生活中喜欢养乌龟、养金鱼,便发挥自己的优势,带领学生进行了此方面的探究与学习;菅营则带领学生探究起了"儿时传统游戏"。教师们这种基于自身特长的衍生式课程开发模式,充分挖掘教师课程开发的潜能,使教师参与课程建设的自信心空前高涨,而且让教师参与课程开发与建设的自主权得到了落实,能有效地促进教师的专业化发展。

主题活动生成式:在参与学校课程建设的过程中,师生有了很大的自主权,在课题选择的同时也有了创生的权利。师生在学校提供的课题菜单的基础上,结合学生们研究的兴趣与爱好,生成了不少经典的研究主题,我们称之为"主题活动生成式"。如:在语文综合实践活动的基础上生成了"中国传统节日的研究""舜德孝贤我来学"主题活动;在帮助父母"今天我当家"的基础上生成了"小小营养师"的主题活动;在学校社团活动基础上生成了"巧手剪出泉城秀"活动,等等。

课程的实施形式也可采用长短结合、分散与集中相结合的方式来进行。"长短结合"是指在课时安排上,可以集中一段时间来做,也可以用一两周甚至是一两个月的时间来做；既可以是上课时间来做，也可以结合学生的节假日来做。"集中"是指学校在课时计划中明确规定什么时间是全校各班级在校的学校课程时间，分散是指学校不确定其时间与场所，各班级或小组可以自行确定学习与研究的时间与场所。这样的课程实施方式为学生自主学习提供了空间，也为学生走出教室、走进社区、走向大自然，进入图书馆、科技馆，走访专家提供了机会。

学校课程让学生在实践过程中，学习科学研究的方法，发展综合运用知识的能力，增强了探究和创新意识。课程资源的开发，以学生的经验与生活为核心，注重学科的整体性、实践性、开放性、生成性、自主性，增进了学校与社会、与生活的密切联系，提高了学生的社会适应能力，培养了学生的社会责任感。

第五节　宽绰的师者基础

"名师出高徒"，的确，许多高徒并非天生，正是优秀教师的悉心引导才使得他们的潜能得到了最大的开发。在现代教育界，有远见的学校已经充分意识到了教师在学校发展和人才培养中的灵魂作用，但校际之间对于教师的培养却存在着相当的差异。有些学校思考的是如何通过引进的方式去"拥有"优秀教师，而有些学校则懂得如何去"培养"和"塑造"优秀教师，从长远的眼光来看，后者无疑更具有竞争力。

近年来，济南市胜利大街小学以"创生"为办学理念，张扬"教师第一，适性发展"的价值追求，让教育与生命相连、与生活相连、与幸福相连，引领教师走上创生发展的教育之路。

一、推崇"教师第一"，追求"适性发展"

前清华大学校长梅贻琦说过："所谓大学者，非谓有大楼之谓也，有大师之谓也。"大学如此,中小学其实也是如此,教师才是学校的第一资源。那么,如何落实"教师第一"呢?

一个学校发展的最高境界是自主发展,适性发展,凸现的是文化领导力的价值。"教师第一",就是要让学校的每一位教师在学校文化的引领下独立思考、自由表达,把教师发展摆在学校优先发展的高度,为教师创设宽松、和谐、科学的发展环境,使教师在教学相长中成就学生的进步并收获实现自我价值的幸福。对学校管理而言,如果学校把教师放在第一位,充分尊重教师,给教师足够的自主权、发展权,激发教师的教育激情,教师也会把学生放在第一位。幸福是人生追寻的恒久主题。作为教师,他们同样对职业幸福的追求怀有虔诚的期待。"得天下英才而教之"和"太阳底下最光辉的职业"是社会对教师职业的赞美,也透露出社会对教师这一职业的界定应该是快乐和幸福的。

宽基教育的基本目标是"让每个学生的个性和特长得到更好的发展,让每个胜利人感受成功的喜悦,教师和学生双向成才"。"教师第一"这一理念无疑是在朝着这一目标迈进。学校通过为教师专业化发展提供平台,推广温馨的评价体系等方式,着力培养教师的职业幸福感。

学校评价教师看的是实力、能力、潜力、活力、魅力、定力。实力指由学习经历、工作经历和生活经历的积淀形成的整体素质。能力指表现出来的胜任职务和解决问题的水平,能力的最好体现是实绩。潜力指尚未表现出来的,经过学习或实践可以发展起来的能力。活力指蓬勃的朝气和与时俱进的创新精神。魅力是指由自身的才智、风度和人际交往过程中的态度等因素形成的吸引力、亲和力、感召力。定力指在纷繁复杂的社会现象面前,能始终保持清醒的头脑,保持冷静,防止浮躁。

基于对教师平等竞争需求的关注,学校实行了以工作实绩为主的透明化评价管理方式,体现"人文性、公平性、激励性"原则。教师们普遍认可这把尺子,不管什么人,工作面前人人平等,即职位不同,地位平等;能力不同,权利平等。大家心平气顺,形成有序竞争、各得其所的局面,有选择地走好各自的成长发展之路。

结合学校的实际，"适性发展"，是指教师发展要适应教师群体的层次结构，适应教师个体的个性需求，融合（尊重）教师个体的文化背景，搭建教师才智的施展舞台，优化教师个人的成长空间，简言之就是让教师在最适合个人、个性发展的空间里成长为既具有胜利风格又个性鲜明的教育"良师"，形成"和而不同"的大教育观。木桶理论指出：一个团队的发展、成绩的取得是由团队中每一个成员的专业素质的发展和成长作为前提的。所以，学校领导把打造高水平、高素质的教师团队，引领教师自主发展作为推动学校发展的第一要务。教师专业化发展对教师来说既是一种理论认识，更是一种不断"创生"的过程；既是一种职业资格的认定，更是一个"实施宽基教育，争做风格教师"的自觉追求，其最终日的是让胜利的每个人都成为最好的自己。

学校领导带领全校老师共谋愿景，引导每一位教师制订了《教师自主发展的三年规划》，确立了教师自主发展的三级标准：初级标准是"做人才"，即做技能型教师；中级标准是"变人材"，即做研究型教师；高级标准是"成人财"，即作智慧型教师。每个老师在规划中找到了自己的定位。在实施宽基教育的实践中，从教师专业发展需求出发，学校构建了教师宽基发展文化体系，推进教师个性发展的校本研修体系。

二、"宽基教育"背后的反思成长

教育家波斯纳指出："没有反思的经验是狭隘的经验，至多只能成为肤浅的知识。"为此他提出了教师成长的公式：经验＋反思＝成长。大凡优秀的教师都是在实践、反思、总结这条途径中成长起来的。

宽基教育办学思想是学校实施个性化素质教育的结晶，反映了胜利人对教育发展规律的深入思考，体现了胜利大街小学从自身实际出发对基础教育课程改革理念的理解与认同。老师们在学校宽基理念的引领下，结合自身实际，开始了对教学过程的反思。

语文教师宋本玉说，学校开展宽基教育以来，语文不再是传统意义上的字、词、句、篇，宽基语文引导师生到生活的源头活水中去学语文，为生活而学语文，使学生达到"读生活之书，行生活之路，做生活之事，明生活之理"的目标。读生活之书，是指读有字的书和读生活这本无字的大书；行生活之路,是让学生打破语文的时空界限,把课堂上的"知"到生活中去广泛运用,在生活中提高语文综合素养;做生活之事,是让学生到生活中去体验、实践;明生活之理,是让学生在生活实践中学会做事的方法,领悟做人的真谛。课堂上致力于对"宽基课堂"的探索,每节课找一个宽基着力点,在这个点上反复训练,夯实基础,开阔了学生的思维和眼界。

体育教师孙晓青说,她理解的宽基课堂模式就是教师运用各种教学手段针对不同学生不同内容的一种教学方式,帮助学生掌握一个个的知识点,将它们拓宽联结在一起并不断延伸的过程。模式不可能一蹴而就,也不是千篇一律的,它需要在实践中慢慢摸索,需要具备各种因素,因素具备了,模式也就自然形成了。宽基教育同样是培养好习惯的教育,帮孩子养成一个好习惯,就会向宽基教育迈近一点点,让宽基教育丰满一点点,无数的好习惯必然会让宽基教育茁壮成长。

……

在借鉴中成长,在探索中提高,在发展中完善,学校的教师们在宽基理论的熏陶与实践经验的浸润中逐渐成熟起来,更好地促进了教育教学的开展,充实了自身业务素养。

三、教师文化是点燃教育智慧的火把

教师文化不仅代表着教育者的精神风貌、理想信念,更蕴涵着一个学校的办学思想、管理观念。作为学校文化的重要组成部分,教师文化内隐于教师心灵,外显为一个学校的校风、教风。良好的教师文化建设,对于学校教育的顺利开展具有十分重要的意义。

陀思妥耶夫斯基说过:"人活在树木和水塘之间,活在劳动和精神的自由之间,活在诗歌和艺术边缘,活在有尊严和挚爱的生活之中,必定会活得舒服些。"优秀的教师文化不仅给了济南胜利大街小学的学生们真挚的关爱,也给了他们精神上的洗礼,整个学校在一股浓浓的人文关怀中形成了强大的凝聚力和向心力。

学校把全体师生的素质、个性、能力与智慧的自我生成、自我发展、自我创新和自我完善作为引领学校文化的核心价值。在实施宽基教育的实践

中，从教师专业发展需求出发，构建了教师宽基发展文化体系。

胜利人深知，学校要发展，必须依靠思想过硬、素质过硬、身体过硬的教师队伍。若将学校比作航船，管理者是掌握航向的舵手，教师则是吃苦耐劳的水手。老师们需要关爱，关爱教师就是关爱学生，因为只有感受到被关爱的人才能去关爱他人。

学校提出了创建"亲情家园、人本校园、成长乐园"的和谐校园的目标，引导每位教师从单一争做业务能手向追求身心素质、专业素质和富有幸福感的多元和谐方向发展，焕发自身的生命活力，提升育人水平。为此，在教学管理中提倡"多一点指导、少一点检查，多一些实质、少一些形式"。着重营造"四个温馨"：其一，温馨早餐进校园。每天早晨学校都为每一位教师准备好丰盛的早餐，为教师解决了家远吃不上饭的后顾之忧。其二，温馨生日祝福沁心田。每当教师生日来临，总会有一束鲜花送到教师的手中，并伴随着学校领导的祝福。其三，温馨亲子俱乐部解困难。为了解决教师子女放学后无人照看的困难，学校成立了亲子俱乐部，由孩子的父母轮流担当辅导员，负责管理每天放学后的"子弟兵"。有时到了周末，亲子俱乐部还开展踏青、秋游等活动。其四，温馨评价暖心间。学校领导对教师备课、作业批改等工作进行检查评价时都用温馨的语言，发现闪光点，加以总结提升，发现不足，并指出下一步努力的方向。

学校领导努力做老师们的"贴心人、暖心人"，对教师家属生病、住院、婚丧嫁娶、生活困难、思想负担等情况，他们做的是第一知情人、第一报告人、第一关心人、第一帮扶人。

正是在日常管理中渗透着亲情传递，才使胜利大街小学的老师们保持着积极向上的朝气，他们在和谐、宽松的环境中全心投入、孜孜以求，秉承唯实唯新的胜利精神，谱写着自己教育生涯的美丽篇章。

雨果说："生活中最大的幸福就是有人爱我们。"校园的和谐源自于人的和谐，胜利大街小学做了很好的诠释。"问渠哪得清如许，为有源头活水来。"可以相信，占领了人才制高点的济南胜利大街小学在教育的大花园里定会绽放出更加美丽的花朵。

随着社会的发展、教育改革的深入和教师发展进程的需要,不断促进教师实现自我超越已经成为各个学校教师工作的中心内容。学校在"宽基"教育理念的引领下,坚持"教师第一,适性发展",激励教师们向更高的层次迈进。学校领导和教师只有不断实现自我飞跃,才能成为真正的学习型、研究型教师甚至专家。"雄关漫道真如铁,而今迈步从头越",在不断实现自我发展的过程中,学校更希望所有的教师都能够"快乐地工作、快乐地生活",真正体验生命价值和职业价值的内在统一,最终实现"为了生命更好的成长"的美好夙愿。

第六节 宽厚的文化基石

作为一所老校、一所品牌学校,济南市胜利大街小学长期以来形成了"务实上进"的教风和学风。老师们工作严谨,一丝不苟;学生们行为规范,基础扎实。正是这种严谨的教风、学风,形成了胜利人特有的内敛含蓄的气质,并促使胜利大街小学从辉煌走向辉煌。

这是一所具有较高社会威望的学校。

建校以来,胜利大街小学以科学规范的管理措施、高超先进的教学手段、令人瞩目的成绩,赢得了社会的广泛承认。尽管济南市区的小学教育以就近入学为招生准则,但多少年来,适龄儿童的家长们都以让孩子进入这所小学学习为荣。省内外的许多学校代表也经常来胜利大街小学参观学习,把它当作榜样。国家和省市领导参观学校教育,也多以胜利大街小学为考察点,国家、省、市领导同志多次到学校考察、指导工作。美国、日本、德国、法国等国的教育界人士也经常来学校参观、交流。

这是一所具有优良传统的学校。

胜利大街小学以团结奋进、求实创新的领导班子,科学合理、系统有效的管理制度,敬业爱生、乐育善教的高尚师德,博学多才、锐意进取的教师队伍以及成绩斐然的教学业绩,赢得了齐鲁教育界长期、广泛的赞誉。

这是一所具有探索改革精神和前瞻性领导艺术的学校。

自1978年中国教育届第一次掀起具有历史意义的改革以来,济南市胜利大街小学的历届领导和老师们就以极大的热情投入到教育改革事业当中,创造了令人瞩目的成绩。

在全国进行由"抓'双基'、促质量"逐步发展到注重学生能力培养的时候,以徐文重等人为代表的学校领导班子就开始了课堂教学环节与教学专题研究的工作。例如,学校开展了课堂导入、作业批改和集中识字等方面的教改实验。这些试验研究在当时走在了全国的最前沿,引领了中国教育教学改革的后续发展。

当全国教育界发现教学方法的改革依赖于教材、课程与教材的设置在一定程度上制约了教学方法的改革、开始思考各科内容改革与教学方法协调的时候,以李敏为代表的学校领导班子和老师们就已经开始了教材与教学方法的综合研究。例如,应用题教学研究、计算教学研究、错例分析等都在全国引起了较大反响。

新一轮的课程改革对教学提出了新的要求,给老师们带来了许多崭新的教育理念。但是,新课改的新要求同样给老师们带来了新的困惑,如重视过程与知识生成的问题、怎样体现"用教材教而不能教教材"的思想问题、方法多样化与最优化的处理问题、课堂教学生活化与教学时间的问题、教材处理与教师的能力与精力问题、三维教学目标如何在课堂上的体现问题、情感能力与基础知识的问题等等,都给老师们带来了极大的困惑。这不仅影响了新课改的顺利进行,也在一定程度上造成了老师们的思想混乱,影响了教育教学质量的提高。

面对众多的困惑与不解,以王念强为代表的济南市胜利大街小学的领导和老师们,又一次陷入了深深的思考之中。他们消化着新理念,破解着新困惑,回顾着一次次改革的成功与失败,分析着课堂教学的自身特点,反思着教育教学的本质内涵,总结着各位教师在教学过程中的成功经验。经过一次次深入的讨论、研究、探讨、思索,他们认为,要想在新的教育改革形势下,让教师们的理论和能力有进一步的发展,让学生们真正茁壮成长,就必须从教育理念、教学思想、教学方法和课程改革等方面进行综合协调改革。在进一步讨论、分析、研究的基础上,他们决定首先从语文教学开始,进行先期性的探索工作。

语文,它源于生活却又远离了生活;学生,他们每日每时都在使用语文,却又在一天天地疏远甚至厌恶语文。这到底是为什么? 认识到这一点之后,担任实验的教师们开始把目光投向了生活。蓦的,语文教学的沉沉天幕上展现出了黎明的曙光。一个"生活语文"的课题研究从此展开了。很快,意想不到的成果显现了。语文课堂明显活跃了起来,学生们的学习热情倍增,一个语文教学改革的萌芽在师生们的努力下渐渐变得枝叶明朗了。2004 年 6 月,济南市胜利大街小学的生活语文课题被确立为山东省"十五"重点课题。在孙宝书等专家学者的具体指导下,经过课题组全体老师的不断努力,理论在一点点廓清,方法和措施在一步步完善,生活语文的道路愈走愈分明。终于,一个全新的语文教学体系——"'宽基础'语文教学新体系"诞生了。

在此期间,学校语文教师在全国各级教育报刊杂志上公开发表教学论文和教学设计 79 篇,执教各级公开课 135 节,先后主办和承办了浙江省现代教育实验学校经验交流会、全国小学语文"开放—增效"教学研讨会等会议。同时,还多次接待或应邀参加兄弟省市区的小学语文教学研究活动,充分展示了学校开展"生活语文"教学改革以来的研究成果。2004 年 12 月,《小学语文教师》专栏报道了老师们关于宽基语文研究的 8 篇教案、札记。2005 年7—8 期,《山东教育》以《宽基语文植根生活的沃土》为题,做了长达 6 页的专栏报道。

宽基语文教学的成功,使胜利人又一次尝到了改革的乐趣,看到了学校整体改革的希望所在,一次从理论到各学科教学,从行政管理到后勤保障,从领导到老师,从学生到家长,课课涉及、人人参与的整体改革活动掀起了又一次高潮。经过不长时间的探索、研究,一个被称之为"宽基教育"的崭新的教育教学体系终于诞生了。

学校实施的宽基教育核心点就是培养学生的全面素质,让素质教育真正贯穿到教育教学实践中。让胜利的师生都享有一份爱,都得到一种尊重,都享有发展的机会,都有个性化的追求,人人能够体验到欢乐和成功。宽基教育的基本目标是"让每个学生的个性和特长得到更好的发展,让每个胜利人感受成功的喜悦,教师和学生双向成才"。德育是宽基教育的基本任务,要做到德育工作制度化、德育管理网络化、德育活动系列化、德育教育生活化。为此,学校着力从五个方面进行宽基教育特色文化建设:

"人文、开放、精致、和谐",以人为本的管理文化。

"责任、宽容、激情、智慧",自主发展的教师文化。

"民主、交流、合作、探究",多元创生的课程文化。

"乐学、会学、自律、自主",宽识博见的学生文化。

"生态、雅致、温馨、童趣",优美和谐的环境文化。

学校是育人的场所,经营者是人,生产者是人,最终输送的也是人,校园里时时处处都应该表现出人格的魅力,所以学校把环境文化建设定为生态、雅致、温馨、童趣。如:墙壁是淡蓝色基调,给人以理智冷静的感觉;以自然、人文、科技为主题的大型壁画,是胜利精神、作风的标识,又是人、动物、自然、宇宙和谐相处及可持续发展的象征。日常学生学习为主的厚基楼、教师工作学习的共进楼、学生活动为主的博艺楼,体现出来的是外部凝重而不失活泼,华美而不失庄重,有一种"静态美";内部空间布局紧凑而不失宽敞,相连而不失完整,给人一种"动态美"。这种"外静内动"的审美感体现了中华民族外表文静、内心丰富的心理特征和审美理想。环境的审美教育功能借助建筑的造型和建筑空间布局达到。学校还建有博雅墙、生态长廊、生态馆、蝶趣园、科技馆等景观,处处彰显人文内涵,胜利精神融入了诗、书、乐、画,融入了五千年的民族史,融进了学生生活的点点滴滴,让师生在学校里诗意地徜徉。

学校与日本和歌山市吹上小学成为友好学校,与北京、上海、南京、青岛、扬州等地的重点学校确立了教学共进关系,定期进行交流,充分发挥了

"窗口"作用。国家、省、市各级领导到我校指导工作,极大地推进了学校各项工作的开展。

学校先后获得了山东省文明单位、山东省规范化学校、山东省教学示范学校、全国红旗大队、山东省心理健康教育先进单位、山东省综合实践课题实验先进单位等称号。培育了一批批具有较高水平、较强素质的干部教师队伍,目前学校省、市、区级教学能手共 29 人,区首席教师 3 人、首席班主任1 人、区十佳教师 1 人。耿旭菲同学当选为全国少代会少工委委员,并作为大会主席团成员进京参加盛会,是山东少先队历史上获此殊荣的第一人;学校的"明天少儿艺术团"自 1997 年建团以来,多次举办大型的文艺汇演,受到了各级领导、家长、师生的高度评价。

济南市胜利大街小学诞生于济南战役胜利的欢呼声中。六十年的耕耘,胜利人在"自信、协力、唯新"的精神基调、"规范、内敛、务实、求是"的工作基调下,致力于创建"成长乐园、亲情家园、人本校园"的"三园"式学校,这一愿景源自学校教师崇高的教育使命感,源自心中涌动的教育梦想以及对自身实力的信心。胜利人将把它作为不懈奋斗的目标,拳拳服膺、马不停蹄、前赴后继!

第七节　宽宏的胜利基质

对于任何事物来讲,"基质"是其长久生存并得以成长发展的最基本、最重要的素质,它具有"基因"的作用。美国的哲学家托马斯·库恩对"基质"曾提出过这样的言论:"用'基质'一词是因为它由各种各样的有序元素组成,并因而形成一个整体而共同起作用。"而对于一所学校来说,能够使其长久生存并得以成长发展的基质有很多,诸如学校的办学管理理念、学校的文化成长氛围等,而拥有怎样的教师团队和学生群体则是其中最基本、最核心的重要元素之一。我们胜利大街小学在"宽基教育"核心理念的引领下,在致力于"宽基教育"的研究中，力求打造学校宽宏的胜利气质，培养具有宽宏气质的胜利教师和胜利学子。

那何为"宽宏"？又为何以"宽宏"一词来定义我们的胜利基质？字典中对其给予了这样的解释："宽宏，一谓胸怀宽阔，气量弘深，能容人；二谓慷慨大方，不吝啬。"由此可见，"宽宏"是一种胸怀、一份气量、一种修养，它彰显的是做人做事的一股大气、大量、大度之风范。"宽基教育"下的胜利大街小学正在致力于创设宽宏的校园文化氛围，用宽宏的文化滋养成长在这片土壤上的每一位师生的气质和修养，而成长起来的每一位教师和学生也以其自身彰显着胜利文化的宽宏之所在。

基质之一 —— 宽基教育要以培养宽宏的胜利学子为目的。

何谓宽宏的学生？济南市胜利大街小学的领导和老师们一致认为，宽宏的学生就是要求学生成为宽识厚基的人，也就是具有宽厚的做人基础、宽厚的生存基础、宽厚的干事基础、宽厚的发展目标。

"宽识"应包括认识、知识和见识三个方面。

认识主要是指自主创新的学习能力，即"宽基"的学生应该具备较强的语言表达能力、数学推理能力、逻辑思维能力、自我监控能力、主动质疑独立思考的研究能力和善于观察、勤于动手的实践能力。

知识主要是指宽广多元的知识结构，即"宽基"的学生应当具有宽广的知识面：人文、历史、艺术、自然、科技等全方面宽于课本的知识。应具有多元的知识结构：知识层面由浅入深，知识系统扎实牢固。

见识主要是指开阔的视野和优良的技能，即"宽基"的学生应当具有长远的眼光和独到的见解，应具有阅读的技能、交际的技能、应试的技能、演讲的技能、创作的技能、演奏器乐的技能、演唱的技能、体育运动的技能、科技创新的技能等。

"厚基"是指一个人具有厚实的人格素养。

"宽基"学生要人人抱有一颗公德心，自觉遵守秩序；"宽基"的学生要拥有一双灵巧手，自己的事情自己做，具备良好的行为习惯；"宽基"的学生要有一颗好奇心，能积极发现，善于创造；"宽基"的学生要有丰富的想象力，能将索然无味的东西变得生趣盎然;"宽基"的学生能够具有自我约束力,懂得努力争取,还能学会放弃;"宽基"的学生能够彬彬有礼,不仅对自己负责,也能考虑别人;"宽基"的学生能懂得合作,理解别人的内心世界,又能恰当地表达自己;"宽基"的学生具有审美情趣,知道如何创造美;"宽基"的学生诚实守信,能真实地评价自己,真诚地对待别人;"宽基"的学生要具有生动活泼的个性、优秀的道德品质、良好的行为习惯、坚定的意志品质、高雅的审美情趣、能辨别是非,以及健康向上的生活态度和良好的心理调节能力等。

济南市胜利大街小学实施的宽基教育为学生成长搭建了宽阔的舞台。为了培养"宽宏"的学生,为了让学生们学会生活,学会做人,在实施宽基教育的过程中,胜利大街小学从生活与礼仪、生活与安全、生活与健康、生活与审美、生活与科学、生活与责任六个方面,对学生进行了系统而科学的教育。不仅课上课下充分把舞台还给学生,还积极拓宽课程,建立了新的课程结构,实现了"三个超越":(1)学好教材,超越教材,使孩子们在科学探索中开掘智慧,在学科体验中标新立异,在创新课堂中放飞心灵。(2)立足课堂,超越课堂。加强家庭、环境和社会对孩子成长的正面影响,让孩子真正懂得"课堂小天地,天地大课堂"。(3)尊重老师,超越老师。孩子超越老师的过程既是老师自我超越的过程,也是真正实现"教学相长"的过程。他们把作业变成作品,把考试变为展示,注重让学生们在老师的搀扶和点化下学会学习、学会思考、学会生活、学会批判,最终让学生成为学习的主人。同时,为了学生们健康、全面地发展成长,教师们还利用丰富的学校和社会资源,创编了具有自己特色的校本课程体系。

可以说,为学生的终身发展奠基是社会对教育、尤其是对基础教育提出的要求,因此,为学生的终身发展确立宽厚的发展目标,并向着这一目标开拓前进,最终培养出一批批宽基的学生,是济南市胜利大街小学的领导和老师们进行这次改革的最高目标。

基质之二 ——宽基教育需要宽宏的胜利之师作为发展保障。

有宽基的师资才能实施宽基的教育,能拥有一个具有宽宏气质的教师团队是实施宽基教育的有力保障。为此,在实施宽基教育的过程中,学校着力构建学习型、科研型的教师队伍,开展"读名篇、读名师、读学生、读自己"的学习活动,注重用先进的教育理论武装教师的头脑,转变教师的观念,要求教师自觉做学生道德的引导者、思想的启迪者、学习的合作者、心灵世界的开拓者。学校特别重视教师的反思性教学研究,倡导教师要通过"自录自评"(课后听一听自己的录音)监控自己的课堂教学、修正自己的言行、不断提高教育教学水平;学校鼓励教师开展"四自教学活动"(自选内容、自己请人听课、自己看录像、自己评价),鼓励教师自设公开课,引导教师自我检查、自我鉴定,从而达到自我表现、自我激励、自我提高、自主发展的目的。对青年教师,学校采取"十子"战略,即引路子、结对子、树样子、压担子、补脑子、出点子、写稿子、拔尖子、挑鼻子、用鞭子。这些措施的实施,为教师们的发展提供了良好的条件,为宽基教师队伍的建设提供了有力的保障,从而保证了宽基教育的顺利进行。

一位名师就是一面旗帜,一位名师就是一所学校,名师的打造无疑可以更强有力地带动学校教师队伍的成长及发展。为此,济南市胜利大街小学还实施了著名的"胜利名师"工程,在实施宽基教育的过程中打造一批名师,以名师带教师,以名师带品牌。名师有一个共同的人格特征,那就是对事业的执著,对生活意义的探寻,对职业价值的追求。这成了他们成长的原动力,成了他们不断进步、走向成功的力量源泉。这一基质如一座能量库,不断燃烧着工作的激情,不断喷涌着催人向前的热浪。

基质之三 ——宽基教育需要在宽宏的胜利文化之土上培育。

王念强校长曾说,如果把遗传比做苗,视教育为田间管理,那么环境就应该充当土壤的角色。没有土壤,苗往哪里栽? 土质不好,苗再好,管理再好,能有最好的收成吗? 可见,一个学校的文化环境和文化氛围对于教育理想的达成有着至关重要的作用。也正是基于这一思想,济南市胜利大街小学在实施宽基教育的过程中,着力创设精神家园,用高尚的道德、高远的理想、高洁的品质教育引导学生,用丰厚的知识丰富学生,使之成为精神的富有者和高尚者,让人人都享有一份爱,让人人都得到尊重,让人人都享有发展的机会,让人人都有所追求,让人人都体验欢乐和成功。

为了把这种理念落到实处,学校规划了"三园式学校"的发展目标,即:成长乐园、亲情家园、人本校园。走进济南市胜利大街小学的校园,你常常会看到三五成群的学生们聚集在教学楼或活动楼的"中华千句文"前高声朗诵;校园里,各级各类的朗诵比赛此起彼伏,"朗诵大王""古诗状元"不断地在各班产生。走进窗明几净的教学楼,大厅里迎面摆着一架钢琴,每天清晨,在学校"小音乐家"的悠扬琴声里,学生们快乐地开始了一天的读书学习。楼梯拐角处的"小书吧"设计得独具匠心:木地板、柔和的射灯,营造出一个温馨的读书氛围。课余时分,办公楼里的"读书银行"中、各年级流动书架前,常常看到小图书管理员们忙碌的身影。课间,三五成群的学生们围坐在书吧里、书架旁和图书角,如饥似渴地阅读着、摘录着……装修一新的阅览室,成了学生最心仪的地方。学生们徜徉在书的海洋里,沐浴在书的馨香中。学校营造的这种和谐融洽的教育环境、积极向上的人际环境,让学生们在学校中享受到家庭般的温暖、亲情般的呵护。为了以优美的校园、多姿多彩的课外生活、充满朝气的氛围去深化学生的心灵、改善学生的心态、陶冶学生的情操,引导学生去学习、思考、探索、研究和求知,他们还建立起了能适应不同层次学生发展需要的、具体的、创造性的教育机制与方法,并以一流的设备和优美的环境为学校的发展和腾飞奠定了坚实的基础。

孩子是一张白纸,染于苍则苍,染于黄则黄,学校文化对学生有着潜移默化的作用。济南市胜利大街小学在实施宽基教育的过程中,注重抓好精神文化、制度文化、环境文化"三种文化"的教育。

第一,培养精神文化,大力弘扬"责任文化",培养"气质文化",突出"品格文化",特别是抓好"课堂"文化。学校把课堂教学过程作为一种文化过程,让学生形成良好的学习习惯,掌握正确的学习方法,让小嘴常开,小手直举,小脸通红,小眼发亮。

第二,完善制度文化。在制度建设中,学校着力建立健全六项机制:创建领导工作机制,为科学规划指明方向;创建协调联动机制,重点突破合力共进;创建制度创新机制,文化渗透管理升级;创建品牌建设机制,传递价值塑造形象;创建教育宣传机制,传递先进文化理念;创建检查考评机制,多元评价有效激励。在制度建设中学校构建强有力的管理网络，实施"扁平化"管理模式，做到教师为学生服务，领导为教师服务。同时加强了人性化管理，把关心人、激励人、解放人、发展人放在管理工作的首位。

第三，创建环境文化。学校的每一间教室、每一面墙、每一个角落，甚至每一处细节的设计都浸润着平等、宽容、理解和激励；学校的每位教职员工都以微笑、热情、博爱去接受和欣赏学生。学校把自己深深地植根于社区，加强校居联手的工作力度，塑造了极具亲和力的形象。学校组织的"学雷锋为民服务队""红领巾宣传队"活跃在社区，为社区精神文明建设增添了一抹亮丽的色彩。学校既为发展的好的学生锦上添花，又为发展有障碍的学生雪中送炭；既对学生获得成功给予激励，又对学生遇到挫折给予鼓励。下雨天，学校传达室里挂上几把雨伞，那是为没有带雨伞的同学准备的；作文竞赛分层次进行，每个层面的学生都能找到自信；考试可以自行申请难度大小，每个学生在试卷面前都是成功的。学校还把自己的发展植根于学生家庭之中，经常邀请家长当客座教师，讲古诗词、讲名著、讲书法、讲交通安全；请老红军办毛主席像章展览，讲长征故事；请家长带领学生参观自己工作的厂矿企业，到植物园参加体验劳动。学校还利用网络优势建立家校通，并通过每学期开展胜利特色家庭评选，让家校合力，促进学校、教师和学生的共同发展。

总之，宽宏的胜利文化之土，为老师的教和学生的学、为师生的共同发展创设了一个宽松的环境，让师生宽出了宽阔的视野、宽出了宽广的知识面、宽出了宽泛的技能方面所需要的技巧，更宽出了为人所处世所应有的礼仪规范。正是这宽宏的胜利文化，为师生的成长搭建了宽基的舞台。

如果说宽宏的胜利基质，为师生的成长搭建了宽基的舞台，而宽基的课程和宽基的师资又为宽基教育的实施提供了保障，那么培养出一批又一批宽宏的学生才是济南市胜利大街小学教育教学改革的真正目的。

第三章
学生主体：营造成长乐土

第一节　习惯养成保障终生发展

卡耐基曾说过："我们的生活，我们的性格，不过是我们习惯的积累。我们的习惯，就是我们自己。"

《新华词典》对于"习惯"是这样释义的："长时期养成的不易改变的动作、生活方式、社会风尚等。"事实上，广义的习惯不仅仅是动作性的、生活方式性的或社会风尚性的，还包括人类所有的优点，甚至包括"善良""仁爱"这样永恒的主题，也需要进行不断修炼，才会真正转化为行动性的习惯。良好习惯对于人的发展究竟有何意义呢？

世界上最可怕的力量是习惯，世界上最宝贵的财富也是习惯。一个班级、一个企业、一个国家、一个民族是如此，对于人的一生，更是如此。生而为人，每个人都需要踏踏实实地做人，而良好的做人习惯正是帮助我们构建成功人生所必需的。管得住自己，你是习惯的主人；管不住自己，你是习惯的奴隶。做主人还是做奴隶，全在于自己的选择。行为养成习惯，习惯形成性格,性格决定命运。可见,小学生良好习惯的养成至关重要!

学校不仅认识到良好习惯的重要性,为了促进学生更好地养成良好习惯,还具体规划了各年段习惯培养目标。

一、胜利学子必须养成的习惯

低年级

学习习惯

1. 坐姿端正,不接话茬。2. 专心听讲,主动发言。

3. 读书写字,姿势正确。4. 作业按时,认真书写。

生活习惯

1. 穿着整洁,物品整齐。2. 人走桌净,随手插椅。

3. 不吃零食,主动饮水。4. 保护环境,不丢纸屑。

文明习惯

1. 升旗严肃,精神饱满。2. 站队安静,认真做操。

3. 轻声慢步,安全游戏。4. 主动问好,友好宽容。

中年级

学习习惯

1. 课前预习,不懂就问。2. 专心听讲,善于质疑。

3. 作业规范,书写认真。4. 读书积累,天天坚持。

生活习惯

1. 衣着大方,举止得体。2. 桌椅整齐,随手插椅。

3. 环保先行,弯腰捡纸。4. 力所能及,家务劳动。

文明习惯

1. 升旗严肃,歌声嘹亮。2. 队列整齐,做操规范。

3. 轻声慢步,安全游戏。4. 尊敬师长,友好宽容。

高年级

学习习惯

1. 课前预习，课后复习。2. 多思善问，大胆质疑。

3. 学会倾听，合作探究。4. 总结方法，提高效率。

生活习惯

1. 爱护公物，安全自护。2. 人走桌净，随手插椅。

3. 勤俭节约，合理消费。4. 践行环保，勇于创新。

文明习惯

1. 热爱学校，服务集体。2. 慢步轻声，右行礼让。

3. 精神饱满，做操规范。4. 遵章守纪，宽容谦让。

二、学生习惯的培养

叶圣陶先生说过："什么是教育，简单一句话，就是养成良好的习惯。"作为胜利大街小学的老师，我们深感自己肩负的重任。为了帮助学生走好人生的第一步，每位教师在培养学生习惯方面也绽放了自己的智慧。

（一）习惯是金——低年级学习习惯的养成

据专家研究，在小学阶段，一、二年级是习惯培养最关键的时期。这个阶段培养孩子各种良好习惯最易见效，抓住这个环节就等于抓住了孩子的以后。因此在这个关键时期，对孩子的教育主要是培养他们各种良好的学习习惯。

在学校里需要培养孩子哪些良好习惯呢？下面就从学校低年级语文教研组老师的角度出发，与大家探讨怎样帮助低年级学生培养良好的习惯。

其一，上课认真听讲的习惯。这一习惯的养成是学生学好知识的有力保障。认真听讲不仅指老师讲课时认真听，还包括同学在回答问题时也要认真听。比如：在学习汉语拼音时，主要是靠老师一点一点地教发音，所以我们在新生培训时设计了一个游戏——"谁的耳朵灵"，目的是培养学生认真听讲的习惯。具体做法是先向学生讲明游戏规则：当听到老师说"听我发音"时，同学们只听，口中不能发出声音；当听到老师说"跟我发音"时，同学们就跟着老师发出声音。学生听清要求后，先试验玩游戏，看学生都学会了,就可以进行这个游戏了。在快乐的游戏当中,同学们为了成为耳朵最灵的孩子,都聚精会神地听老师说,这无形中就培养了认真听讲的习惯,在游戏最后教师还要告诉学生:"游戏证明,只要认真听讲,每位同学都能学会知识。"由此渗透认真听讲的道理。在学习拼音的两个月里,教师每天都以这个游戏贯穿教学始终,学生渐渐养成了上课认真听讲的好习惯。听过袁老师课的老师都知道,袁老师上课时全班学生都会认真听课,她在培养学生认真听讲习惯的同时,还提高了教学效率,省去了课下辅导学困生的时间。

其二,上课动脑思考、积极发言的习惯。学会思考对于学习来说是非常重要的。诺贝尔物理学奖获得者费曼小时候到树林里看鸟,别的小朋友能说出小鸟的名字,费曼说不出。他的父亲没有告诉他鸟的名字,而是引导他观察鸟在做什么。通过观察,费曼说鸟儿啄它的羽毛是把飞乱的羽毛梳理整齐。这时父亲引导他观察了刚飞完和过一会儿后鸟儿啄羽毛的次数,费曼发现次数是差不多的。这样,父亲教费曼学习用观察的方法来验证自己的想法是否正确,学会动脑筋思考问题,而不是只告诉他小鸟的名字。应当看到,孩子的头脑不是被灌输的容器,而是等待点燃的火种。这个例子告诉我们,学生在学习的过程中不仅要学会倾听,还要学会自己动脑筋思考,积极回答老师的问题。好奇、好问、思考是孩子的天性。在课堂上要为学生的思考创造条件,采用他们最适宜的学习方式——游戏,给学生学会自己分析、思考、判断的机会,激发他们思考的热情,多表扬鼓励积极举手发言的学生,培养他们思考和回答问题的能力。

其三,善于质疑、请教的习惯。善于请教的前提是善于思考,善于提出问题。古人说:学贵有疑,小疑则小进,大疑则大进。当孩子提出问题时,老师知道答案的,可以认真地予以讲解;如果解释不清的或不太了解的,可以和孩子一起查阅资料,把问题解决。这样孩子以后还愿意质疑、请教你,慢慢就会养成质疑、请教的习惯。在和你一起查找资料解决问题的同时,学生也学会了采用多种方法获取知识、解决问题,一举两得。

其四,按计划学习的好习惯。低年级学生年龄小,不会合理安排时间,所以老师要指导学生制定计划。计划应该全面,学习是其中的重要部分。

计划包括每天的时间安排和双休日安排,寒暑假还可以制定假期计划。计划要简明,明确什么时间干什么事。每天要把放学回家以后的时间安排好,主要是做作业、复习和预习,应含有玩和劳动的时间。定计划要发挥学生的积极性,老师和家长不可代替,因为我们和家长制定的计划,孩子有时是不会执行的,而学生自己制定的计划出于自愿,他们是愿意执行的。制定计划时,让孩子自己想好什么时间做什么,说一说,老师和家长可以提出指导性意见,和孩子一起制定一个合理的计划。更重要的是制定好的计划一定要督促学生严格执行,除特殊情况(如生病等)计划可以调整外,其余时间一定要按计划进行,千万不可放弃。

其五,做事认真细致的习惯。学习,最忌讳一知半解,不求甚解。学生的作业一定要在规定时间内去完成,不能草率马虎,并且要求内容正确,书写工整。为使学生养成良好的习惯,提高正确率与责任感,作业中应严格培养孩子认真书写、不出错的习惯。班里有个孩子,对所学知识掌握很快,但每次考试总会因粗心做错题,家长曾对我说:“这些题我孩子都会,就是不认真。”可以看出家长认为学生粗心只是一个小毛病,没关系。可反过来想想,如果学生一些知识不会,我们可以手把手地把他教会,同样可以让他掌握知识,取得好成绩,但粗心的毛病一旦养成,可就怎么也不会取得好成绩了。所以专家指出,对学生粗心这一缺点的宽容,不但不会使他改掉缺点,反而会使他的问题越来越厉害,小问题变成大错误。因此,不管什么事都应本着认真细致的态度去做。

其六,写字习惯的培养。写字教学是小学语文教学的重要组成部分,教育界专家指出:“写好汉字,是学好科学文化知识的基础,是学生科学文化素质的一个重要标志,也是加强学生情感、意志、心理品质培养以及身体机能训练的有效手段。”我们应加强写字技能的训练和习惯的养成,并逐步达到将写字训练中养成的认真细心的学习态度和良好的意志品格内化成学生的基本素质,为每一个学生今后的发展和成长奠定坚实的基础。

一年级学生刚开始接触写字,他们的可塑性大,我们可以从这些方面来训练:① 运用教师的示范作用。教师教各种基本笔画时,尽可能先进行示范指导,并手把手辅导学生写好每种笔画;教师用"田字格"帮助学生认识整字各个偏旁的比例大小、书写位置和结构组合规律。② 自我心理准备。书写前,学生边背写字歌诀(头正、身直、肩放平,臂张、胸开、足踏稳,笔尖斜向左前方,三指拿笔留一寸),边调整姿势,做好心理准备,用正确的书写姿势进行书写。③ 教师鼓励安抚。书写时,教师不断巡视。对写字能力强的或因自信心不足而写不好字的孩子及时用赞赏的语气给予表扬与鼓励:"看这位小朋友的写字姿势多漂亮!""啊,今天那位小朋友的进步真大呀!老师相信你的字会越写越好的。"然后再将他们的作业展示出来,让大家一起欣赏。对那些做事急躁,动不动就用橡皮或注意力不集中的学生,教师则轻抚他们的头,温和轻声地提醒他们不要急躁。④ 音乐调节气氛。书写时,辅以柔和舒缓的背景音乐,让学生进入理想的学习状态。

(二) 中高年级管理中的习惯培养之道

班级是习惯养成的沃土,学生大部分时间都在班级里生活,就地取材随时进行教育就会事半功倍。

小学生的管理工作就是一个"细"字,班级中的事少说一句就会变得一塌糊涂。作为班主任,很多时候需要事无巨细,事事亲为。但教是为了不教,管是为了不管!在管的过程中指导学生进行自我管理,有大将之风的教师才会更受学生爱戴。

1. 小事要下大气力

对学生的教育和管理不是靠说教出来的,道理说的越多,学生越不喜欢,甚至会产生逆反心理。教育,都是在处理小事的过程中完成的。

学生中的每一件小事都是教育资源,在学生中发现的每一种现象都不要简单地就事论事,而是把种种现象展开,以点带面,由一个好的现象来带动一片好的行为,以一个坏的苗头来杜绝一类不当的风气,让班级逐渐形成一种积极向上的氛围。如作业难交现象:我们每天都会遇到收作业难的问题,其实不是每个孩子交作业都难,往往就难在那几个人身上。这种情况下就不能只是轻描淡写地处理了。李老师的做法是,连续对按时交作业的同学挨个进行表扬,请没完成作业的同学说说理由,然后自己定下补交的时间。对于能说到做到的同学，绝不再批评，而是更加大力地表扬，表扬他们对出现的问题及时补救，而不是逃避。关键是对不能按时完成的孩子，就得了解原因，具体情况具体对待了。但需要注意的是，这个过程始终要面对全体学生，让所有人都清楚地看到老师对事件的态度。这就是一种暗示：老师很重视作业问题，绝不会不了了之。这也就起到了一个导向作用，这就是小事件大处理的好处。

2. 督促指点要到位

对于学生行为习惯的养成，教师要起到指点、教导、督促的作用，让学生了解班规，明确是非，学会方法，而不是老师随心所欲地批评或表扬。指导学生的行为习惯就要从每一件小事做起，指点到位。例如每到开学，我们总会发现学生的养成习惯大不如前，任凭我们一再要求，上课要认真听讲，站队要快静齐，作业要书写工整，但总不见多大的起色。其实，这也不全因为学生的意识松散，而是在一定程度上，他们对以往的要求已经淡忘了，心中没有了标准，这就靠教师给予指导。除了从大的方面可以集中提要求以外，很多具体问题就要在具体情境中指导了。所以，开学初的几天里，教师要格外用心。

例如，早上到校后第一件事是早读，这时候李老师要求孩子到校后要做的只有一件事——读书，以保证早读的黄金时间，七点五十五之前，只有部分学生到校，可以先读课外书，一到时间就由班干部集体领读。一开学，教师就要特意早一点到教室，不动声色地看学生们早读，每天早读完成都点评一下，表扬做得好的同学，同时与大家一道重温一下早读的要求。这种关注要持续一段时间，表扬要时时有，大家见老师对这一要求这么认真，自然也想做好，时间长了也就成了习惯。

3. 凡事都要有办法

面对班级管理中出现的问题，什么时候都要有办法。例如，每次开学初一段时间内学生的情绪都难以平复，可以试试以下做法：

（1）作业评价。通过各种形式的作业评比展示，让学生获得各类奖项，并进行表扬奖励，具体可分为"作业完成星""进步星""创意作业星""作业整洁星"等等，重点不在结果，而在于过程，让学生在这个过程中找到紧张及成功的感觉，从而带动自己的学习情绪。学生真正体验到成功的快乐，就一定能够全身心地投入进去。

（2）班会动员。开学后，要及时开展不同形式的主题班会活动，通过正面教育与激励让学生从思想上认识到新学期的任务与要求，从而做好心理上的准备。

（3）趣味活动。组织开展丰富多彩的学习或交流活动，如"趣事串串烧"，让学生评说寒假趣事见闻、寒假新闻播报、展示寒假学来的才艺等等。让学生感受集体的氛围，调整松弛的心理状态，以帮助学生重新唤回对学校生活的向往，逐步适应学校的生活节奏。

（4）考试增温。为了能在开学之初把学生的心态迅速调整为"上学状态"，班级中可以组织一次"学期前考试"。形式可以创新，考查的内容也不一定像我们平日组织的统一考试，而要围绕假期作业和预习作业等比较有趣味、实践性、简单的基本知识来考查，有了"考试"的约束和收敛，学生就能感知"开学的味道"了。

（5）沟通交流。对于浮躁情绪严重的学生，教师切不可急躁，要与学生及时地沟通交流，了解基本情况，并客观地指出不足，关键是要提出自己对学生的信任与期望。如果孩子遇到什么问题或困惑，老师要帮助其解决，以让孩子能安心学习。

（6）联系家长。在开学初与家长进行联系或对学生进行"家访"，了解各学生的假期生活，给他们提出新的展望和打算，例如新学期主要参加哪个兴趣小组，提高哪几门课的成绩，掌握哪些学习方法等等。只有学校和家长共同合作，形成合力，对孩子的新学期心理进行"按摩"，才能让他们尽快度过适应期。

4. 激励手段不可少

管理班级要有激励手段，否则做好做坏一个样，表扬批评无差别，刚开始不觉得，久而久之学生就麻木了。

李老师采用的是得标志的方法，个人的努力可以得到小标志，小组的努力可以得到大标志，标志积累到一定的数量就能领到奖品——一个本子、一支铅笔、一个书皮、一块橡皮等等。虽然谁的家里也不缺少这些东西，但从老师这里领到那就意义不同了，盼望得到老师的奖励，就势必要对自己的各方面表现加以严格要求，这样老师目的就达到了。这里应该注意的是相对落后的学生，他们得奖的机会要少得多，这就需要老师能以各种理由让同学们给他们放宽政策，让他们也跳一跳能摘到果子尝到甜头，那样果子才有吸引力，否则即使果子再甜，毕竟望梅不能止渴，少不了"望梅兴叹"一番之后便就地论堆了，那样我们的苦心也就白费了。

从老师这里常常能得到关怀，得到肯定，得到机会，还能得到奖品，老师就能得到学生的拥戴。

(三) 培养习惯要讲究方法

培养学生任何一种良好的习惯都需要做长期的、细致的工作，单凭热心和干劲是不行的，还要讲究方法。有些班主任虽然在这方面也付出了不少精力，但收效甚微，有时还造成学生的逆反心理。所以，在平时的习惯培养和训练时要注意持之以恒。孩子年龄小，自制力不强，比如说要培养学生仔细认真写作业的习惯就要天天检查，直至养成习惯后再放手。一段时间内可能会觉得很累，但习惯一旦养成，老师就可以轻松了。臧晓霞老师通过学习取得了国家二级心理咨询师的资格证书，在教学中用心理学中的代币法来培养学生的习惯。

代币法是一种量化更明确的方法，是心理治疗中常用的延迟满足的行为疗法，尤其对 10 岁前的孩子效果显著。代币法是一种很好的行为塑造和矫正的方法，它不仅可以用于个别行为的改变，还可以应用于团体应用于家庭。这种方法易于掌握，只要应用得法，就能取得良好的效果。

"代币"就是为真正奖励物找到"临时代替物"，如"小红花""红五星"之类的东西，通过这些"代替物"最后才能"兑换"学生想要的奖励，如 10 朵小红花可兑换"打乒乓球 1 小时"，50 朵小红花可兑换"去游乐场玩半天"等。"代币法"的最大优点在于：当孩子表现出良好行为时，不是立刻就满足他的要求，而是延时满足，需要孩子将行为保持一段时间或重复出现后，再满足。这就利于"习惯"的形成，使合理行为有意识地反复出现，同时因为有"代币"，也可以使合理行为得到一定的鼓励，起到"望梅止渴"的作用。

代币法怎样实施呢？

第一，共同讨论、制定、选择恰当的强化物，制定合理的代币法。

代币的力量，有一部分取决于强化物的强度和吸引力。强化物固然是人人喜欢，但每个人有不同的兴趣和喜好，而且同一个人的喜好也往往因时因地不同而有差异。如有人喜欢吃的，有人喜欢玩具，有人喜欢奖状，有人喜欢教师的称赞、亲抚……要想找一个人人都喜欢的强化物几乎是不可能的。因此，代币形式可以多种多样，只要是能激励学生进步的都可以。尽可能选择那些有积极意义的东西，如学习用品、开发智力的学具和玩具、书籍等。

5 次作业全对（5 次表扬、自学背诵五首诗词、5 篇课文朗读准确无误……）＝一朵红花印章（分数代替也行）

5 个红花印章＝一张喜报（到图书馆借一本书、自己喜欢的老师的签名）

10 个印章＝加 QQ 好友、老师签写毕业留言

因人而异送礼物：还可与学生家长联系，为孩子买个礼物。（注意说话策略：了解学生的需要，您的孩子最近有什么愿望吗？您现在别买，老师帮帮他。到时候时机成熟您悄悄地买来，老师帮您送，效果一定好。家长高兴，觉得老师关心孩子；孩子也高兴，老师真神，知道我想要什么。一举多得！）

让学生有信心通过自己的努力达到目标。对行为目标的描述要力求详细、准确，一定时期内的行为目标的数量要少而精，以促进学生积极主动地达成目标。

第二，实施计划，行为目标要符合学生的实际情况，保证代币及时出现，并严格遵守约定。当行为目标制定得过高时，学生努力后还迟迟不能达到标准而获得代币，学生就会放弃努力。如果教师在训练过程中，不遵守约定给予承诺的代币或代币无法兑换成原始强化物，强化过程就会被削弱，被强化的行为也就会逐渐消失。

第三，强化过程要受有效时间控制。当经过一段时间的训练后，学生的

行为已经纠正过来后,就该考虑逐渐结束计划,否则会出现矫枉过正的现象。

第四,为了记录方便,最好做一张记录表。

著名教育家苏霍姆林斯基说过:"要让每一个学生都抬起头来走路。"教师要善于发现每一位学生身上的闪光点,了解他们每一点细微的进步,教师及时而适度的表扬往往是促进后进生转变、前进的催化剂。

(四) 习惯培养征途上的几点注意

在平时的习惯培养和训练时要注意以下几点:

1. 训练必须持之以恒

对于学生来说,习惯就是在长时期里逐渐养成的、一时不容易改变的行为倾向,是一种定型性的行为,是经过反复练习而形成的语言、思维、行为等生活方式。小学生年龄小,自制力不强,有赖于教师家长的帮助与监督。国际上有一条衡量习惯形成的标准:一项习惯的初步养成需要 21 天连续不断地重复,习惯的最终养成还需要两年的时间。千万不要小看这 21 天,这其中要面对的困难是无形而巨大的,第 4 天是最容易放弃的一天,被称为"黑色的第四天",第 7—9 天时是最容易波动的时候。

2. 好习惯要在实践中培养

在实践中养成习惯,要不断身体力行,使习惯成自然。陶行知先生的生活教育理论非常重视在做中学。因此,他主张在做中养成习惯,即在实践中养成习惯。他在《教育的新生》一文中写道:"我们所提出的是:行是知之始,知是行之成。行动是老子,知识是儿子,创造是孙子。有行动之勇敢,才有真知的收获。"

什么是"习惯成自然"呢? 叶圣陶是这样解释的:"成自然就是不必故意费什么心,仿佛本来就是那样的意思。"他举例道:"走路和说话是我们最需要的两种基本能力。这两种能力的形成是因为我们从小就习惯了,'成自然'了;无论哪一种能力,要达到习惯成自然的地步,才算我们有了那种能力。如果不达到习惯成自然的程度,只是勉勉强强地做一做,就说明我们还不具有那种能力。"

通常说某人能力不强，就是说某人没有养成多少习惯的意思。比如说张三记忆力不强，就是张三没有把看见的、听见的一些事物好好记住的习惯。说李四表达能力不好，就是说李四没有把自己的思想和感情说出来的习惯。习惯养成得越多，能力就越强。做人做事，需要种种能力，所以最要紧的是养成种种的好习惯。

3. 要抓住教育的关键期

自从奥地利动物心理学家洛伦兹发现动物行为发展的关键期，并荣获诺贝尔奖后，人类广泛地开展了对自身各种能力与行为的发展关键期的研究。

研究发现，孩子习惯的养成也有一个关键期的问题。幼儿园和小学是培养生活习惯与学习习惯的关键期，而到了中学，就是改造习惯的时期了。在儿童时期养成的良好习惯，孩子可以受益终身；在儿童时期养成了坏习惯，就有可能终身受到伤害。因此，在养成习惯的过程中，一定要注意利用儿童的关键期。如果错过关键期，对习惯的改造将要比塑造艰难得多。抓住关键期进行习惯的培养，可以取得很好的效果。

可以说培养良好行为习惯是实施素质教育的重要途径，好的习惯使人受益一生。学生的心灵是一块神奇的土地。你播种一种思想，就会收获一种行为；播种一种行为，就会收获一种习惯；播种一种习惯，就会收获一种性格；播种一种性格，就会收获一种命运。

第二节　生活德育支撑人格完善

教育是开放的，是春风化雨的寂静与无痕。然而在教育中，德育往往被老师和家长忽略。"重智轻德"是大部分家庭教育的现状，导致现在的孩子不懂得如何去关爱他人，如何忍让、照顾他人，所以，怎样教会学生做人是迫在眉睫的问题。

著名教育家陶行知在《生活即德育》一书中说过："没有生活做中心的教育是死教育。"而德育更是置身于生活之中的，生活有多大，德育就有多么辽阔。生活德育应该是"德育生活化"的另一种说法，把教育放在学生的生活体验中，让他们亲自去感受、感悟，从而让受教育者在不知不觉中得到润物无声般真切的教育，当然，这个过程应该是自然而真实的，并且有着明确的目标。

生活德育都包括哪些方面呢？其实，生活是个大的教育环境，它可以包括对学生进行思想道德教育、生活实践教育、礼仪教育、习惯教育等等。那么，教师又应该如何去做才能使生活化的教育达到支撑其完善人格的作用呢？

人格完善就是指一个人不断认识自我、提升自我、完善自我的过程。在心理学上，人格泛指一个人独特的、相对稳定的行为模式。英国著名心理学家艾森克指出："人格乃是决定个人适应环境的个人性格、气质、能力和生理特征。"完善的人格其内涵丰富，简单来说，作为小学教师的我们，应该通过生活的德育化来培养学生一定的习惯、思维、意识和其稳定、健康的行为模式。

一般情况下，一个成年人可以通过信念、自我反省、目标设定、自我磨练等一系列的方式方法来培养和完善自己的人格。小学阶段的孩子，他们还没有一定的自我控制力、约束力和思考力，因此，他们需要一定的干预和帮助，以形成完善的人格。由此可见，教师在生活中对学生进行德育显得尤为重要。生活德育高于普通意义上的说教教育，它更为完整，也有着一定的社会性和实践性。

生活德育不是孤立的概念，是处于社会关系中真实、有效且具有实践性的道德教育，是对知识性教育的全面超越。学校甚是重视生活德育，无论在学校、在家庭还是在课堂都进行了深入的浸润。

为此，胜利大街小学制定实施了"生活德育课程"。

育人先育德，做事先做人。学生是生活中的人，他们要走入生活、适应生活、学会生活、创造生活。因此，我们要引导学生养成良好生活习惯，学会生活技能，提高生活品位，形成正确的生活价值观。我们构建了生活德育课程，它包括一日常规课程、学会生活课程、校园生活主题月，它渗透于学生生活的每一天，贯穿于校园生活的每一时段，涉及学生生活的方方面面。

德育难，其根源之一在于教育目标远、大、空。我们将《小学生日常行为规范》改编成符合学生实际的"一日常规课程"，让学生在学校生活过程中自觉践行日常行为规范，树立规则意识，以达到养成良好行为习惯的目的。结合学生校园生活一天的内容，强调了六个要点：天天升旗、经典诵读、唱红歌、阳光大课间、墨香十分钟、课间礼仪。早晨一入校，学生自觉进行经典诵读，每天10分钟，读书修身，文化浸润；每天上午、下午阳光大课间，学生在户外做广播操、自编操、集体舞，全校2 400学生人人有项目，各个年级有一项特色项目；室内高唱红歌，全校41个班，班班有歌声，人人开口唱；下午十分钟硬笔书法练字，"一笔一划写好字，一生一世做真人"。

一、野百合也有春天——德育中的家庭更美满

德育无痕，源于生活。家庭是学生生活的大本营，也是德育的大本营。在家庭生活中能够教会学生如何敬爱父母，表达心中的情感和与人和睦相处。在家访中的特殊德育至今令仇老师难以忘怀。

2011年伊始，正值寒假，仇老师准备去学生家了解一下孩子们假期生活的情况，她带着期待与祝福来到了小柔的家。

小柔平时学习用功而且非常主动，之所以来她家是因为在上学期期末时，仇老师发现小柔变了，变得上课心不在焉，下课不言不语。直觉告诉仇老师也许在她家里可以找到答案。敲开小柔的家门，她的妈妈热情地招待了仇老师，孩子也高兴地给仇老师弹琴跳舞，并未见异常。但仇老师在不断打量这个家时，还是发现了蛛丝马迹——家里没有孩子爸爸的任何东西，甚至连一张照片都没有。仇老师示意孩子去自己屋里看书，与妈妈进行了开诚布公的交谈。原来小柔父母的感情不再如往，就在两个月前离了婚。由于曾经一起生活中的伤害，分手后妈妈不愿与父亲有任何关联，导致了孩子在迷茫中切断了父爱，难以释然。这时仇老师才恍然大悟，记得有一次孩子

爸爸送孩子来学校后，孩子一进班门就哭了，而仇老师无论如何竭尽所能的安慰都于事无补。对于二年级的孩子，幼小的心灵如何能够负荷这么多，而看着眼前懂事的小柔，仇老师更是倍感心酸。

仇老师想把她所有的爱都倾泻给小柔，但她知道所有的爱都抵不过父爱来得珍贵。创伤已然存在，她该怎么做呢？仇老师茫然了。

考量许久，仇老师走进小柔的房间，轻声问她，新年的愿望是什么？小柔说想让爸爸妈妈带她去海南玩。仇老师不敢触及孩子的底线，更不敢提起爸爸的任何事，只在心里暗自悲怆。但天真的孩子说："老师，我告诉你哦，爸爸是不会带我去玩了，因为妈妈不愿意。"仇老师为孩子如此信任她深感震撼，也惊愕孩子如此坦白。能为她做些什么呢？这毕竟是人家家的私事，不方便征求孩子妈妈的意见。她百般思量，对孩子说："寒假还有一个自主作业，就是把想给爸爸说的话写下来，咱们班有好多小朋友都写了呢。"小柔看着仇老师，把眼睛瞪得圆圆的："真的吗？""嗯。"仇老师看见她迫不及待地拿起笔来要写，仇老师赶紧离开了孩子的房间，因为她的眼泪有些不听话了，关键是她不想打扰这属于他们父女的空间。跟孩子妈妈一番寒暄后，仇老师离开了她家。

走在路上仇老师感慨良多，不知道这样做对不对，因为作为新教师的她，还未碰到过这种情况，更别提策略了，她靠的只是一颗爱学生的心。直到收到孩子写的东西后，她才释然。因为她看到了压抑许久迸发的情感，也看到了希望就在前方。这件事给她一种领悟，一种发现！将心比心，以心换心，用爱去赢得爱，用爱去化解许多的矛盾。李镇西老师在《爱心与教育》一书中这样写道："当一个好老师最基本的条件是什么？""是拥有一颗爱学生的心！"他还说："离开情感，一切教育都无从谈起。"德育同样如此。

二、风卷云舒，花开有声——德育使学校生活更加完善

学校是学生最容易得到道德熏陶的地方，老师们能够正确地帮助学生明白是非曲折，也是学生自我教育的独立空间。袁老师是位用爱教育学生的经验丰富的班主任，她在学校生活中进行的德育教育，真是寥寥数语难以言尽啊！

　　"老师，张睿智又打人了，还骂我'废物点心'！呜呜呜……"望着这个挂满泪水跑到办公室来告状的小女孩，袁老师的眉头微微一皱，怎么又是他？袁老师走进教室，看到他正挥舞着笤帚在追赶同学，班中的所有同学都用厌恶的眼光看着他。这个打人的孩子叫张睿智。这孩子上幼儿园时，由于母亲就在幼儿园工作，其他老师碍于面子，不好管他，使他放任自流。不记全作业，不完成作业，经常迟到，成绩一落千丈。有的同学帮助他，却遭到他的打骂，时间久了，班里的同学谁也不愿意接近他，袁老师不禁苦苦思索着：怎样运用赏识教育才能转变他的现状，培养他的自信心，催开他的智慧之花呢？

　　第二天，她在黑板上重重地写下了"张睿智"的名字。同学们又惊奇又好笑，一时间议论纷纷。她指着中间的"睿"字，大声说："大家来看，这个'睿'是通达、看得深远的意思。"又指着"智"字说："这个'智'字，请同学来说一说什么意思？"同学们有的说是"机智"，有的说是"智慧"……同学们说得都对！有的学生甚至站起来指着"张"字说："他姓张，我们希望他以后张弛有度！""哈哈！"从同学们善意的微笑中，不难看出他们对张睿智的名字很感兴趣。

　　袁老师环视了一下教室，沉了沉，说："他的父母之所以给他取这样好听的名字，是希望他满腹才华，做一个通达、有智慧的人……"教室里顿时爆发出热烈的掌声。下课后，张睿智被同学们围了起来，成了小伙伴们羡慕的中心，他嘴边挂着一丝不易觉察的微笑。

　　过后，张睿智被袁老师叫进办公室，当他看到办公室还有一名本班学生的时候，心中很紧张，袁老师摸着他的头轻声说："今天学的生字会了吗？"他点点头。"真棒！你既然已经学会了，今天就由你来当'小老师'，给因病没学这课的他讲讲你会的生字好吗？"他用狐疑的眼光注视着袁老师，不相信自己的耳朵，"真的吗？"看到袁老师那充满鼓励、热切的目光时，他镇定了，当起了小老师，为此他不仅胜利地完成了老师交给的任务，而且这一课的生字牢牢地装在了他的脑子里。在此之后，他经常主动找到老师，要求背古诗，读书写生字，还把他在区里获奖的书法作品作为礼物送给老师，学习热情日益高涨，成绩也渐渐提高了！

　　苏联的苏霍姆林斯基曾指出：教育的核心，就其本质来说，在于让孩子从中体验到自己的尊严感、自信感。如果儿童自己不求上进，不知自勉，那么任何教育都不能在他们的身上培养出好的品质来。张睿智由自卑到自信的转变再一次证实了这一点。那么，哪些因素影响了自信心的建立呢？（1）孩子过去经验的影响。有位心理学家曾做过这样的实验：把一条梭鱼放养在有很多小鱼的大缸中，它随时可吞食小鱼。如果用一片玻璃挡住小鱼，使它饥饿时吃不到小鱼，会有什么结果呢？实验证明，在内部饥饿、外部食物的双重刺激的强烈驱使下，梭鱼一次次徒劳发起攻击，屡试屡败，它吞食小鱼的希望和信心逐步下降，终于完全丧失。这时，再抽去玻璃，面对眼前张口即食的小鱼，它竟不去捕食，最终饿死在鱼缸里。心理学家把这种屡遭挫折后形成的放弃行为称为习惯性无助行为，即反复的失败可以使人学会无助。因此，一个人从未体会过成功，何谈努力走向成功？而一次期盼已久或意想不到的成功，则会激起他企盼成功的强烈愿望。（2）他人态度影响。一个人的自信心往往与他人对自己的态度有关，这包括他人对自己的期望与信任程度，这就是赏识。而当老师的批评、家长的责骂不绝于耳的时候，他们的自信心无疑会遭受沉重打击。（3）自我评价。自信心往往依赖于自我评价，当学生学会赏识自己，对自己的品德与能力评价适当，就会增强自信心，而当他内心体验得不到信任，甚至否定自己，就会自暴自弃，严重束缚其个性健全发展。

　　针对以上几方面的原因，袁老师做了如下尝试：1. 找到切入点，发现闪光点，激发自信心。这是赏识教育的根本，无论什么样的孩子自身都会有优点，教育者的任务就是去发现，去赏识，"睿智"名字的来历，使他看到了老师对自己的期望，融洽了师生关系，提高了他在同学们心目中的地位。2. 运用合理的赏识方法。在激发他的自信之后，结合当小老师的策略，让他一点点地体会成功的快乐，逐渐树立了自信。3. 鼓励他相信自己，学会赏识自己。自信心不是天生的，需要正确引导培养。最重要的教育方法就是适当的鼓励，这会使学生对自己有积极的评价，从一点点小事积累信心，再逐渐形成人格上的自信。

信心，是志向、经验、勇气日积月累的结晶。困难和挫折可以激励人的意志，对于正在成长的少年儿童来说，成功更是激发向上的希望。为此，袁老师在班中开展了"我自信，我成功"的赏识教育主题班队会活动，将自信注入每一位学生心中，将赏识注入学生心中，使他们相信有自信才能成功。作为老师，我们重任在肩，"育人"要把每个学生育成有用之人，更要关心那些渴望获得成功的所谓"后进生"，运用赏识教育帮助他们有一个成功的开始，一步步引导每个学生走向成功！

学校德育不是刻意的要求，那样会太过做作，学校德育是"梧桐一叶而知秋"，由细节入手，还原生活本质。张钦美老师就是一位在细节处着力、在无意中感染学生的教师。

今天张老师来到班里上课，走上讲台，就看到讲桌上零乱地摆放着查视力做记录用过的一本本体检表。习惯于整洁的她，便为节省时间顺手整理起来。上周五大课间，负责卫生的博俊鹏同学从卫生室抱回体检表，汇报说，老师要求包书皮。对于六年级学生来说，这点事应该不用她再来强调，便交代给了卫生委员，没有再管。此时，看到这堆参差不齐的体检表，感到这应是一个教育时机，便仔细整理起来，将体检表共分成了三类：一类是整洁美观类，那包书皮的功夫，连老师这个包过很多次书皮的"行家"都自叹不如；第二类是"心有余而力不足"的，可以看出纸也挺干净，粘得也过得去，但比起第一类就明显逊色一些了；还有一小摞就是第三类，唉，这些可真是惨不忍睹，有的包得乱七八糟，边边角角都没有处理过，还有的根本就没有包。这一类明显就是"不矜细行"那种的了。三类书本整齐地摆在讲台上。

随后，老师整理了一下自己的情绪，平和地对同学说："同学们，我想给大家讲个故事。在一家薪水丰厚的公司里，有一群很有能力又野心勃勃的年轻人，他们都想当上这个公司的部门经理。经过费尽心血的准备后，他们开始了应聘。一开始，所有人都在大厅等待，一个一个地到二楼的办公室进行面试。第一个西装革履的年轻人到了二楼，发现门外有一把倒了的扫帚，看样子是被人踩过好多次的样子，他没有在意，只是想：这扫帚真脏，还摆在门口,不符合大公司的形象,踢了它一脚,便进去了。进门之后,他侃侃而谈,提出了许多有用的看法与见解,评委似乎也对他非常欣赏。第二个进去了、第三个进去了…门前的扫帚还是倒在地上,只不过多了几个脚印,评委出来检查扫帚的时候总是一声又一声地叹气。终于,到最后有个普普通通的年轻人,他在上楼之后也发现了倒在地上的扫帚,他也没有多想,只是习惯性地将扫帚扶了起来。没过几天,结果出来了,这个平凡的年轻人得到了职位。"

"同学们,你们知道这个平凡的年轻人为什么会得到这个大家都想得到的职位吗?"

一阵沉默后,几只小手举了起来,大家共同的观点都涉及到了平凡的年轻人能够从小事做起。

"是的,这个平凡的年轻人得到了职位。张老师想,他并没有多少在意,只是习惯罢了,只是一个细节罢了,可就是这小小的细节使他获得了成功。不积跬步,无以至千里;不积小流,怎能成江河呢?"

"同学们,再看看讲桌上的这三类体检表,你又想到了什么呢? 仅仅是包个书皮这么简简单单的事情吗? 也许刚才老师给你们讲到的那个故事,能对你们有些启发吧!"

看着这一摞摞的本子,有的孩子脸上现出了难为情的神情,不好意思地低下了头。

回到办公室,给老师们说起了刚才的一幕,老师们笑着说:"张老师,你太认真了,这样的小事你也管。"

也许这就是张老师的教育风格吧! 不是雷厉风行地抓教育,而总是这样润物细无声,因为,细节决定命运,小事成就一生,只有在平时做起,从小事做起,养成良好习惯,注重每一个细节,才可以更大限度地得到发挥,自然而然地在人群中脱颖而出。

三、山重水复疑无路,柳暗花明又一村——课堂德育惊喜连连

一提到课堂德育,人们往往会想到"品德与生活"这门课,实则不然,每节课都是很好的德育媒介。关键是学生的年龄和社会发展中的个人经历与

老式教育的窠臼格格不入，学生很难理解。这就对我们课堂德育提出了"与时俱进"的要求，用乐趣来吸引学生，真正做到德育无痕。

臧老师在这方面博览群书，独有建树。从教这么多年来，她遇到过许多问题学生。他们曾经一度让臧老师绞尽脑汁，一度让她咬牙切齿，一度让她对自己的能力失去信心。在这群队伍里，有这样一个学生：厌学情绪严重，不写作业，课堂上像个陪听生。刚接过班的时候，其他同学都说：她什么也听不懂！臧老师想，一般学习不好的孩子肯定劳动积极，然而错了：她真"懒"得出奇，不但桌子洞里一团糟，头发也总是乱蓬蓬的，鞋带总是散开着，流了鼻涕用手背抹一把，看得臧老师瞠目结舌，厌烦之心油然而生！

有一次作文课，题目是《……我想对你说》，大家都奋笔疾书，文如泉涌，而她却斜着身子倚着墙（由于大家都不喜欢和她同位，只好给她安排了靠墙的单桌），时而看着窗外，时而用铅笔在本子上画几道，臧老师没有过多的时间关注她。

作业本交上来了，臧老师竟然发现了她的本子。太稀罕了，开学一个月了，这是她第一次主动交作业呢！臧老师迫不及待地打开，一首歪七扭八的诗带着错别字呈现在眼前：

> 我希望自己是一只小鸟，
>
> 因为我想自由地飞翔，
>
> 但是我飞不起来，
>
> 因为我太笨。
>
> 我希望自己是一条鱼，
>
> 因为我想尽情地遨游，
>
> 但是我不会游泳，
>
> 还是因为我太笨。
>
> 我真想……

臧老师感到震撼，更有些内疚。是什么逼着孩子吐露出如此的心声？如果她抱着这样的心态走完人生之路，那将是怎样的人生啊！想到这儿，臧老师的心里猛地一惊。那一夜，臧老师彻夜无眠。"我还是为师者吗？""我是'人类灵魂的工程师'吗？"自责充斥了她的心间。

学生的童年本应是丰富多彩的，本应是充满欢歌笑语的。这不仅仅是孩子的悲哀，同样也是我们的悲哀。

臧老师决心帮助她，就从教她写诗开始……

每个孩子都有自己的兴趣、特长。但如果因他是潜能生，便觉得他是"成事不足，败事有余"，不让他参加一些活动，不让他的特长得到充分的发挥，甚至于处处都鄙视他。那么，久而久之，他们就会错误地认为自己什么都不行，丧失了对自我价值的肯定，甚至会失去理智而无法控制自己，来个"破罐子破摔"，从此一蹶不振。

潜能生的转化要"温水泡茶慢慢浓"。孩子身上的不良行为，不是一日养成的，因此对他们的转化工作不是一朝一夕可以做好的，应有长期的思想准备，应付出很大的精力，这是因为孩子自制力差，好了伤疤忘了痛。在日常的学习生活中，出现反复是正常的，要允许他们反复，切忌操之过急，简单粗暴地批评。实践证明，欲速则不达，急于求成则适得其反。因此，对孩子的批评是不能超过限度的，尤其是对那些潜能生，应该对孩了"犯一次错误，批评一次"。如果不得不再次批评，一定不能简单地重复，要换个角度，换种说法。这样，孩子才不会觉得同样的错误被"揪住不放"，厌烦心理、逆反心理也会随之降低。我们不能只是"恨铁不成钢"，而需炼铁成钢，采取正确的态度和方法，不失时机地关心他们，引导和鼓励他们爬起来再前进。

郭沫若在上学时就有几门功课不及格，但并不妨碍他以后成为一位著名学者；牛顿小时候智力很平常，班上成绩不好的学生总少不了他；发明大王爱迪生曾因学习成绩不良被拒于学校门外；法国大革命家拿破仑读小学时成绩一团糟，以至于大家都认为他没出息；英国前首相梅杰，十六岁就辍学了……这些在中小学阶段都被看作是平庸的人，后来却都成了世界上著名的人物。

记得一位诗人说过：把一个信念播种下去，收获的是一个行动；把一个行动播种下去，收获的是一个习惯；把一个习惯播种下去，收获的是一个性格；把一个性格播种下去，收获的是一个命运。

让我们摒弃对孩子的偏见，多给孩子一些爱心，让爱的阳光温暖孩子的心灵，让爱的雨露滋润孩子的成长，积极探索新的方法，或许另一个伟大的人物就在您的手中诞生！

记住，迟开的花朵，同样美丽！

刘禹锡身居陋室，然德馨智慧，何陋之有？陶渊明隐居桃源，人之君子也。欧阳修有其独乐的"醉翁之意"，范仲淹有"不以物喜，不以己悲"的光风霁月。可见生活中功名利禄是虚假，物质享受是浮夸，德育才可以给人带来丝竹般的赏乐。其实生活中从不缺乏德育只是缺少发现德育的眼睛。每一次问候可以教会学生礼仪的谦恭，每天的值日可以摈弃日常懒散的习惯，在语文和品生课上可以受到德育的陶冶，在音乐课上同样歌颂品德，在美术课上鉴赏美德，在体育课上彰显品德精神。德育造就的是素质，完善的是人格，受益的是大家。

胜利人将沿着"生活德育"，倾尽所有来支撑起完善的人格。

第三节　构建多元评价体系

宽基教育思想关注的是学生的素质、个性、能力与智慧的自我生成、自我发展、自我创新和自我完善，因而多元评价才能为宽基学生的快乐成长提供保障。多元评价体系包括"八证书评价"、"胜利娃成长记录册"、综合素质评价、校本课程评价等。

一、八证书内涵

（一）"八证书"达标完善的考评体系

"八证书"包括：会一项音乐技能、会一种美术技能、会说日常英语、会写一手好字、会读说写算、会制作一种科技作品、会一种计算机操作、会一项体育技能。每一项达标分为 A、B、C、D、E 五个等级，学生达标考核时自主选择项目、自主选择等级。考评时体现四个结合：一是自评与他评相结合；二是学生评委与教师评委相结合；三是表彰与展示活动相结合；四是树立典型个人与表彰优秀集体相结合。

"八证书"教育相信每个学生都有闪光点和可取之处，学校、教师从多方面去了解学生的特长，并相应地采取适合其特点的有效方法，使其特长得到充分地发挥。它和社会上的考级不同，学校注重的不是让学生掌握高超的技能，而是鼓励孩子在参与中激发兴趣、浸润情操、提高综合素质。"八证书"的研究，以期通过更加科学、规范、严谨的道路，广泛调动学生的参与热情，达到促进学生多元智能的开发，使学生全面发展，适应将来终生学习以及生活、工作需要的目的。

（二）建立全面、发展、激励、人文的评价机制

"胜利娃成长记录册"是展示学生成功的舞台。每个学生从一入学就建立成长记录册，记录收集能够反映学生发展提高的重要资料，包括学生的自我评价，来自同学、教师、家长的评价信息，学生在文体活动中的突出表现，学科检测的阶段成绩，学生的最佳作品等。学生是成长记录的主要记录者和管理者，成长记录要始终体现诚信的原则，要有教师、同学、家长开放性的参与，使记录的情况典型、客观、真实，同时便于展示。成长册记录下每一年的成长经历，记录学生成长的闪光足迹。期末综合素质评价，从"思想道德和文明素养，心理素质，学习态度、方法和能力，运动与健康，审美与表现，校本课程实践学习"六方面进行评价，尤为学生今后发展指明方向。

我们还实施了考试改革，打破传统考试只重结果和分数的做法，着眼于构建学生的宽厚基础，注重考双基、考技能、考创新、考书法（书写姿势）、考速度和质量、考质疑精神、考诚实等七种能力，构建形成全面、发展、激励、人文的学生质量评价机制。通过实施胜利星的评选,根据学生的个性特长,设立了十种"胜利星",有全面发展的"胜利之星"、有单项突出的"学习星、劳动星、健康星、艺术星、文明星、自立星"等,为更多的学生提供发展的机会,让每个孩子在不同的舞台展现自己的才能与智慧,获得创生的幸福体验。

二、八证书的成效

多元评价保护了学生的上进心和学习兴趣。2002 年实施"八证书""成长记录册"等多种评价方式并存、互补,课堂、教师、学生都发生了巨大的变化。学生学会了欣赏自己,发现自己。家长也在孩子的成长记录册中,找到了着眼点和落脚点,帮助孩子更好地成长。

(一) 课堂——灵动开放、充满活力

课堂是教育教学的主阵地。任何先进的教育思想、先进的教育理念若不能适应课堂教学或在课堂教学中不能应用,那么,这种教育思想或理念也就仅仅是一个美丽的空想。"八证书"教育带来了课堂巨变。

在数学老师的引导下,学生们"走进银行学利息","走进公园学方向","走进市场认识元、角、分"……学生们用数学的眼光去观察生活,去发现生活中处处存在着的数学问题。在家庭生活中,学生们观察门窗、彩电、冰箱的形状,吃饭数量的多少以及筷子的分发等问题;在路上行走或外出游玩时,学生们观察行人与车辆的多少,花草树木的数量和种类以及四周建筑物的形状与布局等问题;在学校生活中,学生们观察师生的数量与衣着的分类问题,教室的大小与桌椅板凳的数量等问题。

从教学模式的确立到课程资源的开发,从探索学习的研究到快乐课堂的教学,从开放的教学空间到灵活的教学方法,从宽泛的课外阅读到迅捷的网络沟通……走进济南市胜利大街小学的校园里,你会被那浓郁的文化气氛陶醉着;踏进济南市胜利大街小学的教室里,你会被那勃勃的生机感染着。一个个巧妙的提问,凝聚着老师们的智慧;一串串精彩的回答,展现着学生们的聪明;一堂堂多彩的生成,展示了老师们的风采;一篇篇优美的文章,写出了学生们的博学……这里的课堂是春天,鸟语花香;这里的课堂是花园,蜂飞蝶舞。在这里,老师们快乐地生活着;在这里,学生们快乐地成长着。

（二）教师——自我发展、自我创新

再先进的教育理论没有教师的实践验证，就只是一种空想；再先进的教育理念没有教师的具体落实，仅是一句空话；再美好的教改方案没有教师的具体实施，只是空中楼阁；再优秀的教学设计没有教师的理解使用，仅是一件摆设的花瓶。教师是课程的实施者，是教育改革的参与者与促进者。"八证书"教育是全新的，它带给老师巨大的挑战。老师不断地充实自己，"走出去，请进来"，与大师对话，更新教育理念；与经典对话，领悟新的教育方式与方法。

教师成为了课程开发者。美术老师在环境艺术教育上煞费苦心。他们不放过任何一个发展学生、培养学生的机会，随时随地地利用各种资源对学生进行环境艺术教育，其中最有特色的就是在全校范围内开展了"我为校园穿花衣"的活动。校园内葱郁的花草树木，挺拔的白杨绿槐，学生们制作介绍牌；作物茂盛的植物园，错落有致的盆景，学生亲手布置；学校后院里，那成为校园一大风景的大型壁画是师生共同绘制的；悬挂在校园东墙上，那几十幅用木框装裱的图画是学校百人小画家们集体创作的……校园的一草一木、一山一石，无不凝聚着学生们的心血，闪现着学生们的智慧。它让学生们把创造留在了学校，把美好带向了未来。

教师成为了学生潜力的发现者、培育者。几年前，当学校的一位音乐老师在无意中举行的一个小小音乐会上，发现班里有一个学生喜欢吹唢呐时，就开始思考了这样一个问题："如今的家庭教育，更多的家长将精力放在了培养孩子学习钢琴、小提琴等西洋乐器上，为什么不利用我们宝贵的校园资源让学生感受更为博大精深的民族文化呢？"于是，音乐组的老师们马上开始了大胆的尝试，将民乐引进课堂。四位音乐教师各显其长，他们除了完成正常的音乐课教学任务外，分别在二、三、四年级成立了古筝演奏小组、二胡表演小组和笙等演奏小组。80人校级民乐队也在一年后成立。现在，学校每年都在元旦举办胜利大街小学"新年民乐演奏会"。音乐会不仅吸引了家长，更有许多省级歌舞乐团的专家慕名而来！学生们的精彩表演，让这些艺术家由衷地赞叹道："想不到，在小学能够听到这样动听的旋律！"民乐队的

孩子还曾与著名二胡演奏家于红梅同台演出。

教师成为了综合素质普及提高的推动者。健康的身体和健全的心理是人们学习的基础、成长的基础，也是今后工作和生活的基础。为了使孩子们健康、茁壮地成长，学校每年召开两次体育运动会，运动会不仅是运动技能的竞技，更是亲子活动的乐园。每年一度的"胜利趣味运动会"可谓是别开生面。"齐心协力"，要求爸爸妈妈和孩子能够用最快的时间将瓶子中的乒乓球提出。"同舟共济"，要求班级里十几个孩子能够在一双大木鞋上用同一节奏和步伐快速走向终点。"背摔"是对学生勇气和团结协作精神的考验，"掰腕"是对学生气力与毅力的检测。体育老师们精心设计的一项项"出人意料"的竞技项目，既让每一个孩子锻炼了身体，也让每一个孩子磨练了心智；既培养了学生们的竞争意识，也提高了学生们的团结精神。

（三）学生——自主发展、个性张扬

学生是教育的起点和归宿点，关注学生真实的成长，教育才能拨动生命的"情弦"，才能真正走进学生的心灵，校园才有满园春色。学校里有那么多的孩子，每一个孩子都是与众不同的。为了让更多的孩子都有展示自己的机会，学校和老师们总是想方设法地创设有利条件，让每一个孩子找到自己新的增长点。

学生自主学习，自主发展。2004 年，"小蘑菇头"王景灏同学荣获了山东省车模大赛冠军，可在两年前他还是年级有名的"调皮大王"。自从学校建起了机器人试验室后，他就成了这里的常客，课余精力全部投入到了摆弄车模机器人身上，爱钻研，爱提问，像变了个人似的。家长们感慨地说："学校的科技课程使孩子爱上了科学。"科技方面的发展也促进了他方方面面的进步。王景灏同学并非个例，学校因为开设多元校本课程，成长了一批像王景灏一样的孩子，坚定了我们实施"八证书"课程的信心。

学生在生活中学习，视野开拓。八证书课程充分利用校外资源，让学生在广阔的领域中得到发展。社会是个大学校，家庭是笔宝贵的教育财富。学生们侧耳聆听"窗外的声音"，去"听一场音乐会"，"参观一次美展"，"观看一场体育比赛"，"看一场话剧或电影"，"参观科普展览"，"参加各种竞赛、展示活动"，在参与中实践，在实践中提高，开拓了眼界，完善了自身的艺术修养。参与"会说普通话"达标，不仅展示朗诵能力，更要展示与人交流对话、大胆清楚地表述自己观点的能力；在科技证书达标活动中，更加关注用科学的方法解释某些生活中的现象和用科学的方法解决生活中的问题；在计算机证书达标活动中，关注计算机在日常生活中的应用，如能够利用多种搜索引擎查找、下载各种资料，充分利用互联网资源学习知识；音乐证书和英语证书中均提出把欣赏音乐和英语学习当作日常生活的一部分，见到外国友人能大方自然地进行日常交流、提供帮助等等，均体现出在生活中学习，在运用中提高。

为给学生提供更广阔的舞台，学校投入 80 万元重新装修博艺楼，丰富了专用教室；还成立了环保小队、雏鹰假日护绿小队以及各种社团，如文学社、记者团、英语角、体育俱乐部等近 30 个社团。同时，为了形成合力，达到更好的育人效果，每学期举行丰富多彩的八证书活，以及"八证书伴我成长"有奖征文活动，"露一手"绝活展示、绘画、摄影、书法、科普作品展览及演讲、朗诵、故事大王、课本剧、声乐、器乐、舞蹈、体育比赛展演。举办八证书封面设计大赛，八证书与读书系列活动，还通过开展"小手拉大手"活动，进行特色家庭的评选。学校还分别组织了家庭才艺大赛、诗词诵读大赛、中华文化千句文诵读大赛、书法大赛、手抄报大赛、英语大赛、运动之星才艺大赛、自制书才艺大赛、环保礼仪大赛、班级网页制作才艺大赛等。开展的每一次才艺展示都紧密结合着学生们的学习生活，面向全体，充分展示了学生们不同的才华。

八证书教育让学生参加一次活动，就增长一份见识；会一项技能，就多一项生存的本领。为了孩子们的发展，为了孩子们的明天，从校本课程设置到评价体系，从礼仪、习惯、情感、态度、意志、品德、知识、技能、能力、智力等各方面，对学生进行综合素质培养和训练，让学生自主发展，个性张扬。

教育无痕迹，春风暖人心。多元的课程，让胜利的小苗吸取了不同的营养苗壮成长。一个无言的证书，就是一声响亮的鼓励，化为胜利学子一股奋进的力量。在济南市胜利大街小学这片沃土上，让每个孩子在爱的土壤里生根,在爱的春风里发芽,在爱的细雨中生长,在爱的阳光下开花。

附： **胜利大街小学的八证书活动考核标准**

会一种音乐技能等级评定标准

E 级

你喜欢上音乐课吗？今年欣赏音乐会了吗？是否能够做到安静倾听呢？如果你已做到这些,就可以拿到申报 E 级证书的通行证了。

请你在下面三项中任选一项或多项申报 E 级证书：

1. 用正确的姿势、自然的声音独立演唱歌曲。

2. 演奏一首简单、短小的乐曲。

3. 随音乐表演舞蹈动作。

D 级

你喜爱上音乐课吗？在家能主动练习基本功吗？今年欣赏音乐会了吗？能够安静倾听感受乐曲情绪吗？如果你已做到这些,就可以拿到申报 D 级证书的通行证了。

请你在下面三项中任选一项或多项申报 D 级证书：

1. 用正确的姿势、清晰的咬字吐字独立演唱歌曲。

2. 完整演奏一首乐曲。

3. 表演或创编简单的律动或舞蹈。

C 级

你是否喜爱音乐？能够坚持每天练习基本功吗？能够积极参加各种音乐活动吗？今年欣赏音乐会了吗？懂得欣赏音乐会的礼仪常识吗？如果你已做到这些,就可以拿到申报 C 级证书的通行证了。

请你在下面三项中任选一项或多项申报 C 级证书：

1. 自然、大方地歌唱,并注意演唱的方法。

2. 完整流畅地演奏一首略有难度的乐曲。

3. 表演一段略有难度的舞蹈。

B 级

你是否喜爱音乐？是否有自觉欣赏音乐的意识？今年欣赏音乐会了

吗？能够体会音乐的美感吗？每周都上专业课吗？能够坚持每天练习吗？积极参加校队训练、演出了吗？如果你已做到这些，就可以拿到申报 B 级证书的通行证了。

请你在下面三项中任选一项或多项申报 B 级证书：

1. 自信、大胆地歌唱，演唱有一定方法。

2. 完整流畅地演奏有一定难度的乐曲。

3. 完整表演有一定难度的舞蹈。

A 级

你是否喜爱音乐？是否已经把欣赏音乐当作生活中的一部分？今年欣赏音乐会了吗？对音乐作品有自己的理解吗？能够坚持每天练习吗？积极参加校队训练、演出了吗？如果你已做到这些，就可以拿到申报 A 级证书的通行证了。

请你在下面三项中任选一项或多项申报 A 级证书：

1. 能够自信、有感情地歌唱，声音有一定表现力。

2. 能够完整流畅地演奏具有较高难度的乐曲。

3. 能够完整表演有较高难度的舞蹈，创编简单舞蹈。

会一种美术技能等级评定标准

E 级

你能够用积极的态度对待美术课吗？能用简单的手法画一幅自己喜欢的画或制作一件自己喜欢的美术作品吗？你喜欢欣赏美术作品吗？

如果你已做到这些，就可以申报 E 级了。

D 级

你热爱美术，能在美术课上积极主动地学习吗？能绘画或制作一件完整的美术作品吗？能用自己的眼光欣赏美术作品吗？

如果你已做到这些，就可以申报 D 级了。

C 级

你能积极参与校内举办的美术活动吗？你的绘画作品能做到画面构图及颜色搭配基本合理吗？你了解美术制作的几种基本技能并尝试进行简单

的创作吗?你能够感受到大自然和各类美术作品中的美并能表达出自己的感受吗?

如果你已做到这些,就可以申报 C 级了。

B 级

你能积极参与校内外举办的美术活动吗?你的绘画作品能做到画面构图、颜色搭配得当,有一定表现力、创造力吗?能够运用所学的技能制作比较完整的美术作品吗?能够从美的角度上欣赏大自然和各类美术作品中的美,并能对欣赏对象进行描述吗?

如果你已做到这些,就可以申报 B 级了。

A 级

你在校内外的美术活动中是否有所贡献并得到老师和同学们赞扬?你的作品是否曾在学校橱窗、画廊等处展览过?你的绘画作品能做到画面丰富饱满、颜色搭配得当、富有表现力和创造力吗?你能够用较复杂的美术技能制作精美的艺术作品吗?你能欣赏、认识自然美和美术作品的材料、形式与内容等特征,了解美术表现的多样性,能用一些简单的美术语言表达自己对美术作品的感受和理解吗?

如果你已做到这些,就可以申报 A 级证书了。祝贺你!

会一种体育项目技能等级评定标准

E 级

你喜欢体育运动吗?是否能够安全有秩序地进行体育活动?你了解身体各部位的名称吗?能够初步掌握一项锻炼身体的简单技能吗?今年观看体育比赛了吗?

如果你做到了,就可以申报 E 级证书了。

D 级

你知道如何安全有秩序地进行体育活动吗?怎样才是正确的坐、立、行走的姿态?今年观看体育比赛了吗?是否在体育活动中尊重和关心别人?你基本掌握一项锻炼身体的简单技能吗?如果你做到了,就可以申报 D 级证书了。

C 级

你有自己喜欢的体育运动项目吗？明白文明观看体育比赛的含义吗？是否定期测量和记录自己身高、体重的变化？能与陌生的小朋友或者家长共同完成一项体育活动或游戏吗？能够基本掌握一项以上锻炼身体的简单技能吗？

如果你做到了，就可以申报 C 级证书了。

B 级

通过现场观看体育比赛，是否找到了体育的魅力？是否勇敢地向家人、同伴展示学会的体育动作？参与集体性体育项目时，是否能主动与他人合作？能够掌握两项以上锻炼身体的简单技能吗？

如果你做到了，就可以申报 B 级证书了。

A 级

现场观看体育比赛，是否能说出该项运动的魅力之处？是否合理安排锻炼的时间？能否积极主动地进行体育活动？你会组织其他人一起进行体育运动吗？是否了解营养与健康的关系及从事体育活动的营养卫生常识，并养成良好的饮食习惯？能够较好地掌握两项以上锻炼身体的简单技能吗？

如果你做到了，就可以申报 A 级证书了。祝贺你！

会说日常英语的技能等级评定标准

E 级

你对英语感兴趣吗？见到外国友人能用简单的英语打招呼吗？你能听懂、会说 60 个单词，会说、会用 2 组日常对话吗？

如果你做到了，就可以申报 E 级证书了。

D 级

你对英语感兴趣吗？在家能主动听英语磁带吗？观看英文动画片时能听懂其中简单的句子吗？你能够听懂、会说 100 个单词，会说、会用 5 组对话吗？

如果你做到了，就可以申报 D 级证书了。

C 级

你对英语感兴趣吗？能够每天坚持听录音吗？观看英文动画片时能听懂并模仿其中的简单句子吗？对英美国家的文化习俗有所了解吗？你能听懂、会说 150 个单词，会说、会用 10 组对话吗，注意语音语调要标准，语言流畅。

如果你做到了，就可以申报 C 级证书了。

B 级

你是否对英语产生了兴趣？有主动学习的意识吗？观看英文影片时能听懂并模仿其中的语言吗？你能听懂、会说 200 个单词，能阅读理解与之相关的英语短文，熟练进行日常会话吗？注意语音语调要优美，语言要流畅。

如果你做到了，就可以申报 B 级证书了。

A 级

你是否喜欢英语？已经把英语学习当作日常生活的一部分，每天坚持听、说、模仿，见到外国友人能大方自然地进行日常交流、提供帮助。你的语音语调优美吗？语言流畅吗？积极参加各种英语活动吗？

如果你做到了，就可以申报 A 级证书了。祝贺你！

会写一手好字等级评定标准

E 级

你能做到写字姿势和执笔方法正确吗？你能做到书写认真，卷面整洁吗？

如果你已做到这些，就可以申报 E 级证书了。

D 级

你是否继续保持正确的写字姿势和执笔方法呢？能认真书写作业吗？你写的字间架结构较合理，字体工整吗？你能主动练习写字、积极参加班级书法展示活动吗？

如果你已经做到这些，就可以申报 D 级证书了。

C 级

你是否继续保持正确的写字姿势和执笔方法呢？你能坚持认真书写作

业吗？你写的字间架结构合理，字体工整吗？写字有一定速度了吧？你能做到坚持练习写字、积极参加各种书法展示活动吗？

如果你已经做到这些，就可以申报 C 级证书了。

B 级

你一直保持正确的写字姿势和执笔方法吗？书写是否依然认真，能继续做到卷面整洁吗？你能每天坚持练字，积极参加各种书法展示活动吗？现在你是否能够临摹字帖，写出布局合理的书法作品呢？用笔有提、按、顿、挫的变化吗？这样才能使作品有书法美感呀！

如果你已经做到了这些，就可以申报 B 级证书了。

A 级

保持正确的写字姿势和执笔方法可是很重要的，你坚持做到了吗？作业的书写够认真，卷面也整洁吗？你已经养成每天练字的好习惯了吗？积极参加各种书法展示活动吗？作品提、按、顿、挫笔法已经比较自然了吧？这样习作就更具书法美感了！你敢于评价他人的书法作品、发表自己的见解吗？

如果你已经做到了这些，就可以申报 A 级证书了。祝贺你！

会讲普通话等级评定标准

E 级

你能用普通话提问或回答问题吗？你能运用普通话进行简短的交流和自我介绍吗？你能朗读 50 字左右的文章吗？你能做到每年欣赏一场话剧或观看一部电影吗？

如果你已做到这些，就可以申报 E 级证书了。

D 级

你在生活中能够自觉使用普通话吗？能否自然地与人进行对话，发音基本正确、清晰，比较流畅呢？能正确、流利地朗读 100 字左右的文章吗？能做到每年欣赏一场话剧或观看一部电影，通过认真观看感受普通话的美感吗？

如果你已做到这些，就可以申报 D 级证书啦！

C 级

你能运用普通话大方、自然、有礼貌地与人进行对话交流,发音正确、清晰,流畅了吗? 能声音洪亮地讲述较短小的故事吗? 能做到正确、流利、较有感情地朗读 200 字左右的文章吗? 每年欣赏一场话剧或观看一部电影,能否简单叙述故事情节呢?

如果你已经做到这些,那你就可以申报 C 级证书啦!

B 级

同学们,你已经树立表达的自信心了吗? 能积极参加讨论,敢于发表自己的见解,表达自己的感受吗? 你是否能讲述较长的故事,并且做到语言有一定感染力呢? 你能正确、流利、有感情地朗读 400 字左右的文章吗? 你能坚持每年欣赏一部话剧或观看一场电影,并且能复述大意和精彩的故事情节吗?

如果你已经做到这些,那你就可以申报 B 级证书啦!

A 级

同学们,与人交流时你能做到尊重、理解对方,并根据交流对象和场合,作简单的发言吗? 是否能绘声绘色地讲述较长的故事呢? 能根据拟定的题目,做 2 分钟左右的发言吗? 欣赏话剧或电影,你能用较流畅的语言表达自己的感受吗?

如果你已经做到这些,那你就可以申报 A 级证书啦! 祝贺你!

会一种制作科技作品技能等级评定标准

E 级

你热爱科学、相信科学吗? 今年参观科普展览了吗? 你知道一般的手工制作知识吗? 能够动手制作简单的手工作品吗?

如果你已做到这些,就可以申报 E 级证书了。

D 级

你热爱科学、相信科学吗? 今年参观科普展览了吗? 你是否了解简单的科技知识? 具有动手操作的意识吗? 能够制作出比较美观的手工作品吗?

如果你已做到这些，就可以申报 D 级证书了。

C 级

你热爱科学、相信科学吗？今年参观一次科普展览了吗？你是否已经具有一定的科学常识了？你能够进行简单的科学小试验，并了解有关的科学原理吗？能够制作简单的科技作品吗？是否尝试过用科学的方法解释某些生活中的现象呢？

如果你已做到这些，就可以申报 C 级证书了。

B 级

你热爱科学、相信科学吗？是否坚持每年参观一次科普展览，有一定的收获吗？能够了解并掌握有关的科技制作的知识，发明制作有关的作品，并具有一定的科学性吗？是否能用科学的方法解释某些生活中的现象？你尝试过用科学的方法解决生活中的问题吗？

如果你已做到这些，就可以申报 B 级证书了。

A 级

热爱科学、相信科学是非常重要的生活态度，你是否坚持做到呢？是否坚持每年参观一次科普展览，有一定的收获吗？你是否已经具备了一定的科技创新意识，有较强的观察思考能力？能够独立制作科技作品吗？如果你的作品在各类科普竞赛中取得较好成绩，那就要祝贺你了！你是否能用科学的方法主动探究自然界及生活中发现的问题和现象呢？

如果你已做到这些，就可以申报 A 级证书了。祝贺你！

会一种计算机技能等级评定标准

E 级

你认识计算机吗？你会正确打开计算机并且将它关闭吗？鼠标你会使用吗？

如果这些你都会的话，祝贺你，你可以申请 E 级证书了。

D 级

你知道计算机键盘上的键都各叫什么名字吗？你知道如何正确使用键盘吗？如果不让你看键盘，你能打对字吗？很多小朋友都喜欢画画，你会使用计算机上的"画图"程序画一幅画吗?

如果这些你都会的话,祝贺你,你可以申请 D 级证书了。

C 级

你会使用 WPS 或者 Word 等等一些文字处理软件来制作一张电子报刊吗?如果你会的话,祝贺你,你可以申请 C 级证书了。

B 级

你知道互联网吗?你知道在遨游互联网的时候我们应该遵守什么公约吗?你会使用百度〔http://www. baidu. com〕、google〔http://www. google. com〕等多种搜索引擎查找、下载各种资料,并且使用它们吗?

如果这些你都会的话,祝贺你,你可以申请 B 级证书了。

A 级

你喜欢看动画片吗?有没有想过自己也来制作动画片?那么,现在开始吧,就用 Flash 或者其他工具制作动画片。如果你会的话,就可以申请 A 级证书了。不会的同学不要伤心,你如果能够制作网站,也可以申请 A 级证书。

济南市胜利大街小学学生综合素质评价(低年级)

2010—2011 学年度上学期　　　班级_____　　　姓名_____

可爱的孩子,你的每一位老师都相信你是一名好学生,祝愿你发挥特长,弥补不足,不断提高自己的综合素质。

思想品德和文明素养

我是中国人,我爱祖国,我认真参加升旗仪式。(　　)我爱爸爸妈妈,我爱老师,我爱同学。(　　)我爱学校,我能做到"慢步轻声,右行礼让,微笑问好"。(　　)我爱清洁,不乱扔纸,整理好自己的物品。(　　)我不撒娇,不任性,见人大方有礼貌。(　　)我诚实,有错误就改正,努力争当"自律小标兵"。(　　)

学生自评　　　学生互评　　　教师评价　　　家长评价

心理素质

我知道自己的长处和短处，发扬优点，改正缺点，天天进步。（ ）我喜欢和小伙伴玩，互相谦让，互相帮助，不闹意见。（ ）我是快乐的，遇到困难不泄气。（ ）我自立，自己的事情自己做，不依赖大人。（ ）我活泼，但管得住自己。（ ）

学生自评　　学生互评　　教师评价　　家长评价

学习态度、方法和能力

我爱学习，我爱读书。（ ）我学习自觉，每天认真完成学习任务。（ ）我的自制书、小报办得好。（ ）

学生自评　　学生互评　　教师评价　　家长评价

运动与健康

我爱锻炼，坚持做好广播操，上好体育课，身体好。（ ）我喜欢参加体育运动，入选运动会的运动员。（ ）我能达到学校"八证书"的体育标准。（ ）我知道健康的重要性，不挑食，学会讲卫生的本领。（ ）我认真做眼保健操，逐步养成健康的生活习惯。（ ）

学生自评　　学生互评　　教师评价　　家长评价

审美与表现

我爱上音乐、美术等艺术课。（ ）我有艺术爱好，积极参加艺术活动。（ ）我能达到学校"八证书"的标准。（ ）

学生自评　　学生互评　　教师评价　　家长评价

校本课程学习情况

我愿意积极学习，参加实践活动。（ ）本学期在《生活与礼仪》校本课程学习中取得了进步。（ ）我爱动手做科技小制作，我爱提问题并自己想办法研究。（ ）

学生自评　　　学生互评　　　教师评价　　　家长评价

请你对照标准,做得好就在(　　　)里打"√",哪条是你的努力方向,就在(　　　)里打"△"。

评价等级分为:优秀★★★　　　良好★★　　　合格★

济南市胜利大街小学学生综合素质评价(中年级)

2010—2011 学年度上学期　　　班级_____　　　姓名_____

亲爱的孩子,你的每一位老师都相信你是一名好学生,祝愿你发挥特长,弥补不足,不断提高自己的综合素质。

思想品德和文明素养

我是中国人,长大建设祖国。(　　　)我爱身边的人,我要为他人服务。(　　　)我爱学校,我能做到"慢步轻声,右行礼让,微笑问好"。(　　　)我爱清洁,经常整理好自己的物品。(　　　)我爱护公物,随手捡纸,保护环境。(　　　)我讲礼仪,不随意花钱,不比吃穿。(　　　)我诚实守信,努力争当"自律小标兵"。(　　　)

学生自评　　　学生互评　　　教师评价　　　家长评价

心理素质

我了解自己的长处和短处,发扬优点,改正缺点,天天进步。(　　　)我能和同学友好相处,互相谦让,互相帮助,不闹意见。(　　　)我是快乐的,精神饱满,遇到困难不泄气。(　　　)我自尊自立,自己的事情自己做,关心别人。(　　　)我活泼但遵守纪律,管得住自己。(　　　)

学生自评　　　学生互评　　　教师评价　　　家长评价

学习态度、方法和能力

我爱学习，我爱读书，我善于思考。（　　　）我学习自觉主动，每天认真完成学习任务。（　　　）我的自制书、手抄报办得好。（　　　）我能运用各种学习方法来提高学习水平，养成良好的学习习惯。（　　　）

学生自评　　　学生互评　　　教师评价　　　家长评价

运动与健康

我爱锻炼，坚持做好广播操，上好体育课，身体好。（　　　）我喜欢参加体育运动，入选运动会的运动员。（　　　）我能达到学校"八证书"的体育标准。（　　　）我知道健康的重要性，讲卫生，不挑食，不在小摊买不卫生、质量不合格的零食。（　　　）我认真做眼保健操，逐步养成健康的生活习惯。（　　　）

学生自评　　　学生互评　　　教师评价　　　家长评价

审美与表现

我爱上音乐、美术等艺术课。（　　　）我有艺术爱好，积极参加艺术活动。（　　　）我能达到学校"八证书"的标准。（　　　）我学习欣赏艺术作品。（　　　）

学生自评　　　学生互评　　　教师评价　　　家长评价

校本课程学习情况

我兴趣爱好广泛，积极参加综合实践活动。（　　　）本学期在《生活与礼仪》校本课程及自制书、设计小报等活动中取得了进步。（　　　）我爱动手做科技小制作，我爱提问题并自己想办法研究。（　　　）我尝试小发明。（　　　）

学生自评　　　学生互评　　　教师评价　　　家长评价

请你对照标准，做得好就在（　　　）里打"√"，哪条是你的努力方向，就在（　　　）里打"△"。

评价等级分为:优秀★★★　　　良好★★　　　合格★

济南市胜利大街小学学生综合素质评价(高年级)

2010—2011学年度上学期　　　班级_____　　姓名_____

亲爱的孩子,你的每一位老师都相信你是一名好学生,祝愿你发挥特长,弥补不足,不断提高自己的综合素质。

思想品德和文明素养

我是中国人,为建设祖国而学习。(　　)我承担责任,讲社会公德,热心为他人服务。(　　)我爱学校,我能做到"慢步轻声,右行礼让,微笑问好"。(　　)我爱清洁,随手捡纸,保护环境。(　　)我讲礼仪,我爱护公物。不乱花钱,不比吃穿。(　　)我诚实守信,努力争当"自律小标兵"。(　　)

学生自评　　学生互评　　教师评价　　家长评价

心理素质

我能正确认识自己,取长补短,虚心进取。(　　)我愿意与人交往,和同学友好相处,宽容理解会合作。我精神饱满,有稳定的心理,遇到困难更坚强。(　　)我自尊自信,自立自强,关心别人。(　　)我活泼开朗,也能严格要求自己,有较强的自制力。(　　)

学生自评　　学生互评　　教师评价　　家长评价

学习态度、方法和能力

我爱学习,我爱读书,我善于倾听和思考。(　　)我已形成良好的学习习惯,每天认真积极完成学习任务。(　　)我的自制书、手抄报办得好。(　　)我能运用各种学习方法来提高学习水平,能够结合所学知识,运用已有的经验和技能,善于质疑,有独立分析解决问题的能力。(　　)

学生自评　　学生互评　　教师评价　　家长评价

运动与健康

我坚持做好广播操,上好体育课,身体好。(　　)我喜欢参加体育运动,有锻炼的习惯。(　　)我能达到学校"八证书"的体育标准。(　　)我知道健康的重要性,讲卫生。我能自我保护。(　　)我认真做眼保健操,逐步养成健康的生活习惯。(　　)

　　学生自评　　学生互评　　教师评价　　家长评价

审美与表现

我有广泛的艺术爱好,积极参加艺术活动。(　　)我能达到学校"八证书"的标准。(　　)我能感受并欣赏生活、自然、艺术和科学中的美,具有健康的审美情趣。(　　)

　　学生自评　　学生互评　　教师评价　　家长评价

校本课程学习情况

我兴趣爱好广,积极参加综合实践活动。(　　)本学期在《生活与礼仪》校本课程、自制书、设计小报等活动中取得了进步。(　　)我爱动手制作,我能发现生活中的各种现象并自己想办法研究。(　　)我尝试小发明。(　　)

　　学生自评　　学生互评　　教师评价　　家长评价

请你对照标准,做得好就在(　　)里打"√",哪条是你的努力方向,就在(　　)里打"△"。

评价等级分为:优秀★★★　　良好★★　　合格★

第四章
教师第一：承载适性发展

第一节　致远有梦

我有一个梦，
那是儿时一行稚嫩的粉笔字，
那是年少一首澎湃的散文诗。

我有一个梦，
那是理想照进青春的光影，
那是期冀滋润心灵的露珠。

我有一个梦，
那是曾经抚慰年幼的话语，
那是坚实拉起小手的力量。

我有一个梦，

那是智慧照进双眼的光亮，

那是信念带给生命的灵光。

这是我的梦，是对教育的信仰；

这是我的梦，能赢得生命的高尚。

我有一个梦，

那永远是情对生命的丰盈，

那永远是爱对生命的滋养。

我有一个梦，

我会生活得鲜亮。

因为我的梦，

青春会永远洋溢，

思想会不断闪光，

生命在创造中永远流淌！

伴随着这首小诗，我们拉开了青年教师追梦的序幕。梦，一个充满幻想和浪漫色彩的词语。当它点缀在教育事业上时，又将焕发出新的活力。教育之梦即青年教师追逐教育理想之梦。

胜利青年教师致远会（以下简称"致远会"）是以工作一至五年的青年教师为主体的学术性群众团体。"致远会"这一名字来源于诸葛亮的《诫子书》："夫君子之行，静以修身，俭以养德。非澹泊无以明志，非宁静无以致远。""宁静致远"就是要求我们静心思考，潜心苦学。致远会通过践行"博闻""善学""健体"三个核心目标，以上课、听课、评课、辩课为主，以读书论坛为依托，以成长档案为形式，反映会内成员的所思、所得，以期实现青年教师共同学习、共同发展这一宗旨。会内每位青年教师依据自身个性发展和学科特点，制定了符合自身专业发展的个人规划，以求在最短的时间内成长为一名"博闻、善学、勤思"的学研型教师，这是致远会成员的愿景和为之努力的方向。

一、青年教师发展的四重境界

致远会青年教师努力追寻"快速发展，明志致远"之境界。下面笔者从胜利情怀、自我挑战、深度反思、个性张扬四个方面——阐释胜利青年教师的追梦之旅。

(一) 第一重境界：胜利情怀 发展之基

每年的新教师都会经历这样的场景：在学校新教师培训会上，一位和蔼可亲的长者语重心长地对新教师说："知道我们学校的校训是什么吗?"他们疑惑地摇着头。"是胜利!"长者自豪地说。"胜利是一种文化，一种精神，更是一种追求。在胜利精神的鼓舞下，我们学校培育了一支素质高、业务强的精英教师队伍。加入胜利的家庭是一种光荣，更是一份责任。努力工作就会成长，用心工作就会有收获，加油吧，我期待大家每一个人的进步与成长!"这位长者的话如一缕阳光，为新教师迷茫的心照亮了前进的方向，如一颗生机勃勃的种子，孕育了他们对未来的美好憧憬与希望。这位长者就是学校的校长。

学校领导一直关心青年教师的成长，不仅给青年教师制定了一套科学完善的培养计划，还为他们提供了各种各样的展示平台。其中致远会就是青年教师最喜欢的、最有活力的、具有研究魅力的团队。

在这里，青年教师感受着学校的关怀与引领，浸润着学校温馨、和谐的宽基文化。正因如此，一份份难得的胜利情怀油然而生。青年教师杨菁就是这样一位心怀胜利情结的老师——

我的胜利情怀

2010 年夏，怀揣着教育梦想，我参加了学校的面试。刚刚踏出大学校园，我的身上还存有几分孩子的稚气，心中充满了对未来的困惑与迷茫。能否实现自己从小到大的教育梦? 我站在人生的十字路口上徘徊不定。

怀着这样复杂的心情，我走进了胜利大街小学的校门。校园里，印着厚重文字的六根廊柱，让我凝视良久，七八棵一臂宽的杨树屹立在天地间，让我追寻着这所学校所历经的沧桑，教学楼旁的笑脸墙与胜利娃的笑脸交相辉映，这是洋溢着人文情怀的教育生态!

试讲前，从未登上小学讲台的我惴惴不安，紧张不已。正在这时，一位长者面带微笑缓缓而来："感觉怎么样？没关系，不用紧张！"几句关切的话语，如一缕阳光，让不自信的我顿时有了勇气，为迷茫的我照亮了前进的方向，或许这就是我梦想开始的地方。踏入教室，胜利娃们稚嫩天真的笑脸，纯净认真的双眸，更加坚定了我的选择。后来几经考验，我最终留在了胜利。这时我才知道，曾经鼓励我的那位长者，正是我们的王念强校长。

就这样，我与其他九位同样拥有教育梦想的年轻人，光荣地成为了这所名校的教师。由学生到教师，角色的转变，让我面临着新的挑战：我能否胜任教师的工作？我能否得到学生的喜爱？我能否得到同事的认可？我该怎样做才能从一个风风火火的青年变得成熟稳重起来？

校长一语惊醒梦中人："知道我们学校的校训是什么吗？"我们疑惑地摇着头。"是胜利！"他自豪地说。"胜利是一种文化，一种精神，更是一种追求。在胜利精神的鼓舞下，我们学校培育了一支素质高、业务强的精英教师队伍。加入胜利的家庭是一种光荣，更是一份责任。努力工作就会成长，用心工作就会有收获，加油吧，我期待你们每一个人的进步与成长！"正如一颗生机勃勃的种子，孕育了我们对未来的美好憧憬与希望。我们十位新教师决心全力以赴，互相扶持，携手共赴寻梦之旅。

接下来的日子里，学校领导一直在关心我们新教师的成长，不仅给我们制定了一套科学完善的培养计划，包括拜师结对、青年致远会、学研共同体、基本功训练计划等，还给我们提供了各种各样的展示平台。还有一群人，让我们新教师最为难忘，他们就是我们的指导教师。在教学上，他们智慧博学，虚怀若谷，把积攒多年的教学经验毫无保留地传授给我们，一遍一遍地帮助我们修改教学设计，一遍一遍地给我们讲解示范，无数次地走进我们的课堂帮助我们解决问题。在生活上，他们就像大哥哥大姐姐一样，给我们无微不至的关怀。印象最为深刻的是新苗课前，为了帮助我们备课，一个电话就让这些平时形色匆匆的老师们全员到齐，胜利人的这股团结劲儿和惊人的行动力，让我震撼不已！有了领导的关怀和老师们的帮助，我没有任何理由不努力。一年后的新教师考核中，我获得了"市中区教学新苗"和"教学一等奖"的光荣称号，为自己的第一年教学画上了圆满的句号。

青年教师就像一株嫩芽，在成长的时候需要阳光、雨露的滋润。在胜利大街小学，我时时刻刻都被这种浓浓的温暖所包围着。胜利人的自然朴素，亲切和善，让我找到了家的温暖。我坚信，梦要在这里扬帆，梦要在这里启航。高平台，高起点，能够站在巨人的肩膀上看世界，我自豪，我无悔，我是一名胜利人！

杨菁老师的话语代表着一批批胜利青年教师的心声，正如她所说："胜利人的自然朴素，亲切和善，让我找到了家的温暖。"正是学校所营造的这种"家"文化，才能把青年教师稳定下来，才能产生"良禽择木而栖"的效应。唯有如此，才能使青年教师领悟到自己的成长和学校的发展是息息相关的。当自己的思想、专业和生活上的问题，能得到领导、教师和学生的关怀、帮助和体谅时，就会自觉地融合到这个群体中，并增加了对这一群体的依赖程度。这种关怀体贴会给青年教师以极大的精神力量，产生"士为知己者用"的凝聚效应。这可能是青年教师健康成长的最重要的条件。有这样一份"家"的温暖在心头，胜利的青年人怎能不快速成长？

（二）第二重境界：自我挑战 团队引领

如果说胜利情怀是一份催生青年教师成长的信念的话，那么他们的自我挑战、自我加压以及团队帮带就是加快其专业成长的原动力。

青年教师刘晓斌说自己是幸运的，在成长的道路上总有"贵人"相助。他的贵人就是"致远会"。致远会为每位刚上岗的青年教师聘请了教学经验丰富的"师傅"，每年的新教师拜师大会都会成为学校一道靓丽的风景线。在教学上，他们智慧博学，且虚怀若谷，毫无保留地把多年的教学经验传授给青年教师，不厌其烦地给青年教师讲解示范，无数次地走进课堂指点迷津。在生活上，他们就像亲人一样给予精神上的关怀，让青年教师体会到亲人般的温暖。更加幸运的是，学校为青年教师的成长提供了很多机遇和舞台。参加工作的第三周，他便得到了一次难得的与胜利名师同台竞技的机会。一连几天，指导老师和学研体成员耐心细致地帮他备课，一次次试讲、修改，一节课的教案竟改了十几稿。在这个过程中，他由惶恐担忧到自信满满，当他能够站在课堂上挥洒自如的时候，他深知这是来源于团队给予他的巨大的鼓励和支持。

胜利青年教师都有这样的经历，在致远会学与研的引领下，他们爆发出火一般的热情，用自己的实际行动回馈着学校的培养。英语组唐芳盼老师就是其中一个。在教学反思中，她这样写道：

致远会"第一课"

学校为我们工作五年以内的青年教师成立了一个平台，取名致远会。我很荣幸成为其中一员，并有幸成为第一位提供展示课的教师。

从接到上课通知到正式上课只有短短 48 小时时间。为了不打乱教学秩序，我按照进度选择了第十课。这一课在整个单元和整册教材中比较独立。我把本节课的目标定为两大方面：基点定为对 China、Britain、America、Canada 这四个单词的感知和认读，能够运用"I'm from"句型进行自我介绍。宽点为对人文知识的了解和能够通过旧知整合进行自我介绍。确定好了教学目标，开始一次次地设计、更改教学环节，一个小细节也不敢大意。思来想去，自己设想的前两个教案被否定了。我在此基础上进行大改动，制定了第三个教案。实践证明，第三个教案才是最符合孩子认知规律和学习规律的。

每一次深入挖掘教材、设计教学环节的过程都是艰辛的，但又是充满惊喜的。有时会半天想不出如何创设情境，想不出方法解决一个很小的问题，有时又在去教室的路上突然有了新思路，不经意间会想到一句很精彩的过渡语，别人的随口一说也许就能给我带来大灵感。当然能有这样的幸运，是勤于思考、不断积累的结果。否则，灵感来的时候也把握不住。

致远会有幸请到了市中区教科室明亮主任，他给我们青年教师上了致远会"第一课"。

明主任教会了我们如何有效地听评课。给我启发最大的是在听课前教师首先要明确关注点，有针对性地去观察。这让我消除了听其他学科课时的顾虑。原来总觉得自己是门外汉，只是像记流水账般的记录教学流程，收获甚微。通过新的理解，在听课之前明确关注点，找到具体的观察对象，带着目标去听课，学习各学科之间相通的元素，比较学科之间的差异，会不断提高自己的科研能力。

比如说明主任在我这节课上的关注点就是学生敢说、会说、准确,然后选择了五名学生作为观察对象,从这五名学生再辐射到观察整个班级的情况。从明主任的反馈中,我发现了自己教学过程中的失误,对部分学生关注不够,教学设计没有呈现梯度,没有照顾到中下游学生的认知水平。

"吴春雨这节课的收获在哪里?"明主任的这一问让我陷入了深深的沉思。是啊,他只有一次发言机会,也是简单的重复,很多重要的教学内容他没有掌握。孩子足足在角落里坐了35分钟,唉,真是够难为孩子的。我又联想到平时的日常教学,自己什么时候才会关注到他? 怎样关注的? 关注的频率是多少? 我所执教的四个班中又有多少这样的孩子? 又该怎样提高这一部分学生的英语学习热情和能力? 一系列的问题浮现在脑海中……

明主任的关注点引发了我对英语学习目标的思考。平时在说学习目标时都会从知识目标、能力目标和情感目标这三个维度去考虑。从这节课来看,能够准确地说英语才是最直接的目标,对不太活跃的学生或班级来说,敢说就是直接目标。这样一来,目标不再是大理论、大框框,而是实实在在为学生考虑,为学生而定。

说到孩子的英语学习,我联想到了自己的英语学习,单词的发音可以保证做到标准,但很多不是很洋气。所以这一学期我制定的亮点工作是培养学生的模仿能力,同时也督促自己加强语感的训练。我告诉学生我们这一学期的目标就是和录音机说的一模一样。有限的课堂上,我也尽量拿出更多的时间来让学生模仿录音,同时指导他们模仿的技巧,小家伙都模仿得很认真。我们一起陶醉在优美的英语中,乐此不疲。我知道这对二年级的孩子来说可能存在很大的难度,但我相信只要老师着重去训练,并且坚持下去,学生就会有很大进步。

我相信明主任的"第一课"不仅给我带来很大帮助,也会让在座的每一位致远会的成员受益匪浅。感谢明主任不吝赐教,渴望能有更多的交流机会。

这种历练使青年教师受益匪浅,他们在历练中一点点进步、成长。像这样的活动,胜利还有很多:与名师同台竞技,参与名师课堂研讨,名师现场解惑,教育专家专题讲座,都为青年教师撑起了实践和锻炼的平台。

致远会不仅实施新老教师帮带计划,还在学研体辩课、读书论坛等方面让青年教师最大限度地汲取精华,茁壮成长。致远会教研氛围浓厚,我们在横向、纵向建设了两个共同体。横向,即同时间参加工作的教师组成学研共同体。由于他们的起点一致,相互之间的可比性及自身的发展幅度一目了然。纵向,即根据学科特点,工作 1—5 年的教师分语文、数学、英语、综合四个学研共同体。工作 3—5 年的教师一方面有"前车之鉴",可以在资料的积累、法规的学习、课堂教学等方面帮带新教师,同时也可以在相互学习中促进自身更快地成长。致远会中各学研体研修的落脚点还是在课堂教学上。主要通过"夯实备课—接力上课—多维评课"三点成一线,从而高效提升青年教师的专业水平。

(三) 第三重境界:深度反思 立足科研

致远会青年教师在合理规划的基础上,都会梳理个人工作轨迹,整理个人成长档案,其中最重要的版块是反思与科研。青年教师在不断学习的基础上,在专业发展中要有反思与科研意识。反思就是一面镜子,从中能清楚地认识自己,并且能找出自身的优缺点,扬长补短。华东师范大学叶澜教授曾说过:一个教师写一辈子教案,不一定会成为名师;如果一个教师能写三年反思,就有可能成为名师。

短短两年,李振娇老师有了自己的教育"随思录",整整八本,洋洋洒洒三十万字。七百多个日子里,每一天,上完课,下了班,她都要静静地坐在桌前,像只小虫子一个一个爬着格子,记录着,反思着。每天一篇反思,每篇至少五百字。一天天的坚持带给她的是一点一滴的进步。有一次,学校派她去听省评优课,全校只有两个名额,她分外珍惜。听课过程中,她一口气写下了六千字的听课反思。这篇反思先是被学校领导推荐给全校老师,接着又被推荐到区教育平台分享。认识的、不认识的领导、老师纷纷给她留言,说"后生可畏"。她深深体会到积累、反思带给她的成长喜悦。她坚信,一个善于积累的教师才能诗意地栖息在教育的沃土上。她是幸运的,因为胜利大街小学教会了她用笔墨书写自己的教育人生。

李振娇老师就这样学习着,实践着,反思着……当她察觉到语文课本的学习远远不能满足学生的需求时,本学期,她又开始了新的探索。

关于"指导整本书阅读"的一点思考

一、最初的想法

作为老师,我常有这样的困惑:同样是一同入学的孩子,接受的学前教育、家庭教育差不多,可是为什么随着年龄的增长,在语文学习的诸多方面差距会越来越大? 有的同学思路敏捷,想法深刻,能就一个问题侃侃而谈,有的却抓不住要点,半天说不出一句话;有的同学写作文时轻松愉快而且生趣盎然,有的却愁眉不展无从下笔。随着年级的增高,这样的两极分化越来越严重。在与家长的交流中,这些问题同样让大家头疼。基于这样的困惑,通过不断的读书、实践、学习,一个观念在我的头脑中越来越清晰,那就是教育家苏霍姆林斯基所说的话:要想解决学困生的问题,光靠补课是不行的,靠题海战术也是不行的,只有一个方法:用心地读书。而且越是学习困难的学生就越需要大量地读课外书。为什么要读课外书呢? 因为教科书虽然是精心选编,但是篇幅短小、内容狭窄,与浩如烟海而且经过大浪淘沙的文学巨著相比,只是沧海一粟。书本只能让学生们课内得法,但却无法获得大量的知识、经验,无法形成宽广、深厚的知识文化结构。正如朱永新教授所说:"一个人的阅读史就是他的精神发育史。"同学们要想精神更丰富,语文能力更突出,为一生的发展而奠基,就需得大量地阅读。

二、点滴的酝酿

一次偶然的机会,我在网上读了这么一篇文章:《中国的四代名师》。从新中国成立到现在,小语界的名师大至分为四代。第一代名师,是构筑在自己教室里的思想、经验、理论,不以上课取胜,如斯霞、李吉林、丁有宽等老师。第二代名师,既有教室里的经验,也有上课的技术,如于永正、贾志敏、支玉恒等老师。第三代名师,教室里的经验较少,上课的技术钻研偏重,如王崧舟、窦桂梅、薛法根、孙双金等老师。2006 年以来,第四代名师已悄然登场。他们成名的原因不是其课堂教学艺术,而是创生了自己的课程。这些人取得课程成功，大约都用了 10 年的时间。如常丽华的新教育实验课程、管建刚的作文教学革命、韩兴娥的海量阅读、陈琴的素读经典等。这些名师的做法给我们普通教师开启了另一个思路：大量阅读，是让学生通向另一条语文丰收的黄金大道。学校领导特别关注我的成长，先后让我去常丽华老师、韩兴娥老师那学习经验，每次学习都是收获满满。当时虽然看得挺明白，但是真正实施起来的时候却不是一件容易事。正当我迷茫无助的时候，恰逢区视导，刘局长、朱老师走进了我的课堂，尤其是朱老师给我提了很多宝贵性的建议，比如重视交流，弱化导读；设置前置性思考题，放手给学生独立阅读思考展示的空间；三种颜色的笔进行初读、交流读、读后标注；大胆放手，尽可能地解放学生，让学生尽情地读、讲、谈、写、悟、批注、表演……这些实质性的做法给我了莫大的帮助，让我一下子感到柳暗花明。于是，我就按照朱老师的指导，一步步做了起来。

三、小小的尝试

本学期在课堂上，我们除了学习语文书，还学习了《绿野仙踪》。大体是一周学习语文书的内容，一周学习《绿野仙踪》的内容。时间减少了一半，所以就要求我们务必要提高课堂的效率。怎样在保证质量的前提下提高效率呢？首先，课内语文学习充分调动学生的自学能力，让同学们在课下进行充分的预习，自学生字词，提出不懂的问题。课堂上，重点学习易错字词，每学完一课，老师随时用边角料的时间对学生进行字词听写过关。改错后再听，这样，两轮下来，字词就基本过关了。其次，教师要认真备课，针对课文的重难点，围绕着大问题进行讨论，在学习讨论中，注重学习方法的渗透（如抓关键词句、创设情境、想象感悟、拓展体会、质疑深入等）。

我们节约出来的时间用在读《绿野仙踪》上。之所以选择《绿野仙踪》这本书，是因为它是美国最伟大的儿童文学作品，被称为美国的《西游记》。故事光怪离奇，情节生动形象，整篇故事围绕着追求梦想、善良、团结、爱心、勇气、智慧等一切优秀的品质而展开。无论对学生的语文发展还是人格发展都有积极的作用。整个学习过程分五步走：

第一步，自由读书，了解故事的大体内容。这就是"狼读"。不给学生施加任何负担,就是喜欢读这本书、读完这本书就可以。因为没有任务,学生被故事情节所吸引,所以读得津津有味。大约用了半个月,全班就读完这本书了。

第二步,课前预习,做好批注,设置推进题。在上语文课的这一周,我就布置给同学们一个任务,下周我们讲《绿野仙踪》的1—4章,请大家利用课余时间重读1—4章,同时要做批注。这个过程就是牛犊——学生自主进行读书反刍的过程。"怎么做批注"是老师在这个环节重点指导学生的地方。首先,教给学生批什么。在自己最感兴趣的、读懂的地方写下自己的感想(可以是某个词、某段话,甚至是一处标点);可针对一件事或一个人发表自己的看法,也可以对文中不理解的地方提出疑问;可以把文中的好词佳句积累下来,也可以标画让你受启发的句子,标画四字词语,还可以结合着自己的体验、想象说感想。其次是同位互相交流,别人的批注好在哪。推选好的批注在全班交流,推广经验、做法。之所以做批注,是为了加深理解,留下痕迹,进而养成"不动笔墨不读书"的良好习惯,终生受益。在此基础上,设置前置性思考题,引导学生围绕着中心意思去思考,将本章的内容上挂下联地结合起来,形成完整的思维、语言体系。比如:多萝西为什么会见到满地金人?满地金人住的地方和多萝西原来住的地方有什么不一样?铁皮樵夫给多萝西和稻草人讲了他从前的故事,把这个故事讲给爸爸妈妈听。多萝西受到了如此优厚的招待,为什么还急于回家呢?他们在森林里遇到了哪些危险?怎样战胜的?谁起了关键性的作用?飞猴的故事特别神奇,到底是怎么回事啊?……这些问题,同学们可以在书中标标画画,可以整理成文字,也可以在头脑中形成思路。

第三步,课上学习,交流为主,各有侧重。每周上读书交流课的时候,我们一般每节学一章或两章的内容。首先,对于本章节中涉及到的较简单的、直接可以从原文中找到答案的问题,我们采用抢答过关的形式,检测预习,整体感知。如:《铁皮樵夫》一章,课前过关题是这样设置的:1. 铁皮樵夫长得什么样啊?读句子。2. 他为什么一直呻吟啊?3. 谁救了铁皮樵夫?怎么救的?其次,围绕着本章的核心,也就是前置性思考题进行深入交流。交流的形式可以是多样化的。偏感性的同学可以演出来,比如:多萝西是怎样救的铁皮樵夫的? 先找出相关的段落,小组合作读再演出来;偏理性的同学可以辩论,如:稻草人说脑子重要,铁皮樵夫说心重要,你怎样看待这个问题? 遇到叙述性比较强的,我们可以让同学们合作接力讲故事,运用语言。如:飞猴的身世是怎样的? 给大家说一说。有的我们就只围绕推进题进行深入讨论,如:你觉得奥兹大王神秘在哪? 说出自己的理由来。在讨论的过程中,学生都能结合着具体的文字,去品味人物的形象,不知不觉中受到了情感的熏陶。

第四步,课后写绘,促提升。同学们在课堂上说了、读了、演了、议了,还不够,因为这些都是瞬间的火花,要想真正提升自己的思维、语言能力,还需要静下心来梳理自己的思绪。于是,我就请同学们做写绘。写什么呢? 可以写读书的心得,可以对某个人物、观点发表看法,可以缩写概述故事,可以发挥想象续写故事,可以写课堂随感等,目的是让孩子读书与思考,思考与写作同时进行。绘什么? 就是与故事、人物相匹配的画面,或是随自己的读书心情想象出来的画面都可以。做得好的同学,拍下照片来作为奖励,也可获得积分。

第五步,读完整本书后的提升交流。将厚厚的一本书读薄、读透的交流。如"他们都经历了哪些困难? 谁起了关键性作用?""你最喜欢谁? 为什么呢?"再如本节课我们围绕着跟多萝西去旅行为话题,"你认为这是一个什么样旅行?"学生就将神奇、战胜困难、追求梦想、团结、友爱等梳理出来了,结合着自己的生活体验,学生对于整本书的内容、故事情节、人物形象、情感导向也有了更深一步的认识。

四、收获和困惑

对于我而言,收获最大的有三点:一是喜欢读儿童书了,她带给我美好的享受,拉近了师生的距离;二是处理长篇的文章有的放矢了,能准确把握每一章的主要内容和学生的兴趣点,与学生进行深入的交流,很享受;三是获得一种感悟:无论做什么事情,都要勇于尝试,默默付出,一定坚持,时常反思。

对学生而言,孩子们喜欢读书了,会做读书标注了,思维变得灵活、深刻了,敢于上台表演了,语言变得丰富了。

在收获之余,一个困惑也时常困扰着我:在将课外阅读纳入到课内以来,有的学生越来越能说、能写、会思考,有的学生却打不起精神,越来越沉默。怎样保证学生既能大量读写,又能调动所有孩子持久的兴趣呢?

一路走来一路思,一路思来一路行,李振娇老师用自己的行动诠释了一个青年教师对于教育的不懈追求,祝愿她在教育之路上越走越远。

无论什么课,抓反思、促科研是我校常抓不懈的一项工作。致远会强调青年教师一课三次反思,获得三层收获。教学前反思,让课堂因预设而精彩,从个人备课到集体备课,再到个人修改形成教案,引导教师对教材反复阅读理解,对资源多次整合重构,对方法多次审视调整。教学中的反思,让课堂因生成而美丽。课堂教学中,针对实际情况,面对不同的学生,及时调整教案,让上课成为师生共创课程的过程。教学后的反思,让课堂因思考而深刻。在反思中总结成功,剖析不足,提出改进建议,找到自身的最近发展区,踏实前行。

经过实践,致远会打造了"读书—培训—反思"三条学习主线,让青年教师在专业领域厚积薄发。渐渐地,他们养成了"一天三小点"的习惯:读书,一天读一点;培训,一天学一点;反思,一天写一点。这就构成了青年教师快速成长的三步曲。

(四) 第四重境界:个性张扬 特色发展

在规范成长的基础上,学校鼓励青年教师个性发展、特色发展,让青年教师在胜利这片沃土上开出绚丽的花朵。

2008 年参加工作的魏建斌老师很喜欢朗诵,没想到学校给了他机会,让他站到了全国朗诵的舞台上,与来自全国各地的近五百名优秀教师同台竞技,并取得了特等奖的成绩,那时他工作仅仅两个月。那张特等奖的证书对他来说意义非凡,为他开启了新的人生之旅,让他找到了适合自己的发展区,获得了一份能融入胜利文化的资本。他回到学校后,开发了"小小朗诵家"的校本课程,将所有喜欢朗诵的学生聚集在一起,看着他的学生从胆怯到自如，从失败走向成功，他知道这能给他们带来一笔人生的财富，体验这个过程，师生共同成长。

学校不仅让青年教师的特长最大限度地施展，还鼓励他们在本职工作中做出特色。正如魏建斌老师在市中区新教师培训报告会上说道：

我刚参加工作就成了一名班主任，做班主任很累，工作很琐碎。但是，和孩子在一起，这个天底下最小的"主任"是最幸福的。在课下，我们班很多学生都叫我"班头"或"老大"。当他们这样称呼我时，我欣然接受，因为那是一种享受。

三年中，我教了两个班。这两个班常规都很突出，学生习惯养成较好。在每周的常规达标班级评比中，多次能被评为优秀。每月都能评为"自律星级达标班级"。2009—2011学年连续五学期的班级常规量化成绩名列全校前三名。班级常规好，我就在想如何培养出班级特色，让学生更加全面地发展？

于是，我开始了一系列的"折腾"：

第一，创新家校沟通形式。

2009年班里成立了家委会。为了有效沟通学生的情况，我们改变了传统意义上的单一的家校沟通方式，以班级网页、QQ群、手机飞信为载体，在多种形式的活动中加强家长与老师、家长与家长的联系，活跃学生的学习生活，增进班集体的凝聚力。

班里开展的各项活动，离不开家委会的支持与帮助，我们家校间逐渐形成了一种氛围，所有的消息与倡议都以群公告的形式发布，同时专门建了一个飞信群，通过飞信通知没上网的家长们。至此，学校与家庭之间的联系、沟通，不再单纯地依靠电话交流，更多是以家校活动促进双方情感共融，在宽松、愉悦的氛围中引领家庭教育的发展方向。

第二，强化班级管理特色。

为了进一步增强班级的凝聚力和集体荣誉感，班里设计了自己的班服、班徽、口号。众多热心家长积极参与，精心谋划，班徽由美术世家出身的彦霖爸爸和彦霖妈妈倾情巨献，以2006级7班的字样为设计原型，因为7班同学多是属龙的孩子，所以在图形中取"龙凤呈祥"之意，体现团结与朝气。班级口号确定为彦霖妈妈建议的"龙凤行足下，胜利在心间"。而班徽、班服的具体制作，从选择厂家、制版到出样品、正式出品、发放，都凝结了家委会辛勤的汗水。开学第一天，"龙凤行足下，胜利在心间"的班服，成为校园内一道亮丽的风景。

第三，形成活动育人模式。

教育，应该在一种愉悦、宽松的环境中启迪学生的心灵。因此，学生在一次次的实践活动中学会生活，学会成长。2010—2011 学年全班开展社会实践活动 10 余次。

2010 年 12 月 11 日，我们在英雄山广场举行爱心募捐活动。同学们在老师和热心家长的鼓励和引领下实施春蕾计划。春蕾计划是一项救助女童重返校园接受学校教育的爱心工程。捐赠 400 元便可救助一名失学女童完成小学一年的学业。同学们通过自己稚嫩的表演和义卖，集体筹集善款 2 000 余元，救助多名失学女童。一到周末就能看到我们班学生参加"齐鲁小报童"义卖活动的身影，学生利用周末外出卖报，一学期下来将筹得的善款无偿捐献给了济南福利院；为丰富学生的假期生活，增加对历史的了解，班委会组织学生参观了省博物馆；为了让学生感受经典，开阔视野，班委会组织学生聆听国学大师傅佩荣教授的《论语》讲座，给学生提供了难得的近距离接触国粹的机会；假期里张嘉航爸爸还组织孩子们到他的画院，向孩子传授画盘子的技巧，让孩子们感受到美术的魅力，受到了美的熏陶……

班里现有济南小名士 2 人，市优秀班干部 1 人，1 人获两项国家专利并在全国科技创新大赛中获得金奖；2010—2011 学年全班有 20 余人在全国、省、市、区中获奖，有 10 余篇文章在《齐鲁晚报》《心语》等报刊发表。

此外，我也有疑虑。开展丰富多彩的实践活动，对学生的发展确实很有益处，但是，我觉得还算不上特色，因为哪个班都可以搞。于是，我想将这些活动整合成课程去操作。我给我们班的学生起了个名字叫胜利小脚丫。课程分为小脚丫导游课程、小脚丫爱心课程、小脚丫能力课程。如果这样做下去，我坚信会系统地让学生在各个方面均衡发展、内涵发展。

我国著名教育家胡克英说过："教育的最大价值在于发展个性。教育最伟大的力量也在于发展个性。"像魏建斌这样的青年教师，胜利大街小学还有很多。他们用自己的教育梦想浇灌着学生的未来，践行着自己的教育承诺。我们致远会青年教师认同一种观点：一个不能张扬个性的老师教不出具有灵气的学生。因此，我们需要在教育教学的方式、方法上大胆创新，不拘一格。教育本身是一门遗憾的艺术，只要我们以真爱为基础、一心为学生着想，那么，我们的教育就是最好的教育，我们的专业成长也能因学生的精彩而更加精彩。

综上，在胜利宽广的沃土上，致远会青年教师个性张扬，用自己的方式抒写着个性成长的诗篇。

展望未来，我们心怀憧憬与期许，同时也揣着忐忑与不安。从今天起，让我们以青春为力量，以自信为风帆，以前辈的经验为资本，开发自己的教育新大陆。我们之中将诞生一代名师乃至教育家，这是我们的理想，也是祝福，更是承诺。我们会为实现自己的教育梦想而不断前行！

第二节　高远有格

胜利宣言

在这里，我被尊重，被信任，青春梦想在胜利实现。

在这里，自由超越，共探索，天生我才在胜利施展。

人到中年，为何对学校还如此眷恋？

人到中年，如何看自己仍活力无限？

教师第一，每个胜利教师都是胜利的主人，

适性发展，总有一个空间是我的胜利之门。

希望在手与手的紧握中相传递，

梦想在心与心的碰撞中共生成，

守候着胜利六十载的荣耀，

创生出胜利人崭新的胜利！

这首《胜利宣言》是我们每个胜利人的心声，更体现出胜利名师不断发现自我、超越自我的精神境界。"教师第一　适性发展"是我校培养教师的核心理念，学校提供适合教师个性化发展的宽基教育舞台，尊重教师，发展教师，服务教师，张扬个性，各美其美。"志存高远，品贵有格——高远有格"，胜利名师团队在名师研究会的引领下向风格教师不断迈进，与青年教师团队"共赢　共享"，行走在实现教育理想和人生价值的幸福之路上。

一、成立：寻觅幸福——名师研究会

我们胜利大街小学以"创生"为办学理念，把"宽基教育"作为学校发展的模式和追求。为更有效地发挥教师潜能，打造宽视野与专业化的教师团队，我校于 2006 年 8 月成立了"胜利名师研究会"，对全校教师采取"名师研究会"带动策略，强化教师的分层培训。名师研究会的宗旨：建设核心团队，打造风格教师。名师研究会的特色：立足宽实基础，面向多元发展，追求教、学、研一体。

胜利名师研究会是根据教师发展的内在需求，自发形成的一个组织，不靠行政命令，贴近教师发展实际。研究会由四位区首席教师、两位区首席班主任、三位区教学能手、一位市十佳少先队辅导员、一位数学骨干教师担任会长。提出打造"风格教师"的目标，通过制定各项针对性的培训方案，实施多层次的教师培训，四十九位胜利名师培养对象作为学校教师队伍中的骨干力量，实施"骨干带动策略"。在研究会的引领下，发挥骨干教师的引领和榜样作用，两年一评，选出技能型名师、科研型名师和智慧型名师。

新的教师专业化发展观提出教师应从一劳永逸的静态专业发展观到具备终身学习的习惯和可持续的专业发展观，从直接经验积累走向有目的的、有计划的终身学习。读书写作、课堂风格、教学论坛、课题研究，胜利名师们用自己的智慧和实践选择适合自己的"适性发展"之路，一路上收获了内心

的充盈、思想的丰富、帮带的喜悦，更带着一份中年的成熟与自信对胜利的明天充满了希望！

二、成长：体味幸福——名师发展的足迹

教师发展三步曲：

（一）第一步——四读反思　自主发展

教育不仅是科学，是艺术，更是一种修炼。这是一种学识的修炼、一种素养的修炼，更是一种高远品格的修炼。名师研究会通过开展"四读"活动促进教师自身的修炼：读名篇，启迪智慧；读名师，高位思考；读学生，感悟童心；读自己，鲜明风格。

学习型名师臧晓霞老师不但自己博览群书，更注重培养学生的读书习惯，经常推荐给全校师生经典美文，组织学生围绕读书开展系列的教育教学活动。

正如臧老师教学日记中所写的："课堂上，我和学生同读一本书，在家中，我引导孩子和父母同读一本书，一起进行亲子阅读，以营造书香班级、书香家庭。我极力倡导学生走进古籍经典，以读书文摘的形式，让学生进行读书交流；通过诵读比赛，丰富学生的语言积累；利用课堂，让学生读书、荐书，提高了他们的文学鉴赏能力。我想只有这样才能以自己的书卷之气，去熏陶学生，使他们热爱读书，与书为伴。"

才女张雪莹老师不但能歌善舞，而且还深爱着读书、写作和反思，这对她的音乐课堂教学也产生了深远的影响。"读书写作和反思让我的教学语言更富有艺术性，让我在教学之余更懂得反思，一篇篇的文章让我的思想逐渐成熟，让我的课堂更加多彩，让我的人生更加丰富。我写出《生活感悟》系列，把生活中触动心灵的事件纪录下来；写《雪花心情与亲情》系列，把我的快乐与悲伤与朋友共享。反思教学，有《教学随笔》系列，让我在反思与总结中成长。《读书随想》系列，让我的心灵与书为伴，思想与作者共鸣。《音乐与我》系列把一个个跳动的旋律、美妙的音符变成文字，流淌成快乐的小溪。反思实践，去年的交流工作，更为我的教育生涯积累了可贵的阅历。每天，只要是发生在我身边的能够触及我心灵的事件我都要把它记录下来，我创

作了一个交流文集，把自己在上新街小学工作期间的反思感悟都发到上边。每天下班后，我都主动地留下来，梳理自己一天的工作，把值得记录的事情都发到我的博客中。我写这里的校园，文章《新奇》《小街》把我的眼睛看到的新环境、新事物用语言书写；我写这里的学生，《礼遇》《体验》《一双小手》《用爱导航》《有你的地方是天堂》，使我对不同教育背景下孩子们的生活、学习有深深感悟；我写这里的老师《三人行有我师》，把我对敬业教师的崇敬之情表达；我写教学点滴《新手上路》《学会倾听》《推敲之间》《幽默一小下》，把我对教育事业的热爱挥洒；送课下乡、演出，我写《秀山行》《小雨来得正是时候》，让我的同行一起用心感悟着我的感悟。我写工作中的有趣之事《爱上星期一》《你是一个快乐的人》《竹蜻蜓》，让我快乐工作，享受童心。一件件、一桩桩、一篇篇我都写得非常认真，借此一隅抒发着作为教育者的情感。我想，一个有着自己独特风格的老师，才是孩子们眼中富有魅力的老师，才会对孩子们的人生产生深远的影响。"

每一位胜利名师都在"四读"中体味着对话名师的高品，浸润书香的儒雅，走进学生的灵动，阅读自己的通透。

我们还通过教学论坛促进名师反思自我，为青年教师答疑解惑，可以说胜利行知论坛是我们共同成长的平台。行知论坛的宗旨是：共赢、共享。研究会定期组织行知论坛，教师轮流担任坛主，每次制定好论坛主题，如讨论教师的专业化成长、胜利名师教学一招、教育教学策略分享、宽基课堂研究、教师风格研讨等，名师团队和青年教师团队在论坛和其他活动中共赢、共享，最终实现共同提高。

（二）第二步——学研共进　团队合作

自学校实施课题研究以来，我校尝试以"三会"为载体，搭建教师发展平台。"三会"分别隶属于学校发展委员会的三个中心。"胜利名师研究会"就是"学术素养与名师培养研究中心"的主要活动组织。2008年初，学校又在强化分层培训的主旨下，为提高教师专业素质，采取了一项新举措——教师学研共同体活动。

首先，教师学研共同体的成立是基于这样三个出发点：

从人文角度上，是为了强化教师的合作意识，弘扬团队精神；从专业发展角度上，促使教师能深入进行学术研究，促进风格教师的成长；从教学角度上，让学生能接受不同风格教师的教育。

学研共同体由三位校长担任总协调，并分为三个组开展活动，有这样四个特点：

特点一：共同体成员分层搭配，跨学科合作。

以第三学研共同体为例带组领导为王念强校长，共带 11 位成员。11 位老师分为三个小组，在成员组成上，归纳为四个层次：

第一层次：教龄较长，对教学风格的研究相对深入的老师。

第二层次：工作几年，正在向学校名师队伍迈进的老师。

第三层次：年轻、有活力，愿意钻研的老师。

第四层次：刚刚踏入工作岗位，可塑性较强的老师。

同时每一小组的成员均来自不同学科，这样搭配不仅突出了教师协作的作用，又是对前期教研机制的一种改革，将学科整合实践于教学行为中。

特点二：轮换组织，分头管理。

我们学研共同体，是在学校整体规划下，由名师研究会挑头，下设的工作小组是名师研究会工作的细化，在工作开展管理上类似于学生的小干部轮换制。由三个小组长每人总体负责一个月，包括三个组活动的进度、资料的准备整理、整个组活动的召集等等。

特点三：学研共同体活动大门敞开。

共同体活动情况的发布与汇报，是全校公示的，领导老师随时可以听课参与。

特点四：领导甘当后勤，促进活动扎实开展。

学研共同体的每一项活动都没有领导的行政指令，而是来自成员自觉自愿的扎扎实实开展。学研共同体活动让每位成员心怀期待，这个期待就是，教师专业发展是一个终生而持续的循环过程。我们将不断地把学研共同体活动进行有效整合、细化，从而促使每一位教师在专业发展的道路走得更快更好！

名师以名带名，最终实现团队合作共进的例子也比比皆是。高大魁梧的董晓老师以自己的阳刚之气和对体育教学的全身心投入带领我校体育团队得到了学生、家长的认可和同伴的尊敬，获得了济南市优秀教研组的称号，更让董老师和体育团队走上了区、市、省甚至是全运会的大舞台！董老师作为我校名师研究会第一任会长，不断思考着如何更好地发挥自己的作用，带动体育团队的青年教师共同发展。本着"在运动场上培养学生健全的人格、坚强的意志、健壮的体魄，以宽厚的根基迎接人生道路上的拼搏"的教育追求，针对我校场地小、学生多的现状，董老师将"笑声与汗水"作为体育教学的最佳状态。董老师的课堂通过"五个一教学策略的实施"基本达成了这一目标，"五个一教学策略"即每节课一定要有合作（思想），一定要有队列（习惯），一定要有技能（有效），一定要有笑声（兴趣），一定要有汗水（运动量）。董老师的做法在学生身上收到了很好的效果，"五个一教学策略"得到团队成员的认可，引起了大家的共鸣，体育团队根据这一个项目进行了集体的攻关，老师们根据自己任教年级的具体情况，慢慢找到了适合自己的教学之路。

体育组组长俞健老师说："在董老师的带动下，我们组形成了浓厚的科研氛围，经过与全组老师的共同研究，我开展了"分组分层"教学模式的研究。为了更好地在教学模式中开展高年级体育课程，我还设计开发了《体育课堂活动情况观察表》，上面记录了每堂课、每个学生的活动情况，更好地关注学生的差异性，并培养了他们良好的合作习惯，使笑声、汗水、技能能更轻松地得以实现，我从体育教学中找到了个人成长的支撑点。"

注重学生习惯培养的孙晓青老师说："在我们体育团队，教学与思考一直是密不可分的。我一直担任低年级的体育教学，也有自己的思考。我始终将培养学生良好习惯放在首要位置，并形成个人课题。教学中努力为学生创设宽松、快乐、平等的教学氛围，学生习惯养成率100%。看着孩子们规范的站姿，专注听讲时的神情，快乐游戏时流下的汗水，体验成功后开心的笑脸，我从中收获着成功，收获着成长。"

刚刚踏上工作岗位不到两年的柴文渊老师，在这个团结向上的团队引领下接连取得了市中区教学新苗和济南市评优课一等奖的好成绩，她谈到："有些老师开玩笑对我们说：'你们体育老师可真的是全能老师啊！'这是因为让每一位有运动天赋的学生得到更全面的发展一直是我们团队老师的责任。对于学校田径队的运动员，我们不仅关注他们的运动成绩，更加关注他们的学习和思想。假期训练中我们每天拿出半小时时间检查学生作业的完成情况，帮助学生养成良好的学习习惯。他们的作业本上多了我们的批注，试卷上多了我们的分析。对每一位运动员我们都多次家访，和他们的家人都成了朋友。看到运动员们健康全面的成长，我们累并快乐着。在董老师和组里大哥大姐的带领和影响下，我们一起超越体育学科本身，超越自我，携手走上教育的成功之路。"

像董晓老师这样发挥名师的光和热带动青年教师团队的做法在学校还有很多很多，可以说名师们在自身发展的同时实现了与青年教师的"共赢 共享"，让自己的教育生涯走进了第二个美丽的春天！

（三）第三步——风格提升　各美其美

学校提供各种条件促进每位教师形成自己的教学风格，如每学期都有"家常课""研究课""邀请课""自录自评课""同课异构"，定期进行"胜利杯"教学大赛；各学科深入开展"宽基课堂教学模式"探索；请专家高人来听课指导，提升风格，引导教师不断反思、发展、提高，促进教师专业化成长。

在老师和学生们眼里，任伟老师是个热情、率真、智慧的好老师。作为市中区百佳教师、济南市教学能手、山东省骨干教师、山东省德育先进工作者、市中区首届学科首席教师、济南市学科带头人，她以快乐、激情、生活化的品生课堂践行着自己"用心教育 用爱浇灌"的座右铭。

下面讲述的是任伟老师个人风格提升的案例：

喻己为蚁
——教师专业发展 个人成长有感

教师专业发展，个人成长有效途径研修在我校正如火如荼地开展着。数年来，我和同事们有幸成为了一名教学研究的行动者，一名得到众多专家、领导、同行指导和点拨的践行者与幸运儿。

回想自己成长和专业发展的过程，是辛苦而艰涩的。但在这个过程中，我却得到了既是意料之中又意想不到的收获。就像一个播种者，忽然在自己的田野发现了不曾撒下的异果，那种怦然心动，那种惊喜连连，浓郁而意犹未尽。

校本研修论坛积极向上、有序有效，老师们客观清醒地分析自己的教学现状，又关注着同行的研究动态。在这里，我感受着来自同行的关心和赞赏，那是一种朋友甚至于亲情的感染。

自录自评课，跳出课堂看自己，让我从一个旁观者的角度去审视自己的课堂，对自己在课堂上的表现有了一个比较清晰的认识。接受失败，接纳自己，锤炼内心，做到坚定又坚持。

互听互评活动，细心研究、真心指导，诚心评价、兴趣盎然。被听课时，我提高了自己的教学水平，锻炼了胆量，磨炼了技巧。而听课过程受到启发、得到收获时，又是那么美妙和快乐。我乐在其中！当然，我想工夫还是应该更多地用在听课前和听课后，更多地用在平时的备课和学习上。教师的成长需要通过听课来提高，然而更多地需要教师个人的努力和悟性。

胜利，给了每位教师课堂空间的自由，教学方法上的自由，让我们得到了更多的信心和锻炼。在教学活动中，认真研究新课标精神，钻研教法，认真备课、上课；在品德与社会课上，把书本知识与学生的生活相结合，为学生创设一个富有生活气息的学习环境，同时注重探究发现，引导学生在学习中学会合作交流，提高学习能力；在实践的同时，把反思作为提高自身教学行为的有效方式，这些，都已经成为我们日常工作的习惯。所以，我个人才有了全国电教整合优质课评比小学品社组第一名的成绩，才有了济南市骨干教师素质大赛一等奖的肯定，论文才在全国获奖，得到同行的认同。

因此，我将自己喻为蚁——我愿自己在教师成长之路上像只蚂蚁，像蚂蚁一样自强不息，遇到任何障碍都不断寻找新的出路。呼吸高山空气，寻求教育的终极快乐！

任老师的感慨道出了我们很多胜利名师的心里话。2010年3月16日，我校名师研究会组织了一次主题为"追求个性化教学风格，实现教师专业发展"宽基教育理念下教师风格的学术研讨活动。本次活动是以常凯舒老师教学风格追求的个案分析为切入点，以常老师的课堂教学风格研讨为范例，揭示教师专业发展过程中教师究竟应该思考什么，如何思考，如何把教师教学风格追求这一生命化、个性化的课题与叙事研究、案例研究的方法有效结合，从而探索教师专业发展的有效途径。召开教师个人风格研讨会，一方面是为教师搭建了一个展示自己、锻炼自己、交流自己、提升自己的舞台，另一方面力求引领更多成长中的教师和骨干教师认真思考自己的教育生命与教学追求，做自己的教育研究，研究教育中的自己，真正体现教育科研为教师的专业发展服务的功能。

走上教师工作岗位已有16年的美术教师常凯舒从最初的懵懵懂懂到不断历练实践，再到区学科首席教师、省教学能手，学校教师专业化发展的良好氛围和对于美术教育的热爱，促使她走上了立足课题研究、探索怡情美术的幸福之路。常老师所追求的教学风格是——"怡情美术"。"怡情"：陶冶情操，调节心情，使心情愉快。怡：和悦、怡悦、怡乐、怡神。情：情趣、情致、情怀、情操。"怡情"取"怡养性情、怡情悦性、怡然自得、心旷神怡"之意。

"清水出芙蓉，天然去雕饰"，"怡情"于她不仅是一种风格追求，更是一种生活态度，一种人生境界。在现在这个充满诱惑、纷繁复杂的社会中，我们都在寻求一份宁静、一份平和、一份怡悦，它来自宽松、自在的氛围，更来自我们每个人的内心。性格决定她不是外显、张扬的类型，她的教学也像她的为人一样如小桥流水温婉自然，平和中体现智慧，但她以自己对学生对美术教育的一份真情感染学生、启迪学生，在润物细无声中，得以怡情、启智。通过营造宽松、自然的美的氛围，师生在知美、悟美、创美的过程中获得愉悦的情感体验，怡养真性情，陶冶好情操！

还有张雪莹老师。一位求真的教师，一份爱的教育，一种高远的人生境界。她是最平凡的胜利人，却用自己的投入、执著与爱感动着胜利，谱写着最美的教育乐章！张雪莹老师以自己对音乐的热爱和痴情，让孩子们乘着歌声的翅膀徜徉在音乐的殿堂。张雪莹老师的教学风格是：合、灵、心。让我们来听听她的教育心声吧：

人们说，童声是世界上最纯净的声音，是天使的声音，是天籁之音。我说今生能有幸徜徉童声合唱教学这个领域里，我感到幸福，幸运。

我经常在课堂中给孩子们说："合唱是什么？它是合作，它是和声，它是和谐。"现在的孩子就像我伸出的这五根手指，他们有个性，有想法，但是很难相处，来到我的课堂里，我就是要用这种艺术形式让他们变成一个紧握的拳头，让每一个独特的声音都融入于一个完美的旋律，用合唱这种有魔力的艺术形式培养大家的合作意识，因为它是一种集体音响的艺术，有着"平衡与和谐"的要求。大家从一开始的相互指责埋怨，到互相倾听，声部均衡和谐，再到做事情与人为善和平共处，这是一个逐渐发展的递进的过程，我相信它是合唱艺术带来的魔力，而且在这一过程中也让我逐渐形成了在课堂中融入合唱教学的这一风格。

"灵"是灵感，艺术需要灵感，需要灵动的气息，我给合唱团排练的曲目，都是自己钟爱的艺术作品，对它有一种独到的见解。能够把一个音乐教育工作者的理解、思想融入音乐作品，并通过孩子们的声音演唱出来，它需要一个老师，一个指挥，有灵气，有思想，而有文化才能有底蕴，有底蕴才能有底气，有底气在课堂上才有灵气，从而真正赢得学生的尊重和同行的钦佩。这使得我在音乐教学中不断进步，逐渐形成了属于自己的教学风格美。

再来说"心"。古语说："知之者不如好之者，好之者不如乐之者。"对音乐，我是痴之者，深深的迷恋、痴心于童声合唱艺术。正是因为有了一片痴心，才让我一路边走边唱，才让我把对音乐教育的感悟、反思提升、融化在心。所以，那份激情、那份投入、那份执著真的是发自内心的，如影随形。我参加过的每一次演出比赛的节目单、入场券、演出照都精心收藏，每一次的外出比赛，我都当作珍贵的学习机会，都有文字记载，而且一写就是一个系列。这里有"香港行"，这里有"学在韩国"，在韩国我把每个参赛队的优秀表演都摄录下来，回来制成光盘。我一首歌一首歌地琢磨、学习。甚至是一张飞机票、一个小小的纪念章都让我珍惜不已，凭的就是一份心，一片痴心和一颗恒心。

其实，无论怎样的教学风格，相信都有自己的追求，我的追求其实并不是去拿第一，争金牌，而是让每个孩子因为我，从此热爱歌唱，热爱音乐，并让音乐成为他终生的陪伴，我想，那将是一个音乐教师最大的幸福之所在。

一个个感人的教育故事，一段段平凡又艰辛的成长历程，一片片动人的教育真情！这都源于胜利名师对教育的这份执著与真爱，源于胜利这个充满书香气和学术氛围的大家庭，才使得每一位胜利名师在这种浓浓的研究氛围中不断探索着自己的教学风格，张扬个性，各美其美。借用任伟老师的一段话："雨果曾说：'风格是打开未来之门的钥匙。没有风格，你可以获得一时的成功，获得掌声、热闹、锣鼓、花冠、众人陶醉的欢呼，可是你得不到真正的胜利，真正的荣誉，真正的桂冠。'我想，作为一名普通的教育工作者追求教学风格，并非一定想要得到荣誉和桂冠。也许仅仅是出于对教育工作的热爱，对自己工作的肯定和对自己所教学生成长的一种责任。就如同我，探求教学风格就是为了两个字：'值得'。为了我所热爱的教育事业而值得，为我所喜爱的孩子们而值得。"

十年树木，百年树人。名师研究会的同行者们将怀揣希望与梦想，行走在宽基教育之路上深情地吟唱，在孩子们的心田里播撒下真善美的种子，在胜利这片沃土上幸福前行！

第三节　深远有爱

在我们胜利大街小学有这样一支队伍，每天都和学生们泡在一起，每天在做着最琐碎的事，但每天都在用学识、用智慧、用一颗大爱之心创造着教育的艺术，践行着至真至善的教育之道。这支队伍的名字就叫班主任。

在胜利宽基教育理念倡导下，每位教师都在思考着教育的责任，于是我们的教师队伍中自发地成立了各类学研体、研究会，其中就有由全校班主任组成的"班主任艺术研究会"。班主任艺术研究会是校内的民间组织，大家能走到一起,完全是凭着大家对教育共同的追求与梦想。自从有了这个自发的组织,班主任们发生的最大的改变就是不再等着学校给自己布置任务、安排工作,而是我们自己寻找课题,自发研究。

一、师爱无华

有这样一种教育,教师呵护学生,就像妈妈爱着自己的孩子,无私、无言、无华……用最朴素的爱心,用最真的行动,书写着教育的每个篇章。一切以爱的名义——

师爱故事——叙事诗《以爱的名义》

爱,一个伟大的字眼

人世间最美丽的情感

一颗大大的红心

常用来表达爱意无限

有人说,有爱就有家

母爱让家充满深情

师爱使学生不再害怕

让校园变得温暖如家

＊年级＊班就是一个温暖的家,

张老师爱她的每一个学生,

同学们也都喜欢叫张老师妈妈,

这是一个其乐融融的家。

那是 2006 年秋天的一个早晨

天空中飘着细细的雨丝

同学们都已经坐在教室

却迟迟不见我的同桌小雨

班主任张老师走进教室

脚步沉重 满脸的愁容

眼角似乎还挂着

没有拭去的泪滴

她凝视良久终于开口说话

声音也变得低沉沙哑

昨晚被汽车撞成重伤的小雨

正深度昏迷躺在手术室的无影灯下

张老师带我们来到医院

看望经历两度开颅手术的小雨

他静静地躺着，没有了往日的欢声笑语

沉默里，我们把祝福暗暗埋在心里

从这一天起，每次在夕阳的余晖里

张老师都会来到病床前

把小雨的手放进自己温暖的大手里

她一遍遍地对一直沉睡的小雨轻声呼唤：

小雨，醒来啊

醒来吧，小雨

一天，两天，三天

小雨没有一点醒来的讯息

同学们身在教室

心却时时飞向医院里

每颗心都在期盼，相信小雨会重新站起

因为，一切都以爱的名义

小雨曾经对着张老师喊妈妈

同学们也像小雨一样，大声说

张妈妈，我们都爱你

这就是张老师常说的那句话：有爱，就有奇迹

一切，都以爱的名义

爱，真的很伟大，可以创造奇迹

可以让真情在每个孩子心里生根发芽

一切，都以爱的名义

八天已经过去，小雨仍然昏迷，每个人心里都担心、焦急。第九天，张老师又一次在病床前呼唤着小雨，奇迹！小雨终于睁开了眼睛，他醒了！然而，孩子仅仅是醒来了，却患上了命名性失忆症，医生说孩子的记忆也许永远不能恢复了。小雨妈妈无法接受这个现实，天天以泪洗面，于是张老师和学生们下决心一定要唤起小雨的记忆。

"唤醒小雨"成了张老师心中最神圣的职责，他利用课余时间和班里的孩子折起一只只纸鹤，做好一张张贺卡，并在上面写下了最真挚的祝福。为了让小雨接受熟悉环境的刺激，张老师和学生们把校园生活的点点滴滴都用DV记录在镜头里，刻成光盘送到了医院。从此，每周四下午放学后，张老师便带领着几个同学准时敲响病房的门。那是一段难忘的日子，小雨病房里时时会传出稚嫩的歌声、声情并茂的朗读声，这成了省立医院的一道动人的风景。小雨的病房门口总会站满了人，人们倾听着、期盼着、感动着。所有知情的人都在为小雨尽一份心，记得张老师每一次到来，医生、护士总是远远地招呼，病区看门的工作人员总会提前放行，就连张老师去买花，花店老板每次都按时把花放在传达室里，即使花涨价了，她也不多收一分钱。

真情打动上帝，一次次的尝试，让小雨脸上的表情开始有了变化。直到第二十九天，那个早上，小雨睁开眼睛竟然轻轻喊了一声——妈妈！昏迷了九天，又沉默了二十九天的小雨啊，这一声"妈妈"让所有在场的人都泪流满面，那份激动、那份惊喜，世界上的任何语言都难以表达。

这次，小雨真的醒了，曾经的人和事虽然还记不起很多，但张老师和小雨的亲人们看到了希望，心中充满了力量。即使学过的知识都忘了，张老师下决心为小雨从头补起。从此，跑医院成了张老师的固定课表，每周两次，从幼儿看图认物开始，从汉语拼音字母学起，认了忘，忘了再记，每次一个小

时虽学不了多少，而张老师要做的就是不厌其烦的坚持，再坚持！从学期中一直到整个暑假，即使酷暑难当，即使暴雨突降，即使道路难行，张老师也一直在坚持，因为张老师也不愿让一个久久期盼的孩子失望。过年了，张老师不忘在小雨病房前挂上一个红灯笼，为小雨祈福；六一节，给小雨买上一身新衣裳，邀请他一起到学校庆祝节日。当校领导去医院探视时，小雨的妈妈激动地拉着校长的手说："孩子能唤回来，多亏了张老师呀！"

爱心创造奇迹！小雨终于于2008年又一次走进了校园，坐在了教室里，虽然比同龄的孩子晚了两年，但这个坚强的孩子却是那么乐观。现在的小雨，已是五年级同学中的一员。作为一名教师，一位母亲，没有比看到这样的画面更幸福。

小雨的班主任张钦美老师真实感言：

我就是小雨的班主任张老师，现在的小雨已经重返校园，是一名五年级的学生。当时事情发生后，我只是尽了自己的一份责任，对这个不幸的孩子我没有理由放弃。其实这件事也带来了意外的惊喜，在和同学一起帮助小雨的日子，每周大家争着抢着去看小雨，我发现班里的孩子逐渐懂事了，知道去关心他人了，不但常常挂念着小雨的病情，同学之间也能够互相帮助，大家在一起学习活动时更融洽、更和睦，班级的凝聚力更强了。最让我感动的是，虽然只是三年级才七八岁的孩子，当他们知道了我生日时，竟然在课间布置好一切，在我迈进教室的那一刻，两个同学点燃小蜡烛，全体起立，为我唱生日歌。那一幕永远铭刻我脑中。其实面对病床上的小雨，我没有过多的想法，只有一个信念，就是只要有一丝希望，就绝不放弃。小雨醒了，这就是我最大的幸福。而且，在我和同学们经历了这个唤醒小雨的过程之后，我发现孩子们在不知不觉中懂得了爱，爱小雨，爱同学，爱老师，爱爸爸妈妈。这个过程也唤醒了每一个孩子善良的天性，全班成了一个大家庭——爱是一种本能，爱是可以传递的。学会爱，比什么都重要！

学会爱，比什么都重要。记得那次班主任论坛上张老师与我们一道分享这句话，我们都深受感动。大家悟出教育是爱的唤醒。看看我们胜利的班主任，每个人都在用爱唤醒着孩子内心真善美的种子。

我校的高延玲老师，在教四年级的时候，班里的王凯文同学身患重病。孩子家里条件并不好，家长在那种情况下也没有了主意。班主任高延玲老师不但天天去看望，而且带头为这个孩子捐钱，全班共计捐了四万余元钱，带动了全校师生共同献上一份爱心。高老师只希望用一份来自教师的爱去温暖帮助一个孩子。

陈艳艳老师班里不到八岁的正正，母亲突发急症去世。看着孩子那双茫然不知所措的眼睛，陈老师担当起了母亲的责任，每天为正正带来早餐，帮他洗穿脏的衣服，每天给他一个拥抱，老师用母亲的爱呵护着这株幼苗，并为其设立了班级奖学金，专门帮助像正正这样需要帮助的孩子。

刘迎老师班上有个聋儿，正常讲课他听不清，但孩子出于自尊也从来不问老师，所以学习成绩可想而知。当刘老师发现这个问题时，每天都会挤出时间来专门给他辅导，或课间，或放学，刘老师的嗓子不好，一到冬天，经常哑得说不出话，即使这样，刘老师也没有放弃这个孩子。

年轻的杨笛老师班上的那个调皮大王，可没少让她操心。好话赖话对他来说都起不了几天的作用。为了鼓励这个男孩努力学习，杨老师专门为他设立了家校联系记录本，每天一张，老师把孩子在学校里最闪光的内容都记录下来，给孩子看，给家长看，让家长在后面附上鼓励的话语。就这样，从入学的第一年，一直坚持到了六年级，激励与鼓舞写满了一个又一个的本子……现在，这个孩子已经成为一个有才气的小伙子。

静水深流，大爱无言。这朴实无华的师之大爱，成就了一份爱的教育——大爱生慧！所以也成就了这支班主任队伍对教育梦想的诗意追求，有了班主任教师的适性发展。对学生的爱，对教育事业的爱促使着大家行进在追求的路上，心怀一份热爱，通过不断地学习与研究，实现对教育的执著追寻。

二、爱能生慧

人之初，性本善，为了开启孩子稚嫩心灵中善与爱的大门，我们把德育与生活紧密联系在一起，我们班主任团队共同开发出了我校的共性德育课程——生活化德育课程，包括一日常规日课程，学会生活周课程，主题活动月课程,使学生在日常生活中养成好习惯,修得好品质,学会谦让,学会关爱,学会合作,学会生活。在此课程基础上,我们构建了十大德育工程。为胜利娃的健康成长开辟一片沃土。

生活德育为胜利娃创造出一片天空。在共性德育课程的基础上,每位班主任又分别形成了个性化的育人方式:关爱育人,诵读育人,心理育人,活动育人,生活育人,管理育人,班级文化育人,读书育人,班会育人,习惯育人,规则育人,日记育人,书写育人,实践育人,博弈育人,网络育人……个性化的育人风格也就成就了班主任的适性发展之梦。一个个成功的教育案例,一个个感人的教育故事,便汇集成了一条思想的河流,凝结成一本本记录教育生活的集子。这一本本集子,是班主任爱心的结晶,更是智慧的写照,让我们推开一扇窗,去浏览几处风景——

(一) 心理育人

有这样一位老师,她一直关注着学生的心理健康,曾自费学习心理咨询课程,于 2005 年通过了国家二级心理咨询师的考核。从 2002 年起她就申请在学校开设了团体心理辅导课,从最初的心理游戏,到现在的"心语课",不断走向成熟。她就是我校的臧晓霞老师。臧老师现在是全校同学心目中最可依赖的朋友,每周三是学生们盼望的日子,因为这一天的下午心灵小屋定期开放,臧老师会如约在这里倾听来自于每个学生的心灵故事。如今,"心语课"已成为学校固定课程,以心语课程和心灵小屋咨询活动为载体,并逐渐探索形成了"创设情境—心灵感受—自助体验—互助提高—生活实践"的团体心理辅导的基本模式。她自编的《心理游戏教材》寓教于乐,在游戏中让学生学会规则,学会合作,学会独立,学会坚强;心理健康教育小报《心灵小屋》每周一期,向学生宣传心理健康教育的知识,帮助学生解决烦恼;通过"心灵绘画",从专业的角度了解孩子的情绪变化;创立 QQ 群,为学生、家长解惑答疑。帮助学生学会自我调节,随时疏通心理障碍,为自己创造一个坦荡、豁达、充满爱心的美好心境。

臧老师自己的心理育人做得有声有色,而且不断把她的经验分享给大家,指导老师们解决了不少教育中的大问题。

还有在一次班主任论坛上，我们看到了这份奖状，见证了这份奖状的来历，更深知它的份量。证书的主人杜老师说，这是她所有获奖证书中最最珍贵的一张，因为这张奖状的颁发者，是杜老师曾经的一个学生——家祥。

这张奖状是去年教师节一个叫家祥的毕业生送给杜老师的。说到家祥，他是个身高一米八的大个头，个性强、脾气倔，敢在课堂上拍着桌子大喊老师的名字，欺负起同学来能把人提起来再扔到地上。为此，杜老师经常找他谈话，可他总是把头扭向一边，紧闭嘴巴，一个字也不说。当时杜老师认为自己凭十几年的班主任工作经验，一定能解决问题，但是当面对他一次又一次出的难题，杜老师真感到束手无策。

杜老师把这个问题交给了学校班主任艺术研究会，发现很多老师都遇到过这样的问题，所以大家对如何教育这类学生展开了主题论坛。在论坛上，大家纷纷出谋划策，这时臧晓霞老师就从心理学的角度给杜老师出了主意，使我们每个人都受益匪浅。

臧老师给我们介绍，心理学中有很多小测验、小游戏在解决学生问题时都是很好的办法。其中就有一种心理绘画测验——"房树人心理测试"，就是让学生在一张纸上画房子、树和人物，通过图画来了解孩子的个性特征，还可以了解孩子行为的动机、孩子与家庭成员的关系，以及孩子对世界的感受和认识。例如有幅图中就表现出这个孩子的攻击性很强，但是很封闭，心理上缺乏安全感，渴望与人交流。在对待脾气暴躁的孩子或不善言谈的孩子时，这种绘画测验就可以作为一种辅助的教育手段，通过他们的图画来慢慢走进他们的内心，找到症结所在。之后，杜老师真的采用了这种方法，并验证了这一点。该生就是因为家长不够关注，导致爱的缺失，以欺负同学等行为引起别人的重视。这与杜老师在平时了解到的情况是非常符合的。

找到的问题的所在，于是杜老师对症下药，为家祥量身订制了一套教育方法，别说，从那以后，家祥还真是发生了很多的转变。原来爱欺负人，现在因为把他推荐到了学校田径队，他把力气都用在了投掷训练上，还经常为班里干一些力气活。现在他已经毕业，而且成为山东黄金男篮的三线队员，找到了自己的方向。

这个案例不但让杜老师体验到了成功的快乐，而且使我们研究会总结归纳出了适合这类孩子的教育方法：

通过画"房、树、人"的心理分析图，找到问题的根源；与家长沟通，引导家长与孩子科学交流；特设几个服务岗位，进行正确的行为引导；与学生深入谈心，及时排解不良情绪。

心理育人为班主任提供了很多巧妙的方法，让大家真正找到了一条通向学生心灵的路径。——这是智慧的教育。

（二）诵读育人

有这样一种教育，《三字经》《弟子规》成为小学生的口中之诵，《论语》《大学》成为学生的必背篇目，早读、课间、上操甚至游戏，师生都与诵读结下了缘分，老师把经典作为最好的教材，让孩子从小就与书为伴，以经典为伍。在《弟子规》的诵读中孩子们懂得了孝道；《论语》让学生懂得求学之道；《大学》让学生心中有了修身、齐家、治国、平天下的胸襟抱负。同学们在老师的带领下时时读、日日诵，让每个心灵都浸润在美妙的文字中，使孩子们在读与诵中习得了礼仪，养成了习惯，生成了智慧，修得了内涵。——这是智慧的教育。

（二）活动育人

有这样一些故事，看这是一本小册子——《七班那些事儿》，七班会有些什么事儿呢？原来这是青年教师陈晨班里的活动记录册，里面用镜头与文字记录下了她与学生及家长共同组织大型班级活动的过程与花絮，就像本册中的序言中所讲："课堂上，我们是聪明的小学士；学校外，我们是快乐的小精灵。……六一儿童节，我们用心献上自己的一份爱，为贫困山区的小朋友捐出一本书，让小桔灯点亮每一颗童心；省博物馆里，我们徜徉在历史的长河，感受几千年文明带给我们的启迪；全运会，全民健身的赛场上也有我们拼搏的影子；都说我们是饭来张口的小皇帝，看看'齐鲁晚报童子军'卖报的战绩，谁与争锋？经历了风雨的历练，温室里的花朵开得更加茁壮！"

七班那些事儿都是些快乐的事儿，其实也是辛苦的事儿，当然这样的事儿不止七班有，还有二班那些事儿、五班那些事儿、一班那些事儿……就是在这些辛苦的、快乐的、具有挑战性的事儿当中，丰富了学生的阅历，磨练了他们的意志，使他们懂得自己小小的肩膀上也能承担一份责任——这是智慧的教育。

每个人的智慧都凝结成了精彩的故事，并成就了班主任的适性发展之梦。每一个字眼背后都是一份爱的付出，爱能生慧，就是这份爱让教育从简单中升华出丰富的智慧火花。个性化的育人加上我们的共性德育课程——生活化德育课程、日课程、周课程、月课程，使学生在日常生活中养成好习惯，修得好品质，学会谦让，学会关爱，学会合作，学会生活。让胜利娃的每一天都有阳光，都有笑容，都有收获，都会成长。

梦想自青春时放飞，之后我们便行走在追梦的路上。有了班主任艺术研究会，大家在追求的路上便有了伴儿。课余时，休息日，大家一道读书学习；在规定的日子里大家共同谈经论道，我们凭借着一份大爱，对教育的爱，对学生的爱，一路走着，一路看着，一路想着，一路做着。借助的是宽基教育的平台，走的是适性发展的道路，寻求的是真正的教育之道。

　　秉一份淡泊之情挥去身边的喧嚣与浮躁，

　　抱一颗宁静之心寻求至真宽基教育之道。

　　在问道、悟道、用道的过程中，以——

　　"大爱为基""大智为翼""大德为魂"，

　　让教育为每一个生命都添加一份担当，

　　让每一个胜利娃每天都快乐地成长……

生活因为有了爱与善，才变得更幸福，童年因为有了爱与善，才变得美好。我们会品味着这份幸福与美好，和孩子们一起成长，用我们的双手去承载一份教育的责任，用我们的智慧和思考为孩子们创设幸福的每一天……

第五章
课堂先行：赋予过程发展

第一节　李振娇：畅游书海，交流有法

在当今的教育形式下，人们越来越意识到课外阅读对学好语文的重要性。所以，各种各样的读书活动在学校里、班级里如火如荼地开展起来。但是，在平时的读书过程中，大多数学生只是过于自由的阅读，只浏览文字，关注有意思的情节。读的书虽多，但读过去之后不留痕迹，一问三不知，不能内化为自己的语言，不能积累起自己的底蕴，理解能力和表达能力提高得也很慢，属于低效的阅读。同样是付出时间、精力，怎样让阅读效能最大化呢？最好的途径就是——上读书交流课。为什么要上交流课？交流什么内容？怎样交流更有效、有趣？在平时的教学过程中，李老师做了有意义的尝试。

一、读书交流课的目的和意义

何谓"读书交流课"？顾名思义就是以班级为单位，当同学们阅读完共同的书籍后，在课堂上通过多种形式自由地分享心得、交流观点，互相碰撞、互相激发，促进深层的认识和思考，从而促使精神、生命的高质量成长，达到

读书效能最大化。

读书交流课对于学生的发展究竟有什么意义呢？

（一）读书交流课可以将学生的阅读理解感悟引向深入

一本书对于大部分学生而言，仅仅是了解情节，图个热闹，看完而已。而书中真正的内涵只有深入作品的内容和形式，通过分析、鉴赏、评价、讨论才能走向深入。读书交流课在给学生提供自由表达的空间的同时也向学生提出了要求：要想交流起来，交流得有深度、有水平必须先沉下心来读进去，读出自己的思考和感悟。在此基础上，学生在课堂上的交流就变得有意义。大家可以分享到别人的经验，倾听别人的想法，接受不同的学习和思考方法。在交流中进行思维的碰撞，产生更多、更深刻的感受，从而提高了对作品的认识，阅读理解感悟的能力也逐渐提高。

（二）读书交流课可以给学生提供更大的展示空间

每当学生读完一本书后，都会有想说点什么的冲动，尤其是当自己对某个人物或情节有自己独特想法的时候，更想一吐为快。读书交流课就是尊重学生的读书热情，给学生提供了一个自由展示自己思想的空间和舞台。在这里，学生们可以自由地言说，自由地分享，自由地交流，每个学生都能得到机会，得到展示，得到尊重。这种空间和舞台的魅力是一个良性循环，会促使学生读更多的书，做更多深入的思考。

（三）读书交流课可以推动学生养成良好的阅读习惯

习惯的养成可以有两种基本途径：一是强制，二是暗示。前者是被动接受，不能长久，同时会隐藏着极大的副作用。后者是影响，是浸润，一旦养成习惯就能长久持续，深入人心。在读书交流课中产生的一些好的读书习惯、思考方法就像一粒粒种子在学生心里生根发芽，会从这一本书带到另一本书，直至融入生命。

（四）读书交流课可以保障学生的阅读实践活动进行

新课标中提出：教学中，要努力体现语文的实践性和综合性。读书交流是在广泛阅读语言材料的基础上感悟语言、积累语言、思考语言、输出运用语言的过程，而且运用语言的形式可以多样化，如表演剧本、配音读、制作小报、做读书笔记等，这些活动大大丰富了学生的阅读实践活动。

（五）读书交流课可以打通语文学习的课内外，打通生活

课外阅读是课内学习的延伸和补充。课外阅读的功效远远超过课内阅读的功效。读书交流课促进了课内的学习，课内学习成绩的提高又刺激了阅读的积极性，这样，课内外形成了良性的循环，学生品尝到了课外阅读的甜头，真切地感受到了阅读的意义。

同时，文学作品来源于生活，却高于生活。学生在读书、交流的过程中其实就是在感受生活，体验生活。他们与作品对话，丰富自己的生活阅历，寻找现实生活的影子；与作家对话，提升自己的人生价值；与师生对话，学会思考、沟通和交往。所有这些，都与自己的生活密切相连。

总之，开展读书交流课好处良多，它尊重了学生的发展，顺应了时代的需求。如今，读书交流课在全国如火如荼地开展起来，如常丽华的新教育实验课程、韩兴娥的海量阅读、陈琴的素读经典等。这些名师的做法给我们普通教师开启了另一个思路：大量阅读，读书交流，是让学生通向另一条语文丰收的黄金大道。

二、读书交流课的内容

读完整本书后，教师在课堂上组织学生交流的时候，不能信口开河，而应把握重点，交流出思想、感悟、心得，一般围绕下列内容进行交流：

（一）作者

"我手写我心"，作者在写作时，一般是根据自身的世界观、价值观以及对周围社会的一种看法和寄托，虚拟在自身的作品当中，所以，作品的背景、情节、主人公，或多或少地流露出作者本人的人生观和价值观。了解并讨论书的作者，是读书必要的一环。课堂上交流作者，一方面可以积淀文学常识，了解作者的生平、贡献，另一方面可以更好地走进作品，对作品的理解更深刻。

（二）封面、封底及目录

拿到一本书，先看书的封面、封底和目录。看封面，一般能捕捉到书的题目、作者、插图、出版社等信息，为深入读书作准备。看封底，一般能了解

到众多的书评，这对激发读书的兴趣、指导读书时的关注点很有帮助。看目录，能大体了解故事的主要内容。所以，读书交流课上很有必要先交流书的封面、封底及目录。

（三）故事的主要内容

故事的主要内容是对整本书内容的浓缩和提取，把握了故事的主要内容就抓住了书的主脉。交流课上，用比较简练的语言或别的形式概括主要内容，一方面可锻炼学生的思维，检查学生的读书效果；另一方面可在学生的头脑中建立起故事的主要轮廓，对学生深入研究人物形象、故事情节有重要的作用。

（四）故事的主人公

"文学即人学"，作品是最能表现人的艺术，它所塑造的人物往往具有独特的鲜明的个性，尤其是故事的主人公，他永远是故事的核心。所以，读书交流课上要重点分析人物的形象，不仅要认识、体味人物的特点、品质，还要走进人物的内心，感受真切的人物。分析人物形象对于学生理解作品的主题、受到情感品质的熏陶有重要的作用。

（五）故事中的精彩情节

精彩的故事情节是最能激发起学生的读书兴趣，最能产生情感的共鸣。把握故事的情节，是读懂小说、体会精妙、分享感动的关键，是整体感知文章的起点，也是把握人物性格、分析人物形象的必需。所以，读书交流课上，要让学生尽情地谈，尽情地说，尽情地演，用自己喜欢的方式表现故事精彩的情节。

（六）故事的主题

主题是作者在反映生活、说明问题、发表主张时，通过其全部文章内容所表现出来的中心思想或主要观点。主题是文章的灵魂，也是文章的统帅。正如托尔斯泰所说："艺术作品中最重要的一个东西，是它应有一个焦点才成，就是说，应当有这样一个点：所有的光集中在这一点上，或者从这一点上放射出去。"这一艺术焦点，正是主题。读书交流课上，要引导学生把握主题，交流主题，这样对作品的理解、对人生的感悟才能走向深入。

（七）自己的读书感悟

"一千个读者就有一千个哈姆雷特。"每位学生在读完一本书后，都会有不同的兴趣点、不同的思考、不同的感悟。我们要尊重学生的思考权、话语权，给他们创设宽松的交流氛围，借助适合的方法，给其时间、空间、鼓励、信任，让学生分享自己的收获和感悟。

（八）故事与自己生活的切合点

文学源于生活又高于生活。作品的高明之处就是当你读着它的时候能够将自己融入其中，和作品中的人物同呼吸共命运。读书交流课的一个重要作用就是让学生在感受故事的同时，能够和自己的生活架起一道桥梁，用智慧的眼睛发现生活的原型，设身处地地把自己当作故事的主人公，这样，就打通了文学世界和学生的生活世界，也更能激发起学生的阅读兴趣。

三、读书交流课的方法

我们已经了解了读书交流课上要交流的内容，另一个问题应运而生：课堂上，我们应该运用怎样的方法和策略，能让学生们快乐、有趣、又高效地交流起来呢？下面的方法值得一试：

（一）交流书的作者

直接介绍　教师开门见山地邀请学生介绍作者的相关信息，了解作者的形象，走近作者，感受作者与作品的关系。如，作者是谁啊？你对他有什么了解？这个故事的写作背景是什么？

荣誉提示　在和学生谈话的过程中，出示作者和作品的一些荣誉，激发起学生探知的欲望，自然地了解作者。

作家互动　如有机会，能把作家请到现场，和作家进行面对面的交流，就能更真切地了解作者了。

（二）交流书的封面、封底及目录

拿到一本书，先仔细地看封面、封底，从中可以得到书名、书的类别、作者、内容概要、推荐理由等信息，根据这些信息可以对书有整体的把握。然后再看目录，了解书的结构方式和大体内容。

（三）交流故事的主要内容

亮出问题　在学生读完整本书，了解主要内容的基础上，教师直接提出问题，让学生围绕着相关的问题，进一步梳理、概括故事的主要内容。这是比较开放、快捷、直接的方式。

借助填空　为了降低难度，给学生以扶手，让学生借助填空的形式完成主要内容的概括。

插图串联　书中的很多插图能透露出某一情节的主要内容，在读书的过程中，将重点的插图都找出并串联起来，用简练的语言概括出来，就组成了故事的主要内容。

目录串联　目录凝练了每一章节的主要内容，找一条主线，将目录有机地整合起来就是故事的主要内容。

阅读竞赛　每个学生都有竞争的意识，在交流会的开始设计一个小"竞赛"，既能激发学生的交流兴趣，又能帮助学生了解故事的主要内容。

复述故事　将喜欢的某个故事情节用讲故事的形式复述出来，也是了解故事主要内容的方法。

（四）交流故事的主人公

看图猜人物　通过观察图画上呈现出来的人物各方面的特点来猜人物的名字，在游戏中不知不觉就掌握了特点。

根据文字介绍猜人物　用文字概括出主人公的主要特点，然后让同学们根据文字介绍的特点来猜人物。

自我介绍知人物　学生把自己当成主人公，通过自己对角色的了解来介绍主人公。

为主人公设计名片　用简练的语言概括出主人公的性格特点、爱好、品质等，写到卡片上，作为主人公的名片。这种形式新颖有趣。

向主人公致颁奖词　一般在讨论主人公的品质时，可以用《感动中国》节目中的颁奖词的形式。

大话人物　根据故事内容，对某个人物发表自己独特的看法，评选人物之最，能言之有物、自圆其说即可。

与主人公对话　根据对主人公的了解，还可以与主人公展开对话，或者写信，在交流中表达对主人公的看法和建议。如：朋友，我想对你说……

亲子共读，深化形象　亲子共读一本书后，肯定对其中的人物有着不同的观点和看法。读书交流课上，将家长引入课堂，可以加深学生对人物的全面深入的认识。

（五）交流精彩的情节

精彩回放　书中的精彩情节往往让人过目难忘，我们在读书的过程中可以将录像和书本结合起来，让学生真切地感受情节和形象。

感情朗读　一味地脱离文本空谈、讨论会将阅读引向歧途。所以留出时间，巧妙地设计活动环节，让学生充分地调动感情在读中体会，在读中感悟，对理解文本很有帮助。

动画配音　播放无声的动画片，让学生根据情节给动画配上音，加之生动有趣的动作，既练朗读又练表演，学生非常喜欢。

主题讨论　针对某一情节进行深入地理解感悟，探讨人物形象和主题思想。

（六）交流批注

学生在读书的过程中把阅读的痕迹留在字里行间，可以画线、打三角、给书页折个角，或者写几个字、几行字的简要批注，给自己的阅读过程留下痕迹。交流课上，学生可以尽情分享自己的感悟收获，互相补充促进。

感动分享　书中有很多值得细细品味的感人瞬间，让学生将这些文字找出来并细细品味，交流分享。

（七）体会写法

读书不仅读情节、人物、主题，还要关注语言文字，提炼出方法，让其帮助自己写作。

话剧表演　将书中的精彩片断改编成剧本并进行创造表演，不仅使学生在听说读写演各方面的能力得到提高，同时还增强了团队合作。

想象续编　对于生动的图画、故事的结尾，可以请学生根据书中内容发挥合理想象，写画外音，写人物对话，编结尾。

(八) 交流故事的主题

感受最深 每读完一本书,给学生留下印象最深的一般是人物的形象,而人物形象也正凸显了故事的主题。

大主题引领 每读完一本书,教师找出一个贯穿故事始终的大问题进行交流,这样整本书就能上挂下联地串联起来。

问题设计 针对一个问题,进行层层地问题设计,将交流引向深入。

主题调查 将生活中的调查和书本结合起来,对主题进行深入的认识。

主题拓展 同一主题的故事,可以进行拓展推荐阅读,这样能让学生多角度、多层次地对主题进行深入解读。

主题辩论 针对某个人物形象,不同的人有不同的主题解读,让学生在辩论的过程中将认识引向深入。

主题仿写 针对某一主题,进行深化拓展写话。

(九) 交流自己的读书感悟

真情告白 读书要入情入境,走进文本,走进人物内心世界是我们必须做到的。班级读书会就是引导学生敞开心扉,与书中人物真情对话和交流。

收获再现 每个学生在读完书后,都会有不同的收获,交流课上,让学生尽情地谈收获。

现场采访 用采访的形式让学生交流读书收获。

读写结合 将自己的收获化为文字写下来,加深对主题的认识。

(十) 交流故事与自己生活的切合点

点击人物,寻找生活原型 作品中形形色色的人物形象来源于学生的生活,在交流中让学生用心寻找生活中的原型,打通作品和生活的联系。

设身处地,还原角色 在体会作品感情的同时,常想:"如果是我,我会怎么样呢?"把自己还原成书中的角色,和书籍水乳交融。

四、经典课例

跟着多萝西去旅行

——《绿野仙踪》读书交流课

主要目标:

1. 围绕"这是一段怎样的旅行?"进行深入讨论,将读书收获引向深入,使学生受到启发。

2. 多种形式汇报读书收获。

教学过程：

一、谈话交流 整体把握

师：同学们，最近我们读了《绿野仙踪》这本书，它被认为是美国的《西游记》。谁给大家介绍一下故事的主人公？（多萝西 稻草人 铁皮人 胆小狮 还有一直陪伴在多萝西身边的小狗——托托）瞧，这些小伙伴们来到了我们的身边。

师：他们之间发生了什么故事啊？谁给大家介绍一下？你看，抓住主人公和他们之间发生的故事，就能概括出书本的主要内容了。

二、话说旅行 学生汇报、讨论

师：下面就让我们一起走进这个故事。一场突如其来的龙卷风把多萝西带到了满地金，于是，这几个可爱的主人公就开始了旅行。这究竟是一段怎样的旅行呢？今天我们就围绕这个话题来讨论讨论。想一想，你认为这是一段怎样的旅行啊？能用这句话说吗？（出示）这是一段（　　）的旅程。（美好、神奇、战胜困难、寻找智慧、寻找家、寻找梦想、认识自己、团结、舍己为人……）同学们都有自己独特的想法，下面就让我们步入第一篇章：神奇的旅行。你觉得哪里特别神奇？哪个小组给我们汇报？

（一）神奇的旅行

1. 我们觉得书里介绍的国家特别神奇，比如：满地金、翡翠城、威奇国、陶器城。

师：就像他们所说的，那里的国家各有各的神奇所在，谢谢你们的精彩介绍！哪个小组接着谈？

2. 我们觉得魔法特别神奇，现在我们就摇身一变，大家可要看清了！

（1）汇报：

◆我是多萝西，我有一双银靴，它本来是东方魔女的，后来我杀死东方魔女后归我所有了，我只要念魔咒它就能带我回家，我最后才破解了它的奥秘。

◆我有一个魔帽,大家知道他有什么法力吗?讲魔帽来源。

◆吹哨子!这本来是谁的哨子啊?它的法力就是能召回千里以外的田鼠群帮我忙。

◆我是奥兹大王,我要变魔术了!这叫腹语。(学生演示)

(2)师:你看,他们的魔法都那么神奇。大家看,这是魔法棒,我这么一挥,咱们全班同学都可以拥有一种魔法,现在双手合十,默默地想:我最想拥有什么样的魔法呀?同学们的想象力可真丰富,只要敢做梦,就有实现梦想的可能。你还觉得什么神奇啊?

3. 我觉得整个旅途特别神奇,我想和大家玩个游戏:我说名字,大家马上回忆在他们身上发生的神奇的事,用一两句话说出来,行吗?

多萝西、稻草人、铁皮樵夫、北方魔女、田鼠、奥兹大王……

预设:多萝西空中飞行,你听说过吗?房子砸死东方魔女。

田鼠拉人,竟然把胆小狮拉出罂粟田了。

北方魔女那么厉害,却害怕水,死在了一盆水里!

稻草人能说话、复原。

奥兹大王坐气球回美国……

4. 师:就像同学们所说的,这真是一段神奇的旅行啊!神奇也正是童话故事最主要的特点。你还觉得这是一段怎样的旅行?进入第二章:战胜困难的旅程。

(二) 战胜困难的旅行

1. 我觉得这是一段战胜困难的旅行,我把他们的困难都梳理出来了,你们看!把事件列出来,就对他们的行程一清二楚了。同学们,你们认为哪件事最困难?请同学说一说。

2. 我们想演一演他们战胜困难的故事:《绝处逢生》。角色:铁皮樵夫、稻草人、胆小狮、多萝西、虎头熊、旁白。

3. 小结:为我们的演员们鼓掌致谢!其实,每个人的成长都是一种历险。无论我们陷入怎样的绝境,都不能放弃梦想和努力。在战胜困难的过程中,梦想就会实现。除了是神奇的、战胜困难的旅程,还是怎样的旅程啊?

（三）追求并实现梦想的旅行

1. 我觉得这是一段追求并实现梦想的过程，他们每个人都有梦想，最后都实现了自己的梦想。

2. 师：你觉得是奥兹大王让他们实现梦想的吗？如果不是，那是什么让他们实现了梦想，获得了想得到的东西？（在他们克服困难的过程中拥有了他们想要寻找的东西）

3. （1）让我们回忆一下稻草人是如何在想办法克服困难的过程中获得智慧的。（摘果子、提醒跳壕沟、自愿跳壕沟、砍树过壕沟、砍树造筏过河）（2）铁皮樵夫是如何关心他人的？（3）胆小狮呢？

4. 小结：没有头脑的稻草人在危急时刻总能想出好办法，没有心的铁皮人时刻留意需要帮助的人和动物，同样，胆小狮也用行动证明它是一只有胆量的狮子。（出示读）其实，智慧、胆量、爱心就在稻草人、铁皮人和胆小的狮子身上。只是他们没有认清自己而已，或者只是缺少那么点自信而已。只要勇敢地去面对一切事情，并且坚持不懈地去做，就会发现想要寻找的东西一直就在自己身上啊！

5. 主人公多萝西最终也实现了自己的梦想，你觉得是什么让她实现梦想的呢？

① 坚持梦想。无论遇到什么，也不能动摇她回家的决心……（为什么非得回去？家的魅力。读文字，深化理解家的内涵）

② 珍惜友谊。她爱交朋友，和朋友一起历经千辛万苦，最终取得了成功……

③ 乐观。没被奥兹带走，还能自我安慰……

④ 勇敢。在初遇狮子时，为了保护小狗托托竟然冲上去打狮子。面对西方女巫的折磨，她始终没有退缩……

6. 奥兹大王最终也坐着气球回家了，实现了自己的愿望，有人说他是骗子，你同意吗？咱们来交流交流。（为了实现自己的愿望，有的时候真的很无奈，得受委屈，但不管怎么说，他没做危害别人的事，我们就原谅他吧！）

7. 故事中的伙伴们都找到了自己想要的东西,同学们,你想寻找什么呢？你觉得怎样能够找到？

(四) 收获的旅行

刚才我们重点讨论了这是一次神奇的、战胜困难的、追求并实现梦想的旅程,你觉得还是怎样的旅行？现在咱们不说了,能不能把旅游过程化为一行行诗句,写下来呢？以"这是一次什么样的旅程"开头,再写出支撑你观点的句子。

这是一段神奇的旅行

满地金是蓝的

翡翠城是绿的

还有那神奇的魔法呀

银靴、哨子、魔帽

说也说不完

······

这是一段(　　　　)的旅行

······

师:同学们说得多好啊,今天,我们围绕一个话题"这是一段怎样的旅程"展开了讨论,在这个过程中,我们和多萝西一行一起战胜了困难,一起追求了梦想,一起走向了成功。"跟着多萝西去旅行"读书交流会到此结束,谢谢大家!

第二节　任伟:境趣相映,激情如风

我校任伟老师是一名从教 22 个年头的"老教师"。由于常年从事低年级段教学，被低年级学生的童真童趣时刻感染着，加之个人活泼外向的性格，她的课堂教学一直充满着纯真的童趣。这种在教学实践中自然表现出来的稳定的教学风貌渐渐让任老师确立了自己的教学风格。尤其自1997年转教品德与生活学科以来，品德学科所倡导的以游戏为载体的活动型教学，激发了她将教学方式与教学风格相结合的尝试，使她确立了"境趣相映，激情如风"的风格主题。这一风格旨在追求学生在课堂的"乐学"境界，力求师生活动积极，气氛热烈而有序，教师不累，学生轻松，高效学习，以形成最优化的教学状态。

任伟老师在确立自己的教学风格时有着自己的看法——

教学风格，是在长期的教学实践中磨砺出来的，是先进教育理念指导有效教学实践的结晶，也是先进的教学行为体现科学的教育思想的概括。由于老师们所教的学科不同，各人的教育背景、文化的汲取体验不同，因此，所表现出的教学风格也是百花齐放的。

目前专家、教师及学术界对教学风格的认定还不尽相同，其中对教学风格有这样一种划分方式，即：理智型、情感型、自然型、幽默型和技巧型。

在谈到情感型教学风格时是这样阐释的：

教师讲课情绪饱满，将对科学的热爱和追求融于对学生的关心、教导和期望之中，充满着对人的高度尊重的信赖。讲到动情之处，往往情绪高涨，慷慨激昂，滔滔不绝，扣人心弦，给人以震撼人心的力量，引起学生强烈的情感共鸣，师生之间在理解、沟通的前提下，共同营造出一种渴求知识、探索真理的热烈气氛。学生在这样的教师引导下，所获得的不仅仅是知识的训练价值，还包括人格、情感的陶冶价值。相比内向型性格的教师而言，外向型性格的教师其课堂教学常常采用情感型教学风格。

我是一个性格外向活泼、常常在课堂上忘记自己年龄的"傻大姐"型的老师，喜欢运用孩子的语言和学生们无拘无束地交流，所以这也是帮助我确立"境趣相映，激情如风"这一教学风格的原因。

"境趣相映"指的是我在品德课堂中常用的教学方式，即通过创设各种游戏、活动与情境，引导学生用自己的方式探索世界，表达认知，使课堂充满情趣和"意味"，以此体现品德教学的生活性、开放性和活动性特征，显现的是我用不老的童心解读教材后的教学方式。

我在这个风格特征上呈现的核心是利用各种教学情境的创设激发学生的学习兴趣，因为我知道"激趣"对于学生学习的重要性：

第一，"激趣"是低年级学生年龄特点的需要。

首先，学校学习对于低年级学生来说，是他们人生起步，通过学习不断成长的一道坎。小学生活与幼儿园生活的截然不同，他们对小学生活充满向往和好奇，期待从新的学习生活里得到他们渴望已久的知识，希望从书本里、从老师的教学里得到他们以前所不知道的问题答案。所以，保护他们天性使然的兴趣，是小学阶段所有教师在进行教育教学时必须做到的。

其次，小学低年级的学生意志自觉性比较差，缺乏耐心和毅力，缺乏一贯性，不善于对自己的活动提出明确的要求，总是需要教师或家长向他们提出行动的具体要求，并且在老师的监督和帮助下才能较好地完成任务。他们不善于仔细而全面地考虑问题，相当一部分学生表现出优柔寡断或草率决定的特征，在遇到难度较大的学习问题时，容易采取放弃或半途而废的态度，所以需要教师在教学中不断刺激学生的感官，调动他们的注意力，激发兴趣。

第二，"激趣"是低年级学生学习要求的需要。

小学低年级学生还不能完全适应学校的学习生活，在学习活动中，他们的注意力很不稳定，爱做小动作。他们对周围的事物充满了好奇，但观察事物往往只注意整体，比较笼统，不够精确，思维主要凭借具体形象的材料进行分析、推理等抽象逻辑的思维初步发展。所以，学习活动本身是否有趣，老师态度是否亲切和气，成为低年级学生学习的主要动机。

第三，"激趣"是品德与生活课教学的需要。

小学低年级阶段是儿童品德、智力、生活能力等形成和发展的重要时期。为了提高儿童品德教育的针对性、实效性，切实地为他们形成正确的生活态度、良好的道德和科学素质等打好基础，在品德与生活课程中采用主体性学习方式尤为重要。而主体学习一定要从真实的生活源头出发，引导学生用自己的感官去认识，用自己喜欢的方式去体验，所以这就需要充分激发学生的学习兴趣来引导他们体验、认识和感悟，以便能引发他们内心的而非表面的道德情感，真实的而非虚假的道德体验和道德认知。

所以，低年级品德教学应"趣"字当头。同时"激趣"也是根据我性格特点而形成的一种课堂特点。教师在教学活动中与他人行为方式的区别表现出教师教学的个体特点。我本人的性格比较活泼外向又开朗，喜欢和他人交流。同时长期从事低年级教学，使我对低年级学生格外喜爱。而这种喜爱更多地指导了我的教学行为模式，促使我善于在教学中从趣味入手开展教学活动。尤其我与学生"逗趣"时，自己也乐在其中。

如何激发兴趣呢，那当然离不开各种情境的创设。我经常运用这样几种方式，比如：

故事情境，即以孩子们感兴趣的故事导入新课的学习。在教学中根据具体内容，恰当穿插一些趣味性较强且寓意深刻的故事，不仅可以活跃课堂气氛，激发学生学习兴趣，加深学生对主题内容的理解，还能通过直接经验和间接经验相结合的规律来进一步提高学生的理解感悟。

歌曲情境。生活离不开音乐，美妙的歌曲可以感染人的情怀。积极向上、健康高雅的歌曲，既可以活跃课堂氛围，融洽师生关系，又可以释放学生心灵，使学生在轻松愉悦的环境中感悟新知，获得学习的乐趣。品德与生活、品德与社会课程教学必须把情感目标摆在十分重要的位置。只有增强学生的人文情感、社会情感和思想品德情感，才能真正体现本学科的德育功能，完成育人任务。而激发情感的一个有效手段，就是教师根据教学内容，恰当、适时地播放一些格调高雅、积极向上的优秀歌曲，寓教于乐，寓教于美，陶冶学生情操，丰富学生情感。例如在学习《温暖的家》这一主题时，一曲童稚的《我爱我的家》仿佛重现了孩子们与爸爸妈妈相处的生活片段，激发了学生们回报父母的感恩之情。

游戏情境。众所周知，游戏是儿童有效的学习方式，对培养儿童的情感，让儿童体验集体生活的乐趣，理解规则，学习科学知识等起着很大的作用。在品德与生活课的教学中，我依据课程标准的精神，设计了许多丰富多彩的游戏活动。这些游戏活动主要体现为探究性活动、体验性活动、交往性活动和操作性活动等。在这些游戏活动中，让学生们通过观察、调查、实验、探究、感受、表达等方式，不断地扩大体验，深化感悟，从而达到科学、艺术、道德的内在整合。像在《风车转转转》主题中，我组织学生开展风车比赛；在《秋天的消息》主题中，带领学生玩"拔老根"的游戏；《认识新朋友》中玩"丢手绢"的游戏；《我有一双小巧手》玩手影游戏等等。通过我为学生们设计的各种游戏活动及情境，让学生在游戏活动中有足够的活动机会，有足够的自主空间，去学会生活、发展自我、共同分享、培养品质。尊重他们歌唱、跳跃、嬉戏的孩童生活方式，让学生们在我的课堂上回到童年生命本真的状态，回到人类生命本真的状态。

当然，创设情境激发兴趣的方式还有很多，例如利用图片创设情境，精彩的有说服力的图片能直接刺激学生的视觉，充分调动学生最直观的享受，激发学生的学习热情。如《美丽的家乡》主题中，一幅幅济南垂柳名泉的生动图片，立刻就把学生带入风景绮丽的家乡美景中，学生们情不自禁地和老师一起体会探究起来。再如利用表演创设情境、利用资源创设情境、利用实物创设情境等等，品德与生活课创设情境的方法很多，不管采用哪种形式去创设情境，都要符合学生的心理特点和教学实际，都要紧扣教学目标，我始终认为品德与生活课堂只有以生活为主线，才能让课堂充满生命的张力与活力；以学生为主体，才能让课堂充满生命的感悟与灵动。

那么"境趣相映，激情如风"中的"激情如风"则是我自己的课堂表现、上课状态。

第斯多惠认为："教学艺术的本质不在于传授的本领，而在与激励、唤醒、鼓舞。"教师要使学生变得有兴趣，学生由此而获得对真、善、美的自由的爱好，并且甘愿去研究这些高深的学科，教师要力求使教学引人入胜，首先教师本人应当生动活泼、精神焕发。只有兴奋的情绪才能鼓舞人，教师应尽可能地使自己有蓬勃的精神状态。教师的教学应讲究多样性，注意变化和更换。"变化多样乃是生活的乐趣。"教师的多样性主要体现在教师讲述的形式和风格中。如果教师的教学富有吸引力，学生就会"热爱老师，热爱学校，热爱科学"。

我对以上观点有着绝对认同。马克思说，激情是人追求自己的对象世界的一种本质力量。只要生命在，激情就在。教师的激情就是要点燃学生的情绪，照亮学生的心灵。对教育的激情，应该从现在的外在表象化为内在的精神气质，不因年龄的增长、环境的改变、地位的升降而改变。

品德教学是连接学生现实生活与精神世界的媒介，这就要求教师运用激情点燃课堂的生命活力，找准"触发点"，引起"共振点"。我热爱品德教学，所以每每执教之时都处于亢奋的精神状态，上课过程中常常不自觉地"手之舞之，足之蹈之"，将融入自己人生感悟的情感体验自由释放。而每每此时，"疯"也不求而至，所以与其说激情如风，倒不如说激情如"疯"了。

在自己的品德教学中，我常常忘记年龄和学生们"疯"在一起。模拟表演，我能化作孩子们的伙伴，绘声绘色；故事讲述，我会声情并茂，投入忘我；歌曲演唱，我会放开歌喉，和孩子们琴瑟和声……我始终认为，教师要善于运用表情和表演，"做教师的绝不能够没有表情，不善于表演的人就不能做教师"。教师还要善于控制自己的情绪，"不能够控制自己情绪的教师，都不会成为良好的教师"。将情绪表达得恰到好处，就是一种教育技巧，一种"表演"。这种表演就是一种教育艺术。

我想此时我课堂中的"疯"，表达了我对教育事业的一腔热忱，源于内心对学生的呵护和责任。如果学生们喜欢课堂中的这份朝气与活力，能点燃课堂的激情，那我将一"疯"到底！这是否也印证了这样一句话，即"风格就是人"。

雨果曾说："风格是打开未来之门的钥匙。没有风格，你可以获得一时的成功，获得掌声、热闹、锣鼓、花冠、众人陶醉的欢呼，可是你得不到真正的胜利，真正的荣誉，真正的桂冠。"

胜利的老师们，作为一名普通的教育工作者追求自己的教学风格，并非一定想要得到荣誉和桂冠。也许仅仅是出于对教育工作的热爱，对自己工作的肯定和对自己所教学生成长的一种责任。

胜利，给了每位教师课堂空间的自由，教学方法上的自由，为每位老师提供能确认自己发展的机会,发挥展现自己的才能与智慧,使老师们得到更多的信心与锻炼,获得创生的幸福体验。而胜利的老师们也深知,教师的教学要从逐步成熟,最后形成教学风格,是一个教学艺术的艰苦实践过程。在这个过程中,总要经过模仿教学、独立教学、创造教学和风格教学等几个教学阶段。在前几个阶段中,特别是在模仿阶段中,教师必须博采众长,从其他教师那里汲取有益的精华,从而弥补和滋养自己。教学风格这面镜子照出的当然是刻苦锤炼的主体,但从风格形成的过程来看,在个体的背后,常常显示着模糊的群像。因此,胜利的老师们一直走在探求教学风格之路上。

第三节　方夙:让我们的孩子会交流、会合作

数学课程标准提出,有效的数学活动不能单纯地模仿与记忆,动手实践、自主探索与合作交流是学生学习数学的重要方式。低年级学生的学习习惯尚未很好的养成,缺少人际交流的技能和经验,需要老师不断提醒和帮助。他们没有形成合作的意识,不懂什么是合作,更不知道该怎么合作,这些问题都需要老师一一解决,因此必须针对低年级学生的年龄特征,有效组织和指导。因此,方夙老师在学生刚入学时,从以下几个方面对学生进行了相应的培养,使学生在低年级就形成了良好的学习习惯和交流合作的学习意识,从而形成了自己独特的教学风格。

又到了9月,方夙老师这一年又一次担任了一年级新生的数学老师,从孩子入学的那一刻起,她要与孩子一起成长、共同进步。在进行了一周的常规训练之后,方老师开始上数学课了。此时孩子们已经明确了上课的几点要求:1. 要说话,先举手,老师允许再回答;2. 老师讲课认真听;3. 每天记作业,回家按时完成。在前两周方老师着重训练孩子的回答问题能力,使学生做到回答问题既完整又简练。

上课的时候,方老师主要训练孩子的语言表达能力。刚开学时,学生大多站起来不知该怎么表达自己的想法,回答中时常掺杂着"嗯""啊"。老师并没有不耐烦,哪怕本节课的任务完不成,也尽量多些时间让孩子说,所以开学初的进度比较慢,主要训练孩子的常规。当孩子站起来不会说的时候,方老师鼓励孩子不要着急,慢慢说,声音大一点,并且表扬说得好的孩子,让大家都跟他学。经过一段时间的训练,有所改善。她又告诉学生,数学讲究简练完整,要用最短的话表达出你的意思,并且还要把话说完整、说清楚。比如在学习组成时,有填方框的题目。刚开始学生站起来只说方框里的数,

方老师让他们用两句话来说。如：$\diagup\!\!\!\diagdown$ 5能分成1和4,方框里填4。时间
长了,孩子就养成了说话完整、简练的好习惯。老师又发现学生普遍回答问题声音很小,就鼓励他们大点声,让每位同学都能听见,并且把声音宏亮的学生当作小榜样,大部分孩子声音也逐渐地大起来了。

在一年级上册的内容中,比较难的一部分就是数字的书写,6岁的孩子握笔不会用力,在田字格里写数字就更加困难了。方老师通过单元整合,把第三单元的1—5各数的书写提前。在教学生数数的同时也教写数,以此在开学初就养成孩子认真书写的习惯。孩子刚开始写不好数字,总是费了很大劲都不满意,反复用橡皮擦使本子很脏。所以方老师规定孩子尽量不用橡皮擦,哪怕写得慢一点,争取一次写好。她还采取激励措施,每天表扬写得好的和书写进步的孩子,并发小奖章。书写基础比较差的孩子,她就用红笔在本子上写一个示范,当做范例。经过一段时间的练习,孩子的书写有了很大进步。方老师在家长会上表扬了孩子们的书写,并且展示了部分写得好的孩子的作业,榜样的力量是无穷的,学生的积极性更高了！

大部分孩子已经基本具备了表达的能力,方老师又发现了新的问题。在她讲课或者其他同学回答问题的时候,总有几只小手举着,迫不及待地想要表达自己的想法,所以接下来她打算训练孩子认真倾听的习惯。她在又一次上课出现这种情况的时候,告诉孩子们,在其他人说话的时候,无论是老师还是同学,你都要做到不插嘴,也不要急着说自己的想法,而是要先把

对方说的话听清楚,老师讲的时候看着老师的眼睛,同学讲的时候最好也回头看着他。等他说完之后你再说自己的想法。方老师还告诉孩子们,从现在开始,老师的小奖章主要奖给会听的孩子。上课时,老师及时表扬听讲好的孩子,并给予奖励,让其他孩子跟着学。一周之后,大部分孩子知道老师讲的时候认真倾听了,但是倾听其他同学的意识很薄弱。所以老师在学生回答问题之后经常提问:"谁听到他说的了? 能重复吗?"凡是重复的正确的学生她都会给予奖励。

偶尔下课时,方老师跟某位学生说话,总会有别的小朋友在旁边叫"方老师……",碰到这种情况她总会告诉孩子:"我们正在说话呢,你不要打断,等我们说完了再说。"训练孩子的倾听习惯是需要长久的时间的,孩子过段时间会有所反复,需要不断地坚持训练下去。

低年级的孩子合作意识较弱,四人小组合作学习还为时过早,所以方老师先训练孩子同位之间的讨论和交流。在一年级教学5的组成时,方老师第一次在教案中设计了同位两个互相读一遍5的组成的环节。当老师跟孩子说给你的同位读一遍时,看到有些孩子脸上有一种茫然的表情。大部分孩子还是自己读自己的,读完就坐正了。方老师就问孩子们"什么叫同位两个互相读啊?"孩子说:"就是给你同位读一遍。"老师说:"这只是一部分,你给同位读完一遍之后,还要听同位给你读一遍,并且要及时指出同位的错误,当好小老师。"讲完方法之后,她让孩子们同位再互读一遍,并且找合作好的孩子上来演示,孩子们就都理解怎样互相学习了。在今后的备课中,老师每节课都会设计让孩子同位间讨论、交流的环节。有些同学还真有点小老师的样子呢,讨论之前分配好你先说,我再说,在对方说的时候在旁边提示,或者在对方出现错误时说"不对,应该这么说"。看到孩子们的成长,她很欣慰!

方老师对学生的目标是:到了高年级能够具备自己解决问题以及给其他同学讲题的能力,所以她在一年级就开始培养。在教学加法的初步认识一节时,学生会用三句话表达图意,并且列出了算式,老师提问:"你能说说算式中的三个数分别在图上表示什么意思吗?"老师先让一名能力比较强的女同学到黑板上边指图边说,这名女同学表现特别好,指得清清楚楚。老师马上表扬了她,并且让其他同学都向她学习,边指边给同位说一遍。在以后的课上,她经常会设计这种上台指图的机会给学生。到一年级上学期时,有一半的学生都有了上台讲题的经验,并且越来越娴熟了。

如今的小学生大多都是独生子女,自我表现意识比较强,总是想突出自己,容易看到其他人的短处。针对这一点,方老师设计了一个欣赏别人的小活动。在一次做大本作业时,拓展方舟题是有 7 个小动物,分别说一说它们从左边数和从右边数分别排第几。老师先让学生同位互相说一说,然后请一位同学上台边指边说,并且告诉其他学生:"我们要学会欣赏别人,看到别人的优点,学习别人的长处。在这位小朋友说的过程中,你一定要用心观察,看看她好的方面有什么,哪里值得我们学习。"等这位同学说完之后,老师让她站在讲台上听听别人对她的评价。小朋友积极踊跃地举手:"她指一个说一个,很清楚。""她说得干脆利索!""她的声音很宏亮!"最后大家还一起鼓起了掌。最后,老师说:"瞧! 小朋友真心地表扬你,说明你做得真的不错。老师再提个小意见,今后讲题时如果能边看大家边说,跟大家有个交流就更好了。"之后,老师又请了几位同学上台讲题,她们与同学的交流越来越自然,讲完题都问一句:"我说对了吗?"很有个小老师的样子。其他同学也学会了用欣赏的眼光看待别人。

合作学习是一种从小培养学生合作意识、创新能力的重要的学习方式,也是促进学生个性发展、学会交流的重要形式,方夙老师在自己的课堂上初步以这些方式培养了学生的合作交流意识,在今后的道路上还要不断探索,真正形成自己的方法体系。

第四节　王玫:快乐课堂快乐人

胜利青年致远会是一支年轻、有活力、充满激情的教师队伍,他们教学方法灵活多样，课堂活泼有趣，深受学生们的喜欢。他们常常聚在一起，谈论一个自己不解的教学问题、一堂课的亮点与不足，等等，每个老师都发表自己对所授课程独特的见解和深刻的认识。他们不断探索，不断摸爬滚打，在追求成功的道路上，共同前行。在这个队伍里，有一位积极、乐观向上、具有开拓精神的青年教师，她就是王玟老师。

一、用微笑和激情打动孩子

王玟老师是一位年轻的数学教师，有着年轻人特有的朝气与激情，有激情就显得有活力，有激情就能滋润每一颗幼小的心灵，有激情就能迸发出智慧的浪花。低段的教学接触的孩子年龄都较小，需要老师有足够的耐心和童心，王老师就有一颗年轻的心，每次上课她都带着饱满的激情走进课堂，带着微笑，带着童心，走向学生。她每天带着好心情去上课，一进教室首先和学生热情地交流，上课的时候就把自己投入到课堂中，用眼神、表情、动作去表扬和吸引孩子的注意力。整个课堂教学中，她始终像个兴致勃勃的大孩子，带着学生学习，游戏。好的教师还必须是"演员"，在组织教学的过程中她会适当运用体态语言，有效地吸引学生的注意，感染学生的情绪。她一直认为"要想有好的教学成效，教师就必须把学生当朋友去对待，那样学生才会把你当朋友，才会乐于接受知识。因为喜欢老师，才会更好地学好这门学科。而孩子的表现往往能真实地反映孩子的接受程度，老师讲得没有感染力，没有吸引他们的兴趣，他们就不听。所以不论上课还是课后，老师都要和学生一起享受他们的快乐，只有老师富有激情了，那么学生才会很有激情地去学习"。

在王老师的课堂上你会看到她无时无刻地带着笑容，她用笑容来组织教学，一个笑容一个眼神都传达着她要表达的信息。在课堂上，有她对孩子回答精彩之处欣慰和赞许的笑容，也有遇到困难问题时激励学生的笑容，更有对回答不理想学生鼓励的笑容……这微笑不仅表达了老师对学生的关爱和鼓励，还得到了学生们的喜爱和认可。他们喜欢这个始终带着微笑上课的老师，喜欢回答她提出来的问题，在她的课堂上常常听到老师和学生开心的笑声，在这种愉快轻松的学习氛围中，同学们收获知识，真是一种享受。

二、打造快乐的课堂

（一）"自主、开放"教学模式的研究

在以往的课堂中都是教师教，学生学，但是现在提倡让学生主动地探究有价值的数学。王老师在区教研室的带领下，开展了"自主、开放"教学模式的研究，让学生先自主探究，然后在课堂上探究学生没有理解掌握的内容，把课堂还给孩子。在王老师的课堂上看不到那些夸张的情境，看到的是学生主动学习、积极思考的学习状态。在学校宽基教学模式的引领下，形成了自己的教学环节：一、自主学习、整体感知。二、合作探究、深度思维。三、宽泛练习、巩固提高。四、达标检测，拓展提升。这四段式的教学模式为学生提供了更充足的自主学习空间，把被动的学习改为主动的探究，大大激发了孩子的学习兴趣。为了让孩子更好地成为学习的主体，王老师在课堂上做了很多努力。

第一，引导学生提出数学问题，让数学课堂变为生活课堂。

使学生成为学习的主体，应给学生充分的时间让他们思考，让他们自己提出学习的问题，确定学习的目标。比如在教《乘法的初步认识》时，可以联系生活实际，给出数据。王老师教这一部分，结合游乐场中各种游戏的价钱、参与的人数，把两组数据给学生，让学生自己提出问题，并且通过老师的引导，让学生得出自己想要解决问题的做法，并且充分考虑学生的差异，让学生根据自己的情况，提出适合自己的目标，不同的人在数学上得到不同的发展。

在学用余数除法解决实际问题时，那就是一节与生活密切相关的课，它是在同学们理解了式子含义的同时，解决实际问题。例如有一道题：有23个小学生，每4个人一条船，要租几条船？这是同学们在日常生活中都遇到过的问题，孩子们都能列式得到 $23÷4＝5$（条）……3（人），但是这剩下的三个人还要租一条船，在讲这个问题时，老师就可以问问孩子们："剩下的三个人怎么办？你就是这三个人中的一人，你不坐可以吗？"通过引导孩子们就能说出："剩下的三个人也要租一条船。"这就取决于实际经验。这样孩子们理解题意就简单多了。

第二，培养学生调控学习过程的能力，允许学生选择适合自己的学习方法。

自主学习的学习过程不应该是由教师硬性规定。即使是相同内容，不同水平的学生在学习时差异也很大。如在学习 20 以内的进位加法时，学生就可以根据自己的情况，选择适合自己的方法，像"凑十法""摆小棒法"等等。不同的人反应能力不同，理解的快慢也不相同，所以教师应允许学生自己选择方法进行学习。这种做法为每个学生提供了学习的空间，既尊重了学生的认知风格和学习方式，又培养了学生的探索精神。

在刚学有余数除法时，有些孩子不能直接口算结果，在学习了竖式时，可以让孩子自己选择用什么方法，鼓励孩子用自己喜欢的方法来解决问题，为每一个学生都提供了学习的机会和方法。

第三，指导学生学会总结。

教学中总结是一个大环节，原来这个环节基本是由老师来做的，但新课改要求老师，学生应成为课堂的主人，教师应培养学生自己总结，也可以通过各种方式激发学生，利用学生自己喜欢的方式总结。像在教学过程中，我们可以让学生来说一说通过本课的学习，你都知道了什么，还有哪些不明白的问题。在教师与学生共同讨论中，巩固与提高所学知识。

为了体现学生成为课堂的主人，在课堂中不能有明显的说明身份的话语，像"你给老师说一说你是怎么想的"，应该是"你给大家说一说你是怎样想的"，因为课堂中老师不再是主体，真正的主体是学生，他们才是课堂的当家人，老师则是一个协调和组织者，是为学生更好地学习提供辅助力量。

(二) 在课堂中重视"引"、大胆"放"

在课堂中，王老师非常重视"引"、大胆"放"，把握好独立思考和合作交流的关系，进行及时引导，发扬民主，大胆放手。例如在新知探求的过程中，在知识的重点、难点处，在运用概念、性质或定律等数学知识去判断、辨析正误时，都需要老师的观察、参与、巡视和指导。

例如，在教学《两位数减两位数退位减法》时，须突出一个重点，即个位不够减时怎么办？在解决这个问题的过程中，教师的引导与学生的操作、交流显得尤为重要。(1)学生已经有了不退位减竖式计算的经验，因此，让学生在独立尝试竖式计算的过程中发现新问题：个位不够减怎么办？（2）引导小组合作学习，寻求解决问题的方法。在这个过程中，教师不是一个单纯的旁观者，而是学生合作的组织者和引导者，可以给学生的交流提供这样几个问题：想一想，可以借助什么工具来帮助我们解决这个问题？单根小棒不够拿怎么办？为学生的合作交流提供了一根拐杖。（3）将摆小棒的过程在竖式上表示出来，并得出"个位不够减，向十位借一"这一高度概括的法则就是水到渠成的事了。这样的合作，不仅使学生知其然（个位不够减，向十位借一），更知其所以然。

（三）合理利用游戏，增强自主学习能力

游戏能激发学生的兴趣，变"要我学"为"我要学"，由于有些数学知识比较抽象，学生不易理解，缺乏兴趣。在教学中利用学生好动、好奇的心理，从学生熟悉的生活环境和感兴趣的事物出发，提供观察和操作的机会，充分发挥学生学习的能动性，让学生在兴趣盎然的游戏中，把抽象的数学具体化，从感受中获得正确的认知，增强自主学习的能力。

1. 练习中的游戏教学

为使学生顺利地理解、掌握新知识，进行高效的练习是十分必要的。教材为学生设计了大量的具有思考价值的练习题。在课堂教学中对这些练习进行加工、改造，经常是以游戏、比赛的形式出现在学生面前，使每个学生都有参与练习的机会，达到练习的目的。

如上进位加法的练习课。这节课的主要目的是使学生熟练口算20以内的进位加法。于是王老师用了三个游戏把整节课贯穿起来。首先，是个人抢答赛。老师出题学生抢答，这个游戏的设计主要是培养学生思维的敏捷性。接着是小组合作争优赛，五个人一组，用三个数组成四个算式，看看哪一组想得算式最多。这个游戏不仅使学生对整体与部分的关系有了深刻地认识，还培养了学生思维的整体性和合作竞争的意识。最后"吃果子"这个游戏把整个课堂气氛烘托起来，学生们个个跃跃欲试，学习情绪高涨。游戏是这样的，每人一个果子，每个果子上面都有一道题，只要大声地喊出得数，这个果子就送给他。学生们不仅要把自己的题说对，还要对其他同学的题进行判断，大大提高了练习的强度。游戏是以"开火车"的形式进行的，又提高了练习的速度。这节练习课虽然没有让学生动笔去写，但它的练习强度效率是显而易见的，在练习课中学生的思维异常活跃，知识掌握也很牢固。

2. 概念教学中的游戏教学

对于数学概念教学，倘若教师不精心设计，学生总是感到枯燥无味，最终收不到应有的效果。那么，概念教学中应怎样激发学生的兴趣，培养自主学习的愿望呢？游戏不失为一种很好的解决办法！

在讲《四边形的概念》这节课前，王老师就让孩子提前进行自主学习。让孩子们自己画四边形，问孩子见过四边形吗？把你认为的四边形画下来，再讲这节课时，让学生们展示自己画的四边形，在展示的过程中就会把对四边形的初步感知总结出来，像有四条边，四个角……并且学生通过自己动手，掌握得也会更加牢固。

王老师在课始就把学生组织在自己精心营造的环境中，使好奇喜动的小学生在新颖别致的数学游戏中享受到数学学习的乐趣，求知欲望油然而生。动手实践、自主探索与合作交流，学习方式自然得到了优化。

三、争做学习型教师

一个有强烈使命感的人，应有一种危机感：教师拥有"一桶水"远远不够了，教师应该是"一条奔腾不息的河流"，这就要求教师学为人先，与时俱进，生命不息，学习不止，做适应时代要求的学习型教师。只有学习型教师才能不断充实自己，不断超越自己，才能真正解决课堂教学中内容多、时间少的问题，才能真正打造创新型高效课堂，高效率、高质量地完成教学任务，促使学生获得高效发展。

（一）向书本学习

王老师是一个不断学习的老师，由于年轻老师对教材的把握不够深入，常常看到她读一些专业书籍，增强自己的专业水平。一个教师只有具有渊博的知识，才能站在新课程标准的高度驾驭教材，课堂上才能做到信手拈来、旁征博引、从容淡定、游刃有余，从而使教师教得轻松，学生学得灵活，举一反三，为打造高效课堂奠定良好的文化底蕴。

(二) 向名师学习

学校为年轻教师提供了更广阔的学习空间，成立了学研共同体，新老帮带中王玫老师不断地向"师傅"学习，与师傅同课异构，学习师傅在课堂中的教学技巧等等。这种不耻下问的学习态度，使得她进步很快。

(三) 自我学习

学习是工作的基础，工作是学习的继续，坚持做到带着思考的大脑从事每一天平凡的工作。经常对自己的教育行为和细节进行审视，提出质疑，进行推敲，从而得出肯定或否定的判断。通过深入反思，认真记录学习中的所思、所想、所做，把学习、科研、实践有机地结合起来，增强自我完善的意识，明确自我前进的方向。"课堂天下事，得失寸心知"。不梳理自己的教学成败得失，就不能提升自己的教学素养。学会反思，学会提升，学会继承优秀经验，就会"积沙成塔，集腋成裘"，这样也就不再为课难教、学生难管而一筹莫展，甚至苦恼，相反会在每次遇到问题时的迎刃而解中获得教育的乐趣。

总而言之，有个人特色的教学方式是有价值的教学，是生机勃勃的教学，也是学校教育的价值所在。教师必须适应教育潮流不断学习，充实自己，形成适合自己具有的个人特色的教学风格，并为了自己的目标不断努力。

第五节　唐芳盼：走向宽基英语

近年来，济南市胜利大街小学在宽基教育理念的引领下，坚持四个"开放"，即教材使用开放，教学内容开放，教学方式开放，教学空间开放。学校着力构建开放的课堂，让课堂焕发生命的活力。在教材使用开放方面，以英语学科为例，我校一二年级的学生学习人教社新起点教材，三年级到六年级的学生使用人教社 PEP 教材，两套经典的教材相辅相成，互为补充。同时，教师们还根据教学需求，博采众长，在课堂中渗透其他版本的教材，如新标准、剑桥英语等等。语言的学习源自生活，教师们也与时俱进，刚上映的美国动画大片、经典的总统演讲都变成了教师们得心应手的教学素材。

我校唐芳盼老师一直从事低年级英语的教学，执教新起点教材，这套教材难度相对较大。去年她执教了三年级 PEP 英语。刚拿到教材，年轻的唐老师皱起了眉头，这些内容对于刚学习完四册新起点教材的三年级学生来说简直是轻而易举。因为学生有百分之七十的内容已经学习过了，单单照本宣科，会导致很多孩子失去学习英语的兴趣。唐老师仔细研究《英语课程标准》，课标指出：基础教育阶段英语课程使用的教材是学生学习和教师教学的重要内容和手段。在满足课程标准基本需求的前提下，教材要尽可能灵活多样，满足不同学生的需要。这和我校的教材使用开放不是一致的吗，唐老师豁然开朗，如获尚方宝剑，于是，接下来的一学年中，她开始了三年级小学英语的教材整合，边思索，边实践，再思索，再实践。一年下来，唐老师和学生都有了很大的收获。我们跟她一起来回顾一下整合中的点点滴滴。

一、做足准备工作

教材整合是一项严肃而艰巨的任务，它要求教师要具备高度的责任心和使命感。同时教材整合绝不是漫无目的的，而要规范、科学地开展。我利用暑假休息时间，不断地学习理论知识，认真总结出符合我校宽基教育理念的教材整合原则和方法。

（一）教材整合的原则

1. 以课标为纲

首先要以英语课程标准为纲。课标明确提出了小学英语教学应该教什么，怎么教，教到什么程度，它是教师教学的主要依据。有人把课标的精髓归纳为"一个途径，两个评价，两个过程，四个任务，五个方面和九个等级"。一个途径即任务型教学途径；两个评价即形成性和终结性评价并重；两个过程即英语课程教学过程既是培养综合语言运用能力的过程，也是培养学生健全人格的过程；四个任务为培养学生的学习兴趣、培养语言综合运用能力、培养创新能力和培养跨文化意识；五个方面是语言技能、语言知识、情感态度、学习策略和文化意识；九个级别是新课标对于以上五个方面分别提出了相应的具体内容标准，把总目标划分为九个等级，每个等级均制定了具体的目标要求。这些是教师在整合教材时应该牢记的内容。

2. 以教师为主

在教材整合过程中，教师占主导地位。教材整合是教师将共性的东西个性化的过程，只有通过教师深思熟虑、认真加工过的教材才能体现教师的教学智慧，才能深入学生内心，所以教师要勤奋学习，多实践，多交流。教材整合是一项系统工程，教师要发挥团队合作精神，众人拾柴火焰高，教研组之间的思维碰撞能取得更好的成效。

3. 以学情为本

教学的落脚点是学生，教师在整合教材的过程中要以学生为主体，始终遵循语言学习规律，把提高学生的综合语言运用能力放在首位。在整合教材前，建议教师先对学生的学习情况进行调查分析，哪些知识是学生已经掌握了，哪些知识是学生渴望学习的等等。教材整合有时也可以邀请学生参与，可能学生的一些建议会令老师耳目一新。让学生参与到教学设计中还能够调动学生的积极性，增进师生的感情。交流中，我发现每一个胜利娃都是非常优秀的，他们的一些想法出人意料。

(二) 教材整合的方法

教材整合的方法多种多样，教师可以根据教学需要进行选择，力求达到有效，甚至高效。常见的整合方法有以下几种，以新起点前四册教材和PEP第一册和第二册教材整合为例简要说明：

1. 调整

在教学过程中，可以根据小学生的认知水平和认知规律将教材内容进行调整。可以把一个单元的第二课时内容调整到第一课时，也可以把最后一个单元的内容提前处理。比如PEP（第二册）Unit6学习水果单词，学生在一年级已经学习过水果的单词，我就直接把这一单元整合到第二单元my family中来，学习完家庭成员的称呼以后，让学生讨论家人喜欢吃什么水果，整合新句型："What does she like?"

2. 补充

PEP(一)Unit1学习文具的单词,这在新起点第二册已经学习过,很多孩子可以很轻松地认读本单元所有单词和句型,为了提高学生的学习积极性,我给学生补充了一些其他的文具,比如说"knife"(小刀)。我校每个学生都有胜利娃成长档案册,我就给学生补充了"folder"(文件夹)、"paper"(纸),由此引出了报纸"newspaper"。学生的学习兴趣大增,课后纷纷搜集文具的单词,不仅有助于学生复习巩固所学知识,而且大大调动了学生的自主学习积极性。

3. 删减

我校属于大教学班,PEP教材中的"Let's play"中部分游戏不易操作,所以要忍痛割爱,进行删减。

4. 替用

新起点这套教材中有很多朗朗上口的歌谣,学生很喜欢。在学习到相同话题的内容时,我会拿来放给学生听,有时当做巩固新词用,有时当做听力训练材料用。当然并不是完全的拿来主义,有时我会重新创编歌谣,有时会让学生创编新歌谣,有时只是借用的某一个歌谣的曲调,让学生重新填词。

二、整合教学法的具体实施

1. 同版本教材之间的整合

初为人师的时候,我执教的是新起点教材,强烈的使命感和责任感激励自己认真钻研教材,一遍一遍地翻阅教材和教参,欣喜于把书上的知识都教会了,却困顿于学生口语表达的苍白。痛定思痛才明白,语言的学习灵活多样,并不应该只局限于一本教材。英语教材的版本很多,鉴于自己刚教授完一二年级新起点教材,所以我的教材整合就先从新起点和PEP整合开始。比如新起点中,学生在一年级就学习了与"animal"有关的单词,PEP第一册中也有同样的话题,我将学生已经学过的单词简单处理,另外补充了三个常见的动物称呼。将两套教材中谈论动物的句型综合到一起,这样学生就学会了更多的表达,学生的口语表达更加丰满,我的英语课堂也更加充实。尝到了其中的乐趣,我开始翻阅其他版本的英语教材,如:新标准英语、快乐英语、陈雷英语,每一套教材都有自己的优缺点,客观上要求教师去加工。我们老师的手上教材多了,把多种教材消化吸收,在备课中才能够信手拈来。

2. 不同单元之间的整合

PEP 教材的编排是以一个个独立的话题为单位编排的,单元与单元之间有密切的联系,给教师使用教材和实施课堂教学提供了较大的空间。比如 PEP 三上 Unit4,这一单元学习的是与动物有关的单词和"I have a…"这一句型。单一的一个陈述句无法调动小学生的表达欲望,于是我把第二单元学习的五官的内容进行了整合,让学生试着描述小动物的外貌特征。整合成对话"What animals do you like?""I like elephant.""Why?""It has long nose."学生都开始积极主动地描述自己喜欢的小动物,有的同学还边描述边做动作模仿小动物。在学习水果的单词时,我用课件依次呈现了两个香蕉,两个橘子,一个大苹果,直观生动的图片带领学习复习了水果的单词,接着这些水果组成了一个可爱的水果娃娃,孩子们特别的兴奋,我先带领孩子复习了五官的单词,然后大家一起来讨论鼻子、嘴巴用哪一种水果合适,课堂气氛一下子达到了高潮。

3. 同一单元内的整合

PEP 教材按"话题—功能—结构 任务"相结合的体系,设计了大量形式多样、情景真实、语言自然、趣味性强的语言实践活动,有利于学生活跃思维、展现个性、发展心智,拓展视野,有利于学生感悟语言,从而逐步形成运用语言进行日常交流的能力。在教学内容和教学活动的设计和编排过程中,PEP 教材力求做到语言技能、语言知识、情感态度、学习策略、跨文化意识及跨文化交流能力等五个方面的有机结合,紧密联系,相互渗透,相互补充,力求体现"浅入深,易到难,循序渐进,逐步扩展,点面结合,不断复现"的原则。但有的单元中教学内容没有连贯性,需要教师进行调整。比如第二册 Unit1 中,第一课时学习了"boy"和"girl"后,第四课时又出现了 *Boy and Girl* 这首英文歌。我在教授完单词后接着让学生听唱这首歌谣,轻松活泼的曲调赶走了孩子反复操练的疲劳,同时加深了对单词的理解和记忆。

4. 同一知识点的整合

PEP教材是按话题设计的,各册教材中的话题反复呈现,语言知识就像滚雪球一样,越滚越大,但是小学生综合运用语言的能力不强,还需要教师去引导。比如,三年级上册学习了文具有关的单词,四年级上册再学习"My classroom"和"My schoolbag"这两个单元时都可以整合利用。再比如三下学习"My family"的内容,四下有"Meet my family"。我在教学时认真研读教材,梳理了这两个单元的知识点,将两个单元的知识点按语音、词汇、基本句型进行整合,在教学时有层次、有坡度地进行教学。我的学生在二年级的时候学习了新起点中关于家庭的内容,单词对于他们来说是旧知,所以进行了简单处理。根据学生的表达水平,我把四年级的句型"My father is tall"整合到了这节课中,说到介绍自己的家人,孩子的积极性都非常高。这一实践让我尝到了其中的乐趣,学生的语言学习真的就像滚雪球一样,无意识中就丰富了,自然而然地就学会了表达,变得更加乐于表达,这样培养出来的才是真正的综合运用语言能力。

5. 学科之间的整合

新课程标准提倡在英语教学中进行学科融合渗透,充分开发课程资源,拓展学习渠道以及创设学生"习得"环境,使学生素养得到全面发展。每一节英语课堂上,我都会带领学生唱英文歌谣,借助音乐的优美旋律和节奏进行英语单词和句型的教学、巩固。三年级的学生好动、活泼,喜欢唱歌、跳舞。针对这一特点,我就尽量多编、多教英语歌曲,把单词、句子融入歌曲之中,学生边唱边表演。有时还让学生自己创编歌谣,学生不仅能受到音乐的熏陶,也可以感受到学习的快乐和趣味,从而提高英语学习效率。

英语教学与数学还密切相关。在我们的教材中有很多有关数学方面的知识,有询问年龄、价钱、数量等等。如在一年级学习数字的时候,我让学生练习报数,担当电话号码记录员,练习数学加减法,学生计算得不亦乐乎。

计算机的辅助教学可以说给英语教学添了最重要的一笔。精美的课件带给了学生视觉和听觉的冲击,网络小游戏加深了学生单词的记忆。以计算机技术为核心的多媒体网络教学形式,促进了外语教学的更新,它给传统的英语教学注入了新的活力,它在英语教学中的作用越来越重要。

总之，教师凌驾于教材之上，多角度地去看教材，不拘一格，变通教材，对有效英语教学资源进行充分的整合，是提高教学效率的根本途径，是教学资源和教学要素的有机集合。当然教材整合不是简单的"拿来主义"，而是对教材资源的合理分配和科学取舍。教师只有成为教材真正的主人，才能适应自己的教学和学生。在接下来的四年级教学工作中，我会加大相同知识点的整合力度，尝试着实现跨年级知识点进行整合，形成真正意义上的宽基英语课程。

第六节　臧晓霞：感悟对比，滋味阅读

在学校创生理念的指引下，为了培养"宽基"的学生，我校臧老师把让学生学会读书作为教育的切入点。为了帮助学生养成热爱读书的习惯，让学生多读书，读好书，让学生在读书中明理，陶冶情操，臧老师一直指导学生开展"与书为伴，乐在其中"童年阅读的活动，并逐渐尝试了"感悟对比，滋味阅读"的阅读之道。

一、开展多种形式经典诵读，让学生与书为伴

为了培养学生的读书兴趣，提高学生的阅读水平，臧老师采用了多种读书方式。如同伴之间的"读书漂流"，学生之间开展借书、荐书等活动，开展图书漂流活动。每周末学生要给父母读书，并和父母交流读书体会，这种形式叫"亲子阅读"。"师生同读"就是老师和学生同读一本书，我们利用每周阅读课时间，老师给学生读书，边读边分析讲解，共同阅读交流。开展"名著研读"活动，使读书活动向纵深发展。针对高年级学生特点，为了让学生把书读懂、读透、读深，我们开展了名著研读活动。比如学习了《猴王出世》一课后，同学们领略了原著的语言风采，继而对这本书中人物形象进行了交流，进行了"我眼中的猪八戒""西游记人物漫谈"等专题讨论，臧老师对阅读

179

方法进行了指导,并帮助学生全面地感受了人物形象,在把握了作品内容的基础上,指导学生走近作者和这本书的时代背景,着重了解了这部作品的地位和思想意义,使学生了解了作者写书的初衷,进一步拓宽了视野。

二、对比阅读,感悟提升

对比阅读,即把内容相关而又有所不同的课文联系起来进行比较式的阅读,这是一种同中求异、异中求同的思维过程。可以说,提高学生的阅读能力是语文教学的一个重要环节,而对比阅读是提高学生阅读能力的有效方法。在臧老师的课堂中,经常引领学生进行感悟对比,滋味阅读。

首先教给学生从文章的内容上和表达上选取对比点。文章内容上的对比具体可以分为主题内容的对比,即从文章的思想内容上去比较有什么异同。人物形象的对比,即同一人物的前后对比,或对同一个人物在文中前后不同环境中和时间里的表现进行对比,看看发生了怎样的变化,又说明了什么,突出了什么;还可以进行不同类别的形象的对比,通过对比阅读,找出他们的共性和个性,以加深对人物形象的理解。表达上的对比,可具体细化为叙述顺序、文章结构、语言表达、写作技巧等方面的对比,这样的训练不仅容易把握文章的中心意思,还能掌握所揭示的知识规律,并拓展思维能力。

总之,选准比较阅读的对比点方法很多,不能一一赘述,但运用对比法进行阅读教学,可以收到事半功倍的效果。它能更好地揭示知识规律,让学生乐于思考,培养学生的良好学习习惯,增强学习兴趣。

三、成立班级文学社,编辑班刊

为了把活动开展得有条不紊,臧老师与班干部共同制订出了具体的实施方案和措施,组织学生自发成立了班级文学社和小记者站,通过选拔,竞选出主编、美编等人选,组成了编辑部。记者们外出采访征求意见,向大家推荐好书、新书,编辑们模仿着办杂志,办出了手抄本的《班级文摘》,每个学生都成了自由撰稿人,《班级文摘》每月一期,创意独特,设计新颖。

文摘并不局限于对文章内容的摘抄,还提供了阅读交流的空间——《温馨悟语》。每个学生在阅读这些文章后可以在这一栏目中写下自己的感悟,这样既加强了学生之间的交流，还把阅读、写作与学生的生活融为一体，学生在创作中体验着读书的乐趣，并过了一把"编辑瘾"，享受到了成功的喜悦。

另外，"文学社"还负责组织开展各种文化活动，如：组织手抄报比赛、"小书法家""小朗诵家""小画家"等活动，成为学校文化建设的一大亮点工作，并在《小学语数外》做了专题报道。学生每学期均记录了约一万字的读书笔记。

在臧老师班里已形成了浓厚的文化氛围，班级处处书香四溢，班级文化已成为一种无形的力量正在发挥着巨大的作用，影响着班里的每个学生。在2005年的山东省首届校园手抄报大赛中，她班学生有六人获一等奖，三人获二等奖；学生编辑的《班级文摘》等杂志每月一期，创意独特，设计新颖，多次参加各级展示，各校领导、老师、家长无不惊叹于孩子们的才艺。2005年，臧老师在市中区班主任骨干培训班上作了《班级文化建设——学校一道靓丽的风景线》的经验交流。

第七节　纪冬："以情生情"，走进温馨的英语课堂

大凡杰出的艺术家都有自己独特的风格。教学亦是如此。一名优秀教师也应有自己的教学风格，教学风格是教学艺术的最高境界。对教学风格类型的把握，能使我们全面地认识教学艺术的本质与规律，从而创造性地进行教学。

在宽基教育理念指引下的胜利大街小学，秉承"教师第一，适性发展"的教育思想，引领每一位教师独立思考，自由表达，鼓励教师修炼个人专业素养，促进形成个人教育教学风格。有12年教龄的纪冬老师从一位由语文转行英语的普通教师成长为市中区英语教学能手和市中区英语学科带头人，

并逐步形成自己的教学风格，这正是得益于胜利大街小学浓郁的校园学术氛围、和谐人文的工作环境和广阔开放的交流平台。

纪冬老师追求的教学风格是"以情生情"。"情"包含情境、情感、情趣之意。"以情生情"是指在教学中积极挖掘教材中的情感因素、形象因素，设置与教材相应的情景，打造温馨生活化的英语课堂环境，以教师的真情激发带动学生的学习英语的热情，从而指导学生乐学、易学、善学，享受在英语课堂中的分分秒秒。

一、"以情生情"教学风格的由来

（一）"哑巴"英语迫切需要变革

英语是外来语，但是随着社会的发展，英语已经成为一种重要的交流工具。传统的英语教学偏重于单词、语法、阅读，对听力尤其是口语的重视程度远远不够，加上英语语言环境的缺乏，使我们的学生忽视了英语的交流功能，只会看，不敢说，不会说，形成了"哑巴"英语，而且在"哑巴"英语的学习模式中学生失去了学习英语的兴趣，从而造成了英语学习的恶性循环。

（二）宽基英语与新课程标准的"不谋而合"

新课程标准指出英语课程的学习，既是学生通过英语学习和实践活动，逐步掌握英语知识和技能，提高语言实际运用能力的过程，又是他们磨砺意志、陶冶情操、拓展视野、丰富生活经历、开发思维能力、发展个性和提高人文素养的过程。胜利大街小学宽基教育继承和发扬了陶行知先生"生活即教育"的思想，特别强调学生与生活的联系，注重学生思维、情感、行动的整合，把教学与学生的生活联系起来，激发学生的兴趣。宽基五段式的提出无疑又为老师们提供了更具体的技术支持。英语宽基课堂教学模式：热身活动，激活思维—创设情境，导入新知—合作探究，深度思维—拓宽内容，开发资源—达标检测，综合运用。

（三）"以情生情"教学风格的提出

"微观创造找亮点，提升总结成风格。"通过胜利大街小学"风格教师"系列活动，纪冬老师和每一位胜利人一样有了一次多角度审视、反思、提升自己的机会，最初她对自己的风格定位为"情感型教师"，擅长 TPR 教学和情境创设。胜利大街小学领导聘请时任市中区教科室主任的徐建军、明亮两位专家随堂听课指导，帮助纪老师寻找亮点，总结提升风格。两位专家发现纪冬老师在教学中能够最大限度地挖掘和利用学科课程内容中丰富的情感教育素材，而且她本人总能全身心融入其中，以情动情，以情燃情，学生能在自由、和谐的气氛中体验学习英语的快乐，因此将纪冬老师教学风格总结为"以情生情"。

二、纪老师"以情生情"风格的实施

（一）以教法为载体，激发"情"

作为情感型的教师就要以自己的情感激发学生的情感。学生的情感突出的表现为对英语学习的兴趣，核心是教法＋情感，教法则是情感的载体。

为了实现这一目标，我从两方面努力：

其一，在教学中充分研究教材，认真备课，在各教学环节中增加趣味性。我对学习材料和内容的处理一般是由易到难，逐步深入，同时还要考虑到学生学习兴趣的一定刺激程度，使学生的思想始终处于积极状态，使他们的兴趣逐步升级。其次增加教学环节中的趣味性，教学手段的多样化也有助于使学生的兴趣得以保持。呈现语言材料前，我总是想办法为学生创设新颖可信的情境，由此吸引学生注意力，再由该情境过渡到课本所展现的情境中。同时，合理地运用实物、图片、挂图、简笔画等，让所要呈现的情境更加直观而富有情趣。

我把英语课堂定位为"任务型""生活化"，这既是新课标的要求，也是现实生活的需要。

在教学小学英语五年级上册第四单元 B 部分"Read and Write"时，我从学生的日常生活为突破口，以活动为载体，充实和深化了教材的内容，内化了学生的行为。设计本课时，以"我"工作繁忙，想招聘一个称职的机器人管家为线索，设计了考核机器人环节："好""坏"两个机器人以不同的形式来应聘。在师生交流的过程中导入所学知识，在互动游戏中操练所学知识，在完成任务中巩固所学知识。在教学中把机械重复地传授知识，变为创设一定的问题情境，环环相扣，层层推进，使学生始终保持了浓厚的学习兴趣。

下面重点介绍粘贴被撕毁的机器人来信和设计机器人，并制作招贴广告的任务。粘贴被撕毁的机器人来信吊足了学生阅读的胃口，学生都想知道信的内容，但是如果不把这些杂乱无章的句子排列起来，这封信就没有任何意义。为了帮助"我"也为了解决学生自己心中的疑惑，通过边读边排列，学生终于把这封信"复原"了，更为可喜的是在不违背大意的前提下，组合出了几种不同版本的信件。这一任务既培养了学生的语感，又发展了逻辑思维能力，不失为一个艰巨而有趣的任务。

教师对前来应聘的机器人不满意，要从广告当中选择机器人管家，因此请学生设计机器人并制作招贴广告。这一活动调动了学生的创造性思维，设计的机器人千姿百态，种类齐全。制作广告少不了写写画画，又激发了多元智能的综合运用，真是八仙过海，各显神通。考虑到学生的年龄特点与接受能力，任务完成之前当然要进行直观的示范和明确的分工，让学生发挥自己的特长，人人有事做。同时也着力于培养学生的合作意识，引导他们自主地联系旧知，巩固新知，帮助学生逐步形成日趋完善的知识体系。这一任务通过动手、动脑、动口的交流合作的形式，真正达到学习语言、运用语言的目的。

其二，把握良机，渲染英语课堂气氛，引发学生的兴趣和求知欲。学生有着爱说爱闹的孩子气，他们无所顾忌，敢想、好动、求新求异的愿望强烈。因此，我们必须因势利导，不要盲目追求课堂纪律打击他们的好奇心和求知欲。上课时，我尽可能给学生创造一个开放宽松的学习情境，使学生们怀着轻松愉快的心情投入学习，自然就敢用英语大胆发言，积极思维，不断产生学习英语和施展能力的兴趣。我们的教材中有很多内容都涉及到学生熟悉的生活，因此我们应适当地把教室变成他们的活动场所，让他们自由地施展个性，激发他们学习英语的兴趣，学习的内驱力自然逐步增强。

导入就是一个激发兴趣的关键点，有时我通过 TPR 活动，复习过去所学的单词和主要句型，学生能够迅速投入教学情境，学生的学习兴趣在很短的时间内得到了有效的调动。有时用游戏导入，就是在呈现新知识前组织生动有趣的英语游戏，通过游戏复习调动已有的知识和技能，为新课教学作好铺垫。游戏能引发学生的无意注意，变枯燥的复习为丰富多彩的游戏活动，能使学生在玩中学、学中玩，达到寓教于乐的教学效果。歌曲也是我常用的方式，如在讲"weather"一课时，我组织学生学唱英文歌曲 *rain*，*rain*，*go away*，由"rain"一词导入新课。再如：学习时间表达法"What time is it? It's 12 o'clock."时，我组织学生唱 *Ten Little Indian Boys*. 由数字导入"时刻"的学习，并让学生练习用英文表达。有时用悬念导入，比如在教"What time is it?"时，我在黑板上画一个圆，问学生："What's this?"学生可能回答："It's a circle.""It's a plate.""It's a playground."接着我在圆内画一个小圆点，再问学生，此时他们会回答："It's a face.""It's a cake."等。最后，教师在圆内画上长、短针或是标上数字，这时学生便马上领悟"It's a clock"，从而就可以引出新的句型："What time is it?"

正是由于在教学活动中我努力挖掘情感因素、形象因素，设置与教材相适应的情境，因而激发了学生语言表达、体验情境的兴趣，充分锻炼了"听、说、读、写"多种能力，取得了良好效果。

（二）以教具为载体，创设"情"

英语教师课时多，任务繁重，每节课都制作精良的课件是不现实的，但是匠心独具的教具一样能成为我和学生交流思想、推动学生思维发展的重要工具。在学习颜色"green"时，我设计了变魔术环节，一个空杯子倒进清水变成了蓝色，另一个倒进清水变成了黄色，两个杯子的水倒在一起变成了绿色。学生看到这里觉得太神奇了，纷纷地鼓起掌来。学生纷纷自愿跟读"green"。通过这个变魔术的情景，使学生的机械操练与演变有意义了。再如刚刚结束的四年级第五单元餐具的内容，我就把筷子、刀子、叉子、勺子、盘子带进课堂，让学生用一用、借一借、猜一猜、摆一摆，句型"have some..." "I can use...""pass me...""give me...""Can I use...?"等迎刃而解了！这样的例子不胜枚举。

（三）合理预设，交流"情"

我平时十分注意对教学活动进行合理预设，由于我跨年级教五个班英语，如果仅用一个教案走遍天下，肯定是行不通的。往往在这个班效果很好的方法在另一个班却失败，因为不同年龄的孩子有不同的认知水平，不同班级的差异也是巨大的，因此在教学中要深入地了解差异，科学地面对差异。为此我总结了所教各个班级的特点，根据实际情况调整课堂教学，为"教学"所用。有的班级乐于合作，善于做集体性质的活动；有的班级竞争活跃，喜欢在竞赛中完成任务；有的班级好静，精于边思考边实践；还有的班级热情活跃，游戏的方法特别见效。我在充分了解"民意"的基础上，有针对性、有重点地设计教学活动，科学地满足学生的合理需要，让我们的英语课堂成为学生贴心的课堂。

（四）以评促学，提升"情"

为了提高课堂效率，在实际教学中我把课堂评价与复习巩固知识相结合，把评价作为促进交流、巩固知识的手段。学生的表达欲望强烈时，我通过奖励优秀代表进行积极地疏导，引导学生认真听别人发言，取得了明显效果。课程进行当中，我的一个眼神、一个动作、一句评语，教学内容的实物卡片都是评价的内容，因此评价不是摆设，而是要恰如其分地运用于课的各个环节之中，才会让评价发挥应有的作用。

第八节　杨庆莘：兴趣引导，有效学习

一切学习都是建立在兴趣之上的，如果没有兴趣，就会觉得学习很枯燥乏味，变得厌学。一旦厌学，就学不好任何知识了。兴趣是影响小学生学习质量的重要因素，要想让学生提高学习质量，达到事半功倍的效果，最重要的就是激发学生的学习兴趣，通过激发学生学习兴趣来促进学生有效地学习。

杨庆莘老师一直以来致力于新课程改革的实验中，在学校宽基模式的引领下，多年来在教学中注重激发学生的学习兴趣，丰富学生的学习内容和学习形式。所教班级的学生对数学学习兴趣浓厚，课外作业没有负担，成绩一直名列前茅。尤其是到泉景分校后的这两年,杨老师根据分校的实际情况和自己的一些教学思想大胆进行尝试,逐渐形成了自己特有的宽基教学风格,主要做法有:

一、尝试对教材进行调整与整合教学,激发学生的学习兴趣

对教材进行适当的调整,教学内容进行适当整合,目的是希望更适合学生的年龄特点和认识规律,培养激发学生的学习兴趣,便于学生更系统地掌握所学知识,在原基础上得到提高与发展,真正做到有效的学习。

以一年级上册教材为例,当时是泉景分校招生的第一年,学生人员较少,在入学前都进行过不同程度的学前教育,基础都比较好,近一半学生对一上的大部分数学知识都已经初步掌握,所以这一册知识的学习对他们来说不会感到很困难。但是学生对数学学习的兴趣如何,将关系着学生对这个学校是否喜爱,影响学生今后的学习。这对一个新建学校来说尤为重要。于是,根据学生的年龄特点和认知基础,借助新建学校相对比较开放、宽松的环境,杨庆苹老师在教学中进行了适当的教材调整和教学内容的整合。

(一) 教材的调整

全观一年级上册数学教材的内容,虽有九个单元,但内容综合起来主要有 20 以内数的认识及相应的加法和 10 以内的减法(其中包括第一单元数一数,第二单元比一比),认识物体和图形、分类并认识钟表。杨庆苹老师作了如下调整:

第一,按照教材的编写顺序,先进行第一、二单元数一数、比一比的教学。

《数一数》《比一比》的学习内容比较简单,和后面的《1—5 的认识和加减法》这个单元其实可以整合起来进行教学。但是杨老师没有改变这部分内容的教学,不是因为不想改、不能改,而是认为不适合改。学生刚刚入学,虽然有几天的培训期,但对所有事物都很不适应。一切都在适应中,对学校老师同学、对新的环境、对新的作息时间、对新的规章制度……都要适应。所以,开学初,杨老师把重点放在了培养学生的学习习惯和训练常规上,毕竟这是一切的基础。

第二,第三单元《1—5 的认识和加减法》的教学后,接着进行第六单元

《6—10 的认识和加减法》。

学生在第三单元学习 1—5 的认识和加减法时,已经大体形成了一种认识数的基本规律,即数数、数的顺序、大小比较、序数基数、写数、组成、加减法。这种认识数的规律同样适用于 6—10 的认识,所以再接着进行 6—10 的认识和加减法教学,便于学生明晰这种规律,形成一种科学的学习方法和能力,而且有利于在学生头脑中构建起系统的认知结构。

第三,四五单元的教学,改变教材顺序,先进行分类的教学,再进行认识物体与图形的教学。

教材中的编排顺序是先认识物体与图形,为分类奠定基础,这样学习分类时就可以按照形状来分类了,但是,杨庆苹老师认为分类放在认识物体与图形的前边更为合适。分类思想是一种基本的数学思想,在认识物体和图形时,要求学生把形状相同的放在一起,就是让学生运用分类的方法,把"形状"作为分类的标准,把不同形状的物体划归为不同的类。儿童分类能力的发展表现第一阶段就是:从根据事物的非本质的、表面的特征,如颜色、形状进行分类。能对形状进行分类了,也就可以从形状的不同上认识各种图形,掌握它们各自的特征了。

(二) 教学内容的整合

杨庆苹老师在教学第六单元 6—10 的认识和加减法时,对教材进行了整合,改变了教材的呈现形式。根据孩子们的起点较高、人员较少这一实际情况,第一课时教学 6—10 的认识,学习数数、数序、比较大小、基数和序数含义。她是这样进行教学的:

1. 复习 1—5 的认识

前面认识了哪些数字? 学生口答 0—5。齐数。

5 的后面是谁? 再往后呢? (6、7、8、9、10)板书:6、7、8、9、10

揭题:今天我们就来认识这几个数字。

2. 新授

(1) 数数:找找你的身边、生活中哪些物体的数量可以用 6、7、8、9、10 来表示?

学生自己找，同位互说。学生举例，大家齐数。

（2）数序：（出示尺子）看我们的学习用品上也有数字。齐读。

6 的后面是谁？9 的前面是谁？8 和 10 的中间是谁？学生口答。

你能向老师这样提几个问题问问你的同位吗？学生互问。

（3）大小比较：这几个数谁大谁小，你能给它们比一比吗？有困难的可以借助点子图。师出示：（6、7、8、9、10 的点子图）

5○6   6○7   7○8   8○9   9○10

8○6   7○9   9○6   8○10   10○7

10○□

（4）序数和基数

（出示 10 只小蝴蝶图）左数第 6 只涂上红色，右边的 7 只圈起来。

右边的 8 只下面打"√"，给从左数第 9 只涂上蓝色。

3. 练习

（1）59 页第 2 题；（2）48 页第 2、3 题；（3）60 页第 5 题。

这样既改变了传统教学逐一认识 10 以内数的做法，还改革了教材上相对集中认识数的做法——将 6 和 7、8 和 9 分别放在一起认识。杨庆苹老师根据孩子的原有基础，更集中地教学 6—10 的认识，这样不仅节约教学时间，提高教学效率，同时还有利于学生更好地理解相邻两个自然数之间的联系和比较大小。

第二课时教学 6、7 的组成和写法。

第三课时教学 6、7 的加减法，其中的一图二式杨老师直接变为了一图四式的教学。教材上有关 6、7 加减法的编排，是由以前的一幅图表示一个算式过渡到一幅图表示两个算式，再由一图两式的学习过渡到一图四式的学习。杨老师认为，这样一步步的过渡到一图四式使学生在学习时容易产生混淆，不明白到底一幅图该用两个算式还是四个算式来表示，而且最终的目的是学习一图四式，所以认为还是直接进行一图四式的教学更利于学生思维清晰，掌握知识更系统。

第四课时教学 8、9 的组成和写法。

第五课时教学 8、9 的加减法，巩固一图四式。

第六课时教学 6、7、8、9 的"用数学"（带大括号和问号的图画应用题）。

第七课时教学 10 的组成和写法，后面的课时就按照教材的编排顺序进行教学。

"良好的开端，是成功的一半"，一年级的学生刚由幼儿园到小学，他们对数学的感受对于今后是否喜欢数学学习、能否学好数学十分关键。作为教师，就应该从孩子们一入学开始帮助学生培养兴趣，通过各种方法和途径使学生对学习一直充满兴趣。

二、"三个一"活动提高兴趣，开发智能，有效学习

杨庆苹老师利用课堂和数学活动课时间，通过"做一做""说一说""玩一玩"——"三个一"活动，帮助学生学习掌握巩固新知识，激发、提高学习兴趣，从中开发学生的多种智能，尽可能地发掘每一个人的潜在能力。当每个人都有机会挖掘自身的潜能而高效学习时，他们必将在各方面展现出前所未有的变化。

（一）做一做

做一做即动手，让学生"做中学"。通过"做一做"，主要是开发学生灵巧地运用双手制作或操作物体的能力，也就是开发学生的运动智能。

课程标准中指出"有效的数学学习活动不能单纯地依赖模仿与记忆，动手实践、自主探索与合作交流是学生学习数学的重要方式"。杨老师在课堂教学活动中，经常设计一些让学生动手的环节，尽量让学生在有限的时间和空间里多动手、多思考、多实践，成为真正的探索者。例如：在学习《认识物体和图形》时，提供给学生各种形状的生活物品让学生分类，而后让学生自己观察触摸这些物品认识它们，再进行交流汇报。这个单元后，进行了一次七巧板拼图大赛。七巧板是孩子们喜闻乐见的玩具，也是开发幼儿智力、培养动手能力的好工具。这个活动通过拼摆图案、欣赏图案，加深孩子对图形的感悟认识，培养审美能力，发展学生的空间智能。再如：学习分类时，让学生动手分铅笔、分书本、分图形；学习组成时，让学生摆小棒、摆积木；学习看图列式时，让学生互相摆出图，互相解决问题；还有为了不使枯燥的口算降

低学生的计算兴趣,杨老师除了采用了看卡片口算(抢答、排火车)、听算,还采用了"算了涂色"的形式让学生进行有效的计算,从中还可训练学生对色彩的敏感程度,开发学生的空间智能。再如,学习认识钟表时,指导学生自己动手做学具钟表。

(二) 说一说

说一说即动口。让学生通过介绍数学知识(比如:＋－＝的来历、数的产生)、讲数学故事、猜数学谜语增加数学学习兴趣,从中开发学生的语言智能、推理归纳的数学逻辑智能。如在学习加法、减法、乘法、除法时,请学生调查搜集有关加减乘除来历的资料;认识数字时搜集有关数的产生的资料;学习比大小时,学生讲有关＜、＞和＝的故事;学习连加、连减时,讲讲数学家高斯的故事等等。学生在此过程中锻炼了自己的语言表达能力,学会了搜集资料的方法,了解了数学知识,提高了数学学习兴趣,还开发了语言智能。而在课前、课中穿插几个数学小谜语休息休息,则开发了学生的数学逻辑智能。

(三) 玩一玩

玩一玩即玩游戏。兴趣是最好的老师,爱玩游戏是小学生的天性。苏霍姆林斯基说:"要让学生带着一种高涨、激动的情绪,从事学习和思考。"小学生好奇心强,热衷游戏活动,因此,在数学教学中尝试引进游戏是有理论和实践意义的。杨老师在教学中设计多个游戏让学生在玩中学,玩中练,玩中思。如:找朋友游戏——让学生唱着找朋友的歌拿着数字卡片找朋友,练习数的组成分成,进而训练有效计算,还开发了学生的音乐智能、人际交往能力;摆一摆、找规律的游戏,让学生在玩中思考规律,开发训练学生的推理归纳能力,以及对图形的感知,开发空间智能。在游戏过程中,同学们高兴、失望、兴奋、激动,情绪在变化,学习积极性却一直高涨着。熟悉、可爱的教学角色,生动、有趣的教学情境,学习变成了一个个生动诱人、激动人心、快乐的游戏活动。

爱因斯坦曾说:"兴趣是最好的老师。"授业无趣,必不乐学。皮亚杰认为:"儿童学习的最根本途径应该是活动。活动是联系主客体的桥梁,是认识发展的直接源泉。"现代教学理论也认为:数学教学要从学生的生活经验和已有的知识背景出发,提供给学生充分进行数学实践活动和交流的机会,使他们在自由探索的过程中真正理解和掌握数学知识、思维和方法,同时获得广泛的数学活动经验。因此,开放式的数学课程设计,能引导学生表现出更充足的自信、更认真的思考,能使学生更积极地寻找解决问题的思路和答案,为培养学生作为未来公民所需要的一般数学素养,为儿童今后的成长与发展创造了条件。宽基的课堂教学中要扎根于探索活动,充分调动学生的眼、口、手、脑等多种感官参与,促进学生发展,挖掘每个学生的学习潜能,培养其创造性才能。

第九节　张耀超:品德与社会万源同整教学

长期以来,我们的小学品德与社会教学形成了"以教师为中心,以教材为中心,以课堂为中心"的固有模式,往往是教师照本宣科,学生被动接受。教学方式说教化、简单化、灌输化,脱离学生实际。学生缺少了学习的主动性,教学也失去了实效性。胜利大街小学提出了"实现教师专业发展、追求个性化教学风格"的宽基教学理念,在努力探索学科培养目标的前提下,构建宽基课堂,抓住"兴趣、对话、倾听、体验、选择、生成、有效、共赢"进行深入研究。在教学中更多地关注学生的思维,关注学生的情感,把知识的积累、技能的形成作为学生发展的主体来看待,而不只关注知识的本身。教学中,教师尽量让学生通过自己的阅读、探索、思考、观察、操作、想象、质疑和创新等丰富多彩的认识过程来获得知识,使结论与过程有机融合,使学生的知识和能力获得和谐地发展;同时,努力使课堂教学过程成为学生的一种愉悦的情绪生活和积极的情感体验,使教学过程成为学生一种高尚的道德生活和丰富的人生体验,实现学生生动活泼的发展。

新课程改革明确提出了新的教材观，强调要"用教材教"，而不能只是"教教材"。新课程改革也对教师提出了更高要求，我校的张耀超老师一直在课堂中进行着教学的创新与实践。他认为：今天的学生是充满智慧、潜能并各具特色的鲜活的生命体；教学不再是单纯地传授知识，而是发展、提升学生的生命质量；教师不再是知识的化身、教学过程的主宰，而是促进学生发展的引导者、组织者、合作者，是学生的朋友、伙伴；教学过程不再是教师讲、学生听，教师灌输，学生被动接受，而是教师、学生、教材三者互动的过程，是教师调动学生已有经验在活动中与教材对话，与教师对话，与小组同伴合作探究互动的过程。

《品德与社会课程标准》指出：本课程面向儿童的整个生活世界，重视地方、学校、教师与儿童的创造性。课程内容从教科书扩展到对儿童有意义、有兴趣的题材，从教师扩展到家庭、社会及儿童的其他生活空间。教学要面向学生的生活实际，加强课程内容与学生生活实际的密切联系，教学空间不局限于学校和课堂，应创设条件尽可能向社会延伸……由此可见，"品德与社会教育万源同整"，即对教材内容进行"加工"和"重塑"，创造性地整合教材是小学德育课程教育方式变革的必然趋势。

叶圣陶先生说："教材无非是个例了。"精辟地对教材意义作了准确的定位。教材只是书面的东西，其知识、技能覆盖面是有限的，教师应结合学生所处的社会生活、家庭生活等实际生活环境，创造性地使用整合教材。这就要求教师在充分了解和把握课程标准、本学科特点、教学目标、教材编写意图的基础上，以教材为载体，灵活有效地组织、整合教学，拓展教学空间。为此，教师要积极地开发和利用地方和本校的各种课程资源及相应的社会资源，以满足学生不同学习方式的需要。给学生们主动探索的机会，发展学生自我空间，让每一位学生都成为研究者、参与者、思考者，创造条件让学生积极参与社会实践，体验社会生活，在理解和感悟中受到教育，获得经验，逐步提高认识社会、参与社会、适应社会的能力。

了解学生的认知基础是教学的起点。学生掌握了什么，感兴趣的是什么，是以什么样的方式思考的，有过什么体验和经验，等等。还要学会静心地研读教材,研读单元教学目标,不仅要寻找较显性的教学内容,而且要善于挖掘教材中隐性的教学内容,有机地进行梳理、渗透、整合,设计可行的教学教案,并通过丰富多彩的课堂或课后活动形式,潜移默化地在教学环节中渗透、整合,拓展广度,挖掘更深层次的内容。

一、深入钻研教材,理解把握单元整合的目标

在教材的使用过程中,教师应认真分析,在教材安排上,具体的教学活动分别可以落实单元教学的哪个方面的目标,每个活动环节侧重的是什么,可以生成的目标是什么,各环节侧重落实的不同目标之间有怎样的联系等等,每一个方面的目标在每一个单元多个环节的教学活动中怎样一步步落实的。

以山东人民出版社《品德与社会》五年级下册第二单元《心中有祖国》为例：本单元共分为"好大一个家""同是炎黄子孙""为了祖国的振兴"三个主题。第三单元《不同的环境,多彩的生活》共分为"林海雪原""江南水乡""黄土高原""雪域高原"四个主题。这两个单元如果整合起来学习效果更好。第二单元的内容设计从中国的疆域、行政区域及多民族大家庭入手,引申到海内外华人心系祖国,以及各行各业的人民努力为祖国建设贡献力量。全部单元内容均以热爱祖国为情感主线,更有利于学生认识祖国、热爱祖国。第三单元设计我国不同纬度、气候条件、地理环境以及民族的四个具有代表性的地区——东北平原、长江三角洲、黄土高原、青藏高原呈现给学生,帮助学生发现环境对人们的生活、生产、文化等方面的影响。这两个单元都是了解祖国辽阔疆域,是统一多民族的大家庭。就是因为祖国的面积"大"才造成了差异的地理环境,不同的文化背景下人们生活、生产方式、风俗习惯的不同。让学生心里面就"形成"一幅中国地图,说到东北,就能想到在地图上什么位置,马上就想到"北国风光""资源宝库""林海雪原""二人转"等民俗民风。说到江南水乡,就想到南方地区的"水上人家""鱼米之乡"江南小镇"小桥流水"等长江三角洲、长江中下游平原的气候和地理环境。还会想到旅游过的江南水乡、江南古镇：浙江嘉兴的梦里水乡西塘、乌镇的文化气息、浙江绍兴安昌的绍兴民俗、富庶的古镇南浔等等。说到黄土高坡,学生头脑

中马上想到黄土高原北起长城，南达秦岭，西抵祁连山，东至太行山，横跨陕西、山西、甘肃等六省，是世界上黄土分布最广阔、最深厚、也最典型的黄土地貌区。由黄土高坡上独特的住房——窑洞，想到黄土高原上独特的民风民俗和文化。代表性的陕西十大怪——帕帕头上戴、房子半边盖、面条像腰带、锅盔像锅盖、辣子是道菜、睡觉枕石块、碗盆难分开、秦腔吼起来、姑娘不对外、凳子不坐蹲起来等等。说到雪域高原，马上就想到在我国西南部平均海拔在 4 000 米上的"世界屋脊"——青藏高原，联想到山峦延绵、皑皑白雪、神秘美丽、资源丰富、藏族同胞、布达拉宫、佛教圣地等，知道青藏高原的空气稀少干燥，太阳辐射强，气温比较低。能了解藏族人民的民族习惯和独特文化，比如糌粑是藏族人民的主食，被称为"高原之舟"的牦牛、藏袍的特点、献哈达的礼节等等。尊重并欣赏少数民族的文化习俗，体会少数民族的文化奇妙与丰富，树立民族团结意识等等。引申至其他少数民族的知识："蒙回藏维苗，土满彝记牢。壮族人最多，珞巴人最少。散居各地者，唯独数回族。民族种类多，云南独占鳌。"中国的少数民族主要分布在西南、西北和东北，如内蒙古、新疆、宁夏、广西、西藏、云南、贵州、青海、四川、甘肃、黑龙江、辽宁、吉林、湖南、湖北、海南、台湾等省自治区。在历史发展中汉族地区有少数民族聚居，少数民族地区有汉族居住，相互交错居住。这种分布格局是长期历史发展过程中各民族间相互交往、流动而形成的，体现了大杂居、小聚居的特点。在我们这个大家庭里生活着 56 个民族，围绕 56 个民族的居民、服饰、歌舞、传统节日、习俗礼仪、体育运动等，孩子们会张开探索的触角，将信息大量搬进课堂，让课堂成为展现民族文化的大展台。开设《百家讲坛》活动，知道每个民族都有着各自不同的历史和文化。内容涉及面广，承载信息量大，需要大量地搜集、整理资料，课内展示交流，师生间的互动合作探究，这样的整合更容易让学生明白要尊重不同民族的文化和风俗习惯。各民族之间应平等、互助、团结、友爱，这样才能促进中华民族的统一和发展壮大。"为了祖国的振兴"，周恩来总理从小立下"为中华之崛起而读书"的远大理想，毛泽东主席在长征路上不忘读书，邓小平远赴法国学习，革命先辈们重视读书学习，只有知识才能改变中国的命运。不论是大陆人民、台湾同胞，还是海外侨胞都是炎黄子孙，在不同的历史时期，都为中华民族的发展繁荣作出贡献。正是因为有了千千万万炎黄子孙的贡献，祖国才能快速发展，屹立于世界东方。这样的教材整合使祖国的"形象"深入学生脑海之中，轮廓清晰自然，更容易学生识记理解。

二、实现单元各课之间的整合

教材按照主题单元的形式编排，每个单元主题又包含着几个子主题。教学中，我们不是机械地按照教材编排一课一课地往下进行，而是在单元教学开始之初，先对教材进行整体分析，针对单元主题和子主题，对单元教学作出总体的安排。根据教学需要和实践活动的实际，对教材的部分篇目作顺序的调整和篇目之间的合并。如品德与社会五年级下册第二单元《同是炎黄子孙》《为了祖国的振兴》《祖国不会忘记他们》安排在一次活动当中进行整合。

（一）在课前认识课题

教学分析：此活动主要是指导学生通过课本、电视、网络等不同渠道了解海外华人心系祖国为祖国作出杰出贡献的事例，从而让学生知道不论大陆人民、港澳台同胞还是海外侨胞都是中华民族的炎黄子孙，在不同时期都为民族的发展和繁荣作出了贡献。他们都为祖国的振兴、民族的发展付出辛劳，作出贡献，我们应学习他们这种甘于奉献、艰苦奋斗的精神，以此激发学生的爱国情结。

（二）确立本课的知识目标

将本课的知识目标确定为：了解炎黄子孙这一名称的由来，对中华民族源远流长的文化有一定了解和认识。我认为还应该注意激发学生对民族的自豪感和自信心，为自己是炎黄子孙而骄傲、自豪，能够树立从小为民族振兴发展而努力学习的远大志向。

（三）对本课的认知

《同是炎黄子孙》这一课的内容集开放性、综合性、情感性为一体。怎样打破单一、呆板、严肃的课堂模式，努力创造开放、互动、活泼的教学情境，营造民主、愉悦的课堂气氛，让学生主动参与，与生活实际相联系，学生课前调查很重要。我们大胆放手让学生收集资料，进行专题研究。孩子们收集到为祖国的发展、壮大作出贡献的代表人物，丰富的文字和图片资料，课上有感而发的交流，使他们充满自信和喜悦。通过观察、收集和整理资料的过程，学生看到、学到了很多东西。在老师的指导下，通过同学间的相互交流，学生原本不太成熟的、单一的认识得到梳理和升华。因此我们应该很好地研究如何调动学生在课下学习活动中的积极性、主动性，并针对学生在这一学习过程中遇到的困难和问题给予指导和帮助。教师应该补充完善资料，使学生明白从古至今为了祖国作出杰出贡献的人还有很多，应该引导他们发现和熟悉更多的历史名人及他们的伟大成就。大量资料的累积，丰富了学生的思想认识，使学生产生强烈的震撼和自豪，将历史人物与学生实际生活联系起来，让历史名人的成就、精神激励学生，让历史名人的生平事迹帮助学生树立正确的人生观。

比如——

科学家：神医——扁鹊；造纸术的发明者——蔡伦；汉代杰出的科学家——张衡；妙手回春的神医——华佗；医圣——张仲景；伟大的科学家——祖冲之；活字印刷的发明者——毕昇；纺织技术革新家——黄道婆；一生心血修本草——李时珍；中国铁路之父——詹天佑；地质力学创始人——李四光；中国现代"桥梁之父"——茅以升；中国的爱因斯坦——华罗庚；中国航天之父——钱学森；全才的华裔诺贝尔物理学奖得主——杨振宁；"两弹"元勋——邓稼先；摘取数学皇冠上的明珠——陈景润。

文学家：伟大的爱国主义诗人——屈原；中国正史之祖——司马迁；大唐诗仙——李白；现实主义诗人——杜甫；新乐府运动开创者——白居易；一代风流才子——苏轼；杰出的女词人——李清照；志在报国的诗人——陆游；辛酸泪笔化巨著——曹雪芹；我以我血荐轩辕——鲁迅；中国的歌德——郭沫若；新文化运动的大家——茅盾；京味小说巨擘——老舍；"问题小说"的代表人物——冰心；投身激流的作家——巴金；武林至尊——金庸。

思想家：道家鼻祖——老子；以仁释礼的圣人——孔子；儒家亚圣——孟子；逍遥大圣——庄子；《资治通鉴》的作者——司马光；一代宗师——蔡

元培；文学革命的倡导者——胡适；伟大教育家——陶行知。

政治家：千古一帝——秦始皇；布衣天子——刘邦；罢黜百家，独尊儒术——汉武帝；汉末乱世中的雄杰——曹操；鞠躬尽瘁的一代名臣——诸葛亮；盛世君王——李世民；千古唯一的女皇——武则天；著名清官——包拯；一代天骄——成吉思汗；明王朝的缔造者——朱元璋；勇擒权臣的少年皇帝——康熙；民国之父——孙中山；共和国的缔造者——毛泽东；开国总理——周恩来；改革开放的总设计师——邓小平。

军事家：力拔山兮气盖世——项羽；一生无一败绩——韩信；兵圣——孙武；亚圣——吴起；军神—— 李靖；虎门销烟的民族英雄——林则徐；红军之父——朱德；两把菜刀闹革命的元帅——贺龙；精明机智的元帅——叶剑英；共和英雄——彭德怀；开国元帅——聂荣臻；诗人元帅——陈毅；政工巨匠——罗荣桓；布衣元帅——徐向前；红色儒将——刘伯承；精谋善战的元帅——林彪。

（四）教师的教学理念

教科书上拓展的目标是对民族正确的认识，并不是一味地歌功颂德。如岳飞当时是为保护大宋，抵御女真族（满族）进攻，精忠报国是当时的宋朝，并不能称为"民族英雄"，他是抗金英雄。教师应让学生认识到，我们56个民族是一家人，都是炎黄子孙，让学生认识到中国人在大灾大难面前空前统一。教学中，教师举例展示刘翔在雅典奥运会上夺得110米栏冠军的视频，同学们激动异常。随着刘翔的冲刺压线获胜，同学们自发地欢呼沸腾。这是中国代表团在田径赛场上一次飞跃，打破了外国人对中国田径运动的看法。第一位中国人站在世界110米栏最高的领奖台上，世界上所有的中国人都为之动容。因为不论生活在哪里，不论走得有多远，每一位华人都知道自己的根在中国，每一位华人都知道自己是炎黄子孙，全世界华人同根同祖，血脉相连。

（五）课后的践行

活动的结束并不等于教育的结束，一节课的结束也不意味着儿童认知活动的终结。"假如学生在课堂上学的、说的是一套，却根本不准备在生活中去实行它,这样的课堂也就脱离了生活。作为一门生活实践的课程,从生活出发还必须让它再回到生活中去,使它在与生活的其他方面不断发生动态联系和作用中真正融入于生活世界,去改善人们的生活、生活方式,促使人们去学会过一种有道德的社会生活。这才是具有本质意义上的回归。"课上学生进行了一系列讨论探究:"作为小学生,我们该怎样做?"学生说的不是套话、假话,而是真实的感受、树立的理想、热爱祖国的意识等。经过探究、对话获得的结论对学生而言只是经验,要将其内化,教师还必须引导学生把活动延伸到生活中去,与生活对话,从而对获得的认识、经验加以检验,以充实、发展道德认识,坚定道德信念,提高学生知行统一的自觉性,逐步养成良好的道德品质和行为习惯。

三、实现本学科教学与其他学科教学的整合

在分析本学科教材特点的同时,教师还应关注分析以前学过的或同时进行的其他学科的教学内容,因为有些学科教学内容与本学科的教学内容和目标之间有着密不可分的联系。针对这样的情况,我们将品德与社会学科与其他学科紧密结合在一起,实现了不同学科教学的整合。

(一) 品德与社会课与语文课的整合

例如:五年级品社《两岸人民血浓于水》和语文课《跨越海峡的生命桥》相联系。台湾自古以来就是我国领土不可分割的一部分,海峡两岸同胞是血肉相连的一家人,有许多两岸人民的感人故事等。这样整合效果较好。再比如,六年级品德与社会《血泪国耻》和语文《圆明园的毁灭》相结合,使学生了解和认识英国向中国走私鸦片、给中国社会带来严重危害并由此发动侵略中国战争的史实。我们的主权遭到了破坏,帝国主义列强用他们的坚船利炮打开了中国封建的大门,争相瓜分、蚕食神州大地,山河破碎,狼烟四起,美丽的家园变成了废墟,无尽的财富被疯狂掠夺,人民遭受杀戮。整合这两课,能够让我们吸取鸦片战争"落后就要挨打"的历史教训,培养忧患意识和振兴中华的历史使命感。同时,教师还应该和学生一起探讨"能力越大,责任越大"这个道理,探讨一个大国对世界应该尽的责任与义务,比如:联合国维和部队、索马里护航、打击全球恐怖分子等层次的提升拓展、资源

的整合、信息的加工，与时俱进。

（二）品德与社会课和信息技术课的整合

随着信息技术的发展与广泛应用，信息技术与小学品社课程的整合也将成为必然。多媒体网络技术的优势与课堂教学的不足呈互补趋势，在网络的环境下，通过创设生动、感人的情境，开展愉快精彩的活动或者提出富有诱惑力的问题，师生共同探索研究的方向，从而引发学生学习的自主动机与激发学习的欲望。如：《交通安全伴我行》，此课教师力争以多媒体为媒介，选取实际生活内容，创设自主学习的情境，点燃学生情感，用生活的基石去孕育情感，教育学生交通安全的重要性。首先在课前安排学生收集交通安全事例、资料调查活动，引导学生"用自己的眼睛观察社会，用自己的心灵感受社会，用自己的方式研究社会"。学生接到任务后都十分积极，有的上网搜集交通惨案；有的上网查找到了交通规则和交通标志等。大量资料，使学生对交通安全的话题已经有了充分感知的基础。教学中教师再现生活实际，巧用电教手段去激发情感，电脑中出示交通事故的录像，直观形象地使师生共同感受到：飞驰的车给我们带来了速度，也给我们带来了无法弥补的痛苦，顷刻间鲜活的生命不复存在，只能在另一个冰冷的世界里躺着，听不到亲人的呼唤。在师生交流、生生对话的情境中，学生热爱生活的情感已经被触动。电教手段的运用不但能够让学生理解有关交通安全的主题，而且很巧妙地让学生体会到了本课重难点，体会到了珍爱生命、热爱生活的重要，课堂因多媒体的参与而鲜活起来。

（三）品德与社会课和科学课、综合实践课的整合

例如：教师在执教四年级下册《健康的杀手》一课时，和科学课《吸烟的危害》以及综合实践课进行了整合。此阶段的学生正处于身心发展的重要时期，又具有好奇心强、模仿能力强的心理特点，如果家长和老师对他们的一些不良行为不及时加以纠正，学生很容易养成一些不良的习惯甚至走上违法的道路。吸烟有害健康大家都知道，我们从科学的角度先来了解吸烟对身体的危害程度，然后调查我们身边的烟民作为实践活动的主题，大家围绕主题制定调查题目："吸烟的危害""二手烟的影响""年轻人是怎样抽第一

支烟的""戒烟的方法"，还有烟民的购烟开支、身体状况、家庭关系等等。这些问题在孩子的共同探讨下浮出水面。生活即教育，教育即生活。尊重学生的日常生活，密切联系学生的日常生活，从学生接触的日常生活出发，引导学生选取感兴趣的课题或问题探究，把知识和日常生活整合起来，效果会更好。

（四）品德与社会课和校园活动、专题教育的整合

校园活动是丰富多彩的。学校每年要举行运动会、歌咏比赛、讲故事比赛、科技节、文化节、校本课程等活动，这些都是蕴含着富有教育意义的课程资源，怎样利用好这些资源，就要求教师积极参与，及时捕捉。比如随时拿起相机把活动场面拍下来、及时联系教学等。例如：教师在执教《身边的科技》时，出示了我校的科技节比赛画面、获奖选手、实物演示等。孩子们都瞪大眼睛认真观看，充满了认同感。教师还鼓励参加科技节的孩子谈一谈自己设计科技作品的原因和用途等，因为是孩子自己身边的东西，所以课堂活跃，发言积极，教师用科技节的平台诠释了科技发展服务人类的内涵，又让学生加深了科技对人类的影响。品德与社会课还将各类相关的专题教育内容整合，如安全教育、健康教育、国防教育、交通安全教育、行为规范教育、消防教育、法制教育等等，用正确的价值观引导儿童生活，帮助他们对自己的生活经验进行整理、反思和拓展，并在此基础上逐步积累、发展对自己、对他人、对社会的认识，逐步养成良好的生活行为习惯。

苏霍姆林斯基在《给教师的建议》中说："学校里的学习不是毫无热情地把知识从一个头脑装进另一个头脑里，而是师生之间每时每刻都在进行的心灵接触。"品社课的教学除了要激发学生学习的兴趣，提高学生的综合能力以外，还要通过教学过程中师生之间思想的交流和碰撞来帮助和引导学生树立正确的人生观和价值观。引导学生牢固树立民族精神，养成健康人格。在以后的品德与社会课堂教学中应注重有效的渗透整合，我们只有不断地摸索和实践，及时总结经验得失，才能更好地推进教学的实施。

第十节　张雪莹：让流行音乐有效融入音乐课堂

随着时代的进步、媒体的传播，流行音乐被越来越多的人接受。对现在的学生来说，他们已不满足课本里的歌曲，同时他们也希望音乐课堂能跟着时代"流行"起来。为了让学生学习音乐的兴趣进一步得到激发，让每个学生都能主动参与到音乐课堂中，越来越多的教师把流行音乐引入了课堂。下面是张雪莹老师对流行音乐有效融入音乐课堂的具体实施办法。

一、引发兴趣，有效导入，融合课本音乐

流行音乐只要是内容健康向上的，适合学生年龄特点的都可以在教学中进行合理的运用。例如具有流行音乐特点的歌曲《相信爱》《放轻松》，春节联欢晚会上的经典流行歌曲《龙文》《国家》等等，都非常适合孩子演唱或欣赏，一经老师推荐，孩子们对这些歌都喜爱不已。

再例如五年级的唱歌课《小白船》，是一首三拍子的朝鲜童谣，孩子们对这首歌曲并不陌生，很快就会学唱了。在备课过程中，我发现，在音乐媒体中出现了爵士版金海心演唱的《小白船》，歌曲旋律富有动感，好听、上口，极易被孩子们接受。那我们在学习时就可以充分运用对比学习法，一种是朝鲜童谣，它属于朝鲜族特有的三拍子节拍系统，一种是美国爵士乐。这让孩子在不知不觉中拓宽了音乐知识面，而不仅仅局限于有限的音乐课本。流行音乐的形式变化多样，有些好的音乐形式在我们的歌曲教学中完全可以运用进来，学生学起来不仅兴趣高，还能自己动脑设计不同的形式与风格来表现歌曲。

二、改变"重技轻乐"现象，树立"大音乐"观念，拓宽音乐视野

作为音乐老师，我们应该明白，普通学校的音乐教育不是培养音乐家，

而是培养人，培养全面发展的一代新人。要使学生具备一定的审美能力和音乐素养，能够喜欢音乐、懂得音乐、欣赏音乐、表现音乐才是普通学校音乐教育的宗旨。这就要求音乐教学必须从单纯的知识与技能训练转化为兴趣、素质、能力、个性的培养，让学生发现"在严肃音乐那张古板的面孔后，也有许多欢快跳跃的美丽音符"。例如，我们把学生热爱的动画音乐搬进课堂。沃尔特·迪斯尼建构了动画音乐的天堂，他还曾经尝试过采用轻歌剧、爵士乐等音乐形式和动画结合。到 20 世纪 80 年代末，又很好地找到了动画与音乐剧元素结合的方式，创作出了《小美人鱼》《美女与野兽》等经典之作。进入新世纪，迪斯尼的动画故事多为原创故事，此后音乐更多地借用流行音乐元素，包括请当红歌星来演唱其中的歌曲，借用其名气作为对某类观众群的吸引力。这些动画音乐可让学生通过我们开展的某个专题进行欣赏，可以由我们的音乐老师配合某一课作为课题的导入或知识的拓展，从而大容量地拓展学生的音乐思维，让课堂成为"大音乐"的有效载体。

三、把流行音乐形式、方法运用于课堂，确立学生是主体的思想

我们很多老师喜欢以自己的好恶来确定课堂教学的内容，不从学生的实际出发，把自己认为好听的歌曲传授给学生。这种教学思想总体而言还是感性的，过强的自我意识左右着教学偏离理性化的方向发展。

将流行音乐引入课堂，并不仅仅是将某些流行歌曲拿到课堂上来唱，来演奏。它的演唱方法、演唱形式是十分丰富的，将这些形式和方法适当地运用到课内歌曲中会取得意想不到的效果。

高年级的学生对节目的编排有了一定的组编能力，教完歌曲之后，创编表现音乐的任务就可以交给他们，形式一般是分小组进行。在他们展现创作成果时，我常发现学生编排的形式特别眼熟。比方说：超级女声的 PK 赛不仅受到成年人的青睐，而且也深受小朋友的喜爱。确实超级女声 PK 赛有着它的魅力之处，就拿她们的出场秀来说吧，形式也是花样百出，时而整个场面非常热闹，时而又给观众一种神秘莫测的感觉，而这些表演形式已被学生灵活地带进了课堂。

四、充分利用网络查找大量音乐资源，拓宽欣赏视野

音乐老师不能老是沉浸自己过去所学的范畴中，拒绝一些现代的东西。我们应该知道，在现实生活中，也有昙花一现的"高雅"音乐，而流行音乐中也有经典之作，因此，做老师要胸襟开阔、雅俗共赏，这样才能适应学生的不同需求。这不但对教师提出了很高的要求，也对教学设备、视听器材、流行音乐收集提出了比较严格的要求。作为音乐教师，要对课堂程序（或结构）进行合理设计，精心准备，积极引导。例如音乐大片《西区故事》《歌舞青春》《海上钢琴师》，还有《修女也疯狂》《放牛班的春天》等，里面融合了很多流行音乐的精华。只要我们做个有心人，多看多听，令我们动容的流行音乐肯定也是学生愿意汲取的宝贵音乐养料。

张雪莹：风格教师的成长

她说她是一个幸运儿，从小爱唱歌的她从事了自己最倾心的音乐教育，她说她对自己所做的那份工作有激情，有投入，有执著，热爱音乐教育事业，就像热爱着自己的生命。正是因为有了对音乐的一片痴心，让她对教育有所感悟，继而反思，提升。今天主要给大家讲的就是积累、反思、总结市中区音乐学科首席教师张雪莹老师成长的教育故事。

张老师有一本交流文集，这可以追溯到2006年的外校交流工作。交流工作成为她教育生涯宝贵的阅历。她一直庆幸自己能有这样一份特殊的体验，让她对教育有了更深刻的理解。她说当时要去写这些文章的时候，没有任何的功利色彩，甚至也没有去想把它装订好成为一本书，就是觉得感悟太多了，发生了太多触及心灵的事件，所以，促使她要把它记录下来。每天下班她都主动地留下来，梳理一天的工作。她写这里的校园，写这里的学生，写在不同教育背景下孩子们的生活、学习，写这里的老师，写教学点滴，写送课下乡、演出，写工作中的有趣之事，一件件，一桩桩，一篇篇，让她快乐工作，享受童心，借着文字抒发着自己的一份情感的朴实真挚。2006年，她就建立了自己的博客，短短四五年，几十万的文字，上万次的点击量，包括《教学随笔》《音乐与我》《读书随想》等等系列。读书和写作对于她的成长可以说是润物无声的，不知不觉地，她发现，自己的教学语言也好，阅历、知识面

也好，都有大幅度的提升，变得丰富起来。有句话说得好，三十岁以前的相貌是爹妈给的，三十岁以后的相貌是自己给的，想要自己变得优雅有气质，读书和写作是最好的化妆品。

大家再来看这本小册子，这是她专门买的带高音谱号的夹子，她给它起名叫《边走边唱》，她说："音乐教师工作是很辛苦的，既然如此，就让我们边走边唱，以乐观的心情去工作，以积极的态度去应对。"她把每次演出的节目单、教师证，每一次演出她写的教育随笔都记录在册，这个教育随笔不是别人让她写的，而是每次演出之后的一种感悟，她认为必须要写出来。因为每次的演出也好，外出学习也好，有太多值得回忆的事情，不把它写出来，就会随着时间的流逝在记忆里消失。它们在生命里，其实更像是一粒粒的珍珠，只需要你的一份细致，用一根线把这些珍珠串起来。她说："我乐意这样去做，我这样做是为了我自己！"而当你这样没有任何功利心地做了，你就会发现，它多么好地体现了成长的轨迹，这些没有功利色彩的自己的东西，说不定就在某个需要展示自己风采的时候用上了。不热爱自己工作的人做不到这些，它充分体现了张雪莹老师的工作热情。

总结张雪莹老师的教学风格，应该是合、灵、心。

人们说，童声是世界上最纯净的声音，是天使的声音，是天籁之音。她说今生能有幸徜徉童声合唱教学这个领域里，她感到幸福、幸运。

她经常在课堂中给孩子们说："合唱是什么？它是合作，它是和声，它是和谐。"现在的孩子就像我伸出的这五根手指，他们有个性，有想法，但很难相处。来到张老师的课堂里，她就是要用这种艺术形式让他们变成一个紧握的拳头，让每一个独特的声音都融入一个完美的旋律，用合唱这种有魔力的艺术形式培养大家的合作意识，因为它是一种集体音响的艺术，有着"平衡与和谐"的要求。大家从一开始的相互指责埋怨，到互相倾听，声部均衡和谐，再到做事情与人为善、和平共处，这是一个逐渐发展的递进过程。这个过程是合唱艺术带来的魔力，这一过程也让张老师逐渐形成了在课堂中融入合唱教学的风格。

"灵"是灵感，艺术需要灵感，需要灵动的气息。她给合唱团排练的曲

205

目,都是她钟爱的艺术作品,她对它们有一种独到的见解。能够把一个音乐教育工作者的理解、思想融入音乐作品,并通过孩子们的声音演唱出来,需要一个老师或者说一个指挥有灵气、有思想,而有文化才能有底蕴,有底蕴才能有底气,有底气在课堂上才有灵气,从而真正赢得学生的尊重和同行的钦佩。这使得张雪莹老师在音乐教学中不断进步,逐渐形成了属于自己的教学风格。

最后说的是"心",古语说:"知之者不如好之者,好之者不如乐之者。"她说她是痴之者,深深地迷恋、痴心于童声合唱艺术。正是因为有了对它的一片痴心,才让她一路边走边唱,才让她把对音乐教育的感悟、反思,提升、融化在心,所以,那份激情、那份投入、那份执著真的是发自内心的,如影随形。她参加过的每一次演出比赛的节目单、入场券、演出照,她都保存着。每一次的外出比赛,她都当作珍贵的学习机会,都有文字记载,而且一写就是一个系列。这里有香港行,有学在韩国,她在韩国把每个参赛队的优秀表演都摄录下来,回来制成光盘,一首歌一首歌地琢磨、学习。甚至是一张飞机票、一个小小的纪念章都让她珍惜不已,可见她的喜爱程度之深。这说明了她的那份心,一片痴心和一颗恒心。

其实,每一种教学风格都有教师的追求。张雪莹老师的追求其实并不是去拿第一,争金牌,而是让每个孩子因为她从此热爱歌唱,热爱音乐,让音乐成为他们终生的陪伴。我想,这就是一个音乐教师最大的幸福。

第十一节　陈海霞:还学生一个自主的课堂

陈海霞系济南市胜利大街小学数学教师,2000 年毕业于济南师范学校,至今从教 11 年,长期从事高年级的数学教学工作。她在胜利大街这个高标准、严要求的广阔平台上不断学习提高,逐步有了自己的特点。

从教以来，她曾尝试小组合作学习的教学，到了后期还进行了主问题式教学模式的研究。她认为作为教师应该从小培养学生的合作意识，使学生学会合作、善于合作，在合作中获取更多的知识与能力，除此之外还应让学生具有独立思考和作战的能力，这样成长起来的学生才是全面的，有竞争力的。针对以上的分析，结合学生的实际情况和师资力量，她进行了"主问题式"教学模式的初探。主问题式教学模式是在小组合作学习和自主式学习的基础上进行的，对学生和老师的要求都较高。

小学高年级的数学知识开始由简单变得繁杂，由具体变得抽象，单凭教师的讲授，学生很难领会其真谛。使学生的自主能动性得到最大限度的发挥，培养学生的合作精神，使每一位学生都能积极主动地投入到学习中，是她一直以来努力的方向。

主问题式教学前期是对学生进行小组合作学习的培养。对学生进行小组合作学习的培养，需要长期而反复的指导。学生刚刚接触小组合作学习的时候，是盲目的合作、形式上的合作，这时就需要老师深入到小组中对学生进行细致全面的指导。比如：指导学生选出既有责任心又有能力的小组长，由组长带领大家进行合理而有效的讨论；或是指导学生如何抓住问题的关键作为突破口，对其他小组进行提问等等。

其次是对学生进行小组合作后汇报学习成果的培养。培养初期，先选择思维及口头表达能力较好的学生作为主讲人员，给学生们树立榜样；中期，选择组内学习水平处于中游的学生作为主讲人员，以发展这部分学生的能力；后期，全组学生共同帮助学习有困难的学生，给他们提供尽可能多的思考、发言的机会，再配以相应的组与组之间的有效竞争及评价，来培养学生的合作精神，从而达到人人积极参与学习的目的。

最后，打破常规教学模式，进行师生互动、生生互动的自由而又严谨的教学。如果说每一个有默契的小组是一颗珍珠的话，那么这样的教学就起到了绳子的作用。课堂上，此起彼伏的"我来补充，我不同意他的意见，我来帮帮他"的声音取代了老师的提问，每一位学生都认真仔细地倾听他人的回答，因为只有这样才能够使自己做出相应的反应，争取到回答问题的机会。

学生们在这样的学习环境下渐渐有了合作学习的精神，也促使每一位学生都能积极主动地投入到学习中，数学思维、语言表达能力等得了一定的提高。在此基础上教师适时地提出主问题，引导学生围绕主问题展开学习，把更多的展示机会放给学生。尤其是进入复习阶段，主问题式教学模式更发挥了它的优势。学生们提前一天进行主问题式教学的复习和整理，在自己的脑海里构思，结合以前的学习情况，以小老师的身份合理安排整节课的学习情况。第二天在班级中轮流展示，收到了较好的效果。

目前，主问题式教学模式的研究只是处于初级阶段，还缺乏一些细节的指导，还需要在今后的教学中更深入地研究与探索。

第十二节　徐磊：激情教师，激情课堂

常以诗人自诩，不过在别人眼里，他也的确是具有诗人的敏感、冲动。他身材高大，站在学生中间很是显眼，说起话来铿锵有力，还时不时加上一些动作，像是在朗诵，又像是在演话剧——刚开始你肯定有点不适应，觉得好笑，可是看他一脸的认真严肃劲儿，你真的会被他感染。你别说，他在课堂上还真像个演员，蔺相如、诸葛亮，他朗诵起人物语言，声情并茂，手舞足蹈，还真像那么回事儿，吸引得学生目不转睛。这就是我们学校的激情教师——徐磊。

作为新时代的教师，徐磊追求教学个性化。教学个性化，就是在教学中要具备鲜明的个性特征，实指教学风格，也指对个性特征所达到的生动鲜明的程度。个性化和概括化是"典型化"中不可分割的两个方面。徐磊认为，语文教师个性化，实指语文教师的教学特色。在这方面当代语文大师叶圣陶说过一段话：语文教学，特别强调情感活动，语文教学要努力形成教学风格。你只有渊博的知识，还当不好语文教师，你必须学会传达，能绘声绘色，以独特的魅力来感染学生，来产生情感的共鸣……所以徐磊认为对一个语文教师来说，形成自己的教学特色，比不断丰富自己的知识更重要。这是对语文教师个性化最好的诠释，也是给语文教师的教学个性化指出一条教学途径。根据语文具有十分强烈的人文性的特点，徐磊老师把自己的课堂个性定为"激情课堂"。

有了上课的激情，乐于投入到课堂中来，自然就会有充满深情的语言。"感人心者莫先乎情"，教师如果缺少了感情，教学就会苍白无力，不能激动人心。徐磊的激情源自于他对知识的切身感悟和对受教育者的真挚情感，激情中蕴含着他的教育理想，激情意味着创造，激情在于感化。因此，教育教学工作中徐磊努力尝试让课堂上的每一秒钟都充满激情，用这种激情去感染每一个学生，使之成为学生学习的巨大动力。他首先在教学中从以下方面进行了实践：

一、激情导入、渲染气氛

教师对学生不仅具有主导作用，而且还有情感的感染作用。讲课的导语设计起着诱发学生学习兴趣乃至情感的作用。徐磊那充满激情的引人入胜的导语极易将学生导入课文的意境，使之受到感染和熏陶。他深入研究教材，在教学时感情投入，从宏观上把握文章的基本风格，努力发掘语言文字的丰富内涵，准确把握作者的感情基调。这样，就能帮助学生理解课文，进入意境，也才能形成师生的"双向投入"。

二、激情朗读、进入角色

语文教材中文质兼美、诗情画意的散文，情景交融的诗歌，引人入胜的小说占有相当的比例，其字里行间汩汩流淌着作者情感的清泉。徐磊在课堂上总是喜欢情意盎然地朗读，或使人凝思静想，心驰神往；或使人潸然泪下，荡气回肠。作家没有激情，写不出这么优美的文章；教师没有激情，也读不出课文的原汁原味。那些靠讲不能解决的问题，有时通过老师声情并茂的朗读就可以解决，用情感传递给学生。

三、优美的有声语言和丰富的体态语言

徐磊在课堂上的语言完全不同于生活语言。作为一个追求激情的语文教师，他的语言总是能够根据课堂教学的具体情况千变万化，又自然贴切，

生动流畅,产生巨大的磁力,紧紧把学生吸引住。当学生感到为难、缺乏勇气的时候,他会用富有鼓动性的眼神,以激起学生解决问题的勇气和胆量;当学生苦苦思索仍不得要领时,他能用富有启发性的语言,打开学生思维的闸门。不同的课文,徐磊组织的语言也各有风格。教说明文,语言就充满逻辑力量;教诗歌,就用诗一般的语言;教小说、记叙文,又能达到徐徐道来、娓娓动听的效果。此外,徐磊的表情丰富,夸张,他的动作神态也是一种动态的无声语汇,蕴含了大量的情感信息,是师生心理交流的重要"外显点"。所以教师的激情还体现在教学过程中体态语言的运用上。课堂教学中,他会根据教材提供的情感线索,恰如其分地让学生运用自己的面部表情、动作神态,直观、形象、真切地进行情感体验,产生共鸣。

四、通过自己的情感的表达,激发学生对生活的热爱

叶圣陶先生说过:"作文这件事,离不开生活,生活充实到什么样的程度,才会做成什么样的文章。"学生的生活是丰富多彩的,但是,留在他们脑中的印象却是浅淡的,如参观、访问、实践活动等,多数学生不能深刻地感受,不能表达自己丰富的情感。徐磊认为究其原因,就是缺少对生活的热爱。新课程明确指出,教师要积极地开展有趣味的语文活动,让学生在活动中学习语文。徐磊把有计划地开展学生喜闻乐见的活动作为激活学生生活的一个重要内容。徐磊老师用他特有的激情,带领学生组织、参加各种各样的活动,在学校组织班级故事会,到校外进行实践拓展训练,并且组织全班同学离开父母,住到集体宿舍进行锻炼。在学生的游戏中他积极参与,用自己的情绪带动整个班级;在学生们的竞赛中,他也是其中一份子,张扬、开放,不拘泥与教师的身份,点燃学生参与的热情。徐磊经常组织学生开展形式多样的班队活动、各种类型的比赛活动,以及户外活动等等,既能开拓学生的视野,又为学生提供了展示自己本领的舞台,更激发了学生对生活的深刻体验,从而迸发出对生活的热爱和强烈的感受。

徐磊老师通过个性的张力,在教学过程中不断用自己的激情点燃学生的情感,把知识技能变成学生能够感悟吸收的营养,把教材中的个性化转化为学生的个性化,有什么样的个性教师,就有什么样的教学风格。春兰秋

菊,各有千秋,就是这个道理。通过几年激情课堂的熏陶,他的学生无论是课文的学习,还是记录生活的习作,都充满了对班级、对学校、对生活的热爱。徐磊现在所教的五年级二班,已经有 33 名学生在各级报纸杂志上刊登了 53 篇抒发自己情感的文章,成为了名副其实的小作家班。

第十三节　俞健：体育分组分层教学中小组活动情况跟踪表的利用

近年来,我校的俞健老师结合学生实际状况进行了体育课分组分层教学模式的探讨,其目的是以学校体育学科实际教学环境为前提,以促进学生均衡发展为本,充分发扬学生的主体作用,以分组、分层次教学法为操作平台,最大限度地挖掘学生的潜能,综合提高学生的身体素质、运动水平以及合作能力。通过近三年的摸索,分组分层教学模式逐渐成为俞老师的个人教学特色。通过此种教学模式,体育课堂组织有效、练习有效、掌握有效、合作有效,最大限度地关注每一位学生的个体发展。通过实践,此种方法已经取得良好的教学效果。这里就谈一谈分组分层教学模式中关于小组活动跟踪表的利用以及效果分析。

体育课小组活动跟踪表,是在我校宽基教育理念的引领下,以体育课分组分层教学模式为依托,结合体育课堂中管理学生的经验而形成的一种记录表。它不仅关注了学生的均衡发展,共同提高,还能够缩小运动能力悬殊的学生之间的差异,注重对学生的过程性评价、综合评价和终结性评价,形成一套完整的评价体系。经过俞老师一段时间的摸索,体育小组活动情况跟踪表的使用有以下三方面的效能：

第一,设计简单,涵盖内容丰富而又实际,便于操作。

体育小组活动情况跟踪表内容分为三大部分：第一部分为学习任务、目标,主要制定的是每个学习小组每项学习任务所要达到的整体目标要求,主要包括每层次学生的学习任务、学习状态、参与情况和合作情况；第二部分为学习评价，其中包括每位学生的课堂学习过程性评价、重点内容学习情况整体评价、体育测试成绩、八证书考核成绩以及期末总体评价；第三部分为小组集体活动情况记录，主要包括小组合作学习情况、掌握技能情况、竞赛情况以及期末评价。除了这三个大的方面，为了明确分组同时又体现各组个性特点，还增设了名称栏，让每个小组为自己起一个健康、好听、突出个性的名字。

跟踪表的设计原则是目标明确、评价简单、内容丰富、突出实效、便于操作。体育课教学最突出的特点就是在室外上课，如果用笔随时记录学生课堂表现情况，操作起来不现实，这就要求表格在用的时候既填写简单，又可以直观领会课堂任务，这样既可以节省记录时间，又可以准确关注每位学生。记录表的填写由小组成员轮流完成，可以保证使用的公平性。另外，过程性评价、期末测试、八证书考评成绩都是由学生自行填写，体现了学生的自主管理，自主评价，而教师在课堂中也只起到指导的作用，充分体现了以学生为主体、教师为主导的教学双边关系。

第二，操作过程更容易实现新课标精神。

新课标明确指出："教学要以学生发展为中心，重视学生的主体地位。"体育新课标中又明确指出了五个学习领域目标，即运动参与、运动技能、身体健康、心理健康、社会适应。作为实践性很强的体育，要达到这五个领域目标，必须要在教学中更应该注意弘扬学生的主体性，用科学的课堂教学组织模式，改变过去全控性的教学模式，主动转变角色，由"主宰"变为"服务"，充分发挥学生的主体作用，关注学生的自主创造性和真实情感体验，给学生留足自主学练的空间，教师作以适时点拨引导。根据俞老师的实践证明，体育小组活动跟踪表的具体内容和操作过程，可以充分体现新课标的精神，结合分组分层教学模式，跟踪表让体育课的管理与教学目标的落实更加轻松。具体操作方法如下：

跟踪表的第一部分，学习目标任务栏，确定了学生的学习任务，特别突出了分组分层教学模式中"分层"这一特点。这一部分对于学生在课堂中需要完成的学习任务、达到的目标、小组内各层次学生之间的合作要求提出了具体的目标。目标的制定贯穿于整个学期的课堂教学，即每节课都要达到相同的目标，具有延展性。所谓延展性，就是说适合每一项教学内容和不同水平。如六年级学习目标任务我是这样制定的，一层：熟练完成各种练习，能够主动帮助、促进二三层同学提高练习水平。认真参与游戏或其他活动，争取取得好成绩。二层：在积极主动完成练习的基础上，提高自身掌握技能水平，与一三层同学交流学习经验，争取熟练掌握所学体育项目。认真参与游戏或其他活动，争取取得好成绩。三层：通过主动练习，努力提高自身技能水平，主动向一二层同学请教，争取较为熟练地掌握所学技术。积极参与游戏或其他活动，争取取得好成绩。目标明确了，每节课学生都会熟悉一下，长此以往便形成了一种习惯，从而知道自己每节课应该干什么，怎么干，达到什么程度。教材内容也因此更加明确，学生学习的目的性也就更强了。

第二部分，学习评价部分，这也是跟踪表的最重要的一部分。这一部分第一明确了学生的分组，自己所在的层级。这样，在组长组织管理上可以驾轻就熟，另外，同学之间可以更好地建立合作互助关系，有利于相互促进与提高。第二，在课堂表现情况栏中，组长随时记录组内每位同学学期的表现情况，如课堂纪律、出勤、常规等，都有所体现。一学期下来可以一目了然，在期末总评中也可以作为依据，体现过程记录。第三，学生课堂学习内容检测，包括每学期主要学习内容（比如篮球、绕8字跳长绳）检测、身体素质测试成绩、八证书评价等级以及期末总评成绩，这一部分是由学生考核、自主填写，形成民主、公平、公开记录。这一部分内容的记录，把课堂的管理方给了学生，充分体现出学生的主体性，同时，更便于老师掌握每位学生的课堂情况，将老师从课堂中解放出来，跳出死盯学生、顾此失彼的课堂管理模式，让课堂更加轻松，突出分层教学的实效性，实现有效课堂。

第三部分，小组集体活动情况记录，是分组分层模式中关于"分组"教学的体现，此部分主要是对于小组整体参与学习的情况、合作互助的情况、竞赛测试情况的整体评价，由教师随堂完成，学生记录，期末老师根据平时的记录和表现情况，给出全组一个总体评价。此部分可以让学生树立起集体观念，提高竞争能力，培养主动参与体育活动的意识。另外，老师在利用跟踪表时，如果小组学期表现突出，期末总评成绩高，可以适当提高全组学生的成绩，这样，又大大增强了小组的凝聚力。

除了以上三部分外，学生还可以根据自己的喜好，给自己组取一个好听的名字，突出学生的个性特点，让课堂充满趣味。

第三，跟踪表更有利于培养学生兴趣，关注学生技能掌握情况和自身发展，便于达到有效课堂。

兴趣是最好的老师，如果学生对每项体育教学内容充满兴趣，那么，体育新课标中所指出的五个学习领域，就非常容易达到了。但是，还应该看到体育学习不是娱乐，它不可能时时生趣，处处有乐，学生的体育学习总是在有趣与无趣中交织，比如，学生总是对球类课充满期待，对中长跑课却是兴趣不高。把课堂还给学生，让学生在自主氛围中找出适合自己的学习方式与管理方法，欢乐与困难共同分享，很容易就让学生在每项学习内容中产生兴趣。因此体育学习更应该用合理的组织、科学的方法，把课堂还给学生，让学生乐在其中。例如，中长跑往往是学生们比较头疼的一项教学内容，通过分组分层教学法，采用小组比赛的形式开展教学，学生在明确小组活动跟踪表的任务后，老师提出"看那个小组会用最好的方法提高全组运动成绩"的要求，学生们随后热火朝天地积极探讨练习策略，相互鼓劲，共同努力完成。在测试完成后，再利用风趣的点评公布每个小组的成绩，笑声会充满整个课堂，一个令人头疼的教学内容就这样迎刃而解了，甚至在课后很多同学还对下一次中长跑充满了期待。这一实例可以充分证明，有效的课堂不一定要用复杂的组织手段循规蹈矩地开展教学，也可以用简单易行的方法，让学生从课堂中寻找乐趣，摸索掌握技能，摆脱讲解示范独占课堂的局面，调动学生的积极性，使学生由被动者变成主动求知者，甚至是课堂的组织者。

通过体育课小组活动跟踪表的使用，俞老师更加深刻地体会到，在体育教学中，教师应该给学生主动探索、自主支配的时间和空间，做到"以人为本"。要关注学生的生命价值，成为学生的"服务者"，充分考虑学生发展的各种需求，精心安排内容，使学生最大限度地处于被激活状态，养成主动学习的习惯。另外，放开手脚，把课堂还给学生，还会有意想不到的收获。

俞老师所探讨的体育分组分层教学模式中的小组活动情况跟踪表，从设计到使用现在还处于摸索阶段，很多方面还不完善，还不成熟，这有待今后与大家共同探讨,促进跟踪表的进一步完善,相信在我校宽基教育理念的引领下,体育课堂教学方法会更加丰富多彩。

附:

体育课小组活动情况跟踪表

年级 班 队

学习任务	一层:熟练完成各种练习,能够主动帮助、促进二三层同学提高练习水平。认真参与游戏或其他活动,争取取得好成绩。 二层:在积极主动完成练习的基础上,提高自身掌握技能水平,与一三层同学交流学习经验,争取熟练掌握所学体育项目。认真参与游戏或其他活动,争取取得好成绩。 三层:通过主动练习,努力提高自身技能水平,主动向一二层同学请教,争取较为熟练地掌握所学技术。积极参与游戏或其他活动,争取取得好成绩。

编号	姓名	课堂表现情况					球类	测试	总评
1									
2									
3									
4									
5									
6									
7									
8									
9									
小组集体活动情况	练习效果优胜组(　　) 积极创新优胜组(　　) 游戏竞赛优胜组(　　)								

第十四节　刘蕾：情理交融教学风格

从人类产生语言那天起，语言就承载了沟通交流的作用，而沟通交流必然包括听说读写。除此之外，沟通交流中还包含了情感、态度，沟通中还要传承人们认同的优秀的文化、精神等。宽基英语既注重学生听说读写能力的培养，又不忽视情感因素的重要作用。

我校刘蕾老师努力发掘英语学科的特点和学生学习的特点，逐渐确立了情理交融的教学风格。所谓情理交融，也就是在实施英语教学的过程中，教师要充分挖掘英语课程的情感因素和智力因素，用自己的情感来唤起学生的情感，做到以情激情、以情唤情，还要用自己理性的思考点燃学生智慧的火花，做到以智启智、以思启思。

"情"即情感、情趣、情境，指教师在英语教学中，根据一定的教学要求，有计划地使学生处于一种类似真实的活动情境之中，激发学生学习的欲望，引发学生学习的兴趣。"理"即理性的思考，思维的训练，智慧的启迪，指向学生的智力领域，旨在点燃学生智慧的火花。

具体地说，要关注学生的学习兴趣，就是要让他们喜欢英语；要关注学生的学习方法，就是要让他们会学英语；要关注学生的学习习惯，就是要让他们自觉地学英语；要关注学生的学习品质，就是要让他们持之以恒地学英语。现代心理学之父皮亚杰说："所有智力方面的工作都要依赖于兴趣。"苏霍姆林斯基在《给教师的建议》中提到："为了使儿童有强烈的学习兴趣，就必须使用一种丰富多彩的、引人入胜的智力活动。"这句话给了我们很多启示：教育应通过引人入胜的激烈的智力活动，从多方面激发学生的学习兴趣，培养其创新能力，促使学生成为新世纪所需要的人才。

具体从以下六方面进行阐释：

一、情感交流，激发兴趣

情感是宽基英语教学活动中的一个关键性的教学因素。积极的情感交流能起到激发学生学习动机、增强英语学习兴趣的作用。只有积极、肯定的情感才能使学生的主体性、创造性得到发展，学生的思维才能更活跃。情感始终与教学中学生的智力活动紧密相联系，只有满足了学生情感上对于成功的渴望及自尊的要求，才能直接提高教学活动的效果，并能使学生的情感品质得以发展与提高。课堂上刘蕾老师用规范的英语、丰富的面部表情和手势动作、唱歌、朗诵、播放英文歌曲及多媒体等形式，创设了一个特定的能使学生产生共鸣的学习环境，巧设奇疑，激发求知欲，充分调动学生的学习兴趣。例如，在教授新起点英语三年级上册"MONSTER"这一单元时，一开课，刘老师就用生动的语言向学生介绍了自己的一位好朋友，让学生逐渐回忆起以前学过的关于描述人外貌的词汇句子，然后设置悬念，介绍一位新朋友，并和同学们一起画一画："I have a friend, he is a boy. he is tall. he has short hair. it's red. he has one big eye, two small noses, a blue mouth. he has two long arms. he has three fingers… who is he?"开始学生们还以为自己听错了，迟疑着，窃窃私语着，看到黑板上老师的画时，他们忽然恍然大悟，异口同声地道出本单元的主题："MONSTER!" 在这样和谐的气氛中，学生学习英语的兴趣和创造潜能便得以激发，学习英语的自信心也大大增强。良好的课堂气氛能营造一种具有感染性的催人积极向上的教学情境，而生动活泼、积极主动的课堂氛围又能激发学生的学习兴趣，并把兴趣培养成为学生学习英语的一种心理需求。这样学生才能保持英语学习的积极性，从而积极参与英语实践活动，培养语言运用能力，真正成为英语学习的主人，发挥学习的潜能。

二、情趣课堂，感知语言

时尚英语，生活英语，使宽基英语课堂充满情趣。众所周知，语言是不断变化的，仅就词汇而言，随着时代的发展，新生事物不断涌现，新词也层出不穷。刘蕾老师的英语课堂紧跟时代步伐，在学习知识时将大量新词融入其中，如：学习 PEP 英语六年级上册交通工具这一单元时，除了课本中出现的汽车、火车、轮船、飞机等常见交通工具，还增加了"轻轨—light rail""高铁—sky train""动车—motor car""电动自行车—e-bike"等新词，扩大了信息量，增加了语言输入。把英语和生活中的新鲜事物、社会时事紧密联系起来，使英语学习不再等同于背单词、默课文、做练习，增强了英语课堂的情趣，激发了学生学习英语的动机。另外，在教学中，英语笑话、幽默故事如果合理选择，得当运作，也可调节课堂气氛。课堂连续 35 分钟左右的紧张学习对学生来说，是有很大压力的，若授课期间不时地给学生一些幽默材料，使他们紧张的情绪有所缓解，学习效果也会提高。课堂上幽默笑话的使用，将会使英语学习的过程变得生动形象，轻松而富有生活情趣，学生们会在不知不觉中对英语的句型、词汇留下较深的印象，并加以消化吸收。如："How are you?"（"怎么是你？"）"How old are you?"（"怎么老是你？"）的幽默效果可以在开学初与教了多年的学生课前问候时使用，这比传统的"good morning! Teacher!"更能拉近师生间的距离，缓解开学第一堂英语课的紧张情绪。

三、巧创情境，体验语言

情境能使抽象的语言具体化、形象化，在生动、形象的情境中讲解操练英语知识，能促进学习理解，记忆所学英语和提高运用英语的能力，使英语课堂教学趣味化、形象化。刘蕾老师把每单元的语言话题与学生的生活紧密联系起来，努力创设真实的语言情境，让学生在情境中整体感知语言，充分体验、运用语言。巧借实物创设情境是最有效的方法之一。实物是最常用的直观道具，如在教"What's your favourite food?"时，教师利用那些易于准备和携带的实物，创设食品超市的情境，让学生带上自己喜欢的水果和食物，有了具体的东西，单调的语言学习变成了真实的生活体验，"I like……，I want……"等句式的活学活用使整节课有血有肉。联系生活，现场直播是最常用的创设情境运用语言的方法之一。刘蕾老师常常结合本单元的话题，选取贴近日常生活的内容，引导学生进行"现场实况转播""答记者问"等活动。如在教授"This is my mother"时，请学生带上家人的照片、自己画好的家人的图片或节日图片来介绍家庭成员，回答同学的现场提问。再如学习"Happy Thanksgiving"这美州国家独有的盛大节日时，让学生搜集相关节日的故事、图片来介绍，这样使课堂气氛骤然活跃，既激发了学生思维，又锻炼了学生的口语表达能力。2009 年，全运会在济南召开，结合新起点英语四年级教材"sports"这一单元，刘蕾老师组织学生以"everybody games"为主题，介绍全运项目，学习语言知识。以"Welcome to Jinan"为主题介绍泉城的美景，既学习了语言，又激发了热爱家乡的自豪感。模拟演示情境、图画再现情境、语言描述情景等等，这一系列方法都能够激活学生的情境思维，提供语言实践的机会，让学生产生学有所得的成就感，深层激发学生的学习动机，长久保持学习兴趣，让学生在完成语言任务的过程中学语言、用语言。

四、画知识树，梳理语言

师生共画知识树是宽基英语课堂中梳理知识网络、明确知识要点最直观、最便捷的学习方式之一。知识树引发学生求知欲，激发学习兴趣，产生求知内需，拓展学生发散性思维。学生画知识树重在自主梳理知识网络，构建知识体系。在单元预习与复习时，教师应把主动权交给学生，让学生自主建构知识网络。预习时，学生可以利用知识树对教材内容进行整体感知，加深对新知识的理解和认识，逐步梳理出知识脉络，建立语言间的联系；复习时在整理知识的过程中通过思维再现、记忆提炼，把单元知识内化为自己的知识结构，有的放矢地复习知识。教师画知识树旨在明确课时目标、教学重点，使教学有的放矢，加强知识间的前后联系，便于发掘、利用教学资源，整合教材内容。

五、语音联想，自学语言

语音联想法是基于一个语音点，启发学生联想到以前学过的相类似的知识，并在这个基础上加入新学的内容，帮助学生以点带面，融会贯通，举一反三。如在学习单词"cake"（蛋糕）时，可以列举与之具有共同字母组合的词，如"lake"（湖）、"take"（取）、"wake"（叫醒）、"make"（制造）等。教师可利用语音联想指导学生认读、积累词汇，初步感知词汇的发音和拼写规则。再如每单元第一课时，接触新话题时，最常做的游戏是"I SAY YOU SAY"。即教师说出一类词中的几个，学生回忆与它同类的词汇。如教师："I say blue red yellow."学生："I say white black brown purper pink..."这样，通过一个单词的学习，利用语音联想，进行群体记忆，以学过的词汇为发散点，引导学生求异思维，通过一词的联想，帮助学生对已有知识的回忆并再现新知的学习和识记。在自由愉快、畅所欲言的氛围中，学生们不断地进行思想碰撞，激发创意和灵感，感知大量的语言信息材料，产生清晰的表象，最大限度地去开启智慧之门，激发聪明才智。

六、巧用词典，拓展阅读

从升入五年级开始，刘蕾老师就循序渐进地指导学生运用工具书、音标、自然拼读法等学习方法和学习工具，自主学习，扫除词汇障碍，有计划地引导学生阅读课外读物，增加学生接触英语和使用英语的频率，激发学生学习英语的强烈动机。每学期一本英文原版著作，极大地丰富了学生的语言，提升了学生的阅读兴趣，让学生体会到了学以致用的成就感。

在宽基英语课堂中，刘蕾老师将理性的思考和学法的指导融入到有情、有境、有趣的语言学习实践中，让学生学得入情入理、情理交融。

第十五节　常凯舒：享受教育，怡情美术

伴随着教育改革的深化和教育现代化的进步，教师专业发展业已成为决定学校核心竞争力和可持续发展的关键因素。胜利大街小学秉承"追求个性化教学风格、实现教师专业发展"的宽基教育理念，利用各种机会给教师搭建展示、锻炼、交流、提升的舞台。通过宽基课堂、研讨会、论坛和请专家等多种形式帮助教师梳理提升风格。

　　如果把教师不同的风格比作千姿百态的花朵，那么对教学不断的思考就是种子，我校的宽基教育就是一片充满机遇与挑战的肥沃土壤，不断的学习、反思和实践就成为老师成长发展的养料。走上教师工作岗位已有 16 年的美术教师常凯舒从最初的懵懵懂懂到不断历练实践，如今已是区学科首席教师、省教学能手。学校教师专业化发展的良好氛围和对于美术教育的热爱促使她不断思索："我该做一个怎样的教师？我的教学风格是什么？我能给学生带来什么？""风格即人"，其实风格就是每个人人格的具体体现，而不是一种刻意打造。工作与生活很多时候是一条路，就像我们的两条腿，是相辅相成、协调统一的。

　　常老师所追求的教学风格是"怡情美术"。"怡情"：陶冶情操，调节心情，使心情愉快。怡：和悦、怡悦、怡乐、怡神；情：情趣、情致、情怀、情操。取"怡养性情、怡情悦性、怡然自得、心旷神怡"之意。（怡然自乐——晋·陶渊明《桃花源记》。心旷神怡——宋·范仲淹《岳阳楼记》。怡，乐也——《尔雅》。培根《谈读书》中说："读书足以怡情，足以博采，足以长才。"）

　　"清水出芙蓉，天然去雕饰"，怡情于她不仅是一种风格追求，更是一种生活态度，一种人生境界。在现在这个充满诱惑、纷繁复杂的社会中，我们都在寻求一份宁静、一份平和、 份怡悦，它一定来自宽松、自在的氛围，更来自我们每个人的内心。性格决定她不是外显、张扬的类型，她的教学也像她的为人一样如小桥流水温婉自然，平和中体现智慧，但她用对美术教育的一份真情感染学生，启迪学生，在润物细无声中怡情、启智。通过营造宽松、自然的美的氛围，师生在知美、悟美、创美的过程中获得愉悦的情感体验，怡养真性情，陶冶好情操！

一、植根生活　怡养性情

1. 困惑中对美术教育的思考

　　常老师在教学中发现：低年级学生常常出现蓝天、白云、小鸟的固定模式，本该充满创造力的年龄却非常程式化。假如所有的孩子上完了美术课得到的就是千篇一律、整齐划一、毫无生气，那简直是美术教育的悲哀！多少童真童趣在这样成人化的工匠式教育中被泯灭，多少生动鲜活的灵魂在这种日复一日的机械训练中变得麻木不仁。

这些发现触动着她,让她真正体会到儿童美术教育的真谛:

(1)对儿童来说绘画的目的不是完成多么精美完整的作品,而是体验那份表达、挥洒的畅快和与人分享的快乐,在此过程中身心得以健康成长!

(2)儿童年龄越小,成人应当干涉越少,作为家长教师所要做的就是为他创作提供所需的条件——宽松的环境、多样的工具、真诚的启发和鼓励!

常老师既是一位母亲又是一位美术教师,从儿子身上获得的启示也使她不断改进着自己的儿童美术教育观念,不断以一个母亲的情怀去面对学生,又以一个教师的智慧去思考教学——美术教育应该对孩子们一生的成长带来怎样的影响?

2. 对美术教育的认识

一位教师站得高才能让学生走得远。作为美术教师,对美术教育有一个正确的认识会让教学事半功倍。《美术新课程标准》对"美术课程性质"定位提出:"美术课程具有人文性质,是学校进行美育的主要途径,是九年义务教育阶段全体学生必修的艺术课程,在实施素质教育的过程中具有不可替代的作用。"艺教部副秘书长章瑞安先生曾提出"文化熏陶,为人的终身发展服务","文化教育不仅要养眼更要养心"。我校倡导的宽基教育的基本目标是"让每个学生的个性和特长得到更好的发展,让每个胜利人感受成功的喜悦,教师和学生教学相长,让每个人成为最好的自己,学校成为师生幸福成长的乐园"。

结合我校宽基教育解读"美术":美(宽)——审美、愉悦、美化;术(基)——技术、能力、创造。"美术"可以理解为"术美"以术为美,通过一定技能方法达到美的效果,即"术"以致"美"。落实在课上,个人认为应当是通过技能技法的学习体会美术创作的乐趣,感悟文化生活的精彩!

宽基美术教育给学生带来的也许不是一幅精彩的画作,但可以睁开眼睛欣赏,用心灵去创造,在欣赏中得到启示和熏陶,在创造中抒发情感。学生们将来可能不是艺术家,但不会成为美盲,而会在知美—悟美—创美的过程中,感受生活的美好和生命的精彩!

知美：用眼睛发现美。

悟美：用心灵感悟美。

创美：用智慧创造美。

二、享受教育　怡情育美

1. 关于"赏　创　写"

常有家长说："我的孩子没有画画的天赋。"其实几乎每个人从小都有绘画的潜能，爱美的本性。关键是我们作为教师和家长有没有保护孩子的本性和发展孩子的潜力。学生能够完成一张作品，美术课成绩得优，在考级中级别很高，在比赛中获奖……这对孩子一生的发展并不是最终结果。我想如果能不管用什么材料或者用不用材料，没有特定的时间地点，无时无刻心中有画、眼中有美，对生活和大自然充满热情和感恩，也许这才是美术教育的至高境界吧！美术教育的目的不是培养画家，而是促进人的全面和谐发展。

"创"是创造，"写"是写意，旨在通过欣赏经典艺术和自然生活之美，以各种灵活多样的教学方式培养学生的创造性思维，提高观察能力、审美素养和表现能力。

睁开眼睛发现美——关于赏：

(1) 走进经典，开拓眼界。

(2) 让欣赏走进学生生活。

(3) 用学生喜欢的方式欣赏。

(4) 选择学生喜爱的内容欣赏，激发创作。

动手动脑，开心创意——关于创：

(1) 丰富课堂，创意多多：尽量留心用各种形式和内容来丰富课堂。

(2) 我的创意我做主——给学生自主创造的空间。

(3) 主题创作——让学生在活动中感悟人生。

(4) 创造美的途径可以是运用美术形式，也可以借助语言、文字来补充。

直抒胸臆，书写真情——关于写：

"写"即写意，区别于语文的写作文，不是以"写"作为目标，而是立足美术学科，写的本质是对创的进一步补充表达。低年级学生说一说，中高年级学生可以先说再写,内容可以是欣赏感受、作画创意、学生互评等。

2. 怡情手段

(1)通过欣赏大师经典作品,走进生活,走进大自然,利用多种手段创设怡情氛围,以视觉欣赏为主导,利用听觉、触觉、味觉等多种感官的通感在体验中欣赏。

(2)以学生为主体,师生同创,激发个性创意和情感表达,用画与做结合的方式表达独特创意。

(3)教师通过语言、表情、肢体语言的渲染营造怡情氛围,由教师情转化为学生情,以情传情,以美化人。

(4)通过欣赏作品中的构图、色彩、造型、情感等多方面艺术语言,对美术文化产生共鸣,激发创作激情。

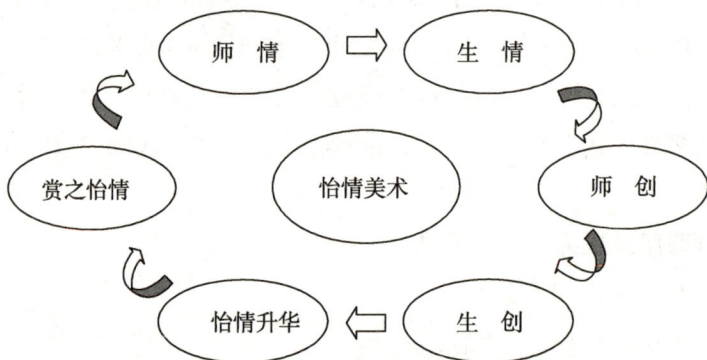

行走在美术教育之路上,常老师将不断在教学中探索"怡情",在生活中感悟"怡情",也必将与学生们牵手在生命历程中追求"怡情"!

第十六节　李爱珍:追求有温度的语文课堂

单就语文学科的特点来说,课堂教学与课外阅读是并驾齐驱的。课外阅读是课堂的有效补充,是积累,是延伸,是丰盈。语文课堂则是指点,是赏析,是碰撞,是升华。"语言有温度,字词知冷暖。"文章是有生命的,而语文课堂更是有温度的。它的温度靠的是教师用心揣摩每一个字词每一句话的锤炼,靠的是教师走近作者,去揣摩作者寓于文字中的丰富情感,在教学指导中找寻起读者与文本之间的桥梁,激发起同学们心中的阅读渴望,让他们用心触摸到作者内心的一份美的情感。形成心灵的共鸣,让每一个人都能感受到内心有一种成长的温暖与激情,这样的课堂就有了温度,就是人们所倡导的课堂上学生"小脸通红,小眼发光,小手直举,小口常开",这是一种幸福的课堂,也是李爱珍老师语文课堂的追求。

一、重视课前预习,课前有认知度

语文课上,提高教学的效率,要提高每一分钟的利用率固然重要,但每一堂课的起点的高度也起到决定性的作用。高的起点必然有高的发展,所以说,语文课的预习很重要,而预习的方法与质量更值得关注。李爱珍老师明确低中高年级的预习目标,着眼于培养学生的学习习惯和学习能力。

具体的预习要求设计:

低年级以"读认"为主,要求:

1. 读熟句子(课文),标出句子和自然段。

2. 认读生字,用每个生字口头组词或说话。

预习形式:每天填预习条——用了_____遍读熟了课文,认识了_____个生字,而且会_____(组词,说话)。

中年级以读文感悟为主,字词仍不放松,要求:

1. 读熟课文,认字,为生字注音,给生字组词。查生字意思。

2. 思考课文主要内容,试分段。

3. 搜集相关资料。

预习呈现形式:课本上记录预习内容。

高年级以阅读感悟批注为主,要求:

1. 读熟课文,认读字词,并听写。

2. 查词,自学批注。

3. 查阅相关资料,包括作者、相关作品、相关知识及历史等等

4. 积累精彩片段。

预习形式:预习本＋原文批注

其中关于"批注"是最具有含金量的预习形式,需要专门做指导与训练。教师先来进行示范批注,然后在课堂现场指导,集体完成,最后不断强化指导,以达到熟练的程度。为了起指导作用,李老师还专门对本年级的批注内容与形式作了详细说明,每人一条,打印后贴在课本上,学生每次都照着去做,以形成自己的批注格式。李老师所设计的批注内容的参考:

(1) 生字生词:通过查字典、词典,自学生字、新词。结合具体的语言环境,对生字、新词的意思有个大体了解。

(2) 整体感知课文的主要内容(文章写了什么事、景、物,抒发了什么情感,说明了什么事物等)。

(3) 品析语言:

a. 批注词句在句、段、全文中的作用。体会用词的准确:这样写(用词、句)有什么好处,有什么作用,说明了什么,表现了什么等。

b. 从表达方式、修辞手法的角度进行批注。如文中哪些是人物描写,通过人物的那些描写(神态、语言、动作、心里活动等)表现了人物的什么? 这样写有什么好处? 说明文作者采用了什么样的说明方法? 自然常识类的课文,作者采用了什么样的表达方式去写的? 其次,作者使用了什么样的修辞方法(排比、比喻、拟人、设问、夸张等)? 这样写有什么好处?

c. 从文章结构安排角度批注,即一段话或一篇文章采用了什么样的结构安排,在文中起到了什么作用(总起、过渡、总结),这样写的作用及好处是什么。

d. 批注含义深刻的句子。这些句子说明了什么,表达了作者怎样的情感等。

e. 对文中标点符号(指特殊的、重要的)进行批注。

(4) 归纳写法:主要在整体上对文章遣词造句、布局谋篇进行体会和领悟。如叙述的方法,按什么顺序写的,使用了怎样的议论、说明方法等,即理清作者的写作思路。

(5) 领悟情感(作者的情感、读者的情感、文中人物的情感)。

(6) 联想想象(联想到或想象到的,文中空白处的补白,文中可能省略的,这个故事以前的以后的,背后的故事以及接下来可能发生的)。

(7) 自己简短的感受(对文中人物、事件的评价)。

(8) 自己需要积累起来的句段篇。

要求：

(1) 要动笔,把批注写到文章的空白处。

(2) 要规定统一的符号,如重点词用"。",疑问用"?"等。

(3) 批注要工整,语言要流畅,力争使表达优美,有创意。(和自己的生活、学习实际有什么联系等)

做阅读批注,首先要教给学生批注的方法,培养批注习惯。李老师将批注纳入课前预习,重视一般的批注方法的指导,让学生尽快养成批注的习惯。在课上对批注所得用笔、符号、位置方面均有明确的要求。在学生朗读课文时,李老师指导学生尝试在书上圈点勾画,只要求学生给生字注音,标画小节,圈画出内容上的疑惑之处。更重要的是,李老师针对课文的教学重点和难点设计预习提纲,诱发学生批注的意向,为学生主动学习创造良好的心理环境。例如在教学《蟋蟀的住宅》一课时,布置的预习作业是读课文,标出读不准的字音,标出小节序号,思考课文写了蟋蟀的哪几个方面,用铅笔画出描写蟋蟀的句子。

圈点批注,要注意在理解文章的基础上进行。读过某一个段落,先要经过思考,找出重点难点,决定哪些地方应该圈点,哪些地方应该勾画,哪些地方要加注,哪些地方要加批,然后再动笔墨。如果在似懂非懂的情况下,就乱画一气,胡批一通,反而会影响对文章的深入理解。

最初的批注训练是从词语的理解开始。在词语教学中,从初读课文入手,李老师要求学生先要读准字音,认真读拼音。在朗读或默读课文时,要边读边找出课文中生字所组成的词语,指导学生正确朗读词语时,易错的读音就要求学生标注在书上。有的字,学生认为是多音字的,就让学生动手查字典,是多音字就注明读音,组成词语。在理解字义词义时,对一些易错的

227

字也让学生记在书上。课堂上李老师常常指导学生查字典，争论词语的意思。这样做的好处是学生的印象深刻，学生对获得知识的过程很难忘记。

再增加点难度，就是对句子的批注。在阅读教学中，李老师经常教学生一些简单的批注方法，表达自己对语言文字的理解或者感受。之后就可以指导学生把体会到的修辞方法加以批注。在中年级语文教学中，要了解作者所运用的表达方法。四年级课文中，主要认识的是比喻、拟人、反问、排比等修辞方法。课文中常常会出现包含各种修饰方法的句子，在阅读教学中，李老师要求学生按照要求在文中把句子画出来，仔细读读，看看这些句子有什么特点，运用了什么方法进行表达的。学生通过反复的阅读，找出了句子的特点，是比喻句的，明白了把什么比做什么；是拟人句的，明白了把什么当成人物来写的；是反问句的，明确这句话的真正意思是什么；是排比句的，明白句子的特点是有三个或三个以上同样的句式。通过这样的教学，学生在课文中就能较清楚地认识各种表达方法的特点，并能正确体会作者的思想感情。例如：在教学《猫》这篇课文时，李老师让学生认真地读一读课文，体会课文中运用的拟人的修辞方法，让学生勾画出猫的特点，并写出自己的感受。学生对这个猫认识清楚了，抓住了拟人句的特点，再通过仿写使学生认识得更加清楚。

李老师的教学其中一个重头戏就是指导预习。具体做法是分年段设计预习要求，指导、示范、交流、鼓励相结合，使学生提高自我学习的能力，达到课未开讲，认知已形成的效课。

二、适情设计导入，学生有兴趣度

课堂的导入是课堂的燃点，燃点温度高了，情感与智慧的火花自然升成，课堂也就有了生成的力量。

"课的第一锤要敲在学生的心灵上，激发起他们的思维火花，好像磁石一样把学生牢牢地吸引住。"

对介绍新鲜场景的文章教材要引发学生的好奇，如教学《清平乐·村居》时，李老师是这样导入的："告别了都市的喧嚣繁华，告别了城市的高楼大厦，老师和同学们一起到古时的乡村，去感受美丽静谧的田园风光，好吗?""未成曲调先有情"，在课堂的源头追寻诗意，顺利铺就了通往文本的情感之路。

对故事情节强的文章设置情境，如教学《可贵的沉默》一课时，就利用了情境导入法：

(课前聊天时与学生谈论生日的话题)

我们继续生日话题：

爸爸妈妈知道你的生日在哪一天吗? ——老师听到了大家异口同声的回答。

生日那天，爸爸妈妈向你们祝贺吗? ——

知道的、祝贺的请举手! ——

把手举高，老师要点数了! ——1、2、3、4、5……(用真实的情境来感染学生的情绪。)

这么多同学在过生日时都得到了亲人的祝福，从大家的脸上老师读到了两个字——幸福! (相互看看那幸福的小脸)

老师还想知道，咱们中间有谁知道爸爸妈妈的生日? 向爸爸妈妈祝贺生日的请举手? 举手的孩子们，你们自豪吗? 是啊，看得出来。沉默着的孩子们，老师也同样为你们高兴，因为老师看到了，和他们一样，你们的心里也蕴藏着一种极为珍贵的东西。(板书：极为可贵)想知道这种极为可贵的东西是什么吗? 那我们就要先来解读一份可贵的沉默。

这样一来，学生自然而然地就进入到了课文的情境中来，为下面的理解与感悟设下了好的开端。

用优美的诗文开启学生的品读基调，如教学《乡下人家》一课时，李老师事先搜集了许多有名的田园诗句让学生吟读，开启学生心中的诗情：

师：同学们喜欢古诗词吗? 喜欢写什么的诗呢? 我特别喜欢写田园美景的诗词，你们呢? 那好，让我们一块儿来欣赏几句诗词，作为这堂课的开始，(投影出示)请大家有韵味地读出来。(陶渊明的"采菊东篱下，悠然见南山"，苏轼的"竹外桃花三两枝，春江水暖鸭先知"，翁卷的"绿遍山原白满川，子规声里雨如烟"，马致远的"枯藤老树昏鸦，小桥流水人家"，等等。学生朗读不到位可以指导,意在体味诗境。)

师:看,这里还有一首(出示):

> 青藤绿叶瓜架,
>
> 春笋翠竹繁花,
>
> 觅食鸡群自在,
>
> 小桥流水戏鸭,
>
> 向晚餐景如画,
>
> 纺织娘轻唱,
>
> 最美乡下人家。

师:韵味十足地读一读,从诗中看到了什么景物?(点明透过文字看景物是读文章的方法)根据诗的内容为诗命一个题目吧——《乡下人家》。

这个导入的设计不在于搜集的诗句上,而是在于读上,要求有滋有味地读,读出韵味,读出感觉,然后步步推进,学生们自然入情入境了,上课的兴趣度也就上来了。

三、把好情感脉络,心中有情感度

俗话说"感人心者,莫先乎情","亲其师,信其道"。语文中的每一篇课文都充满情感与灵性,老师上课有情,才能紧紧牵住学生的心,让学生沉浸其中,从而轻松而快乐地学习。所以课堂先有"情",才会升温,成为温暖和感动生命的课堂。李老师主要从以下几个方面努力:

其一,课前关注教材。课堂教学,是老师、学生和教材三者之间的对话。课前,老师首先和教材"对话",把教材读懂,掌握好,把文章所表达的意思、感情体会出来,并通过朗读表达出来。因为每一篇课文或揭示了深刻的人生哲理,或闪耀着真理的光芒,或弥漫着温馨的至亲至爱……课文的感情基调决定了老师上课时的感情基调。如今,许多的课文老师背诵起来都朗朗上口,课堂上顺学而导,自然能把学生拉进课文描述的情境中,学生学得轻松而高效。

其二,课中关注学生。李老师认为老师教学的艺术是善待学生的艺术,是在师生之间的情中。因此,进入课堂,老师的任务是组织教学,是引导、点拨、鼓舞、激励。特别是在"自主互助学习型"模式的课堂中,我对学生的情是通过"你真棒"、"你的这个问题回答得很完整"等一句句温暖人心的话语传递给学生的,是通过恰当时机的解惑传递给学生的,是通过耐心与激励传递给学生的,是通过期待、鼓励的眼神传递给学生的,是通过抚摸与微笑传递给学生的……在与学生的互动中,学生学得积极踊跃,达到"轻负高效"目的。

其三,善于运用抒情性语言。教师以自己富有感情色彩的形象化的语言描述,把课文的语言文字所描绘的场景、意念栩栩如生地展现在学生面前,学生会情不自禁地将自己的情感移入到教材对象上。在想象的作用下,以及教师情感的感染之下,学生产生强烈的情感体验和浓厚的学习兴趣,并在情感的驱动下积极主动地投入认知活动。

其四,灵活使用激疑性语言。为激发学生学习兴趣和求知欲,根据学生实际,李老师还设置一些探究式问题,然后用提示性语言,把学生引入与所提问题有关的情景中,从而触发学生弄清未知事物的迫切需要。如教授《老人与海鸥》一文,我采用变序教学法,先学后面海鸥来瞻仰老人、为老人送行的感人场面,然后设计这样的问题:"学到这里,大家的心里充满了感动,为什么会出现这样的场景呢? 如果你是老爷爷喂养过的一只海鸥,你最想跟他说什么?"学生纷纷发言,内心的情感得到了升华。这时,学生的情感和作者的情感已融为一体,这就是语文课堂教学的最高境界。

其五,采用直观手段,再现文中情境。文中情境的再现不但能渲染气氛,而且能给学生以切身的感受,激发学生的情感。特别是对一些写景的文章,李老师总是废寝忘食、不厌其烦地制作一个又一个课件,以期望用最短的时间让学生达到最高的学习效率。不能制造课件的,就利用图片、简笔画或者生活场景作为学生观察的客体,鲜明生动地展现在学生眼前,起到事半功倍的效果。

选入教材的文章都是经过精心挑选的,是母语作品中的经典范文,它题材广泛、体裁多样,在思想内容、情感态度、语言规范、写作技巧和笔法文风等各个方面都堪称典范,是拿来做"样本"的。所以,每一篇课文在教学前都要进行深入地阅读与分析,在阅读的同时更要进行理性地、睿智地思考。因为不只是要理解文章本身，更要让课文发挥好"例子"的示范作用，这种示范作用可以使学生见识文章思想精神的高度、形式的多样性，可以欣赏、感受汉语表达技巧的艺术感染力。如何让学生的阅读效率更高，如何让课文发挥出范例作用，以引发学生更深的思考，都是教师走进课堂前的必做功课。

其六，把好课堂脉络，形成主旋律。李爱珍老师一直认为，课堂，尤其是语文课堂是有旋律的，就像一首曲子，从主调切入，渐渐展示，渐入佳境，达到高潮，从又一高度回归主调，最后或戛然而止，或绵延而出。所以，课堂把握好作者的情感脉络还不尽然，因为写作的顺序不一定适合教学的顺序，还要创造出课堂本身的旋律。

如在教学三年级《可贵的沉默》一课时，文章的情感线比较明显，老师在教学时指导着学生抓住文章的情感线来展示阅读指导。但是文章的感情起伏较大，课堂氛围也跟着起起落落，教学效果并不怎么好。好多教师也在抱怨这一课不好教。当时李老师想：任何文章都应该有适合的教学方式，如果教学效果不好，就是没有找到合适的方法。于是李老师仔细思考了文章的内容、情节的展开方式、语言的特点等方面之后，改变了教学策略。因为文章内容与学生的生活极为接近，她就充分利用情境式阅读，把课文内容与学生的生活结合起来，让学生设身处地去体会文章中孩子的心情变化，之后再进行理性的思考：在生活中如何去感受父母的爱，如何去回报父母的爱。当然，这只是从文章的思想内容方面的阅读，进一步的阅读是品评文字的表达，如"为什么好多处对话描写都没有提示语出现？""文章为什么那么详细地描写同学们两次沉默时的情景？"经过修改后又一次进行教学，这样三改教案，终于使学生能在教师的引导下进行有趣味有深度的阅读，与文本形成了深度的对话与交流，形成有智慧生成与交流的生命场。

有了教师对情感的准确把把握，才能形成课堂的主旋律，才能完成语文教学的圆满乐章。可以说，情感是语文的生命，更是语文课堂的生命。

四、找准语言训练，课堂有训练度

如果说情感是语文的生命，那么语言文字训练就是课堂的灵魂。因为课文只是个例子，我们的语文是要用例子来教，而不是教例子。让学生通过课文的学习,学会相关的阅读和写作的方法,并能在自己的写作当中熟悉运用,才是语文最终的落脚点。

因此挖掘课文中的语言文字训练点,并且适当梳理方法非常重要。举几个例子:

如学习《颐和园》一文,学生了解了全文主要写了游览颐和园的过程,是按"进入长廊—仰望万寿山—俯视昆明湖—走上十七孔桥"的顺序来写的,这就大体上把握了课文的写作结构。再引导学生抓住课文的具体语句,揣摩课文是怎样写的,从锤炼的角度品味语言,体会文章之美、用词之妙、结构之新、描写之实。思考作者为什么要这样写而不那样写的缘由,感受到课文遣词造句、谋篇布局的特点和作用,从中获取文章结构、语言特色材料组织方面的图式知识。之后还可以在课外阅读中加以巩固和发展。首先是求同巩固,就是选择一些与课内所学的课文在形式、结构、内容上相近或相似的文章让学生阅读,通过阅读类似的文章达到"举一反三"、巩固文章图式的目的。如学习了《颐和园》,学生初步形成了"以参观游览的先后顺序为主线"是写游记类文章的图式。为了使学生加深对这一图式的认识,就要指导学生阅读与这类形式相近的文章。其次是求异拓展。叶圣陶先生指出:"读了某一体文章,而一体文章很多,手法未必一样,大同之中不能没有小异,必须多多接触,方能普遍领会某一体文章的各方面。"当学生建立了某类文章图式后,还要再找一些同质(内容)异构(写法)或异质同构的文章让学生阅读。通过比较阅读,使学生感悟到即使是同一类型文章,其结构、语言、写法也是各异其趣的。这样以思考阅读的方式来展开,不仅有利于学生深入理解文本,提高阅读能力,更能获得丰富的语言材料,掌握并形成多样的"语言模板",极大地促进语言表达能力的发展。

五、完成以读促写,读后有提升度

读是为写作准备。真正的语文素养就反映在学生的文笔上,言之有物,言之有理,言之有度。用好课文这个例子,做好随文练笔的练习,是最好的提高写作能力的途径。李老师专门为学生准备了课堂练笔的本子,适时适度地进行练笔。

如教学《检阅》时,重点引领学生体会队员们"左右为难"的情感,以及他们如何消除博莱克的顾虑和帮助他参加检阅。课结尾时,教师又引导学生进行如下随文练笔——

师:七月的波兰,骄阳似火,眼看国庆节就要到了,截肢后的博莱克做了些什么呢?请将发生的事情和同学交流后写下来。

生:他在练习时不断地跌倒,但他都重新站起来继续练习,他还流了许多晶莹的泪水。

生:一滴滴汗水不断地从博莱克的面颊上往下滴,湿透了他的衣衫,但他仍拄着双拐继续训练。

生:坚强勇敢的博莱克掉队了,但他奋勇地坚持着,第一次,第二次,第三次……无数次练习后,他跟上了大家的步伐。

这是情景发散式的课文补白。

再如教学《女娲补天》时,教师重点引导学生学习天塌陷时的内容,并不断引导学生体会这一情景的可怕和老百姓所受的煎熬:天哪,太可怕了!远远的天空塌下一大块,露出一个黑黑的大窟窿。地裂开了,出现了一道道深沟。山冈上燃烧着熊熊大火,田野里到处是洪水,许多人被火围困在山顶上,许多人在水里挣扎。

学到"金光四射,大窟窿立刻被补好"时,教师播放了一段"大地到处都生机勃勃,莺歌燕舞,国泰民安"的录像,然后出示如下句式引导学生进行随文练笔——

天空_____,山冈_____。

大地_____,田野_____。

许多人_____,还有许多人_____。

看看学生的补充:

生:天空中鸟儿在飞翔,白云在游荡,山冈上处处鸟语花香。

生:大地的裂缝被填平了,深沟不见了,田野中到处都是茂盛的花草树木。

生:许多人在田地里劳作,还有许多人在房屋中织布,田间和庭院中到处充满欢声笑语。

生：山冈上的火早已被扑灭，到处都是绿油油的梯田；田野里的洪水早已不知去向，到处都是黄澄澄的庄稼。

这是关注语文学习的随文练笔，等等。

有了读写结合，才让写落到了实处，才让语文课有了效率，有了实用的价值。有了读写结合，才让学生在课堂上被激起的情感有了释放之地，才会把课堂的温度提升到沸点。

有人形容一堂理想的语文课应该是"环环相套，丝丝入扣，行去流水，滴水不漏"。憧憬着理想的语文课堂，让语文课堂在自己的努力下保持着温度、热度，让每个孩子都爱上语文课，这是李爱珍老师始终不渝的追求。

第十七节　孙晓青：注重教学细节，培育良好习惯

五年来，我校的孙晓青老师一直担任小学一年级的体育教学，这群可爱的孩子们从四面八方汇集到这里，对一切都不熟悉。再加上学校场地小，班额大，所以遇到的问题相对来说也多。开始时每次上课总是手忙脚乱，按住葫芦起了瓢，自己干着急上火却没用，嗓子天天哑着。从那时起，在教学中思考，在思考中教学，成为孙老师永恒不变的主题，并借助学校宽基教育理念的引领，反思、实践、改进、总结，孙老师逐渐发现，问题的出现与习惯的养成有着直接的关系。当各种良好的习惯形成了，各种问题就会迎刃而解了，就像一颗小树苗，从小将它扶正，它就会越长越直。就像我国著名教育家叶圣陶所说："教育就是养成良好的习惯。"荣获诺贝尔奖的奥地利心理学家洛伦兹经过长期研究发现，孩子习惯的养成有一个关键期的问题——幼儿园和小学是培养生活习惯与学习习惯的关键期。

那么体育教学中如何培养低年级孩子良好习惯呢？下面是孙晓青老师在教学中的一些做法：

一、常规习惯的养成

在不断的实践中,孙老师深刻地体会到,要形成良好的常规习惯,最重要的就是真抓、长抓。体育课上首先是基本动作的掌握,低年级孩子就应该扎扎实实地掌握一些最基本的动作,这也是形成其他良好习惯的先决条件,来不得半点马虎。其中包括:(1)正确站姿与听到铃声自觉站队;(2)着装;(3)请假;(4)按时带学习用具;(5)器材的运用与放置以及听讲习惯。在这里着重讲一下听讲习惯的养成。低年级的孩子自制力较弱,注意力时间短,非常容易受到外部环境的干扰,旁边一有动静,就会出现东张西望开小差的现象,有的孩子听得看似认真,问题却回答不出来,但不管是哪种原因,都很大程度上影响了学生对知识的接受。孙老师认为这与教师的教学方法不当有很大关系,所以老师要设法引导孩子听讲。教学中孙老师常用的方法有:(1)激趣法。① 将所学知识设计成学生喜欢的、新奇的、有竞争性的游戏,让孩子在快乐的氛围中不知不觉地学会体育的基本技能;② 充分利用学生模仿能力强的特性,创设情境,提高学习兴趣。(2)适时提问。在学习或者强调要求时,经常提问题,用以提醒孩子,以达到提示的作用。(3)用事实说话。首先对孩子已习惯的错误动作,适时地找动作正确的孩子与其做对比性示范,用结果告诉孩子什么是对与错;其次通过提问,让认真听讲和精力不集中的孩子做对比,通过事实让孩子明白听讲的重要性,从而逐渐养成认真听讲的习惯。(4)师生间的约定。真诚地与学生约定,学生做到的老师必须做到,并互相监督。(5)明理教育。教学过程中,让孩子按要求去做时,首先让孩子明白这样做的原因,当老师讲时,是因为这件事或某个要求是同学们必须知道的,是很重要的,不然就会影响学习。其次,教会孩子换位思考,通过自己的感受来说问题。孩子们明白了这些,慢慢地就会按要求去做了。在各种引导下,很快孩子认真听讲的习惯就养成了。

二、运动习惯的养成

1. 宽松环境育习惯

很多老师都认为,低年级的孩子活泼好动,不能太放开了,否则容易出现危险。但孙老师认为，如果你的教法设计得当，抓住学生的生理与心理特点，从孩子的实际出发，就能让学生在一个宽松的环境下使学生带着挑战去学习，带着疑问去学习，伴着友情去学习。在这种氛围下，他们收获的不只是技能，更重要的是体验到合作的快乐与运动的魅力，从而养成运动习惯。

2. 快乐课堂育习惯

孙老师一直认为锻炼是一种非常快乐的事情，快乐体育有利于运动习惯的形成，所以多年来孙老师坚持锻炼，同时也在把这种快乐带给亲爱的孩子们，让孩子们享受运动带来的乐趣。作为孩子的引路人，孙老师把课堂设计放在首位。老师的思维、教学设计、老师的情绪等等，直接影响到学生的学习状态，如果老师的思维非常禁锢，缺乏热情，那么学生就会在老师圈定的框架里越学越无聊，整个课堂就会很沉闷，久而久之，就会造成学生学习上的厌倦。

3. 体验成功育习惯

每个孩子身上都有闪光点，有的在平时的课中能够展现出来，而有些孩子需要老师的挖掘，多次的激发，并给他们提供一个展示的舞台，他们才能发光闪亮。做为启蒙教育的小学教师，尽可能早地发现孩子的闪光点，就能够让孩了在自信中养成喜欢锻炼的习惯。

4. 平等课堂育习惯

课堂的平等首先体现在孩子做到的老师必须做到。其次是充分信任孩子，注重小助手培养，有了小助手，很多事情孙老师都会安排孩子去做，不会因为他们年龄小而不相信他们，或者不让他们做，当然，做之前孙老师会先给他们"指导"，建立威信，树立榜样，教给他们方法与尺度。在孙老师的课上，孩子们各司其职，俨然是一位位小老师。

在这种平等融洽的教学氛围中，孩子们觉得自己就是课堂的小主人，这样对学生习惯的养成会事半功倍。

这些习惯培育的过程对教师也提出了非常高的要求：(1) 培育习惯要循循善诱。习惯的养成需要一个过程，老师家长要积极配合，循循善诱，给孩子讲明道理，遇到问题千万不能急，要及时给予孩子纠正，耐心指导孩子该怎样做，时间长了，正确的做法自然会形成一种习惯。（2）培育习惯要注重细节，不厌其烦。一年级是一个很大的转折点，这种正规的学习生活，是形成习惯的最佳时期，各种习惯都不能松懈，要从每个细节一点一滴抓起，很多习惯只有在老师耐心细致、不断的强化下才能形成。（3）培育习惯要坚持不懈。习惯养成需要一个长时间的过程，需要老师的无限爱心与耐心，需要各阶段各年级的老师共同努力，否则就会出现半途而废的局面。（4）培育习惯要潜移默化。潜移默化是一种无声的教育，教师的一举一动、一言一行对孩子的影响至关重要，这是直观的，比说教更重要，以身示范，站在与学生同等高度，这样学生习惯养成会事半功倍。比如一年级孩子初学跳绳时，为了让孩子方便拿绳子，开始时先教给了孩子们缠绳，但总是有的孩子图省事不缠绳，孙老师就利用每节下课前和孩子进行缠绳比赛，一次两次……很快，不用老师的提醒，下课前孩子们已经能够自觉地缠绳了，而且效果特别好。各位辛苦的体育教育者，给孩子培养一个好习惯，可能会让孩子少走好多弯路，更有可能让孩子受益一生。

三、一点思考

教育不只是教，更要育。孙老师在认真抓好课堂教学的同时，其实也留有深深的无奈：我们目前的教育现状很大程度只注重教，在育的方面有很大欠缺，其实这不能怪老师，而是现在教育现状造成的。对教师的评价及将来孩子的升学离不开成绩，离不开分数，导致了目前的状况。在孙老师看来，我们不能忽略教，那是大势所趋，但我们做着教书育人的工作，所以更要育，在育中培养出各种好习惯，是我们每位老师应尽的责任。虽然那些无法立刻显现出来，要经过老师长期不懈的努力，但它可以影响孩子一生，比单纯传授知识更重要。温家宝曾说过："当一名教师，首先要是一个充满爱心的人，把追求理想、塑造心灵、传承知识当成人生的最大追求。要关爱每一名学生，关心每一名学生的成长进步，努力成为学生的良师益友，成为学生健康成长的指导者和引路人。"是啊，作为人类灵魂的工程师，在教好孩子的同时，怎样才能更好地做好育人工作，成为孙老师今后不断探索、思考、努力的目标。教学还在继续，思考没有结束，让我们一起努力吧！

第六章
课程创生：优化产品结构

第一节　科学素养课程

在全面梳理胜利大街小学的历史文化与办学愿景的基础上，胜利人基于先进的办学理念孕育了优秀的学校文化——宽基教育。经过进一步的充实完善，宽基教育最终形成了以"创生"这一核心价值观为引领，从学校、教师、学生的实际出发，关注全体师生的素质、个性、能力与智慧的自我生成、自我发展、自我创新和自我完善，追求生命成长的内源性、丰富性与持续性发展。

宽基教育最终体现在学生身上，落脚在学生综合素质的提升上。学生不再是写作业和考试的机器，而是自我发展、自我完善的探索者和实践者。学生在丰富多彩的活动中感悟，在多元的课程文化中实践。科学素养作为其中的重点之一，学校给予了大力的支持和帮助。"气象与生活""生态园""科学实验小组"以及"黄粉虫兴趣小组"等课外兴趣小组犹如雨后春笋般成立，并取得较好的成果。现在，就以我校杨静静老师的"黄粉虫兴趣小组"在学生科学素养方面上的培养为例进行简单介绍：

一、组织团体　从零做起

我，作为胜利大街小学的一名新科学教师，在工作初成了一名兴趣小组的辅导教师。那一刻的我，有激动、兴奋以及无法言明的畏惧，激动的是我所学的生物专业终于有了用武之地，畏惧的是我对黄粉虫的有些许了解，尽心辅导后，万一做不好，怎么对得起学校领导对我的信任和支持？在这矛盾的心态中，我开始了兴趣小组的征程。

黄粉虫属于昆虫纲鞘翅目，因其能在短短的半年至一年时间中完成昆虫四个生长阶段（卵期、幼虫期、蛹期、成虫期）的过渡，所以成为人们了解研究昆虫四个发育时期的首选动物。黄粉虫对于环境温度、湿度以及食物等等的要求不苛刻，便于在学校养殖，为学生们学习探究昆虫知识提供一个宽广的平台，于是黄粉虫兴趣小组成立了。兴趣小组的报名异常火热，经过层层选拔，最终确定了30个人选。在每周的活动时间里，我和学生们一起学习黄粉虫的基本知识、黄粉虫的养殖技术、黄粉虫生病的原因与预防等等。

随着兴趣小组活动的开展，我发现小组成员们在科学课上有着比其他学生更理性的思维方式和严谨的科学态度，对于实验的设计以及操作也非常有条理。换句话说，这些学生们的科学素养有着较大的提高。于是我就抓住这个结合点，对于科学素养与兴趣小组以及科学课程学习的结合进行思考研究以及实践。在这个过程中，学生们发现了越来越多的问题，例如："黄粉虫的生长发育阶段真的是四个时期吗？""环境（温度、湿度等）对黄粉虫的生长发育有影响吗？""不同食物对黄粉虫的生长发育有影响吗？"，最终我们形成了几个实验小组对于以上课题进行实验研究。在学生们精心喂养、严谨实验后，傅仟伊同学在实验基础上形成的科学小论文"不同食物对黄粉虫生长发育的影响"获得第25届山东省青少年科技创新大赛银奖。而我，对于科学素养有了些许认识，与大家分享。

二、深厚背景　意义深远

人类进入21世纪以来，社会发展以高科技、信息化、网络化、可持续发展为主要标志,这样的时代对人的素质提出新的较高的要求。《科学课程标准》规定:小学科学课程是以培养科学素养为宗旨的科学启蒙课程。而探究性学习评价就是期望通过评价了解学生实际的学习和发展状况,改进教师的教,促进学生的学,最终实现课程宗旨,即提高每个学生的科学素养。

科学素养首先由美国斯坦福大学荣誉教授赫德在一篇名为《科学素养:它在美国学校中的意义》(1958)提出的。1970年,赫德选择了"科学启蒙"的概念,认为科学教育的广义目的是培养一个启蒙的市民,能够使用科学资源去产生有利于人类发展的环境。根据克劳普法的解释,科学素养是指"每个人所应具备的对科学基本理解"。它包括以下几个方面:了解重要的科学事实、概念原则和理论,把有关的科学知识应用于日常生活情景中的能力;具备利用科学探究过程的能力;理解科学性质的一般原理和科学、技术和社会的相互作用;具备明智的对待科学的态度以及具有对科学事物的兴趣。因此,科学素养作为一个复合概念突破了单纯"知识"维度,向"知识与技能、过程与方法、情感态度与价值"的三维方向发展。

新一轮课程改革的目标之一就是改革落后的教学方式和学习方式,引导学生积极探索,勇于实践,培养发现、分析和解决问题的能力,全面提高学生的科学素养。所以我们应该在传授基础知识和训练基本技能的同时,更要有意识地对学生进行科学素养的训练和培养。

我校现有40多个教学班,有一支教学功底深厚、教学态度严谨、富有敬业和奉献精神的师资队伍。学校的科学教学及科技创新在市内享有盛誉,许多学生每年参加区、市乃至全国的各类科技竞赛活动,不少作品屡屡获得全国、市、区级比赛的佳绩。我校马韫韬同学的作品《多功能手指力量训练器》获得第26届全国科技创新大赛一等奖,还获得了首届全国青少年环保发明大赛一等奖。

基于以上的背景和认识,我们想给每一个学生提供探究科学的机会,提供丰富多彩的研究材料和研究的空间,提供优秀的专业化教师和充裕的探究时间,以及社会资源的支持,使孩子们在小学阶段就能形成初步的科学素养。

三、理论学习　了解素养

科学素养的主要内容：

（一）科学知识

包括概念、定律、理论等。在研究科学知识这个问题时，我们应该注意传统教育对知识的错误理解。传统教育认为：1. 知识是被动接受的；2. 知识的学习过程主要是记忆过程；3. 知识的学习带有社会强制性。这些特征对现代科学和科学学习有如下的影响：1. 重结果甚于重过程；2. 重标准答案甚于重智慧开发；3. 重教育者对科学知识的重要性的看法甚于重社会、市场对科学知识的需要。

（二）技能

技能是主体在已有知识经验的基础上，经练习形成的执行某种任务的活动方式。操作技能亦称"动作技能"，在操作性知识指导下，经练习而形成，是由人体动作构成的合法则的随意行动方式，是培养人的技术能力或才能的重要因素。

（三）科学方法和思维方法

科学方法是人们在科学研究中所遵循的途径和所运用的各种方法和手段的总称。科学方法通常指各个科学部门中较为通用的一般科学方法。科学方法是人们揭示客观世界奥秘、获得新知识、探索真理的工具。

哲学方法是最高层次、应用最普遍的方法，能够运用于以自然界、社会和思维为研究对象的所有科学部门，可以视为科学方法的组成部分。科学方法还可以按照适用范围的大小，区分为一般科学方法和特殊科学方法两个层次。一般科学方法通常分为经验性科学方法、理论性科学方法和横向学科方法三类。经验性科学方法是获取经验材料或科学事实的一般方法，如观察方法、实验方法、调查方法、测量方法等。理论性科学方法是对经验、事实进行思维加工的建立理论的一般方法，包括分析、综合、归纳、演绎、类比等逻辑方法以及假设方法、思想实验、理想化方法等。横向学科方法指的是由数学、一般系统论、信息论等横向学科抽取出来的一般方法，如各种数学方法和系统方法、黑箱方法、反馈方法、信息方法等。特殊科学方法是个别科学领域或学科所运用的各种特殊方法，如物理中的光谱分析法、化学中的电解法、生物中的同位素示踪法、医学中的免疫法、心理学中的精神分析法、人口学中的人口普查法等。现代科学方法建立在实践经验和经实践检验过的科学理论的基础上。

思维方法是人们认识世界和改造世界的精神活动形式、方式和程序的总称。人的一切活动，无论认识活动还是实践活动，都离不开思维和思维方法。思维方法的类型是与思维类型相对应的。按照思维活动所运用的信息形式，思维方法区分为抽象思维方法和意象思维方法。按照思维结构的程式化程度，思维方法区分为逻辑思维方法和直觉思维方法。按照思维过程的方向性，思维方法区分为逆向思维方法、侧向思维方法、发散思维方法、收敛思维方法等。

这里介绍一下科学过程或过程技能（Science Process or ProcessSkills）。西方特别是美国把对科学过程的理解作为科学素养的一个重要成分。有的学者把科学过程（或科学过程技能）称为科学家学习和研究时所做的事情。科学过程技能是产生内容的载体以及概念借以形成的方法。

根据美国 1979 年出版的，由芬克等五人撰写的《学习科学过程技能》一书，科学过程技能分为基本科学技能和综合科学过程技能两大类：前者包括观察、分类、交流、米制测量、预测和推理；后者包括鉴定变数、作数据表、作图表、叙述变量间的关系、获得和处理数据、分析研究、作出假说、在运算上规定变数、设计研究和进行实验。把这 16 个科学过程技能逐一分析，得出结论是它们都相当于科学方法和思维方法，主要是科学方法。

（四）价值观

在复杂的具有多重价值及多元文化的社会中，具有科学素养的人要能进行价值判断，并在冲突的观念中寻找妥协的途径，要具有与人、与自然进行协商的能力，尊重他人的意见。

（五）解决社会及日常问题的决策

能鉴定作为全国和地方的决策的基础的科学问题以及表达在科学上和技术上有见识的观点。一个有素养的市民必须能够在科学信息的资源以及用来产生它们的方法的基础上来评价科学信息的质量。科学素养也意指提出和评价基于证据的争论的能力以及合适地从这样的争论来应用结论。

（六）创新精神

对创新教育内容的看法目前很不一致。有学者认为，创新精神指创新能力中的非智力因素，如求知欲、创新意识、勇敢精神、顽强精神、科学态度等。对于创新意识，有学者认为，可包括推崇创新，追求创新，以创新为荣，产生创新动机，树立创新目标，发挥创新潜力，释放创新激情。

有学者认为，创新思维即发明或发现一种新方式，以处理某种事情或事物的思维过程。对于创新能力，在要求上讨论更多。有学者认为，创新能力绝不仅仅是一种智力特征，更是一种人格特征，是一种精神状态，是一种综合素质。是否重视创新能力的培养，是传统教育与现代教育的根本区别之一。有学者认为，创新能力包括创造智慧能力，包括超常力、进取力、想象力、综合力、选择力、批判力、敏捷性以及创造操作能力。

扎实的知识是创新能力形成的基础。合理的能力结构是创新活动必不可少的条件。合理的能力结构包括发现问题的能力、明确问题的能力、组织和分析问题的能力、解决问题的能力。有学者介绍，国外研究表明，培养创新能力的办法有三百多种，其中常用的有一百多种。

（七）科学、技术、社会及其相互关系

科学提供知识，技术提供应用这些知识的方法，社会则要求我们的价值观念指导我们应如何地去对待科学与技术。1989年在德国基尔召开的世界科学和技术教育倾向的专题讨论会上，提出STS的意义通常理解为在技术和社会环境的可靠的范围内教授科学内容。

STS的相互关系是STS教育的一个核心问题。在上述的专题讨论会上，有学者提出科学、技术与社会三者的关系是：学生趋向于把他们对自然世界环境（科学内容）的个人理解跟人工构造环境（技术）和他们的日常经验的社会环境（社会）结合起来。这也是STS教育的实质。

（八）科学精神

近几年，国内文献中讨论科学精神的甚多，看法纷纭，但有几点看法是基本一致的：

1. 求真、求实、客观精神。

主张客观真理，即认识到真理是可重复的，可检验的；主张实事求是，亦即认识要从"实事"而不是从"虚事"出发，找出事物发展的规律；科学的本质并不是证实真理，而是不断发现以前真理的错误，不断更新真理。主张理论与实践一致。

2. 合理怀疑和批判精神、创新精神。

主张解放思想，破除一切迷信。提倡凡事要问一个"为什么"，问一个理由何在。善于在没有问题的地方产生问题，在没有现成答案的地方寻找答案。不盲从潮流，不迷信权威，不把偶然性当成必然性，不把局部看做整体。不轻易相信未在严密方法下经过反复证明的严格科学推理的所谓新发现。创新是科学的生命，没有创新，就没有科学；没有创新，科学将停滞不前。具体的真理都是相对真理，是可以突破的。创新精神是科学精神的重要组成部分。创新应当在继承的基础上进行。

3. 民主、平等、自由、合作精神。

科学是社会有组织的群体活动。因此，团队精神、民主作风、合作意识、百家争鸣等都是科学精神的组成部分。

4. 人文精神。

科学与人文是相辅相成的，不该有分裂和隔阂。没有人文的科学是跛脚的，没有科学的人文是盲目的。科学工作者应该关注人类的命运和社会的进步，力所能及地参与从街道、城镇、国家到全世界大大小小的社区中与科学相关的事务中去。将科学作为绝对权威来推崇，会形成科学崇拜，必然会导致人文的失陷。人文失陷的后果会导致科学发展与人类精神相对立，轻则造成生态环境恶化，重则用于制造杀人武器。

5. 不断求知精神。

世界的发展、变化是无穷无尽的，因此认识的任务是无穷无尽的，还要有求证精神。

6. 超功利精神。

7. 探索精神。

8. 原理精神。

9. 独立精神。

10. 群众参与精神。

11. 高瞻远瞩、超越前人的精神。

12. 宽宏大度、谦恭能达的精神。

13. 顽强执著、锲而不舍的精神。

上述的科学精神中，各种文献提及较多的是前五种精神，也有把科学的性质和科学的局限性列入科学精神中的。最后，还须特别强调的是，科学精神与马克思主义哲学精神从根本上说是一致的。

(九) 科学态度

科学态度是通过对科学知识的正确理解和科学发展的整体把握而形成的科学信念和科学习惯。科学既是真实可见的，又是不断发展的。科学之所以可信，是因为科学来自经验，是真实可见的，并经过实践的检验，具有可重复性。

(十) 科学伦理和情感

1. 用辩证唯物主义与历史唯物主义思想对待科学和科学事业。

2. 认识科技道德。指包括科技道德关系、科技道德意识、科技道德活动诸要素的具有内在结构的科技道德现象。

3. 认识科学应以造福人类为目标。对科学的积极心境、热情和社会责任感、义务感，热爱祖国及其科学事业，把热情和科学态度结合起来。

4. 学习科学家和科学工作者的科学良心和责任感。

5. 在科学学习和科学活动上深入钻研，刻苦探索，追求真理，力争创新。

6. 产生对科学和科学事业的美感。

7. 正确认识科学的价值标准。

8. 具有支持科学新生事物的精神，以及面对习惯力量不屈不挠、激流勇进的精神。

9. 在科学学习和科学活动上具有责任感。善于与人交往、团结协作、友谊帮助和竞赛。

10. 拥有献身科学事业的崇高品格。学习科学家和科学工作者献身科学的精神、敬业精神、行为规范和科学精神。

11. 学习科学家和科学工作者实事求是、严谨治学的行为准则和谦虚谨慎的精神。

12. 爱护自然、生态环境、资源，并与破坏生态环境和资源的不良行为作斗争。

13. 培养科学兴趣、好奇心、求知欲和自信心。

14. 学习科学的坚强意志和毅力，不怕艰难险恶。

15. 反对伪科学。

16. 反对迷信邪说。

17. 反对利用科学做杀人武器(如毒气弹、细菌、落叶剂等)。

18. 反对利用科学做假冒伪劣的事情。

19. 反对在科学上剽窃。

四、课堂教学　培养素养

课堂是培养提高学生科学素养的主阵地，可以说，每一门学科，都蕴含着丰富的科技教育资源。科学教育不仅仅传授知识、掌握技能，更主要的是培养学生能形成严谨的科学态度和良好的科学素养。

(一) 激发对科学的学习兴趣，提高学生的科学素养

学习兴趣是学生对学习的积极认识倾向与情绪状态，是学生学习积极性中最现实、最活跃的成分。科学兴趣是学生对科学的好奇心和求知欲，以及由此生发的亲近科学、体验科学、热爱科学的情感。我们不仅要培养学生对科学内容和科学活动本身的直接兴趣，还要激发学生对科学活动结果的兴趣，只有这样，才能进一步培养学生的学习毅力和恒心，提高学习的自觉程度。

1. 由直观到客观，由形象到抽象，逐步培养学生的科学素养。

学生在小学阶段，通过学习、研究科学知识和科学教育的有机渗透，接

触认识许多具体的自然事物和现象，学习用正确的观点去看待周围五彩的自然界和缤纷的自然事物与现象，为学生科学素质的形成奠定了良好的基础。例如：在低年级段，通过教材提供的各种具体的自然事物和现象，如花草树木、鱼虫鸟兽、水和空气，天气的阴晴雨雪，太阳的东升西落等，进行科学自然观的有机渗透，使学生从感性上认识自然界及其各种自然事物与现象，激发学生的好奇心和了解自然、探索自然的求知欲。

2. 利用教具，唤起学习兴趣，提高学生的科学素养。

教具，最容易引起学生的学习兴趣。在科学探究过程中，我们可以利用实物、模型、标本以及幻灯片等教具唤起学生对某一课题的直接兴趣。例如《我们的食物》一课，上课开始时，我出示"香蕉""菠菜""面包"等各种食物的幻灯片或者实物，并引起学生的浓厚兴趣，为课堂教学的深入开展作好充分的准备。又如，教学《地球的自转》《四季更替》等课程时，三球仪的演示便能起到事半功倍的效果。

3. 利用趣味实验，激发探究兴趣，提高学生的科学素养。

如今的学生，不再满足老师教给他们多少知识，而更多的学生则喜欢老师能给他们自由探究的机会。因此，我在课堂教学时，总是千方百计创造机会让学生亲自动手操作，引导他们自行获取知识，培养能力和科学探究精神。实验操作便是学生最喜爱的一种学习方式。在每节课的教学中我总是让学生自己设计实验，组织学生集体研究、完善、论证实验方案，然后按自己制定的实验计划开展实验研究。当学生遇到困难时，勉励他们不灰心，不气馁，和他们一起找原因想办法。在教师的帮助下，学生总会找到很多办法，当然他们获得的绝不会仅仅是知识，更重要的是一种科学探究的兴趣。

（二）重视知识与技能，培养学生的思维能力，提高学生科学素养

有知未必有能，无知一定无能。所以学生能在有限的时间内，尽可能多地获得知识始终是教师教学所追求的目标。传统教学中科学知识主要侧重于以实验结论为代表的经验知识和以实验原理为代表的理论知识，然而获得这些知识不是老师在课上"硬塞"给学生似懂非懂的信息，也不是学生毫无意义的死记或为了教师的考核而机械地掌握某些知识，而是学生主动有

意义地建构自己终身发展有用的知识,是有利于学生探究、合作、交流、对话、创新的知识。

1. 引导学生思维发散,培养思维的广阔性,提高学生的科学素养。

思维的广阔性指善于从多方面多角度,不依常规地去思考问题,它反映思维的宽度广度。发散性思维即求异思维是创造思维的主要成分,它指对同一个问题探求不同的解答方法的思维过程和思维方法。

教师要引导学生进行观察方法的发散。要求学生思考解答某个问题的种种方法。如在学习水的基本性质时,我先让学生通过讨论,通过多种角度来进行观察,例如闻闻水的气味,尝尝水的味道,看看水的颜色等等,然后进行学习探索。

2. 教会学生想象,培养思维的灵活性,提高学生的科学素养。

思维的灵活性指善于迅速地引起联系,建立联想,善于依情况的变化而变化,迅速地及时地调整原有的思维过程。联想也是一种创造性思维,它指从一个问题想到另一个问题的心理活动,教会学生各种联想是培养学生思维灵活性的重要方面。

教师可以引导学生由一事物或概念想到其相近的事物或概念。如学生在学习《水变热了》时,从变热的角度想到“杯子热了”这一课。教师也可以引导学生由一事物想到在性质和形态上相似的另一事物。如,在对水的观察中,联想到类似于水的其它液体,就像酱油、菜油、醋、汽油等物体。

(三) 重视情感态度和价值观,培养学生的创新能力,提高学生的科学素养

情感态度与价值观是科学精神、科学素养的灵魂,在科学教学中,不仅要培养学生严谨细致的科学作风,实事求是的科学态度,更重要的是要培养学生敢于超越现状的创新精神。

1. 转换学生的学习方式,培养学生勇于实践的探索精神,提高学生的科学素养。

学生是学习的主体,学习方式是影响学生学习和发展的重要因素。以培养学生科学素养为主旨的科学课程,将科学素养作为突破口,倡导和促进学生进行探究、自主和合作学习,进而提高学生的科学素养。通过探究学习

凸显学习的问题性、过程性、开放性,形成学生内在的学习动机,批判的思维品质和思考问题的习惯。通过自主学习凸显学习的主动性、独立性、自控性,弘扬人的主体性和自主精神。

2. 开展家庭小实验,养成勤思考、爱动手的好习惯,提高学生的科学素养。

在我们的日常生活中,科学无处不在,只要多加留意,善于思考,就可以用所学知识指导我们的生活,如食物的营养搭配,热气球为什么上升,如何鉴别牛奶中是否加了面汤,等等。这样学生在应用、解释问题时就会不断地发现问题、分析问题,从而寻求解决问题的方法,以此来开发学生的实验兴趣和个性特长,使创新能力得到发展,形成良好的科学品质,使学生的科学素养得到提高。

在课堂上,教师应根据教学活动的实际需要灵活地转换角色,创设适合学生自行探究、激励学生勇于探究的学习环境,使学生以最佳的情绪参与到研究活动之中。对学生的探究活动,教师要充分发挥学生在课堂上的主体作用,开发学生的潜能,激发学生创新的火花。同时教师要善于引导和鼓励学生在探究中去思考、去发现、去创造,这种引导和鼓励,无疑为学生深入地探究注入了活力。同时也要尊重学生的不同意见,以保护学生的上进心和探索精神。另外,还应允许学生在探究活动中出现失败,因为探究是一种探索性活动,走的并不一定是别人走过的路,它往往有一定的风险。对此,教师首先要肯定其探究精神,然后与学生一起找一找失败的原因,再鼓励学生尝试进行新的探索。

五、应用实践 活动提升

课堂教学是以传统的教学形式进行班级授课,它可以使学生在一定的空间和时间范围内接受教师传授的间接知识,训练技能技巧,但它在全面培养学生的科学素质方面却有着很大的局限性。这就需要广泛地开展课外科技实践活动,把它作为课堂教学的补充和延伸,扩大学生的科学知识面,拓宽学生实践和创新的途径,为学生提供更多的动手实践机会,丰富学生科学素养的内容。

（一）开设科技兴趣小组课程，全面提高学生的科学素养。

为了真正全面提高学生的科学素养，我校根据自身的条件，开设专门的科技活动课程，例如"气象与生活兴趣小组""生态园""科学实验小组"以及"黄粉虫兴趣小组"等，为学生的动手实践创造有利条件。

在兴趣小组开设过程中，有几点是非常重要的。

首先，要明确兴趣小组的目标。在兴趣小组活动中，学生亲自实践研究"身边的科学"，探索"身边科学的奥秘"，扩大学生视野，掌握有关的科学知识、技能，培养少年儿童在科技实践活动中爱科学、懂科学、用科学，提高学生的科技素养，发展学生的特长，促进全体学生科技意识与能力的提高，发展学生的科学素质。

其次，科学地确定兴趣小组活动内容。要根据兴趣小组的目标有侧重地挑选出适合学生年龄特点、便于操作、有特色的教学内容。比如科技小制作和小实验、科学实验、思维训练、课后实践等等。

最后，在兴趣小组活动中，要重视学生的科学思维以及动手实践能力。科学的思维是一切科学活动的源泉，而实践，是一种手脑并用的操作活动。在科技活动课中，教师要创造一切有利条件，善于调动学生的多种感官，引导学生充分地动眼、动手、动脑、动口，按一定的要求进行认真、细致的观察，进行实验、操作、动手制作，使学生获得更直接、更清晰的认识。

（二）开展科技节活动

为了让科技教育深入人心，学校每年举行一次趣味科技节活动，以科技节为载体，吸引更多的学生加入到科技活动的行列。

趣味科技节中，低年级学生进行简单的动手操作，了解一些浅显易懂的科技知识，进行科学启蒙教育；中高年级学生开展小制作、小发明等活动，纸牌垒高、纸桥承重是我校最经典的科技节活动。学生按照自己的兴趣特长，挑选相应的科技实践活动。学校通过开展各种各样的科技教育活动，激发学生的好奇心，使学生对科学知识、发明创造产生浓厚的兴趣，迸发出强烈的求知欲，促进学生观察、思维能力。

通过科技活动这一载体，参加活动的每一个成员都能在基础知识、基本技能、基本能力等方面得到发展。无论是小组活动，还是其他形式的教育活动，辅导教师都要结合学科或项目的特点和儿童、青少年实际水平，有目的、有计划地传授相关系统的基本概念、基本原理、基本规律等基础知识和学生应该掌握的基本技能，进而有效地培养并提高学生的科学素养。

诚然，科学素养作为科学启蒙教育中的重中之重，培养以及提高都是一个长期的复杂的过程，并非一朝一夕之事。我校所做的有益探究，所取得的感性认识仍然是初步的、粗浅的。身为教育第一线的工作者就要充分利用课堂教学这个培养学生科学素质的主阵地，并把课外活动作为课堂教学的补充和延伸，更好地引导学生学习、探究、实践、创新，不断地、潜移默化地在学生心灵上播撒科学和创新的种子，这样才能真正培养学生对科技的兴趣与意识，才能切实提高学生的科学素养。

第二节　艺术素养课程

艺术是人类文明的重要组成部分。艺术的感受、想象、创造等能力，已成为现代社会需要的综合型人才不可缺少的素质。艺术课程是我国新一轮基础教育课程改革中诞生的一种新型课程，它是在已有的音乐、美术分科课程基础上构建的一门综合课程。艺术课程不仅仅是某一门艺术学科的知识、创作技能、文化背景、风格流派等内容的综合，也是音乐、美术、戏剧、舞蹈、影视等多种艺术学科的综合以及艺术学科与其他学科的综合。当然，这种综合不是内容的简单相加，而是它们的自然融合。

艺术课程突出了人文性、综合性、创造性、愉悦性和经典性，不再把艺术视为单纯的消遣娱乐或技艺，而是把它视为人类文化的积淀和人类想象力与创造力的结晶，具有极高的人文价值。艺术课程用艺术的感人形式、丰富的内容和深刻的人文内涵，打动学生的心灵，接近学生的生活，表达学生的情感和文化追求。艺术课程还是一门具有创造性的课程，它为学生提供了创造性解决问题和发挥艺术潜能的机会，赋予他们表达自我和发挥想象力的空间。通过创造、表演、欣赏、交流等活动，学生尽情地、自由地参与多种艺术活动，体验艺术学习的快乐和满足。与此同时，艺术课程将古今中外一切经典性的文化艺术遗产自然地融入课堂教学。

艺术课程标准特别强调艺术学习的个性化，不仅要使每一位学生的艺术能力得到综合发展，而且使具有不同艺术潜质的学生有机会发挥自己的特长，帮助他们认识自己的独特性和价值，形成个性化的审美趣味。另一个显著的变化是，艺术课程将改变一成不变的教学模式，以活泼多样的形式和教学方式激发学生的学习兴趣。在学习方式上强调艺术和生活的联系，让学生利用自己的生活经验来学习，丰富自己的艺术体验和感受，提高艺术感知能力，学会用艺术的眼光观察生活。艺术课的评价也将由过去注重知识技能的评价，改变为对艺术能力与人文素养的综合评价，建立"艺术档案夹"作为孩子的成长记录。教师可以根据自身的素质和教学的需要，选择不同方式进行教学。

自教育部印发新的艺术教育发展规划以来，全国的艺术教育发生了翻天覆地的变化。当越来越多的中小学教师在新课标下引发各种教改思考的同时，与时俱进的调整教学思路成为新课标下艺术素养课程的必由之路。由此，胜利大街小学的美术教师，也在艺术教育这片沃土上，书写了自己新的篇章。

一、幸福的美术课堂

苏霍姆林斯基给我们的忠告：在教学大纲和教科书中，规定了给予学生的各种知识，但却没有给予学生最重要的东西，这就是幸福！理想的教育是培养真正的人，让每一个从自己手里培养出来的人，都能幸福地度过一生。这就是教育应该追求的恒久性、终极性价值。

如果想让学生在美术课上感受到幸福，有趣的知识、丰富的技法、广博的文化内涵、精美的作品、充实的课堂教学、感情的交流，都是必不可少的。因此，在保证教学质量的同时，美术老师们利用课余时间，查阅大量的资料，根据自己的教育教学经验,编写了丰富多彩的美术校本课程材料,同时,融入我校课内阅读的最新理念,使美术教材、校本课程、课内阅读达到一个完美的结合。由此,我们根据自己的教育经验、实际教学情况,联系教育环境,根据课程标准,找到了真正属于胜利大街小学的美术教育目标。

二、塑造孩子们的灵魂

教师的职业,不仅触及心灵,而且触及灵魂。很多的例子告诉我们,孩子们会为了一件事、一句话而改变他们的一生,而这个塑造人类灵魂的工程师,就是教师。教育之中,孩子们并不怎么听我们说什么,他们更看重的是我们处理事情、解决问题的态度和方法,更看重我们真正的兴趣点。你提倡什么,反对什么,瞒不了他们明镜一般的眼睛。教师在举手投足间都在塑造着孩子们的灵魂。

教学之中,尤其在设计课堂教学的时候,我们往往更多偏重于课堂教学的技巧,过分关注学科知识与技能的培养,而对学生的情感态度价值观的培养,则轻描淡写,有时甚至无暇顾及。美术学科更容易塑造、触及灵魂,我们由此也应更加谨慎地选择与诉说。

我们必须在家庭里塑造感恩的灵魂,在校园里撒播互敬的种子;我们必须擦亮孩子们一双双眼睛,让他们感受到身边的善良、美好与崇高;我们必须塑造孩子们脚踏实地的性格,让他们从平凡中寻找伟大。感受母爱,珍重父爱,小心地呵护好身边的每一次感动,这就是人生,这就是真实而丰富的人生。当孩子们以感恩的心对待身边发生的平凡事,当孩子们以崇敬的目光打量周围的普通人,世界将会变得更加真实,更加美好。

三、艺术是为了多彩的人生

绘画,是一种独特的表达方式,不同于文字,更加真实,更加直接,更加能凸显个性,张扬自我。它在不经意间流露,又能更广阔地表达,所以,很多人会选择绘画、欣赏绘画。接触绘画,生活将会异彩纷呈。我们要深入思考,怎样让孩子在绘画的过程中得到启示,得到心灵的洗礼,得到收获,怎样用色彩、用线条去表现另一片海阔天空。它,可以让更多的人得到更加多彩的人生。

美国曼哈顿的一所私立小学有一个"南希美术工作室"在这里，美术被认为是儿童的一门主要的语言，它是儿童认识世界、交流思想和感情的重要方式和途径。教育的目的，是给孩子们提供不同的美术材料，不同的学习过程、不同的技巧和不同的工具，借此来提高他们自我表达的自信。在工作室研究成果《体验与美术——教孩子们绘画》中，从孩子们如何思考、如何成长、如何学习、如何表达出发，展示了对各个年龄段的孩子们不同学习动机的研究成果。如，可以让学生通过画图的方式展示对事物的理解。在让特定年龄的孩子说出或者写出自己的认识往往非常困难，而通过画出自己大脑里的图像，你却能分析出他们的思维水平，这不是一般的评估方式可以做到的。在老师看来，有些孩子仅仅靠文字难以把自己丰富的想象表现出来，只有给他们更多的表现形式，才能让他们充分展示。由此种种我们可以看出美术以及美术教育在我们生活中的独特意义和非凡作用。

根据学校策划的课内阅读方案以及宽基校本课程系列教材，结合美术课程标准的广博内涵，胜利大街的美术教师们共同研发了很多教育教学实践体系，有远大的设想，也有近在咫尺的实践，能把设想付诸实施，是我们的心愿。

1. 借助课内阅读开阔视野、触及心灵，同时学习美术技法

任何一件事只要触及心灵，都会有事半功倍的效果。美术创作中的任何一笔，都是心灵的真实体现。通过课内阅读与美术学科整合的契机，我们充分利用课外书籍的优越性，从视觉、听觉等方面刺激学生艺术感官全面发展，同时引发学生心灵深处的思考。书籍要典型、真切、有价值、有兴趣，才会发挥最大的价值。我们选择了学生喜爱的故事书籍，鼓励学生在感悟故事内容的同时，运用美术的技法进一步表现。同时，校本课程中的技法创作贯穿始终，让学生在学习、懂得、理解的基础上，运用所学的色彩线描的技法进行创作。这既是一次心灵的洗礼，又让学生在学习的同时得到艺术的欣赏和提升；既能激起学习兴趣，又让学生在兴趣的动力下得到实质性的美术专业的提高。这是课内阅读、美术课程和校本课程最完美的结合！

2. 课堂内容的多元整合

随着课程的深入研究，我们逐渐感觉到美术课本内容的限制性，所以我们根据需要，扩大知识范围、活动范围、视野范围。从学生的兴趣出发，学会用美术语言多元地表达。比如，根据历史、地理、生物、文明、科技、音乐、一堂公开课、一个故事、一件事、心情、时事政治等等，一学期几个主题，表现形式就是绘画。通过广泛收集的资料、图片、语音信息、录像、影片等等，扩大学生的知识容量，提高学生多元表现的能力。

具体内容如下：

一、二年级——绘本

我们从绘本中挑选图片精美、乐于接受、技法单纯、目的明确的，根据实际情况确定主题。对于一年级的小朋友，我们的方向是情感品德系列和社会常识系列。目的是通过学习提高学生的情感价值观，同时了解更多更有意义的社会小常识，比如《小兔汤姆》《花格子大象》等等。在技法方面，一年级同学主要是水彩笔、油画棒的初步学习与运用。能根据课堂所学，运用美术技法描绘简单的画面，有自己独特的表达形式。

比起一年级，二年级的绘本学习有一个比较明显的进步，就是内容的充实、层次的提高以及技法的深入。在选择书目的时候，要逐渐偏重于画面的美术实用价值，同时选取比较经典的、学生们喜爱的绘本作为重点学习的对象。对于二年级的学生，我们的方向是完整有情节的生活小故事，比如《小怪物系列》《卡梅利多系列》；还有关于科普的系列丛书，比如《国家地理儿童彩绘本》《小小牛顿儿童馆》等。技法方面还是一年级水彩笔、油画棒的系统练习和提升，能根据自己对课堂阅读书籍的理解，用所学技法绘制自己的儿童彩绘本。

三、四年级——经典漫画

如《中国经典图画书作品》《幾米漫画》《父与子》等，都是适合小学中年级学生学习和接受的美术经典系列丛书。对于小学中年级的学生，选书方向是深入内心的启示故事和生物、历史故事。技法方面的要求是水彩笔、油画棒的深入运用，速写、线描的尝试，能根据自己技法之所学，绘制比较成熟的、典型的完整作品，并尝试加以描述。

五、六年级——名人名画欣赏

美术的学习离不开艺术的沉淀和积累，欣赏与评述是必不可少的环节。在欣赏与评述基础上的临摹与学习，是提高学生美术技能、艺术修养最直接的方式方法。所以我们在小学高年级重点对学生进行这方面的培养。逐步让学生了解经典美术大师，比如米罗、克利、毕加索、梵高、达·芬奇等等，了解他们生前的故事，他们作品的艺术表现形式、绘画的技法，从而进行尝试和练习。同时还可以渗透对人类文明的学习和启示，让学生根据书籍阐述和表达自己的理解，用绘画的形式加以表现。小学高年级的绘画技法，主要以速写线描为主，水粉可以渗透运用，旨在通过学习和欣赏产生自己的见解，用绘画的形式比较成熟地去表现。

3. 课堂形式的多元整合

美术课堂，可以不再是单一的讲授与绘画的形式，我们逐渐地把重点放在对学生心灵的关注，比如价值观、情感观、信念等等，启发学生深入的思考。让学生通过调查问卷、自由提问、相互质疑等等一系列的方法，启发孩子们的心智，使我们的学生感受到幸福、尊重、热爱等等优秀的道德品质，让美术课堂逐渐丰富、丰满、活跃起来。

课前的准备是可以与学生一起参与的，学生自己收藏的爱书往往是最适合孩子们自己学习的，所以可以共享，可以让学生自己当小老师，阐述自己的独立见解，与全班同学、与老师共同交流，产生共鸣。充分利用小组合作以及讨论的价值，产生思考，看重学生的理解和表达。对待美术作业，不再单一地看重画面形式，而是对作品内心世界深入观察，加入表达和陈述，使其成为一幅完整的作品形式，使我们的课堂形式更加多元和生动！

4. 展示形式的丰富多彩

为了更好地使我们的美术教育深入其中，为了更好地使孩子终生受益，为了激发孩子们的创作热情，为了留有更多的珍贵资料，我们鼓励学生一个学期整理1—2本有价值的课内阅读校本资料，里面包含图片、作业、文字、照片等一系列有价值、有意义的过程性资料。在优秀作业的后面，除了让学生续写自己的心情之外，老师也要加以针对性的点评每经过一个课题之后，写下感想和反思，作为一个总结。这些珍贵的资料对教师以及学生都有意义非凡的价值。

或许，我们可以换一个角度理解常态下的美术课堂教学。在课堂上，孩子们可以根据自己的所看、所想、所悟，用美术的语言去表达和抒发，用绘画的形式表达思想、情感和思考过程、成长经历。在这种有意无意之间，流露自己最真实的情感。同时，学会技法，学会做人，学会另一种文字与话语之外的表达形式，使它融入孩子们的心灵。当然，我们的课堂也要切合实际，坚定以课标为基础，以教材为中轴，以课内阅读为拓展，以校本课程为辅助，使我们的美术课堂教学更加生动和实用，让我们的学生在学习过程中感受到真正的幸福。

小学艺术教育是素质教育不可或缺的组成部分，我们的艺术教育应当给孩子带来快乐。让他们在掌握基本技能的同时，培养艺术欣赏、感受美、创造美的能力，为他们艺术能力的发展奠定基础。教育的点点滴滴造就了我们胜利大街小学美术教育的整体环境，它给了孩子们一片艺术的天空，给了老师们一个艺术教育的完美殿堂。愿老师们在不断实践与前进的同时，与我们的孩子们在艺术的海洋里不断前行。希望这块艺术教育的基石，能让孩子们受益终生。

第三节　健康体魄课程

据调查，中国孩子的体质连续十年下降，这为国人敲响了体质健康的警钟，中共中央国务院也及时发布了《关于加强青少年体育增强青少年体质的意见》。在意见中指出：广泛开展"全国亿万学生阳光体育运动"，鼓励学生走向操场，走进大自然，走到阳光下，形成青少年体育锻炼的热潮。要根据学生的年龄、性别和体质状况，积极探索适应青少年特点的体育教学与活动形式，指导学生开展有计划、有目的、有规律的体育锻炼，努力改善学生的身体形态和机能，提高运动能力，达到体质健康标准。每天一小时，不仅是每天多还给孩子们一小时快乐游戏的时间，更是给孩子们锻炼的机会和强健的体魄。《中共中央国务院关于深化教育改革全面推进素质教育的决定》指出："健康体魄是青少年为祖国和人民服务的基本前提，是中华民族旺盛生命力的体现。学校教育要树立健康第一的指导思想，切实加强体育工作。""体育与健康"课程正是在这一思想的指导下走上教育舞台的。传统的学校体育课程注重学生在课堂上所学到的运动技能，学生在课余时间内无法进行有指导性的体育锻炼。而胜利大街小学在注重常规的日常体育课堂教学以外，针对学生的兴趣爱好以及学校自身场地条件，创设了健康体魄课程，尊重教师和学生对教学内容的选择性，注重教学评价的多样性，使课程有利于激发学生的运动兴趣，养成坚持体育锻炼的习惯，形成勇敢顽强和坚韧不拔的意志品质。课程目标确立为重在培养学生强健的体魄，健康的心理，健康的人格和自立的精神，形成积极自信生活的意识。为此，我校积极响应号召，齐抓共管，使体育工作蒸蒸日上，这其中包括课堂教学、业余训练、大课间开展等。

一、各级教学抓根基，固定课程勇拓展

在各年级的课堂教学中，我们充分体现宽基课堂中"基"的部分，注重学生基本体育技能的学习与巩固，体育组老师根据我校场地小、班额大的现状，在保质完成教学任务的同时，在场地条件允许的前提下注重发挥各个年龄阶段孩子的运动优势，在每个级部酌情定出适合各年龄层次孩子的运动项目，挖掘孩子在此段此项目的最大潜能，运动项目不只局限于掌握，而是让每个孩子达到掌握动作的准确，同时在高年级结合中考体育项目，有针对性地进行选项教学。六年下来，每个孩子最少会有六项引以为豪的体育项目，把优秀孩子的舞台变成全体孩子的舞台。

一年级：孙晓青老师对低年级体育教学有着五年的教学经验与思考，她认为柔韧性是少年儿童一切运动的基础。在小学低年级抓好柔韧性练习，

可以为今后的体育锻炼打下坚实的基础,同时结合自身的课题"体育课的习惯养成"进行课堂研究,所以在每节体育课,她都抽出三分钟时间作为柔韧性练习的固定时间,项目是立位体前屈与横叉,开始时很多孩子的练习难度非常大,但经过一年的坚持练习,全部学生都能完成动作。

二年级:柴文渊老师是年轻教师,在结合老教师的教育教学经验的同时,注重教学思考。她认为,低年级在柔韧的前提下,要进一步提高学生的运动协调能力,所以在二年级教学中,重点开展协调性的练习,在学生掌握单摇跳绳的基础上,根据自身能力,进行多样跳绳的拓展练习,学生的协调能力稳步上涨。

三年级:韩守永老师根据自身专业特点,注重发掘孩子的兴趣爱好,开展多种方法的小篮球学习与练习,使中年级学生对体育课产生浓厚兴趣,初步了解和学习篮球的运球和定点投篮,为高年级的篮球课程打下基础。

四年级:于乐奎老师针对学生身体心理特点,在四年级开展双摇跳绳,激发学生敢于挑战的精神,同时提高学生身体素质。通过长时间的练习,每个同学都能够轻松地完成双摇跳。

五年级:俞健老师在五年级开展排球课程,并结合自身研究的"分组分层"的课题,同时结合学校校本课程,在高年级开展"飞扬排球"课程,这也是为中考体育奠定基础。通过练习和小组合作学习,学生对排球都有了较高水平的提高。

六年级:董晓老师在六年级开展跳大绳。跳大绳是一项集体性较强的项目,适合在高年级开展,并结合区运会中跳大绳比赛,董老师课堂上将跳大绳分为绕八字跳大绳和17人大绳。结合个人课题"笑声汗水技能",通过小组比赛的方式,提高学生练习的积极性。经过长时间的练习,孩子们对大绳的跳法驾轻就熟,课堂凝聚力也明显提高。

二、课外小组重拓宽,田径训练力争先

学校田径训练是学校体育的一个重要组成部分,是培养体育人才的重要途径。在胜利大街小学,体育教师在课堂上贯彻宽基教育中"基"的部分,注重每位学生的体育"根基",养成终身锻炼的习惯。同时在课堂上选拔体

育优秀的学生参加学校田径一队和二队，利用每天放学后一小时、周六半天以及寒暑假期，在体育教师指导下有计划地进行体育训练，由此提高学生的体育素养，建立宽基教育中体育的"宽"。因此，抓好小学生业余田径训练，提高训练水平，是体育教师必须高度重视的问题。在多年的实践中总结出：要搞好业余田径训练，首先要取得学校领导、家长们的支持。体育教师要在教学实践中不断提高自身素质，提高训练水平。抓体育活动普及来促进运动训练提高。要做好选苗工作，建立梯队训练，才能达到事半功倍的成效。要有多年和近期训练计划和目标，并抓好合理化、多样化、科学化训练。

下面是来自学校田径训练组的案例：

学校田径训练重抓落实

目前，在校学生基本都是独生子女，生活水平较高，再加上部分家长对孩子过分溺爱和娇惯，使孩子养成了任性、怕吃苦等不良习惯，而田径运动恰好就是一项又苦又累同时需要较大毅力才能完成的体育运动，再加上中国田径的现状，要想在小学开展田径业余训练，确实需要相应的策略。

一、加强宣传，提高学生对田径运动的认识

作为奥林匹克家庭中最庞大的"家族"——田径，是一切体育运动的基础，跑、跳、投，速度、弹跳、力量等，凡是运动科学所涉及的部分，在田径中都能找到。小学的体育课，大部分时间都是田径训练内容。中、小学的运动会，也几乎就是田径运动会。这绝不是人为的有意偏颇，而是因为只要练好田径必然能增强学生体质。所以，教师要向学生宣传，只有练好田径，才能为其他项目打好基础。

二、做出成绩，加强沟通

1. 做出成绩

俗话说：靠天、靠地，不如靠自己。要想改变领导，是一件不容易的事。只有通过自己的努力，获得成绩，才能赢得领导的重视。通过调查发现，有些学校体育教师的工作积极性特别高，成绩显著，学校也往往将体育作为对外宣传的窗口，体育教师也特别受领导的重视，甚至超过一般学科教师。而有些学校体育教师工作积极性欠佳，成绩平平，更有甚者让人感觉"混"的味道很重，领导当然也就无法重视。仔细分析一下，那些体育受到重视的学校，许多也不是一开始就重视，而是体育教师自己勤奋工作或取得好成绩之后才引起领导重视的。所以，体育教师首先要排除等、靠、要的思想，努力用成绩去说明一切。

2. 加强沟通

领导对田径队的关心往往造成许多体育教师的压力过大，最好的办法是适当地与领导进行交流，汇报自己的工作。当然，每个人的工作情况是明摆着的，成绩的好坏领导也是知道的。在与校长的交流中要多谈自己对田径队训练的打算，根据自己的实际困难适当地提一些要求。人非草木，孰能无情，领导通过自己长期的观察和考验，一定会关心体育教师的疾苦，慢慢理解教师的艰辛与不易。

三、培养小学生对田径训练的兴趣

运动是每个学生的内在需要，当需要达到一定的程度时，就能成为推动一个人参加体育运动的内部动力，形成体育动机。体育教师要满足学生的这些需要，激发他们体育动机，培养他们的兴趣。

1. 展示体育魅力

课余体育训练、体育竞赛的魅力之一就是具有鲜明的挑战性和趣味性。在枯燥、乏味的小学田径训练中，我们对学生提出的要求要合理，训练内容尽量丰富多彩，具有趣味性，谨防挫伤队员积极性。合理安排一些竞赛活动，依实际情况在表扬、肯定的同时，运用适当的、适时的批评，展现田径训练的挑战性，满足他们接受刺激、追求乐趣的需要。

2. 体现自我价值

给学生提供机会，满足学生展示才能、实现自我价值的需要，是提高小学生对田径训练的兴趣，促使有发展潜力的学生向训练队靠拢的重要条件。没有学生谈何训练？为此，在学校内经常组织一些竞赛，给他们以展示才能的机会，做好激励机制等工作。队员从事体育竞赛后，对取得良好成绩和表现出优良作风的队员进行表扬和奖励，满足他们在体育运动中最普遍最强烈的需要，也激励其他队员为优良成绩努力拼搏，同时也提高了队员在广大学生中的地位,让有天赋的学生向田径队靠拢,为形成梯队建设打下基础。

四、协调好几个方面关系

加强多方合作,依靠集体力量是搞好学校田径训练的最佳途径。

1. 协调学生学习、训练之间的关系

进行体育训练,促进了队员身心健康发展,培养出较高的竞技水平,但也难免会或多或少地影响学生其他学科的学习,从而也就产生了学习与训练的矛盾。这就是我们经常讨论的"学训关系"的问题。如不能很好地解决此问题,那么小到影响训练队的生源问题,大到影响队员的终身。本着"一切工作为了学生"这一原则,作为体育教师,要有正确的态度,力争想办法把此问题的负作用降低到最小,甚至可以向两者相互促进的方面而努力。这里体育教师与各班任课教师、队员家长协调配合就显得尤为重要。① 我们应与任课老师交流,争取任课老师的支持,协调好学生学习、生活、训练之间的关系,争取做到学生训练学习两不误。我们一定要站在任课老师的立场上多替老师考虑,每个老师工作都有自己的压力,都需要周围同事家长的尊重、认可,都有证明自己实力的要求,都需要互相支持。你只有尊重理解周围同事,真正为他们着想,才能赢得他们的理解和支持。② 在日常训练中,队员可能在训练中出现因疲劳影响课堂效率、家庭作业质量等现象。此时,任课教师及时调动队员上课的积极性,提高课堂效率;而家长须加强对学生作业的辅导工作,提高作业质量。另外,我们与家长、任课教师要经常联系,交流看法,及时了解队员各阶段的身心状况,改进工作方法,让学生能更好地训练,健康地成长。③ 作为教练,随时关注运动员的学习动态。胜利大街小学的体育教师,牺牲午休时间对运动员进行课程辅导,减少任课教师的负担;在期末考核结束后,第一时间了解运动员的考核等级,并与家长进行交流,充分做到"一切工作为了学生",全面关注学生,也就会得到家长的支持。

2. 拉近师生心理距离,提高队员思想认识

学校课余体育训练工作的师生关系应该是和谐的、互信的。作为体育教师,体育不但要教给学生训练方法,提高他们运动的水平,还要经常找他们谈谈心,交流情感,了解他们的内心世界,以对他们学习生活多方面关心、

照顾，使师生关系变得和谐。如我校俞健老师与学生的交流。俞老师刚接近宋立义的时候，发现他条件很好，身材修长，是运动员的好苗子，但该生训练积极性不高，出勤很差。通过了解，该运动员喜欢打篮球，学习不错，并且特别崇拜高水平跨栏运动员刘翔。了解这些以后，俞老师找宋立义长谈了一次，列举了他和刘翔的相似之处，使他明白刘翔也是从小参加训练的，只要他认真努力，将来也有希望成为中国的另一个刘翔。俞老师为宋立义确立了一个目标，并和宋立义约定，以后每天的训练都会陪他打半小时篮球。从那以后，俞老师按照约定，每天陪他打半小时篮球，宋立义也基本保持全勤，个别时间有事都会提前请假，不但运动成绩有大幅度提高，而且还担任了田径队队长，成了老师的好帮手，并且在区运动会上获得了第二名的好成绩。在田径训练队中，我们要致力营造一种广开言路的民主氛围，给他们充分的自主权，培养他们的责任感。通过师生共同努力，不断提高训练质量。队员是"学训关系"问题的主体，要完善地解决此问题就必须使他们明白学训并重的道理，使队员从思想深处明白学习与训练同样重要，促使他们能更加努力学好其他各门功课，提高各科功课成绩。

3. 注意换位思考，动之以情、晓之以理，获得家长的支持

每位体育教师自己也是一位家长，或也将成为家长，做好学生家长的思想动员工作，特别是对那些不支持、不配合甚至阻挠子女从事田径训练的家长，一定要学会换位思考，多站在这些家长的角度，要弄清情况，讲明道理，区别对待，能说出家长的心里话，让家长知道你对他想法的理解；同时也提出你的看法和希望，告诉家长，他们的想法其实是一个社会问题：生活水平提高之后，不论大人还是小孩，怕苦怕累的思想很普遍，愿意参加体育训练的人越来越少。而事实上，体育训练和竞赛是给青少年成长提供的一种很好的手段，他们可以在竞争中接受挫折教育、成功教育、团队合作精神的教育。向家长呼吁：让我们的孩子多参加体育运动吧！让他们多吃一点苦，多经历一些有益的挫折；因为，苦难是金。我们力争获得家长支持。如：运动员王子琪，弹跳好，乐于训练，能吃苦，父母个子高，是难得的跳跃运动员的好材料，该生学习成绩在班里也名列前茅，训练一直非常正常。自2005年秋

季运动会后，王子琪突然告诉老师说：家长不让她参加训练了。老师很快了解了原因，原来他的父母怕训练耽误孩子学习，知道原因后，老师把王子琪的家长请来做了一次长谈，站在家长的立场上对王子琪的现状作了客观公正的分析，使家长明白孩子的特长特别突出，并针对家长的顾虑请孩子的班主任和任课老师对王子琪的学习进行特别关照，为家长解除了后顾之忧，孩子的班主任张老师非常配合，使家长非常满意，对孩子的训练表示全力支持。平常老师也有针对性地对孩子的学习加强关注，家长非常感激。后来孩子母亲给老师发短信说："老师：您好。非常感谢您为子琪所做的一切。希望通过我们的合作与努力，帮助孩子找回自信，改掉浮躁的毛病，实现双赢，顺祝全家幸福、安康。"工作得到了家长的认可，是我们老师最大的动力。

五、经常反思，提高思想认识；加强学习，提高训练水平

现代社会，发展迅速，任何领域都有日新月异的变化。作为体育教师，应清醒地认识到这一点，再也不能墨守成规，依然采用原来的师傅带徒弟的训练方式，要有挑战新技术、接受新观念的勇气。因此，体育教师应从自身出发，经常反思，提高思想认识。另外，体育教师还应该经常督促自己看一些理论书籍和一些体育教育教学杂志，尝试着把别人的好办法有选择地运用到自己的训练之中，日积月累，训练水平一定会慢慢提高。

六、阳光健身重落实，拉丁元素领独秀

大课间活动是学校体育的重要组成部分，是落实"每天锻炼一小时"的重要保证，是培养学生体育兴趣、增强学生体质的重要手段。为此我校体育教师在开展丰富多样的大课间活动上下了功夫。

大课间的主导方向我们把握准确了，接下来就要思考借助什么形式来开展我们的大课间活动了。通过调查我们发现，现在的大课间健身操运用较多，但没有突破。我们结合现在流行的体育舞蹈，对大课间操进行改进和创新。在思考和实施过程中，我们将体育的刚健雄壮之美与舞蹈的优雅多姿之美糅合到一起，按照健身操的编排原则，自主创编了一套"拉丁健身操"，让孩子们以艺术的审美方式锻炼身体。其中融入体育舞蹈中拉丁舞的元素，有个人舞蹈动作，也有双人的组合动作，还有四人小组的组合动作。

在节奏感明快、充满激情的乐曲中，学生们不仅得到了身体上的锻炼，也受到了艺术上的熏陶。现在高年级学习的是恰恰和桑巴版块。同时我们也成立了体育舞蹈团，学生参与热情高涨，并得到市区级领导的一致好评，取得了不俗的成绩，获得了许多展示的机会，也给我校每天进行阳光课间的孩子们带来了很多益处。

拉丁健身操的开展具有科学性，符合学生的年龄特点和生理变化规律，符合季节、气候的变化，内容要不断翻新、不断地发展。在现阶段已经推广开的是恰恰和桑巴两部分，还有正在编排中的伦巴和牛仔舞两部分，具有积极向上的心态，使学生产生浓厚的学习兴趣。大课间体育活动充满了生命力，同时具有实效性，使学生的身心健康得到了全面发展，寓健身于快乐音乐之中，充分调动学生参与活动的积极性，结合健康教育，达到了增强体质的目的。

拉丁健身操的开展具有创新性，符合标准，因地制宜形成学校大课间特色，突出创新教育，充分发展了学生的个性和特长，让每一个学生在集体的健身活动中找到自己的位置，显示自身的价值。

拉丁健身操的开展具有艺术性，体现了体育与美育的完美结合。拉丁健身操吸纳了一些现代健美操、健身操及体育舞蹈拉丁舞的元素，活动丰富新颖，动作舒展健美，配以磅礴激昂、优美抒情的音乐，能够培养学生创造美、欣赏美的能力。同时，大课间体育活动的开展具有渗透性，大课间体育活动成为一个育人的综合实体，拉丁健身操以班、组、队为单位来组织进行，有效地培养学生的群体意识和集体主义观念与精神，培养良好的行为习惯的养成，从而达到健身、教育、启智、娱乐、竞技和情感发展效果。

拥有了健康就拥有了一切，就是胜利。在学校宽基理念的引领下，我们体育教师通过不同运动形式的落实，让学生们掌握不同的运动方法，养成锻炼身体的习惯，从而为孩子树立起增强体质的意识，让每个孩子成为胜利健康体魄课程的受益者。

第四节　健康心理课程

一、健康心理课程开设意义

随着当前素质教育的发展和推进,各类因心理问题而导致的悲剧时有发生,儿童的心理健康教育也日益受到关注。建立社会心理发现和干预渠道已到了迫在眉睫的地步,作为基础教育的中小学心理健康教育更显得重要和紧迫。只有心理健康的孩子,才能有充沛的精力去学习科学知识,才会不畏险阻地追求美的理想;也只有深刻认识孩子们身心发展的规律,才能及早作出正确的判断,采取果断措施,防止可能产生的问题。

在现实生活中,学生的许多过错行为都归结为道德问题,于是有的教师用道德的教育方法去解决学生的心理问题,其结果只能与初衷背道而驰。"倡导以人为本,以班级为核心,促进全体学生全面发展的心理辅导模式""每个老师都应成为心理健康教育工作者"的理念正逐步被广大教育工作者所认同,但对学生的心理教育活动或心理辅导有成人化、说教化的倾向,即只是以语言说教作为主要的教育手段,忽视了学生的年龄、心理发展特征。因此,作为实施宽基教育下的胜利学子,心理健康将是宽基学生的成长基石,开设心理健康课程便显得尤为重要。

由于儿童语言发展还很不成熟,难以正确地表达自我的情感和各种需求,对于12岁以下的儿童不要过多地采用以语言为主的心理健康教育手段,而应该以游戏作为儿童心理健康教育和辅导的主要方式。心理游戏由于其趣味性强、灵活性高、个性化突出、形象化逼真等特征,起到了辅助和弥补团体心理辅导课中不足的作用,在解决学生的具体问题时起到了"四两拨千斤"的效果,发挥了画龙点睛的作用。班级团体心理游戏能有针对性地指导解决中学生存在的自我意识、学习潜能、情绪调控、沟通交往、生存意志、心灵成长等方面的困惑，有效地帮助班主任解决在班级集体建设中面对的如环境适应、成功激励、合作竞争、感恩责任、创新拓展等难题。因此游戏是一种最能启发个性、自我创造的教育方式。团体心理游戏活动充分运用"教育无痕"的理念，使参与者轻松地参与体验，深层地反思与感悟，真实地收获与成长。学生通过游戏活动在现实和虚拟的世界中往来，体验到各种新鲜的感受，学习到各种新知识，构建起自我身心发展的"里程碑"。作为学校特色课程的一个重要内容，我们提出了心理健康教育校本化的要求，并酝酿开发一套具有学校自身特点的游戏式心理健康教育教材。

二、游戏式心理健康校本课程开发的目标

学校心理健康教育的根本目的，不在于心理的诊疗，而在于提高学生的基本素质，培养学生优良的心理品质，提高学生的生存、适应能力，促进学生自主发展的潜能，一句话，在于促进学生的健康发展。围绕这些目标，胜利大街小学心理健康教育校本课程的内容应包括人格培养、情绪情感训练、意志力的培养、智能训练、生存训练、潜能开发等各个方面。

三、游戏式团体心理辅导的实施

班级团体心理游戏能有效地帮助教师解决在班级集体建设中面对的如环境适应、成功激励、合作竞争、感恩责任、创新拓展等难题。班级团体心理游戏能有针对性地指导解决中学生存在的自我意识、学习潜能、情绪调控、沟通交往、生存意志、心灵成长等方面的困惑。

（一）团体心理游戏开展的方法

1. 场地

团体游戏开展起来受场地的限制较小，可以开展室内游戏，也可以开展室外游戏。不同场地的需求和游戏项目有关，但是需要掌握安全的原则，无论室内或者室外，都以学生的身体安全为第一要素。

2. 方式

团体游戏开展时同样需要组织者。由于小学生年龄小，由教师主要负责游戏的组织、协调、辅导工作。高年级的心理游戏，则根据内容不同，可以

由心理委员或组内选派的组长担任。

心理游戏与普通娱乐游戏的不同之处就在于在开展之初有明确的活动目的，每一项游戏都是围绕一个主题来开展，例如责任意志、人际关系、情绪控制、团队合作等等，每次活动时都需要制定主题，并设计相关的游戏。再者，组织者需要在游戏中和游戏后带领同学们做"分享"的工作，这和讨论的形式，例如看到游戏中落单的同学，要及时让大家给予他关注；游戏中失败的同学，要共同给予鼓励；在游戏中某位同学给予了别人帮助，要及时给予表扬；游戏后开展讨论，谈谈游戏中的想法和体验，谈谈自己的感受。这些是心理游戏的关键之处，所以，心理团体游戏重点不是玩，而是玩之后的反思和讨论。

3. 时间

团体游戏开展的时间为 10—20 分钟（视游戏的内容、难度以及参与游戏的学生年龄而定），因为小学生注意力最长也不超过 30 分钟，时间太长学生容易产生疲劳，从而影响活动的效果。

4. 流程

心理辅导共分以下几个基本过程：导入阶段、实施阶段、巩固阶段。团体心理游戏可分为热身游戏、主体游戏和尾声游戏。每次开展时都需要按照相关的步骤来进行。

第一步，热身游戏。上课铃声一响，学生尚未有足够的情绪、精神准备，对本节课要探索的主题和达成的目标茫然无知，团体内开展互动、交流、分享的氛围也尚未形成，因此，这一阶段工作的重点是"情绪接纳"，具体说来包括：

可以充分运用各种热身游戏、音乐、音像影视等手段，营造一种轻松和温暖的氛围，促成团体成员初步的互动，帮助团体形成一个具有凝聚力的实体，这一过程就是通常所说的"暖身"或"破冰"。它的目的就是让全体学生既能打消自己的防卫心理，感到轻松愉快，又能够集中注意力，调动起学生积极参与辅导活动的情绪，增进学生之间、师生之间的信任感和凝聚力。（动作类 活动类 语言类）一般时间为 3—5 分钟，游戏项目在 1—2 个。

第二步，主体游戏。这是团体心理辅导课的实施阶段。每次活动主题的项目在 2 个左右，具体时间控制在 10—20 分钟。在这个过程中，每个环节都要注重分享的过程，这个环节是不能省略的，或者说更多的时间应该放在分享过程中。

第三步，尾声游戏——分别。这是活动的结束，在每次团体活动结束时，都要有 1—2 个分别的游戏，多以告别的话语，或者唱告别的歌曲、励志的歌曲、放松游戏、故事等为主，此阶段开展时比较放松，不再做剧烈的活动，而是改为安静身心的项目。分别的过程一定要有，因为离别带给同学们的心理影响同样重要。

(二) 团体心理游戏的分类

根据心理游戏的内容来分类，可以分为认识自我系列、环境适应系列、团结合作系列、沟通交流系列、意志责任系列、情绪调节系列等内容，以配合团体心理辅导主题。

1. 自我认识系列游戏

只有清楚地认识到自己的优势与不足，并在不断地改进自己的人，才能真正地超越自我。在看到自己的优势的时候，也不能忽略自身存在的不足。然而现在的孩子缺少的就是对自己的正确评价。用游戏来帮助孩子认识自己可能存在的问题，培养一种好的性情或习惯，无疑是一种有效又充满乐趣的教育方式。

有时内心一些难以表达清楚的想法，通过趣味的游戏、身体的活动，就有了一种表达的载体，原来抽象的感觉被具体化了，尤其是对于不善于表达或比较内向的人，游戏往往会激发他们表达的欲望。如：自画像游戏，就是用非语言的方法将画者的内心投射出来，是一种独特的自我探索、自我分析、自我展示的方法。通过团体内的交流，可以促进成员深化自我认识，加深对他人的认识和理解。

游戏举例：优点与缺点

游戏目标：

① 令每个参与者在无任何威胁的情况下，对其他人的优点与缺点进行

评点。

② 让每个参与者之间相互反馈自己在成员眼中的优点与缺点。

所需时间：30—45分钟，由团队人数及培训者安排

小组人数：无限制

所需物品："优点与缺点"表格，每人一支钢笔。

操作方法：

① 令每个参与者都知道他们将有机会对团队里的每一个人的优点与缺点进行反馈，也就是说，你喜欢或不喜欢某人的哪一方面。

② 告知每个人这是一项保密的活动，没有人被告知是谁写的他的优点与缺点的内容。

③ 给每个人一张"优点与缺点"表，并告诉他们每人为其他人至少写出一条喜欢或不喜欢的理由。

④ 收集每张答卷，混合一起并对每个人念出写给他们的意见，你首先要从自己的名字念起。

游戏分享讨论：

① 所有的意见都正确吗？

② 有没有互相矛盾的意见？

③ 现在是否有人不愿意别人和自己同在一组？

2. 环境适应心理游戏

适应是个体积极改变自己生存的环境或者改变自己原有的状态，以获得所需的间接满足的过程。适应能力是人类战胜自然、改造社会、改造自己的必备素质。周围的环境是不断变化的，人们必须不断调节自己的行为才能适应这种变化。"物竞天择，适者生存"，这是一条不以人的意志为转移的规律。如"有缘相识""请你签名""个性名片"几个游戏旨在培养学生主动交往的意识，通过交换彼此的信息，有助于他们以后的人际交往。

3. 沟通交流心理游戏

愉快、广泛和深刻的心灵交往有助于个性发展与健康。心理学家研究发现，如果一个人长期缺乏与别人的积极交往，缺乏稳定而良好的人际关

271

系,这个人往往就有明显的性格缺陷。在青少年的心理咨询中发现,绝大多数青少年的心理危机与缺乏正常的人际交往和良好的人际关系相联系。建立良好的人际关系,沟通是第一步。只有与其他人进行有效的沟通,才能了解周围人的性格品德,才能了解对方的内心世界,使自己在日常生活中不至于经常碰壁,与其他人和睦相处。沟通除了需要真诚、尊重、宽容等品质外,还讲究沟通技巧。这些技巧仅仅用语言是很难让人记住的,而游戏却能弥补这个不足。"变形虫"游戏旨在让学生感到人际交往中理解、合作、认同的重要性。

游戏举例：变形虫

游戏目标：

① 通过心理游戏"变形虫",体验沟通的必要性。

② 通过小组交流,感悟人际交往中理解、合作、认同的重要性。

③ 在体验和分享中学习人际交往技巧,提高人际交往的能力。

活动时间：大约需要 20 分钟

活动道具：13 米的长绳一根 2—3 根、若干套眼罩(5 个为一套)。

活动场地：以室外场地为宜。

游戏规则：

① 主持人先把 13 米长的绳子两头相结成一个大绳圈。

② 全班学生分成若干个组,每组 5 人。2—3 组同时进行游戏比赛。

③ 5 名同学分别戴上眼罩,主持人把事先准备好的大绳圈分别交给他们。

④ 根据主持人发出变形指令,如正三角形、正四边形、正五边形……,5 名参与者通过合作完成,用时最少的组为胜。

⑤ 在合作变形的过程中,不允许用语言交流。

注意事项：

① 长绳的长度以 5 个人伸直双臂的总长度多 5 米为宜,过短或过长都会影响游戏的难度。

② 一般以 2—3 个小组同时开展竞赛为宜,这样可以节省时间。

③ 在"变形"过程中，要求绳子充分展开，不可以收缩部分绳子，减短边长，降低难度。

心理导语：

当五个人之间的角色关系确定后，组内成员对主持人提出的变形要求，可做出规律性的变化。（明确一个人可以是一个点，一只手也可以是一个点，一个人也可以代表两个点；两个点可以形成一条线，所以一个人也可以成为一条边。假如要变出一个正三角形，五个人中只需要三个点，必然出现两组两人重叠的情况。假如要变出一个六边形，需要四个人每人一个点，一人出两个点，共六个点构成，调整六条边为等长即可。）

由于整个游戏要求参与者不用语言交流，所以一个组要顺利完成变形过程，需要产生"领导者"，通过自发产生的"领导者"进行统一管理，才能从无序逐步到有序。在游戏中存在"领导"与"服从"两种角色，学生之间需要有一个协调、服从、合作的过程。同时，主持人需要有充分的耐心等待"变形"过程的完成，周边同学也要保持安静，不要提醒和暗示。当"变形"成功时，集体鼓掌给予激励。

4. 团结合作游戏

每个人都要借助他人的智慧完成自己的人生超越，于是这个世界充满了竞争与挑战，也充满了合作与快乐。"学会学习，学会创造，学会合作，学会生存"已成为 21 世纪教育的主题，合作是未来工作、社会适应的基础。现在的学生大都是独生子女，家人围着这些"小太阳"转，从而滋生了娇生惯养的习气，很多学生只会汲取而不会付出，有孤僻、自私、不合群等不良的心理素质。教育者要努力培养学生的合作意识，使他们融入集体互帮互助的良好氛围中，在集体中得到成功的喜悦，渐渐形成开朗、助人为乐、团结协作的良好心理素质。从小培养学生的合作精神，对于他们的一生将具有极为重要的意义。游戏"解开'手链'"，就是让学生在游戏中感受个人与集体的关系，体验个人对团队的信任与责任；"同舟共济""穿越沼泽地"等游戏则让学生感悟到了团队中合作性的重要。

游戏举例：信任躺

游戏目标：

① 体验在一定的风险中，学习如何信任及支持他人。

② 培养团体成员彼此间的信任感。

③ 从活动中建立个人在团体中的责任感，组员之间要充分信任和配合

游戏时间：大约需要30分钟。

游戏道具：一定高度的台子，也可以是教室用的课桌或椅子等。

游戏场地：室内室外均可。

游戏方法：

① 团队成员分组。每组成员10人左右，两人为一搭档。

② 自愿者站在台子上，下面的同学两人为一搭档。一个同学先用左手握紧自己的右手腕，另外一个同学也是如此，然后让另一个同学的右手握住第一同学的左手，第一同学的右手握紧另一个同学的左手，形成非常牢固的一个"手结"。其他几对搭档也是如此，然后让他们排成一排，形成一道比较安全的手臂网。

③ 自愿者用左右手交叉抱住自己双臂，并闭上双眼，准备从高台上往后仰面倒下。此时台上自愿者需对台下的同学说："你们准备好要支持我了吗？我相信你们！"台下面的同学需要大声说："我们准备好要支持你了！请相信我们！"然后，自愿者往后倒下，台下的同学接住。

④ 接着再换另一位自愿者，遵循上述的程序，直到小组内所有自愿者皆完成这项体验活动。

游戏分享讨论：

① 在活动中，当你分别担任自愿者和台下的支持者时，各有什么样的感觉？

② 活动中你会怎么做或怎么想，才会相信其他人会安全地支持你？

③ 从信任后仰开始直到结束，你觉得身体有什么变化？

④ 通过这样的活动，你觉得大家彼此间的关系会有什么改变？

5. 意志责任游戏

做任何事情都不可能一蹴而就，都需要耐心与始终如一的努力。一个

坏习惯的改正,一个学习计划的制定与执行,处理好与某同学的交往,以及养成从未有过的一个好习惯,都离不开坚强的意志品质。逃避、倒退、怯懦是坚强意志的对立面。只有坚持不懈地克服困难,才能形成良好的意志品质,才能把握自己的人生之旅,才能走向成功的彼岸。学生在体验到成功喜悦的同时,才能真正感受和理解意志的价值。有目的地培养学生良好的意志品质,使他们成长为坚强、独立、自制、有韧劲的人,是学校实施素质教育的重要环节,也是教师义不容辞的责任。

游戏"举手仪式""护蛋行动"让学生体验坚持到最后是需要耐心和毅力的;"突出重围"则让学生感受到在面临困境的时候,坚持到底的决心和勇气是最终解决问题的重要保障。通过坚强的意志去克服困难并非是一件很难的事,每个人对自己都要充满信心。

游戏举例:举手仪式

游戏目的:

① 让学生体验坚持所需要的耐心和毅力,培养学生的意志力。

② 让学生认识到意志力的培养要从小事做起。

游戏时间:大约需要20分钟。

游戏道具:秒表一只。

游戏场地:室内室外均可。

游戏规则:

全体同学按体操队形站立,每个人的两只手臂伸直向胸前平举,身体不准晃动,坚持10分钟(教师可根据学生实际情况选择时间长短),看谁能坚持到最后。

注意事项:

① 若在室外,注意避开高温或极冷天。

② 主持人最好也参与这个游戏,和学生一起体验,给学生树立榜样。

③ 游戏过程中,为了打发难捱的时间,主持人可在学生举手的时候播放一些激励性的歌曲或音乐,主持人也可喊一些激励的口号等。等时间到的时候,主持人要给予那些坚持到最后的同学以鼓励,此时游戏还可继续做下

去，可把时间再拉长一分钟，看还有哪些同学能坚持。若有些同学能坚持到最后，主持人应当在全班同学面前大力表扬，以鼓励他们的耐力和毅力。

游戏分享讨论

① 当时间过了一半的时候，你有什么感受？

② 当你坚持到最后的时候，你有什么感受？

③ 在坚持的过程中遇到了哪些困难，你是如何克服的？

④ 你觉得这个游戏对你的学习与生活有什么启发？

四、游戏式团体心理辅导的效果

心理学家告诉我们，读懂人先要读懂心。心理游戏是一把打开心门的神奇钥匙。它能够帮你在最短的时间内更深层次地破解自己以及他人心灵的种种玄机，发掘那些深藏于人心的种种可能，从而看清自己，参透他人，掌控人生主动权，迈向成功人生路。

团体心理游戏易使问题显现出来，并使问题向更宽更广更深的领域发展，起到由外及内、由表及里的作用。"游戏是一种最能启发个性、自我创造的教育方式"，使学生轻松地参与体验，深入地反思与感悟，真实地收获与成长。在今后的心理辅导课中，我会努力去尝试更多的团体心理游戏的设计与操作，充分发挥团体心理游戏在心理辅导课中的作用。

第一，在游戏中，儿童的运动器官能得到很好的发展。由于儿童担任游戏中某一角色的任务，必须努力去完成，他的动作就更富有目的性和积极性，而身体的运动器官就会得到很好的发展。

第二，游戏有利于培养学生的个性心理。

在游戏中，儿童的各种心理过程也能够更快、更好地发展起来，个性品质也在游戏中获得发展。通过游戏式团体心理辅导能培养学生的创新精神、竞争意识、团结合作、热爱集体和遵纪守法等优良品质，而这些优良品质正是一个人健康心态的集中体现。游戏深受学生的喜爱，也为教师开展心理健康教育提供了良机。例如，在游戏比赛中一些个性较强的学生因不服输而与对方发生争执，甚至"动武"；也有失利组的学生互相埋怨，导致受指责的学生退出比赛。这时，教师要抓住这一契机，耐心地与学生一道分析原因，找出有利因素，最终使学生化"沮丧"为"振奋"，以积极的心态迎接新的挑战。心理游戏通过团体内人际交互作用，促使个体在交往中通过观察、学习、体验，认识自我，探讨自我，接纳自我，调整和改善与他人的关系，学习新的态度和行为方式。

第三，游戏增强集体凝聚力。

游戏使学生感到集体的温暖，与集体融为一体，自觉以集体的规范约束自己，在与同伴交往的互相影响中学习他人的成功经验，在活动中通过合作和竞争，增进学生之间的友谊。

第四，游戏教学有利于增强学生的自主意识和合作交往意识。

团队精神需要团队成员具有强烈的合作精神和角色意识。合作精神和角色意识不仅是一种心理、思想品质，也是一种实践能力。从某种意义上讲，合作精神渗透在角色之中，能够在游戏中扮演好所承担角色的人，就被认为是具有合作意识和能力的人。在与同伴交往中感受交往的乐趣，愉快的交往可以增加学生的自信心，而游戏活动是为学生创造愉快的交往机会，增强交往能力的有益活动。如：在游戏中老师可以有意地进行强弱搭配，这样，在游戏中以强带弱，相互配合，促进学生交往，也可以让每个人根据自己的兴趣和意愿参加其中某一组的活动，在活动中自由地交往。这时教师要认真观察，带动部分不善表达、不善交往的学生参加到活动中去。在活动中教师引导学生学会处理和解决一些问题，克服胆怯、害羞的心理，学会自主、谦让和协作。

第五，游戏提高了学生探索和解决问题的能力。

学生在完全属于自己的环境里感受、发现和创新，心情是愉快的，游戏是自主的。游戏培养了学生乐观向上的积极心态，让他们对未来充满向往与憧憬，让学生能够慢慢学会解决心理发展过程中的矛盾与冲突，不断提高心理承受能力与自我调节能力，优化心理品质。游戏活动最大程度地满足了学生发展的需要，在活动过程中，孩子在合作中学会合作，交往合作成为一种很好的教育资源。游戏活动不仅能提供给孩子相互交往的机会，而且还能解决同龄儿童间的冲突，提高解决问题的能力和社会交往能力。

五、采用游戏式团体心理辅导需要注意的事项

1. 游戏式团体心理辅导中对教师的要求

以往，我国的游戏理论受苏联游戏理论的影响，一直都很重视游戏中教师的指导问题。20 世纪 60 年代后，皮亚杰、维果斯基等人的游戏研究对西方的游戏理论产生了较大的影响，进一步肯定了教师指导在游戏中的积极作用。但在游戏指导方面还缺乏研究，在实践中主要反映在：一、教师干预过多，从游戏内容的选择、主题的确定、角色的分配一直到游戏的过程，主要都由教师决定；二、放任自流，完全让儿童自己玩，除了解决争端以外，不进行任何指导。这两种极端都没有正确地发挥教师在游戏中的作用。如何认识教师在游戏中的作用，不仅仅是游戏理论中要解决的问题，也是实践中提高教师的游戏指导水平及更好地通过游戏来促进幼儿的学习和发展的前提条件。

首先，在游戏教学过程中，教师对于"收和放"要有充分的思想准备。若教学过程中，放得开，却收不拢，就会变成"放羊式"教学。教师的引导在教学中起着重大作用。游戏在儿童心理发展上的作用，决不是自然而然实现的，而是跟教师的正确组织和指导分不开的。教师一方面要关心、组织、指导儿童的游戏，同时，也不要流于包办代替，更不要随意打断儿童的游戏，而应该根据儿童游戏的特点，有计划地把游戏作为对儿童进行教育的重要手段。

其次是带领者要对游戏了如指掌。如果带领者本身对于游戏目标及规则都不能有效掌握，容易造成参与者因为目标规则不明确而产生迷惑与困扰，导致参与者的感受与游戏目标的设定发生出入从而影响了团体心理游戏的效果。

由于小学生活泼好动，在游戏还没有正式开始之前，他们就可能因为过于兴奋而不能专心理解游戏的目标与规则，虽然游戏的过程看起来热闹精彩，却只能起到热身的效果。这就需要带领者都对游戏的目标及规则能清楚地掌握，否则极有可能每一组执行的规则有所出入而令参与者觉得不公平，分享的感受偏离了游戏设计的目标。

再次，教师对游戏的活动目的要明确。如果不了解那就达不到游戏的目标，例如"看我走过来"主要是培养学生的自信心，但有的教师却误解为学生的才艺和模仿秀表演，变成了大联欢，失去了心理游戏的意义。而作为游戏的组织者，理解活动背后的基本观念比学习如何操作更重要，不仅有利于临场应变，亦能很快地加以转化并创造新的游戏，更可以避免为游戏而游戏，忽视学生反应的不良后果。因此希望教师除了实际练习各项游戏的带领技巧，也要时时思考各种游戏背后的意义与目的，并适当地与自己的个人辅导理论取向结合，才能达到最佳的辅导效果。

最后，团体心理游戏应创造愉悦的环境气氛，师生双方均以平等的身份参与活动，拉近双方的距离，加深了解，加快沟通。如果教师在运用游戏的前后，不能提出与游戏、学生的心理体验相一致的问题，学生的内心体验少，游戏就不能体现学生感受的过程和教育的结果，大部分教育和引领的目的就没法体现。

2. 团体游戏操作注意事项

适合而熟悉的游戏对于团体心理游戏的推进至关重要。游戏本身不是目标，而是引导分享转化为心理活动及指导日后行为才是最重要的目标，所以，在设计游戏的过程中，需要注意以下几点：

① 适合性。首先所选游戏必须适合团体心理辅导的主题内容。其次，所选游戏要适合参与游戏的学生年龄等特点。

② 注重体验性。游戏中，一定让学生真正参与到游戏中，深入地去做，避免走过场，"蜻蜓点水"，只有这样，学生才会在参与过程中有所体验，有所感悟。当你将团体心理游戏恰当、适度地融入心理辅导课中时，团体心理游戏的作用就会凸显。

③ 加强分享性。教师需要在游戏中和游戏后带领学生做"分享"的工作，和讨论的形式相同。例如看到游戏中落单的同学，要及时让大家给予他关注。无论学生还是组织者都应该明白，任何一个人的不配合都会对小组的行动产生负面效果。对游戏中失败的同学，要共同给予鼓励；在游戏中某位同学给予了别人帮助，要及时给予表扬；游戏后开展讨论，谈谈游戏中的

想法和体验，谈谈自己的感受，这些是心理游戏的关键之处，所以，心理团体游戏重点不是玩，而是玩之后的反思和讨论。

古希腊哲学家赫拉克利特说过，如果没有健康，智慧就难以表现，文化无从施展，力量不能战斗，财富变成废物，知识也无法利用。真正的教育是让孩子不仅具有健康的身体，还要有健康的心理、良好的社会适应能力和健康道德。这需要我们教育者走进孩子的心灵，与孩子进行心与心的沟通，心与心的交流，用我们教育者良好的品质去塑造孩子的品质，潜移默化地影响孩子。

儿童通过游戏娱乐精神，释放情感，了解自然，适应群体生活，懂得行为规范，建立崇尚什么与摒弃什么的社会价值观，开始自然人向社会人的逐渐过渡，为将来进入成人社会作准备。游戏中学会的交际、交流、协调、谈判、妥协等社会交往的技巧，对儿童人格的形成、品质的培养、社会角色的建立具有重要的奠基作用。

第五节　学会生活课程

一、"金鱼养殖"校本课程

济南市胜利大街小学文化底蕴深厚，一直致力于为学生创建宽厚、宽松的学习环境，在稳抓基础知识教育的同时，更重视学生各方面的发展。学校以"创生"的办学理念，追求"立足宽实基础，面向多元发展"的宽基教育办学特色。学校从办学理念和师生实际出发，激励每位教师开发了能体现教师特长的校本课程，许多的校本课程源自于生活。

"金鱼养殖"校本课程就是其中一例。

（一）"金鱼养殖"校本课程开发背景

金鱼的养殖在中国已有上千年的历史，也形成了金鱼文化。但与许多国粹一样，在当代外来文化的冲击下，国粹金鱼的发展也受到了很多影响，甚至外来金鱼品种加速了一些国粹金鱼品种的消亡。金鱼养殖课程的开设，目的是加强学生对于中国金鱼文化的认识与了解，正确看待外来文化与外来金鱼品种，为国粹的保留与传承作出努力，提高学生的爱国意识与爱国热情。

金鱼养殖课程，是从标本到真正生命体的提升，让学生真正接触到大自然中的生物——金鱼。通过对金鱼的欣赏与养殖，激发学生对大自然与生命的热爱之情，同时也培养学生与自然相关的一项兴趣爱好，陶冶情操。

在现代忙碌的学习与生活中，学生与大自然的接触以及对于自然中各种生物的了解越来越少或越来越浅。在学校中开展金鱼的养殖，可让学生真正地亲密接触到金鱼这种可爱的小动物。而相对于其他动物的养殖环境来说，金鱼养殖的环境无疑是最干净的。到现在为止还未发现金鱼有携带对人体有害细菌的记录。同时金鱼的养殖还在一定程度上起到增加环境湿度与净化空气的作用，对学生的身体成长有益无害。

学生对于金鱼的相关知识了解得比较少，仅限于认识。需要通过阅读金鱼养殖的相关书籍或利用精选金鱼网站阅读学习，来了解金鱼的发展的历史、种类以及相关的养殖技术，让学生更深层次地了解金鱼。在学生与金鱼接触的过程中，提高学生对此兴趣爱好的研究分析能力，从而对鱼类的养殖进行全面的形式多样的研究和发展。

综上所述，"金鱼养殖"课程是一项极有意义的生物课程，通过开展与实施，在实现学生全面发展的同时也能为学校的宽基教育添加绚丽的一笔。

（二）"金鱼养殖"校本课程目标

金鱼的养殖要求学生有一定的动手能力，课程适于在四、五年级进行开设。四、五年级的学生已经开始对生活中多种事物有了一定的认识，也能真正地饲养小金鱼，爱护小金鱼。四、五年级的"金鱼养殖"校本课程目标如下：

其一，通过学习认识中国兰寿网和中国金鱼在线网站的精品金鱼，让学生掌握各种金鱼不同的体型特征，从而能够分辨出金鱼的种类，能够准确叫出不同种类金鱼的名称。

其二，通过阅读《中国金鱼》与在金鱼网站上的阅读学习，学会基础的金鱼养殖技术，学会挑选金鱼和养水，能够利用各种器材做好平时的养殖管理，可以对常见的金鱼病进行治疗，并能初步地繁育金鱼。

其三，通过对金鱼专业书籍的阅读，了解中国的金鱼文化，能够进一步对金鱼进行研究。

其四，在学生有了一定的金鱼养殖的理论与实践基础以后，形成自主发展的探究意识，养成拓展研究的习惯，并通过选取自己感兴趣的研究小课题进行纵深研究。供选择的小课题有：

a. 金鱼的进化史及发展变化史。

b. 国内外金鱼的发展及观赏价值比较。

c. 金鱼不同品种的价格。

d. 济南金鱼市场以及金鱼养殖业的调查研究（有条件组织参观）。

(三)"金鱼养殖"校本课程具体内容

在内容方面，着重让学生深入了解金鱼，能够分辨金鱼的品种，学会在购买金鱼时如何挑选，能够给金鱼创造一个适宜的生存环境以及学会初步的饲养技巧。

第一部分　金鱼的欣赏(第一课时)

1. 金鱼视频

2. 金鱼图片

3. 金鱼成长变化

4. 金鱼缸整体布景

第二部分　金鱼品种的识别和挑选

1. 金鱼品种识别(第二课时)

(1) 龙种金鱼

(2) 蛋种金鱼

（3）文种金鱼

（4）草种金鱼

（5）兰寿金鱼

2. 金鱼品种的挑选（第三课时）

（1）龙睛　龙睛金鱼的眼睛要突出于眼眶之外,左右要对称才好。

（2）高头　头顶上的赘生物（俗称肉瘤）越发达越好,而且位置要在正中。

（3）狮子头　整个头部的赘生物越发达越好。由于肉瘤的皱褶,出现隐约可见的"王"字者,最为理想。

（4）绒球　以鼻隔膜发达的肉叶长成球状,球体致密而圆大,且左右对称,鱼体游动时略有摆动,像花束装饰在头上一样,非常雅致,是为上品;球体小、左右匀称者次之;球体疏松,大小不等者为次。

（5）水泡眼　水泡以个大而左右对称,且无任何倾斜者为佳品;水泡小、左右不匀称者为次品。

（6）朝天龙　以眼球向上翻转朝向天空,且左右对称者为佳品。

（7）珠鳞　珠鳞的鳞片向外凸起,排列整齐,且粒粒清晰,没有掉鳞者为佳品;如珠鳞不整齐,且有掉鳞者为次品。

（8）背鳍　如果是文种,具有完整而无残缺的背鳍,且以高而长者为佳品;如是蛋种,则没有背鳍,且背脊光滑平坦的无残鳍,也无突起,躯体端正对称者为佳品;如介于两者之间,在背鳍上有残鳍和突起者为次品。

（9）体长　以体形圆凸且短的为佳品,体形细长者为次品。

（10）尾鳍　尾鳍的长短随品种而异,但以展开的四尾（亦称双尾）,且左右对称,无残缺最好;不匀称者为次品。

（11）胸鳍　胸鳍变异不大,只有长短之分,且通常都是对称的。

（12）臀鳍　臀鳍则不同,有单臀或双臀,或上单下双,残臀和无臀为次品。

（13）颜色　金鱼体色的好坏是判别金鱼优劣的重要方面。一般来说,红色鱼以从头到尾全身通红似火为上品,色淡带黄者为次。黑色要乌黑如墨,黑里带棕的难免会褪色。红黑花其实都会褪色。蓝色、紫色鱼比较稳定,较少褪色。五花鱼要五花齐全。红头类金鱼全身银亮纯白,独在头部为深红色且端正对称者及红色不及鳃盖者为上品。

（14）健康　健康的鱼在水体的中下层游动、觅食,色彩鲜艳,游姿自然、悠闲,尾鳍清澈透明、飘逸。沉底、浮头、游动现挣扎状,有外伤、白毛、白点、尾鳍肥厚、混浊,有严重血丝的,单身独处的,是病鱼,一定不能购买。

第三部分　金鱼的养殖

1. 水环境（第四课时）

（1）水对鱼的重要性,分新水、绿水、老水、回清水等。

（2）晾晒

（3）爆氧

（4）备新水

（5）生态系统的建立

2. 养殖金鱼的器材（第五课时）

（1）各种容器:玻璃缸、泥瓦缸、水桶、瓷缸、塑料箱、水泥池

（2）水环境保持器材:过滤器、滤材、氧泵、恒温棒、水族灯等

3. 金鱼的食物

（1）饲料类:品牌、上浮、下沉、颗粒大小、蛋白质含量等

（2）活体饲料:丰年虾、红虫、血虫、水蚤等

4. 金鱼的养殖（第六课时）

（1）新鱼入缸过水

（2）放养密度

（3）喂食注意事项:养鱼最要注意控制投食,小缸养鱼以每天一至两次,3—5分钟内吃完为宜。阴雨天更要少喂食,晚间不喂食。鱼在消化食物时需要消耗更多的氧,阴雨天、晚间气压较低,溶入水中的氧本来就少,如此时喂鱼将可能导致水中严重缺氧而死鱼。死鱼大都发生在晚间,水中严重缺

氧是主要原因之一。

（4）定期清理缸底排泄物，定期定量换水，保持水质清洁。

5. 金鱼的繁殖（第七课时）

（1）选取种鱼：特征优秀

（2）鱼卵的管理

（3）小鱼喂养：小水蚤或丰年虾

第四部分　常见金鱼病防治（第八课时）

1. 预防金鱼病

（1）清洁与消毒，新缸，病鱼缸

（2）加强饲养管理：三定（定时，定量，定质），一训练；保持水质清洁；操作小心

（3）药物预防

（4）防重于治

2. 常见病治疗

（1）白点病

（2）竖鳞病，又称松鳞病

（3）打印病

（4）出血病

（5）痘疮病

（6）水霉病

（7）鱼鲺病

（8）感冒病

（9）肠炎病

（10）鱼鳔病

第五部分　金鱼褪色原因（第九课时）

1. 鱼苗时期的变色

2. 幼鱼时期的脱色

3. 老龄时期的褪色

（四）"金鱼养殖"校本课程实施建议

授课范围：本课程作为校本课程中的选修课，面向四、五年级全体学生展开。

课时安排：走班，每周大体安排1课时，集中上课。

授课形式：课堂教学、阅读与金鱼养殖实践活动相结合，校内学习活动与校外参观实践活动相结合，以小组活动为主。

授课内容：参考以上课程内容目录，教师可以根据学生的兴趣爱好及学校实际情况，适当调适课程内容，重在实践。

授课教师：陈庆亮等热爱金鱼的老师，根据课程内容聘请家长或校外指导教师。

课程评价：组织学科组老师对小组的小课题研究成果进行考级评定，对小组成员在实践活动中所饲养金鱼进行评价，对小组成员依托金鱼书籍或网站所做的汇报进行评定。

学习效果的评价根据学生所饲养的金鱼的成长与健康情况来评定。

课程展示：

1. 学生对兴趣爱好发展的过程中所养殖的金鱼进行展示，并对自己的金鱼进行详细描述，如所养金鱼的种类、环境等。

2. 学生汇报在兴趣爱好的发展过程中如何通过书籍、网站资料来收集、整理材料并进行学习研究的，并通过实物或是课件展示自己的研究成果。

3. 学生小课题研究的资料进行整理汇报展示。

4. 与摄影技术校本相结合的照片、图片展示。

（五）"金鱼养殖"校本课程具体开设现状

学校从实际出发，从已有的教师队伍、教师专业素质来考虑开设课程，从学校的教育教学设备、教学活动场地来考虑开发实施课程，充分利用学校的各种教育资源，因地制宜、因人制宜地开发校本课程。

全校学生以自己的兴趣为出发点，自主选课，喜欢金鱼的学生选择"金鱼养殖"校本课程进行申报,学校统计权衡根据学生的志愿分配课程的生员。四、五年级约有 30 多人选修"金鱼养殖"校本课程。在每周五下午最后两节课,学生打乱已有的班级,以走班的形式到各个校本课程实施场地进行校本课程的学习。"金鱼养殖"校本课程以学校水池为基地,将班级授课与实践相结合。在初期就取得了非常好的效果,学生的参与积极性异常高涨。

在初步了解了金鱼养殖的知识以后,大家还自发组成几个小课题研究小组。自定子课题对金鱼养殖进行探索研究,例如济南金鱼市场的调查研究、金鱼饲料的选择、金鱼不同品种的价格、金鱼的进化史及发展变化史等。大家积极性异常高涨,经常周末结伴到济南各个水族市场进行调查研究,大胆大方地跟人交流。孩子们在调查研究过程中的发自内心的那份快乐,正体现了学校"创生"的办学理念。

二、"巧手爱厨"校本课程

实施素质教育,培养和提高受教育者的全面素质,是我国教育改革的总目标。在实施素质教育的今天,我们必须充分认识生活素质的重要意义。何谓生活素质,生活,是人们消费物质财富和精神财富,从而维持自身存在和发展的活动。生活的内容包括衣着、饮食、居住、交往、娱乐等,简单地说,就是衣、食、住、行、乐。素质,是以人的先天所具有的生理特点为基础,在环境教育的影响下和自身实践的活动中形成的,并且能持久发挥作用的内在品质。

胜利大街小学以创生为核心理念,以培养优品、厚基、健体、乐性的自主发展型学生为学校使命,实施宽基教育,提高学生的全面素质,不仅注重教学质量,同时也科学地指导孩子提高生活素质,学会生活,学会做人。经过调查不难发现,在平时的生活中,虽然孩子通过自己的观察和模仿,可以掌握一些较简单较常用的生活知识和技能,但是一些较复杂的生活知识和技能,则离不开成人的指导和帮助,而成人对孩子的这种指导和帮助,就是生活教育。在胜利大街小学不断开发的校本课程中,就时时处处渗透了对孩子的生活教育。田林老师的"生活礼仪"、贾宏伟老师的"水果世界"、杨菁老师的"小小旅行家"、张博老师的"生活小主人"、徐蕾老师的"动手做做看"、刘云老师的"小小营养师"、石娜老师的"美化生活"、李爱珍老师的"民俗——饺子文化"、李松老师的"生活科学探究"、戴锦华老师的"毛线编织"、张晔老师的"废品利用"、朱庆刚老师的"花卉栽培",还有郝静老师的"巧手爱厨"等一系列的校本课程都开展得丰富多彩,有声有色,囊括了衣、食、住、行、乐多个方面。让学生有兴趣,学知识,会观察,能动手,在快乐体验中掌握技巧,在真实环境中学会生活。

现在以郝静老师的"巧手爱厨"课程为例,展示一下我校生活教育的开展与实施。"巧手爱厨"是一门由郝静老师改编教学材料的健康烹饪课程,属于生活实践类课程,针对五、六年级学生实施,课程开设时间为一学年,每周一节1小时的活动时间。

(一)"巧手爱厨"校本课程开发背景

为什么开设这门课程呢?郝静老师经过在高段学生的调查中得知,每天参与家务劳动不足十分钟的学生比例为43%,就算做家务也只限于擦桌、扫地、倒垃圾等极轻的劳动,从来不洗菜、做饭的学生所占比例高达91%。显然这是不行的,饮食营养是小学生生存和生活最基本的素养,对小学高年级学生进行饮食营养教育是学校素质教育的重要组成部分。食育应该进入中小学课堂,成为和德、智、体、美、劳并列的一类教育。

(二)"巧手爱厨"校本课程目标

认知目标:认识各种粮食、蔬菜,了解各种粮食、蔬菜的分类、合理搭配、营养价值等知识,了解做饭、做菜的基本常识与技巧。

能力目标:学会分类汇总的方法,与组员合作的能力、搜集资料的能力、自理能力等。

情感、态度、价值观目标:学会与他人合作、交流,同伴互助。通过活动,体会家长平日的艰辛,懂得珍惜粮食、蔬菜,珍惜他人的劳动成果,体验成功的快乐。

(三)"巧手爱厨"校本课程具体内容

六年级上学期,以知识经验为主,共17课时。

1. 食物的分类（4 课时）

（1）了解食物分类标准。

a. 谷类及薯类：谷类包括米、面、杂粮，薯类包括马铃薯、红薯等；

b. 动物性食物，包括肉、禽、鱼、奶、蛋等；

c. 豆类及其制品，包括大豆及其他干豆类；

d. 蔬菜水果类，包括鲜豆、根茎、叶菜、茄果等；

e. 纯热能食物，包括动植物油、淀粉、食用糖和酒类。

（2）进一步了解常用食物的名称：例如，四季蔬菜、五谷杂粮、水果等等。

（3）了解常用的烹饪作料以及它们的作用、口感。

（4）学习鉴别食物品质的方法、窍门。如何购买更天然营养的食物原材。

2. 食物的营养（4 课时）

（1）了解营养成分的分类及营养与健康的知识。

（2）了解常见食物的主要营养价值。

3. 合理的膳食（5 课时）

（1）了解人类维持身体健康所需营养成分比例。

（2）观察家庭成员的日常饮食习惯，提出合理化建议。

（3）食物的医疗保健作用。

（4）怎样让人们有食欲，尤其针对食欲不佳人群。味道、音乐、色彩与人的食欲的关系。

（5）设计一日三餐的科学食谱。

4. 中西方特色食物（4 课时）

（1）中国民俗饮食文化。

（2）西方饮食与营养搭配习惯。

面点类（烙菜饼、卤子面、花卷、什锦炒饭）、粥汤类（营养菜粥、自助汤）、凉菜类（自选拌凉菜）、热菜类（烤鸡翅、家常菜）、水果类（什锦沙拉或拼盘）、饮料类（鲜榨果汁或奶昔）、中餐类（水饺、馄饨、水蛋）、西餐类（寿司、汉堡、布丁、三明治）。

六年级下学期：以实践操作为主，18课时。

面点类（4课时）、粥汤类（2课时）、凉菜类（1课时）、热菜类（2课时）、水果类（1课时）、饮料类（1课时）、中餐类（3课时）、西餐类（4课时）。

（四）"巧手爱厨"校本课程实施建议

其实对于这些小孩子们来说，这个课程真正的目的不是教会他们如何制作菜肴，而是能从小养成健康饮食的好习惯，并把这种新的饮食结构带入他们的家庭，这才是最重要的。同时也可以体会父母为自己做饭的辛苦，提高家庭责任感。开课的郝老师认为，这种烹饪课程可以提高孩子们的动手能力，增加他们的生活经验，所谓自己动手丰衣足食。孩子们也觉得这样的生活课程很有趣，积极性很高，学得也很认真。

本课程就是通过学习饮食文化，教孩子们制作健康又美味的食品。每周五下午的1个小时都是孩子们最喜欢的时间，因为可以上巧手爱厨啦！他们在这里学习到了食物之间的相生相克，人体一天所需要的营养搭配以及如何使我们的菜肴色香味俱全。参与过几次烹饪课程的孩子在写作文第一次的经历时有的说："我现在和妈妈抢着做饭啦！"有的说："我在家想吃什么做什么！还有很多小窍门。"还有的说："我纠正了不少爸爸妈妈饮食的不良习惯。"

下面是郝老师和学生们上课的精彩瞬间以及孩子们的厨艺展示——

上课铃刚响，郝老师和同学们一起开始了"巧手爱厨"课。孩子们兴奋地系好了白围裙来到厨艺室，围着摆满水果和蔬菜的桌子站好。他们准备包饺子，做沙拉，做布丁，做寿司。

"现在开始。"郝老师一声令下，这些只有十几岁的孩子们开始有序地忙活起来，他们有的切菜，有的摆盘，有的擀面皮，有的包饺子。看，孩子们的手艺还真不错，一个小男孩切火龙果片薄得像一元硬币一样，而且很均匀，还有一个小女孩包的饺子像弯弯的月牙。尽管孩子们做出的菜不是很精美，但他们都给菜起了很多有意思的名字。一名负责包饺子的男孩小心翼翼地端着饺子说："我包的饺子名叫团团圆圆，因为这么多饺子在一起，就代表了团圆。虽然饺子包得不咋地，但它肯定会很好吃。"还有一个女孩给自己的水果沙拉起名叫"乱七八糟"，她一边大笑一边说："因为我做着做着，就忘了该怎么做了，所以我的菜就叫'乱七八糟'吧。"

郝老师在一旁边指导边帮忙，并不时地鼓励孩子。郝老师说："厨艺课会反映孩子们很多问题，比如这些孩子切的黄瓜太多了，说明他们在做事前缺乏思考，这在书本教学中是看不到的"。"其实孩子们的动手能力并没有我们想象中的那么差，只要给他们机会，他们能做得很好。"郝老师感慨道，"并且孩子们感兴趣的事情会自己在组内把任务分好，不需要老师叮嘱半点，例如谁带面啊，谁带菜啊，没有一个忘记的，因为忘了有可能就吃不到美味佳肴啦！"

胜利大街小学的家长对"巧手爱厨"课也颇有感慨，一位经常出差的家长说，女儿前几天在家里做了馄饨，让她觉得女儿长大了，并且出差也不用担心孩子吃不好了，只要帮她稍作准备，孩子就能在家吃得很滋润呢！

对此，汤丽萍校长表示，现在的家长最关心的是孩子的成绩，不太注重孩子能力的培养，学校希望通过这种形式让孩子们明白怎样生活，怎样合作，提高他们的自立能力，让他们学会生活，"因为事实会告诉孩子们：只有合作好的团队，菜才会做得又快又香；只有学会好的生活，才会使自己发展更全面"。

第六节　学科整合校本课程

"传统教学"是一种以知识为本位的教学，过多地关注知识的接受，学生成了盛装知识的容器，而不是具体的有个性的人——生命主体。这便是传统教学的根本缺陷，而这一本质的缺陷恰恰是阻碍素质教育特别是创新素质教育目标顺利实现的根本障碍。2008 年我们在江洪春老师的帮助下寻找到一条高效的教学方式"整合教学"，能将教学资源进行有效整合。

一、语文整合教学

所谓"整合"，即是"整理"与"合并"。其核心是立足教材，确立目标，合理运用，有序呈现。《小学语文课程标准》里明确指出，教材是学生学习的载体，因此教师应该是"用"教材，而不是"教"教材。过去，许多老师口头上都这样说，但在具体实践中却不敢超越，依然根据传统的教法，按部就班地遵循教材进行教学。这种走马观花似的教学模式，使学生的语文能力越发薄弱，教师也越教越困惑，不知如何改变现状。通过近一年多的实践，我们逐渐有了比较清晰的思路。

（一）语文学科内部资源整合

我们的这次研究正是打破了一成不变的教学顺序和每一课学习字词、了解内容、理解中心的惯有教学程序，改变了以往对每一课平均使力的做法，转而对整个单元的课文进行重新布局、调整。利用课堂三分之一的时间教学课本上的精品课文，三分之二的时间围绕单元主题进行大量课内外阅读和写作。老师以教科书单元为模块进行备课，改变以往一节课为一个教学流程，逐段分析、面面俱到的串讲教学的做法，按照一个单元模块主题，整合单元教材内容，集中备课，精心编制学生学习指导方案，发挥学生自主学习、合作学习的积极性。这样采用单元式主题教学后，一个单元的教学任务浓缩在规定单元学习总课时的三分之一时间中，主要用于精讲经典课文，剩余时间用于主题式拓展学习，指导学生自主阅读讨论，学会主动学习，达到举一反三的效果，给学生提供了自主发展的空间！这样的改变并没有增加辅助的材料进行教学，而是立足教材，对教材本身的资源进行有效的重组，使课程目标的意识更为强烈。

以人教版第八册第二单元为例：我们研究了教学内容，发现本单元的重点教学目标是"理解重点语句和段落，受到做人处事的启示"。围绕着这一训练项目，所选课文中都均有落实，如：第6课《万年牢》的链接语"从哪些地方可以看出父亲做事认真、实在"，以及第7课《尊严》的课后题"让我们找出描写年轻人外貌、动作和语言的句子"。从这些内容，我们不难发现其意在引导学生抓住重点语句和段落来理解课文内容，体会课文情感。

为引导学生学会抓住重点词句段落，理解内容这一阅读方法，在第二学段就开始有意识的训练。如：三上"从'终于'这个词，我体会到……"就意在引导学生通过抓重点词语的方法来理解重点语句和课文。到第三学段，这样的训练由起初的抓重点词语理解上升为抓重点语句进行理解，如：五上《学会看病》链接语"阅读课文，找出描写母亲语言和心理的句子，多读几遍，体会母亲感情的变化"，《慈母情深》链接语"画出描写母亲外貌和语言的语句，体会课文是怎样表现母亲的深情的"，都是在引导学生掌握运用抓住文中的重点语句来理解课文的方法。

本册正处于向高段过渡的时期，因此主要承担着延续前期训练的发展，继续培养学生抓住重点句段理解课文的任务，以为后面的继续学习打牢基础。在方案设计中，我们始终紧扣目标，来构建整个单元的教学。

根据本组课文在内容、情感、表达方面的特点和学生实际的认知水平、学习能力，我们将4篇课文的整合为三部分：整体扫描2课时、比较阅读3课时和拓展训练1课时。整体扫描是初步了解4篇课文的主要内容，大体找出几篇课文间的相同之处，提出不理解的问题。比较阅读第一课时用常规的方法品读学习第5课《中彩那天》，了解课文在情感和表达方面的特点，为后面的比较阅读作好铺垫；第二课时学习第7课《尊严》，用第5课带7课进行比较，总结出本组课文比较阅读的规律，并以学习表格的形式呈现；第三课时学习，运用前两课时学到的比较方法将6、8两课与前两课比较，凸显单元主题，领会4课相同的表达方法。第三阶段拓展训练是拓展两篇文章，在前期整合比较阅读的基础上自觉运用学会的比较阅读方法，通过自主、合作、探究的学习方式初步形成比较阅读的能力。

整个教学的过程，在单元目标的引领下，充分发挥教材的功能，由扶到放，由说到写，循序渐进。每堂课各有侧重，师生活动清楚，对学生的听说读写进行全面的锻炼，语言实践性很强。学生在课堂上不仅了解一个有名的故事，而且在单元系列课文的学习中，能系统地得到训练，培养了口语表达的能力，掌握了复述故事的基本方法。学生在实践中掌握语言规律，既提升了运用语言的能力，也激发了学生学习的兴趣。

（二）立足语文学科本位，向其他学科多维渗透

语文学科和许多学科密不可分，学科知识与内容间有很多交集，有很多可以相互补融的地方，因此，立足语文学科本位，向其他学科进行多维渗透，进行学科间有效整合，是丰实语文课堂的有效教学策略。

1. 运用多样化的艺术手段创设语文课堂教学情境，激发学生情感

语文教学，应该充分关注学生，以情感带动学生。一堂好的语文课，应该是一堂充满情感的语文课。如何让整个教学过程洋溢情感，这又需要借用多种艺术手段。例如在教学《草原》一课时，当理解了"那里的天比别处的更可爱，空气是那么清鲜，天空是那么明朗，使我总想高歌一曲，表示我满心的愉快"时，问学生："如果你是作者，此时想高歌一曲什么？谁愿意来替作者高歌一曲？"学生们兴趣高涨，争相演唱，最后为学生们播放腾格尔演唱的《天堂》，那旷远悠扬的歌声一下子把学生带到了辽阔静谧的大草原，从而使学生对文本的理解更加深刻。又如上《一个中国孩子的呼声》一课时，运用多样化的艺术手段，用音乐渲染当时悲痛的一刻，用语言描绘送别时的场面，展开想象设想不同人物的心理活动，通过配乐朗读深刻体会文章情感……学生们真真切切地领略了父亲与维和部队的伟大可敬之处，被深深感染，不少学生流下了泪水。设想如果没有借助艺术手段，就不会有如此精彩的效果。再如教学《将相和》一课，可以在理解文本的基础上让学生表演课本剧，从而再现文本情景，加深学生对人物的体验，对文本的理解，并训练了学生的表演、表达等能力，更有效激发了学生的学习兴趣。再如：学习完《小蝌蚪找妈妈》这篇童话故事后，可让学生运用美术技能画一画小蝌蚪找妈妈的过程。透过这一幅幅画面，我们可以看出学生在阅读中的收获是不一样的。同样的一个故事，在孩子们心目中留下的印象却不一样，有的画出了几种动物的特征；有的对青蛙的生长过程画得特别好；还有的不仅画出了青蛙生长的过程，还画出了它们的动作，较好地区分了"迎上去""追上去""游过去"等词语。

其实，语文书上有许多课文都含有丰富的艺术因素，可以与艺术学科整合。如果我们借助于多种艺术手段，把它们变成赏心悦目的图画、或委婉或

激昂的音乐、轻松诙谐的舞台剧……对学生进行多重感官的刺激，将有利于创设一种生动活泼的教学情景，吸引学生入情入景。学生不仅仅得到欣赏的机会，获得审美的享受，而且还可以加深对文本的理解，这样既扩大了教学容量，又能提高课堂教学效率，起到事半功倍的效果。

2. 捕捉学科间的"渗透点"或"留白点"，进行相关知识补融

语文学科是工具性与人文性统一的学科，文本内容包罗万象，知识涵盖面极其宽泛，天文地理、飞鸟鱼虫无不涉猎，古今中外、三教九流娓娓道来。因此，在备课时必须深入挖掘教材，在立足学科本位教学的基础上，还要精心捕捉学科间的"渗透点"或"留白点"进行知识补融，向相关学科发散，从而有效激发学生学习兴趣，丰实课堂教学内容，并逐步丰厚自身教学底蕴。

例如：教学《鱼游到了纸上》一课，文中在对聋哑青年画鱼时的动作描写中提到了"工笔细描"和"挥笔速写"，学生对于这两个美术学科的专业术语通过解词可以理解字面意思，但若要深刻解读文本，还远远不够。我在教学中进一步讲解了相关的美术知识并提前准备了两幅工笔画与速写画让学生直观欣赏，进而为深刻解读文本、了解人物形象起到了不容忽视的作用。又如：教学古诗《赠汪伦》中"李白乘舟将欲行，忽闻岸上踏歌声"一句，可以为学生讲解古典舞学中"踏歌"的有趣知识，并引导学生尝试表现用"踏歌"的方式去为友人送行的场面。这样学科兼容、博古纳今的课堂令学生兴趣盎然，精彩的生成层出不穷。再如：我们教学一些说明文时，完全可以通过搜集资料、汇报资料等方式引导学生了解相关的科学、生物等知识。有些习作课前也可以带领学生走进大自然去观察、想象，从而补融一些科学知识，为学生提供更宽泛、形象的习作素材。再如：学习《桂林山水》一课时，课前预习先让学生到网上搜寻资料，初步了解桂林的风景。课上学生展示自己的作品时，可谓是五花八门，各显其能。有的搜集图片，有的找文字资料，有的做剪贴报，有的搜集门票，有的讲解桂林山水的传说故事，还有的自愿充当小导游来向大家介绍。看着他们得意洋洋、津津乐道的神情时，我们不禁深刻感悟到信息技术知识的重要性。当下，多媒体网络技术提供信息丰富及时，能充分引起学生主动探究的欲望，调动学生学

习语文的积极性。我们何不在语文教学中也向信息技术学科渗透发散一下呢。

（三）打破学科界限,向相关主题靠拢,多学科实施同题异构

这是以学科间的关联内容或相通专题为核心,打破学科界限,进行相互补融,有效整合,打造相同专题、不同学科,系列设计的教学,也就是"同题异构"。这种教学策略可以引领学生获得多元立体的知识结构,它是"立足学科、多维渗透"教学策略的必要补充。

这种教学策略的突出特点是与不同学科课程间的相融与互补,其表现形式主要是没有学科界限的相互包容型的专题设计。例如:我们在学习四年级《梅花魂》一课后,围绕着梅花开展了一系列的专题研究,把习作、美术、音乐、劳动和信息技术学科统领起来的"以《梅花》为题 同题异构"的系列研究课活动。学生们在劳动课上认识梅花,了解梅花,种植梅花;在美术课上赏梅,画梅,议梅;在信息技术课上运用信息技术制梅;在音乐课上唱梅;最后落实在语文习作课上积累梅的名句并写梅。这一系列研究课活动令这个年级的学生受益颇多,最后写出的作文精彩纷呈,取得了非常好的教学效果,受到师生极大的欢迎。但值得一提的是,这种专题的设计更多地依赖于相关学科教师的协作,教学设计与实施需要以学生的有意义学习为前提,主题的"质"重于"量",不能搞牵强性的形式主题,而且在实施过程中可能还要受到一些客观因素的制约。因此,无论是教学时间的安排,同一主题的选择,还是整合方案的设计都需要提前通过教师在学科间进行认真协商与协作才能解决,更需要学校教学领导花费一定的精力去进行学期初的研究准备与计划设计,可以说是一个比较大的"工程",但这一教学策略却是非常受用的。

总之,运用一定的教学策略,将语文学科与其他学科进行有效的整合,不仅可以丰富教学内涵,提升课堂档次,彰显大语文观念,还会更好地体现语文学科的人文性与工具性。各个学科的综合效应,更能充分展现语文教学的人文价值,使语文教学真正实现培养学生情感、态度、价值观和为学生终身发展奠基。基于以上这些认识,我们将在今后的语文课堂上继续深入

研究和运用相关教学策略，加强学科间的横向联系，使语文学科与其它相关学科间互相补充，有效整合，全方位提高学生学习质量，努力为学生创造一个广阔的学习天地！

二、语文综合性学习的整合性

（一）开设课程的原因

传统教育，尤其是学科教学，在许多方面表现出很大的封闭性，在一定程度上阻碍了学生创新能力的培养，制约了学生综合素质的提高。综合性学习打破了课内外界限、校内外界限，打破了以往课堂的秩序、教学的常规，走向社会、社区、家庭、校园。教学内容范围广泛，教学场地不定，教学设计多样，教学方式灵活，学生喜闻乐见，对于培养创新精神和实践能力有着积极的推动作用。开展语文综合性学习，目的就在于拓宽语文学习和运用的领域，学生在生活中学语文、用语文，他们的语文能力、实践能力、合作能力就能得到充分锻炼。这种新开设的课程是"培养学生主动探究，团结合作，勇于创新的重要途径"。

综合性学习是以语文学科的整合为基点的。加强语文课程与其它学科的联系，特别强调语文学习与生活结合，以促进学生语文素养的提高与发展。

（二）目标

指导学生初步掌握科学的研究方法，培植热爱祖国语言文字的情感，养成语文学习的自信心和良好习惯，在各种交际活动中，学会倾听，提高表达与交流的能力。

与生活紧密结合，打通各学科之间的联系，在整合资源的学习中，提高学生听说读写等学习语文、运用语文的综合能力。

让学生获得研究探索的积极体验，培养学生主动参与、乐于探究、勤于动手的能力，培养学生搜集和处理信息的能力、获取新知识的能力、分析和解决问题的能力以及交流与合作的能力。

（三）如何实施

在人教版小学语文五年级下册"走进信息世界"这一单元中，综合性学习的设计，着力于引导学生注重学习现代科技手段，在不同内容和方法的相互交叉、渗透和整合中开阔视野，初步形成运用信息解决问题的能力。下面就以"走进信息世界"中的导入环节为例，谈一谈综合性学习如何与其他学科整合，与生活相结合，激发学生兴趣，引入课题的。

1. 创设有趣的情境，进行有效导入

兴趣是一种有积极作用的意识倾向，这种意识倾向必须在一定情境中产生。教师在教学中，根据教材特点和教学目标，有意识地创造各种具体生动的情境，激发了学生强烈的好奇心和求知欲。

这学期，我校校本课程活动开展得丰富多彩、轰轰烈烈，特别对体育老师编排的安全信息操，学生们非常感兴趣。考虑到这套信息操既源于孩子们的生活，又是一种通过动作传递的信息，于是，我们决定由此入手，与体育学科紧密结合，在综合性活动的开题上安排了一位同学进行安全信息操的表演，让孩子们在观看表演的同时，捕捉对信息的共同体验。伴随着小交警的手势，教室里顿时热闹起来，大家纷纷喊道："左转弯，禁止通行……"

这样生动活泼的开课，一下子就把同学们的注意力全部集中了过来。轻松愉悦的气氛是萌发创造性思维的最佳动力。孩子们在轻松愉快的氛围中感受到了身边的信息，懂得了信息与我们的生活是息息相关的。整个导入环节的参与式活动，调动了孩子们的积极性，激发了浓厚的探究兴趣。课题也就在这种热烈的气氛中揭示出来，无形中还让学生明确了我们应该留心身边的信息。

2. 制作有趣味的课件，进行有效导入

俄国文学泰斗托尔斯泰说过："成功的教学所需的不是强制，而是激发学生的兴趣。"激发学生学习的兴趣，首先要引起学生对知识的强烈渴求感。根据小学生爱新鲜、好奇心强的特点，在教学中我们充分利用电教手段发挥电化教学特有的"鲜明色彩""生动形象""声像同步"等优势，尽量设计一些学生觉得新鲜、有趣的电教手段，把静止的东西变成活动的东西，把抽象的知识形象化，从而刺激学生的视觉，吸引学生的注意力，使学生产生新奇的快感，唤起求知欲，引起对所学问题的兴趣，激发学生战胜疲劳的新的力量。

情境创设,激起了学生交流的欲望,我们顺势为学生搭建了"聊天时间"这个交流平台。当那精美的图片配合着具有创意和新鲜感的题目出现在大屏幕上,孩子们眼前顿时一亮,有一种耳目一新的感觉,聊天的气氛也瞬间生成。这节课上像这样的小标题还有"信息热身操""推理探案"等,整节课每个环节的小标题都是经过精心设计的,可以说达到了激发学生兴趣的目的。

开始聊天,当三个学生站起来聊的都是关于图书、报刊、网络中的文字信息时,我突然意识到:虽说学生以往对信息有一定的了解,但由于认识的局限性,学生对信息的概念往往只停留在文字信息上,怎样才能引导孩子明确信息不仅仅有文字信息,还包括声音信息、影像信息、自然信息呢? 这时,我灵机一动,随即拍了几下手,问道:"同学们,你们知道我刚刚在向大家传递什么样的信息吗?"孩子们恍然大悟,齐声说道:"声音信息。"紧跟着我又通过播放警车的声音,同时出示了警车的图片,使学生加深了对声音信息的感受,使之明确声音也是一种信息。为了巩固学生对信息的认识,我追问道:"谁来说说生活中你还知道哪些声音信息?"孩子们你一言我一语地聊了起来,顿时学生的思路打开了,小手争先恐后地举起来,脸上焦急的表情告诉我孩子们的积极性被调动起来了。他们在交流中,原本单一的认识多元化了,这个环节可看出学生认识的发展。

学生的认识在聊天的过程中有了发展,需要我们老师去拓宽他们的视野,帮他们构建起一个完善的信息体系。老师们都知道,自然界的变化也是一种信息,但很多学生意识不到它的存在。当时正值绿树返青的初春季节,窗外景色给了我教学的灵感。我对同学们说:"孩子们,你们瞧,窗外棵棵高大的白杨树,鹅黄的树叶在向我们传递什么样的信息呢?"同学们一下明白了,生活中许多的自然信息也在他们的脑海中涌现出来,如他们感受深刻的沙尘暴、地震、海啸等等都脱口而出。随之,我为学生提供了一段地震录像,让他们分析地震前大自然向我们传递了哪些信息。这一环节中,多媒体播放的一张张图片、一段段影像,都让孩子们从中感悟到:信息不仅仅包括网络、文字、声音,还有图片、自然现象等。他们不禁感叹道:信息真是种类繁多，无处不在啊。就在师生交流的过程中，信息与我们生活的联系自然而然地生成了。

教师可通过聊天这一种轻松而愉快的教学情境，为学生创设交流平台，使他们畅谈对信息已有的了解，同时一改往日那种一问一答的教学模式，生生互动交流，资源共享。教师也成为了聊天活动的参与者、引导者，帮助学生转变对信息的单一认识，使其逐步完善。

这个设计为学生营造了轻松的谈话氛围，使学生畅所欲言，在这样的气氛中学生自主构建了信息知识的体系，不仅让认识有了宽度，还有了厚度。形象直观的学习、自由宽松的氛围打开了孩子的思路。同时，在聊天的整个过程中，新信息、新认识还引发了学生从中发现问题，为下一步确立研究的主题奠定基础。

3. 设计有趣的游戏，进行有效导入

游戏是每个孩子在生活中都喜欢的活动，可以启发心智与兴趣。有些知识用游戏的方式传授给学生，有助于学生在游戏过程中学习巩固新知识。我们根据教学内容巧妙地设计了引人入胜的游戏，使枯燥无味的学习变为生动有趣的学习，学生乐此不疲。

游戏是活跃学生学习活动本身的兴奋剂。意大利人文主义教育家维多里诺认为，学生通过团体游戏引起兴趣，可激发学习责任感。信息热身操这一游戏，是美国一家大公司在招募百万年薪的员工时出的一道综合能力测试题。这样的一道极具挑战性的测试题，同学们做起来真是兴趣盎然，大家争先恐后地抢着一试身手。那高高举起的小手、那聚精会神的目光足以证明这次热身的效果。由此也能看出，这个年龄段的学生的确对游戏非常感兴趣，我们借助于游戏环节，让学生初步感受搜集处理信息的重要性，使教学达到了寓教于乐的效果。

法国的教育思想家拉伯雷曾要求教师应为学生组织轻松、愉快及富有吸引力的活动。这节课上我们还指导孩子编排了一个小品《船长识贼》，大家都像福尔摩斯一样来推理探案。通过断案，亲身体验分析和处理信息的过程，学生悟出：信息有真有假，有好有坏，我们获取信息后，一定要经过分析处理才能真正发挥信息在生活中的作用。历经了这样几个环节之后，学生对信息的认识更加完善了，在这一环节中，同学们主动表演、体验，亲历亲为，探索、发现，获得解决问题的真实经验，从而感受搜集和处理信息的重要性。

整个导入部分，学生始终保持着极高的兴趣，研究的积极性和主动性高涨，为下一步的学习奠定了良好的基础。从这一内容可以看出，综合性学习不能单兵作战，需充分挖掘生活资源，与其他学科有效结合，相互协调，相互渗透。只有这样才能实现既定目标，提高学生综合能力。

三、综合实践活动的课程整合之路

新一轮的课程改革的核心是改变学生的学习方式，而综合实践活动课程的设置给这种转变搭建了一个良好的平台。综合实践活动课程是基于学生的直接经验，密切联系学生自身生活和社会生活，注重对知识技能的综合运用，体现经验和生活对学生发展价值的实践性课程。它具有综合性、整体性、开放性、实践性、生成性五大特点，而且我们发现在整个基础教育课程体系里，综合实践是涵盖最为广袤的课程，它成了其他课程领域知识的综合载体，也是其他课程领域知识进行重组和拓展的沃土。《综合实践活动指导纲要》在谈到综合实践活动与学科课程的关系时提到："实践活动内容的选择应有利于学生综合运用各学科知识，应有助于学生形成对周围世界的完整认识，形成健康的情感、态度和价值观。"因此，我们认为只有综合实践课程与其他课程有机整合，才是最科学、最具有实效的做法。

综合实践活动是通过密切学生与生活的联系、学校与社会的联系，帮助学生获得亲身参与实践的积极体验和丰富经验，提高学生对自然、社会和自我之间内在联系的整体认识，发展学生的创新精神、实践能力、社会责任感以及良好的个性品质。

目前小学3—6年级开设此课程，该课程使学生能够亲近并探究自然，热爱自然，初步形成自觉保护周围自然环境的意识和能力；考察周围的社会环境，初步形成反思、探究社会问题的习惯，自觉遵守社会行为规范，增长社会沟通能力，初步养成服务社会的意识和对社会负责的态度；初步具有认识自我的能力，以及自主选择和独立做出决定的意识和能力，养成勤奋、积极的生活态度；激发好奇心和求知欲，初步养成从事探究活动的态度，发展探究问题的初步能力。

小学阶段综合实践活动最基本的内容包括研究性学习、社区服务与社会实践、劳动与技术教育、信息技术教育四大领域。《基础教育课程改革综合实践课程标准》中明确指出："四大指定领域在逻辑上不是并列的关系，更不是相互割裂的关系。'研究性学习'作为综合实践活动的基础，倡导探究的学习方式，这一方式渗透于综合实践活动的全部内容之中。另一方面，'社区服务与社会实践'、'信息技术教育'、'劳动与技术教育'则是'研究性学习'探究的重要内容。所以，在实践过程中，四大指定领域是以融合的形态呈现的。"当然，综合实践活动还包括大量非指定领域，如：班团队活动、科技节、体育节、艺术节、心理健康活动等等，这些活动在开展过程中可与综合实践活动的指定领域相结合，也可以单独开设，但课程目标的指向是一致的。总之，指定领域与非指定领域互为补充，共同构成内容丰富、形式多样的综合实践活动。（参考钟启泉、张华等：《为了中华民族的复兴 为了每位学生的发展〈基础教育课程改革纲要（试行）〉解读》）

在宽基教育的办学理念引领下，在综合实践活动课程的实施中，我们在一定领域尝试进行整合，以下是几个较有特色的做法：

（一）综合实践活动的模式与课程相整合

1. 与学科内容相结合

为了使综合实践活动常态进行，在实践中积极探索将综合实践活动课与各学科有效整合，而这种整合对开展综合实践活动课和各学科教学活动来说是"双赢"的。新课程条件下学科课程目标趋向多维，为实现这一教学目标的教学内容也具有多样性。综合实践活动课程就课程目标来看，与学科课程也有某种一致性，因而在课程内容的选择上也就容易与学科课程的教材打通。如和音乐课整合开展"自制乐器"实践活动；与品德与生活课整合，开展"走进青藏高原"实践活动；与美术课整合，开展"认识剪纸"实践活动；与体育课整合，开展"NBA的那些事儿"实践活动。与各学科整合，大大丰富了综合实践活动的研究主题,同时也增加了学生对学科学习的热情。

2. 与地方课程相整合

地方课程作为地方教材,区域性极强,内容鲜活与灵动,它所要传递给学生的东西,绝不是靠指导教师单纯的传授。我校校本课程的有效实施主要依托于综合实践活动模式,以开放的观点看待课程的知识,以学生的自主活动作为教学的重要构成,让学生充分地探索研究。通过学生亲自参与丰富、生动的实践活动,经历了一个体验和提升的过程,使地方课程内容丰富深化,学生本身综合能力得到了提高,也增加了对家乡的热爱。如我校臧晓霞、张晔两位老师在学期初就组织学生根据个人的兴趣爱好选择地方课程主题为研究内容,在班内组成研究小组,通过学生学期中的研究,期末时在班内进行展示,展示形式也是多种多样,如 PPT、图片、文字、图表、录像等,内容包括资料的整理、研究的过程以及个人的收获,这是对自己的研究进行梳理,也是与其他小组的分享。又如我校曹锟老师以"四大菜系"为主题在全班开展实践研究活动,有的小组把四大菜系的名菜端上了讲台,色香味俱佳的菜肴让人垂涎欲滴;有的小组走遍全城的特色菜馆,通过地图的展示给大家来了一场美食攻略;有的小组播放在家亲自下厨的情景,那手忙脚乱的场面引出了班里阵阵欢笑……与综合实践活动有机结合,地方课程才能焕发无限的生机与活力。

3. 与校本课程相整合

我校在校本课程开发上坚持全员参与的原则,全体教师都是校本课程的指导老师,发挥个人所长开发课程内容。全体学生都有选择校本课程内容的权利,根据个人兴趣自主选择,这样我校校本课程就呈现出百花齐放的态势。在校本课程的实施中,我校多位教师将自己的校本课程内容与综合实践活动模式进行整合,收到了很好的效果。如我校杨静静、徐勇两位教师把参与黄粉虫研究的学生组成研究小组,针对黄粉虫爱吃什么进行课题研究,学生在老师的指导下学会了如何取样,如何用科学的方法进行实验观察,做好记录,通过找资料、请教等多种方式了解影响黄粉虫生长的原因,写出了"我和虫虫有个约会"的小课题报告。又如我校校本课程 DIY 皂吧,原本只是指导学生制作肥皂,该课程指导教师张晔将其深化,开展综合实践活动研究,对肥皂的成分、起源、创新等多个方面进行研究,让学生学中做、做中学,动脑动手,探索研究,激发了学生对科学世界的好奇心、求知欲、自信心、成就感和创新力。

(二)综合实践活动模式与学校活动相整合

1. 与德育教育相结合

综合实践活动课的选题要能够联系学生生活实际,结合当地实际。要关注学生兴趣,引导学生对课题的选择,指导学生选题有一定深度和广度。我校综合实践课程教师注重与学校德育教育相结合,转变以前说教的单一方式让学生被动接受,而是让学生亲自参与丰富、生动的实践研究活动,经历了一个体验探究的过程,从中受到教育。如2012年4月,我市小学生走失事件震动了整个泉城,我校陈庆亮老师紧紧抓住这个教育的时机,带领学生开展了《回家的路》综合实践活动。活动中学生在教师的指导下,在全校开展了回家方式的问卷调查,并制作出统计图对我校学生回家情况进行分析。通过查找资料、采访片区民警等多种方式了解小学生在上放学路上安全的问题,并撰写了宣传材料通过发放传单、广播站、宣传栏等方式对我校学生进行宣传,收到了意想不到的安全教育效果。《回家的路》的综合实践活动同时也获得了区级评优第一名的好成绩,开创了综合实践活动与德育教育相结合的新模式。

2. 与科技活动相结合

2008年,我校成为国家科协和全国科技馆的科技活动实验单位。如何将本次科技课题实验开展的扎实、有效,真正让学生受益呢?我校以综合实践活动的模式,整合科技内容在五年级学生中铺开此活动。我们希望通过这个活动,渗透学习方法,指导学生学会科学探究,了解科学知识,并能够运用这些知识解释生活中的问题,有能力的学生还可以运用这些知识进行发明创造。

活动告一段落时,回首开展的情况,综合实践活动课题组的老师经过多次的研究,反复论证,总结出整合科技活动"121"实践模式。

"1"——人人都有一个小课题研究，把学生的问题，加以归纳、整理，依据学生兴趣，自由组成子课题研究小组，并制定研究方案，为进一步的研究活动作好充分的铺垫。各小组依据自己的研究专题、各子课题方案，通过上网、书籍、实验、采访等研究调查方式进行探究，并保留好第一手资料，进行整理。通过以上的研究，初步解决学生对科学的疑问，在理论上形成概念，形成抽象的思维。

"2"——组织两次集体进山东省科技馆研究活动。第一次进科技馆在活动开展前，带学生走进科技馆，让学生广泛接触科技展品，提供机会与平台让学生充分地操作。一是满足学生好奇心理，二是让学生在玩的过程中引发疑问，教师还要引导学生学会提问。这是我们活动的第一个阶段，玩中出问题，带着问号走出科技馆。如果说第一次进科技馆，学生还有些盲目，那第二次是学生有了一定的研究后进入科技馆的，是有目的、有计划、有针对性的科学探究活动。这次进科技馆主要是将学生前面形成的抽象概念，通过再次针对相关展品的操作，将抽象变成直观的形象，使学生加深对科学知识的理解。

"1"——制作一项科技作品或小发明、小创造。学生通过参观、访问、调查等一系列的调查研究活动，了解、掌握一部分的科学知识。但在我们看来仅仅到达这个层次还是不够的，我们开展校园科技周活动，希望学生能运用前面掌握的科技知识解释生活中的某些现象，并鼓励学生运用这些知识进行一项科技制作或是小发明创造。

2008年底，"走进科技馆"活动顺利结题，我校这次新的尝试也获得了巨大的荣誉，我校被评为宋庆龄少年儿童发明创造基地，山东省仅此一所小学。在宋庆龄少年儿童发明创造竞赛中，我校陈瑞铭同学的小发明"防风伞"在参赛的万余件科技创新作品中脱颖而出，获得铜奖，全国仅百余件作品获奖。我校学生多件发明作品获国家专利。

3. 与环境地图大赛相结合

2008年，我校第一次参与了"中图杯"环境地图大赛，这项比赛也是为了日本旭川青少年地图竞赛这项国际赛事进行的作品选拔。可以说这是一项规格高的比赛，同时也是对我校教师的一个新的挑战，要以地图的形式展现学生的研究结果。我校综合实践活动教师在各班组成研究小组，以开展实践研究活动的方式来参与这项比赛，通过对各研究小组进行集中培训，再分散跟进，并具体指导。通过师生共同的努力，在首届比赛中，我校作品取得了可喜的成绩，6位同学获得全国一等奖，3位同学获得全国二等奖，91位同学获得区级一等奖。李伟主任、张晔及杨静静三位老师被评为全国青少年环境地图大赛的优秀教师、区级辅导教师，张晔老师被评为区级先进个人。

（三）学科间学习方法的整合

综合实践活动课程注重学生的自主发展，体验研究，同时也非常注重教师对学生研究方法的指导。科学课中，教师也会对学生进行科学探究的方法的传授与指导。这两门课程中很多研究方法是相通的，那么我们可以把两个学科进行融合。如我校张晔老师在进行"观察与提问"综合实践活动时就整合了科学课中"水的观察"，将两个学科的内容与方法相整合，借助水来向学生指导观察的方法，使学生掌握多种感官观察、实验观察、比较观察等研究方法。本堂课在区骨干教师培训班上做了展示，受到了与会领导老师的好评。

为了保证综合实践活动课程的实施，更加有效地整合其他课程，除了保证每周三课时的综合实践活动外，我们还利用了校本课程、地方课程、班会等部分课时参与进行。另外由于综合实践活动开放性的学习方式，我们联合学校大队部、各类社团，如胜利少年科学院等发动号召，引领学生，让学生在课下去开展各类感兴趣的课题研究活动。

综合实践活动课程与其他课程整合，给予了学生更宽广的个性发展空间，从而极大地激发出学生对学习的兴趣。不仅如此，对活动的兴趣在学生的学习中不断获得迁移，学生们更关心周围的环境变化，对大自然越来越了解，变得爱动脑筋了，而且参与气氛更浓了。

"路漫漫其修远兮，吾将上下而求索。"我们将在宽基教育理念的引领下，在综合实践活动课程整合的探索中，不断改进研究方法，不断创新，扎扎实实进行研究。用我们的智慧为学生创造一个无限发展的新天地,让我们的学生因为新课程而更加精彩。

第七节　社会实践课程

在宽基教育的引领下,近年来我校积极开展社会实践课程,充分发挥社会实践在我校育人工作中的作用,将研究性学习与社会实践相结合,学生走出校园,走向社会,去关心社会发展,关注社会问题,尝试解决自己研究的社会问题,开辟了有自己特色的社会实践的新途径。

一、活动引领,丰富体验

1. 磨炼意志,锻炼毅力

将研究性学习与社会实践相结合,学生走出校园,走向社会,关心了社会发展,关注了社会问题,尝试解决了自己研究的社会问题,此项活动成了学生课余生活的有益补充,开辟出胜利特色的社会实践的新途径。

为了让孩子加强运动,磨炼意志,锻炼毅力,同时激发孩子对大自然的热爱和对家乡的热爱,我校发起了斗母泉亲子远足活动。为了保证活动的顺利进行,我们制订了适合孩子们的路线,而且在网上搜集了大量的资料及详细的路线图,还与同学们利用休息时间进行了实地考察。组织召集了预备会,对来回车辆的准备以及时间安排、注意事项做了充分商讨,并一一统计参加人员,编辑造册,为大家提供了通讯录。远足那天,老师、家长和孩子们经受了烈日炎热和体力的考验,终于见到了济南七十二名泉中海拔最高的"斗母泉",品尝到了沁人心脾的甘甜泉水,活动获得圆满成功。活动结束后,家长对活动进行了详细而生动的记录,这开启了我们所有活动必有人作文以记之的先河。短短的一学期,家长们用手中的笔记录了厚厚一大本孩子们的成长档案。

2. 丰富生活，了解历史

为丰富孩子们的假期生活，增加对历史的了解，由家长创意联系，学校组织孩子们参观了省博物馆。为此安排了专业解说员，介绍了展馆中的全部内容。在活动的过程中，为了进一步增强班级的凝聚力和集体荣誉感，有的班级设计了自己的班服、班徽、口号，以便在今后的活动中更好地展现班级的风貌。此议一出，应者云集，众多热心家长积极参与，精心谋划，充分体现团结与朝气。班徽确定后，老师们又发帖子征集班级口号，通过 31 个跟帖发言、几十条建议，最终确定。而班徽、班服的具体制作，从选择厂家、制版到出样品、正式出品、发放，都凝结着家委会辛勤的汗水，成为校园内一道亮丽的风景。整个班服、班徽、口号酝酿、设计、出品的过程，也是各位老师、家长、孩子总结、反思、提炼班级文化、班级精神的过程。这项活动，大大增强了孩子们对班集体的热爱、自豪与认同。

3. 感受经典，开阔视野

在生活中提炼，从社会生活中选定主题，学生关注社会，体验社会角色；热爱生活，关注生活问题；学会了健康而愉悦地、自由而负责任地、智慧而有创意地生活。

为了让孩子们感受经典，开阔视野，在得知傅佩荣教授将在山东电视台录制《论语》讲座后，学校安排同学们参加听讲，给孩子们提供了难得的近距离接触国学大师、聆听国粹的机会。连续两周，家长每天早上把孩子送到电视台，由主动报名的家长负责孩子的午饭，负责组织孩子听课，并为每一个孩子买了本《论语》。

有时因为新学期的某篇课文，班级也会组织游览学习活动。例如《兵马俑》一课，为了让孩子提前有个感性认识，同时也为了让孩子饱览祖国大好河山，暑假里家长统一组团去了西安。兵马俑、华山等 18 个景点让孩子们饱览了名山大川的壮美与恢弘，更让孩子们在旅途中结下了深厚的友谊，这些都是在课堂上所无法学到的。为了让其他没法去西安的孩子也随着小伙伴的脚步游西安，家长发了 18 个帖子，详细介绍了这 18 个景点的情况。

为了让孩子多读书，为了让家长学会指导孩子读书，家长组织孩子们去小海豚书店参加了读书会，让孩子和家长一起，在故事中、在绘本里学会体会人生的真善美。

4. 人文培养，艺术陶冶

学校鼓励学生在兴趣中选择、捕捉自己感兴趣的问题开展研究。在合作探究的过程中，学生之间能够相互感染、相互促进，更好地发展兴趣，培养特长，提高综合素质。

假期里，有的家长给孩子报名参加了"齐鲁晚报童子军"活动，同时为了给更多的孩子提供锻炼的机会，他们邀请没有报上名的同学们一起参与卖报。这次社会实践活动使孩子们得到了充分的锻炼：从不敢向前搭讪到逢人便问；从不敢叫卖到连续地吆喝；从不会找零钱到汇总当天收益；这些都是一个从不敢到敢、从不会到会、从不懂事到懂事的过程，不仅让孩子磨炼了意志，练就了勇气，还懂得了永不言弃的道理。同时，卖报得来的钱最后以班级的名义捐献给了社会福利院，又培养了孩子可贵的爱心。

此外，有些从事美术工作的家长假期里还组织孩子们到画院向孩子传授画盘子的技巧，让孩子们感受到美术的魅力，受到了美的熏陶。有的家长带着孩子们到自家的开心农场摘毛豆，让孩子们对农作物有了直观的认识，丰富了生活知识，也更加深刻地体会到"谁知盘中餐，粒粒皆辛苦"的含义。

一个一个的活动，像一粒粒晶莹的珍珠，闪耀着光芒，洒落在孩子成长的道路上，老师、孩子和家长们手拉手串起了这些美丽的珍珠。孩子们的心更近了，家长们的心更近了，家校联系更紧密了。

二、体会感悟，提炼升华

1. 共同的目标是社会实践的基础

孩子的成长与进步，关系着每个家庭的幸福，关系着学校的荣誉，更关系到祖国的前途和命运，所以，教育对家长、对学校、对全社会都是至关重要的事情。我们要让孩子感知幸福快乐，让孩子提高综合素质，最终让孩子成为对国家、对社会有用的人。这是家长和学校共同的愿景。为了孩子，学校和家长的沟通显得尤其重要，也使家长相互之间的沟通成为大家共同的需求。

应该说，每一位家长都有沟通的愿望。我们想知道孩子在学校究竟表现如何，孩子们还有哪些方面需要我们去引导，怎样才能让孩子们健康地成长。与老师见面沟通是最直接的方法，但毕竟有限。老师们有繁杂的工作，有孩子及班级的工作要处理，每次见到老师们略显疲惫的神态，家长就觉得不忍心再牵扯老师太多的精力，而且偶尔到学校匆匆几句的交谈，也无法及时、全面地了解孩子的情况。家长也想知道其他孩子是如何成长的，他们有没有相同的困惑，家长有没有更好的做法。可惜，家长们来自各行各业，没有认识和交流的机会，最多是孩子熟悉的几个小朋友会留下家长的电话，偶尔问问作业，但因为不熟悉，家长们多是寒暄。大家都有沟通的想法，因为孩子是我们共同的话题，我们有着同一个梦想。只是，家长缺乏一个家校沟通的合适平台。

最终，正是培养教育孩子的共同的目标、共同的愿望、共同的需求促使家长建群、网上交流、组织活动……开始了家长丰富多彩的家校共建活动。

2. 家长参与是社会实践顺利实施的关键

孩子的教育单靠学校是不行的，家长是孩子的第一任老师，也是重要的教育资源。首先，有些活动学校不方便出面组织，而家长出面比较适宜。比如春游之类的活动，由学校或班级组织，涉及到安全等问题不好解决，但由家长出面，在父母的监护下全班集体活动，既可以使孩子增进友谊，愉悦身心，又可以保证安全，避免纠纷。第二，老师精力有限，搞好教学本身就十分操心费力。而家长们人数多，分布在各个行业、各个领域，可以为孩子的集体活动提供很多时间和便利。比如有的家长在电视台工作，所以可帮助安排孩子们去电视台参观；有的家长在博物馆工作，所以可以安排孩子们去博物馆领略历史的博大与精深；有的家长是画家，所以就与老师一起在班里组织了写名人、画名人的活动；有的家长是摄影爱好者，在所有的活动中跑前跑后拍照，留下了大量宝贵的照片，里面唯独没有他自己。第三，两人智慧胜一人，班级活动丰富多彩，需要家长和老师集思广益，共同出谋划策，仅靠老师自己出主意、想办法是不够的。丰富多彩的活动多是由热心家长提出建议，经过老师的指导和同意后才得以成功举办的。比如 2006 级 7 班的老翟，是家长当中的点子大王，新想法、新策划层出不穷，就像家长群里的领头雁，带着大家开展活动，齐心协力向前走，虽然他的年龄不大，但群里的爸妈都亲切地称他"老翟"。响妈是老翟的最佳搭档，每个活动她都是积极的组织者和创造性的落实者，把细节处理得完美无缺。其实每个人心中都有一把火，我们缺乏的是点燃这把火的种子。而老翟和响妈，正是我们家长群里的火种，以星星之火发展成燎原之势。

热心家长们使班里的家长产生了巨大的凝聚力和自然的归属感。活动由开始的几个人发起，变成了很多人的集思广益，每一个提议都有热情的响应。所有的家长都觉得不能坐享其成，所以在组织活动或者遇到需要协作的事情时，听到的最多的话是：需要我做什么？而且，因为有越来越多的热心家长参与，群里对孩子的关爱也上升到了很宽广的范畴，关爱孩子已经不再局限于自己的孩子，群里、班里、学校里的孩子大家都一样关心，充分体现了"老吾老以及人之老，幼吾幼以及人之幼"的情怀。假期里，有些孩子自己在家无人照看，家长就会主动邀请孩子在自己家吃饭、学习。有时虽然只有九个孩子的家庭参加西安旅游，但无论是否参加活动的家长都积极参与策划与安排，献计献策。旅行团出发后，前方和后方的群里保持着密切联系，有家长在群里开了一个帖子，随时报导旅行团的行踪。在这里，没有你的、我的事情，有的只是大家的、集体的事情。

虽然群里的家长都有各自繁忙的工作，处理孩子的事情更多的是利用休息时间，而且全部是无偿劳动，但他们无怨无悔，只要是对孩子成长有利的事情，都会倾力而往。

3. 班主任老师是社会实践的保证

学校的每位老师都以学生为本，只要是对学生有利有益的事情老师们就愿意尝试着去做。只要家长有了好的意见和建议，就大力支持和参与。每位班主任老师把工作当事业来干，把学生当成孩子，把家长当成朋友，把班级当成家庭。对胜利的每位老师来说，教育就是他/她的生活。这样的定位，使老师们产生了巨大的凝聚力和向心力，也使得学生和家长都愿意团结在班主任老师的周围，成为一个温暖的大集体。老师们把爱传递下去，让孩子们之间互相关爱，让孩子爱老师，让孩子爱班级。

总之，经过我们新颖而有效的社会实践活动，真正拓宽了学生视野，陶冶了学生的情操，获取了课本以外的知识。孩子们在全面提高，快乐成长，家长们也在与孩子共同成长的过程中体会了幸福，收获了友情。我们曾经组织的一个活动是"大手拉大手——我们都是点灯人"。虽然我们每个人的力量是微薄的，虽然我们都不是教育家，但我们希望拢微火之力，凝聚成焰，大手拉大手，一起为孩子们点亮人生的启明灯，让每个孩子都成为国家的栋梁之才，让他们插上梦想的翅膀，飞得更高、更远……

第八节　国际交流课程

进入 21 世纪，经济全球化、社会信息化使人类的交往更加突破国家和民族的界限，教育国际化的趋势日益明显，培养具有全球意识的国际型人才成为各国教育的重要目标。而国内对国际文化交流、跨文化交流等研究大多集中在高等教育领域，而基础教育阶段，特别是小学的实践，还缺少经验与研究。因此，我们学校在宽基教育核心理念的引领下进行国际文化交流校本课程的开发，旨在培养国际交流人才，满足社会发展需要。国际文化交流校本课程的开发，可以促进学生、教师和学校的和谐发展。

一、国际文化交流的意义和内涵

在小学阶段实施国际文化交流教育，既要让学生了解多元文化和全球问题等国际背景，更要在探究与体验的基础上，培养学生运用国际交流语言的能力与全球视野和国际交往等方面的综合能力。我们学校将"国际文化交流"的主要内涵概括为以下几方面：

（一）弘扬民族精神

民族精神是支撑一个民族生存的基石。"国际文化交流"首先强调的是对民族精神的弘扬。因此，任何一种文化的民族和国家既要学会与别人共存，又要学会向别人学习，学习别的民族文化中的有益成分。2008 年 9 月，我们学校和日本和歌山市吹上小学进行互访学习交流。这次交流活动，加强了中日两校间教育管理理念、教学、活动、文化间的交流，增进了中日两国学生、教师间的了解与友谊，整个交流活动双方受益匪浅，两校间的交流达到了互相了解、取长补短、增进友谊的效果。

（二）全球的胸怀与视野

要求学生具备足够开阔的知识视野，把握人类历史发展的基本趋势和特征；以博大的胸怀、自尊理性的科学态度认识人类文明的优秀成果，认识世界历史的一体化和多样化，认识我国和世界的互动关系，尊重、理解世界各国各地区在经济、文化、政治上的差异，尊重其他族群及其历史文化；立足于我国的历史文化传统，具有为把我国建设成富强、民主、文明的社会主义现代化强国和为世界和平、发展与人类进步事业作出贡献的历史责任感。

（三）理解世界各国相互依存的关系

从当今世界的历史进程看，经济全球化浪潮不仅带来了无可置疑的物质利益，也使整个人类遇到了一系列有待解决的全球性难题。忽视相关国家彼此之间的依存关系，任何国家要想单凭自身的力量解决这些问题，根本是不可能的。在经济全球化时代，肩负我国现代化重任的年轻一代，必须站在全球的大背景中充分理解各国相互依存的关系。

（四）国际沟通与交往的实践能力

做个国际人，还要着重具备和提高适应国际交往和竞争需要的能力素质。（1）外语应用能力。随着我国与国外经济文化交往增加，外语将逐渐成为日常工作生活中真正需要的基本工具。人们不仅要学好外语，更要用好外语，努力提高外语的听、说、读、写实用能力。（2）跨文化沟通能力。不同民族有不同的文化，在国际交往中要了解和理解对方的文化，这样相互才能比较深入地交流沟通，也才能融洽相处。（3）创新能力。未来的国际竞争更加激烈，无论是个人，还是一个组织，要在激烈的竞争中求得生存，必须不断地创新，否则只会被历史的长河所淘汰。（4）良好的心理素质。面对更加激烈的竞争，人才必须有良好的心理素质，学会自我调节，善于寻找他人支持。

二、国际文化交流校本课程的开发

（一）国际文化交流课程内容

其一，国际文化交流课程精选国际知识、全球问题，涉及广泛的社会问题和价值观念问题，根据学生认知特点分年级加以组合，成为可接受的教学内容，按照年级、学期、单元等要求划分课程内容，使学生初步了解国际知识，培养国际交流能力、全球视野。

学校每星期开设一节国际文化交流课程。每个年级组的授课方式也根据不同年龄段学生的不同特点，设计相应的组织形式与教学方法。如：低年级阶段教师通过给学生讲国外的经典童话故事，让学生初步了解国外文化；中年级教师通过图片或影像资料向学生介绍异国风情、地理环境、人文风貌，让学生能够更加深入地感知和体会异国文化特点；高年级阶段的学生则可以通过老师推荐的书目选择自己感兴趣的和希望了解的文化书籍进行阅读。这三个梯度相辅相成，层层递进，逐渐带领学生进入一个全新的世界，用全新的视角来了解和熟悉世界文明。

其二，国际文化交流的主题活动以国际文化交流为主题，结合学生在学校和社会生活中实际开展的活动，让学生在主动参与和主动探究的过程中，比较全面地了解世界多元文化，树立全球概念。到目前为止，学校已经多次成功地举办主题活动，曾先后接待过日本和歌山小学访问团、美国康州访问团、印度访问团以及港澳台地区访问团，并组织教师和学生到日本和歌山市吹上小学、韩国儒目小学、台湾地区台北大丰国民小学进行考察交流活动。

其三，国际文化交流学科将国际交往所需要的知识、技能渗透于有关学科的教学之中，营造潜移默化的国际教育环境，各学科形成合力，使国际意识植根于学生心灵深处，引导他们开阔视野，掌握技能。以英语学科为例，教师在教学的过程中已经不单单是进行单词、语法等知识层面的讲解，更重要的是通过课堂教学给学生们提供更多的国际文化信息，让学生们更多地了解和理解国外的风土人情。教师还给学生创造展示和交流的平台，让学生把自己了解到的信息用情景剧的形式加以展现，用具体的故事或形式展现文化的内涵，让孩子们更能够深入浅出地理解国外文化。

(二) 课程资源的开发与整合

1. 教师资源的开发与整合

制订教师自主学习制度，加强教师对东西方文化的了解，培养教师在学校各项教育活动中实施国际文化交流的意识，提高教师的文化品位。努力学习英语，加强信息技术运用和网上交流能力，创造浓郁的外语学习氛围，提高教师的社会交往能力。

组织教师进行国际文化交流和双语教学的研讨,不断改进教师的教学方法和教育手段。积极加强学校与发达国家和地区的教育教学交流合作。与国际友好学校结成姐妹校,通过委派教师出国培训、与友好学校进行互访交流学习活动,更好地宣传学校的教育传统和经验。目前为止,我们学校与日本和歌山市吹上小学、韩国儒目小学和台北大丰国民小学结成友好学校,进行了多次友好互访活动。

知名专家、学者相继应邀来我校讲学,在学校文化、教师发展、课程改革、全球理解教育与学会共存、信息技术应用等方面给教师带来了新的研究成果,这些成果在指导、引领教师的实践上发挥了积极作用。

2. 校园文化资源的开发与营建

学校环境文化布置自己的"文化墙",让学校的每堵墙壁都能对学生进行国际文化交流教育;充分利用学校走廊,通过标语、图画以及"民族文化长廊"和"世界文化广角"营造国际交流教育氛围,形成走廊文化。

校园活动文化运用电视台、广播站、小报、电子大屏幕进行国际文化交流教育的宣传,并组建了快乐英语社团,编排了多场英语小短剧,让学生更加深刻地了解和体会异国语言及文化内涵。

3. 重视家庭资源的开发与利用

通过家校交流会、问卷、亲子作业设计等形式,让广大家长了解国际文化交流校本课程开发的意义。开展实践活动,让家长参与学生的学习实践活动。2011 年 4 月,我校接待了美国康州访问团,两位美国老师走进了中国学生家中,亲自体验了中国式的家庭生活。美国老师和孩子的家人一起包水饺,体验中国的饮食文化,气氛非常融洽。家长和孩子也向美国老师学习了很多外国礼仪。临别时,家长、孩子与美国老师互赠礼物,表达了深深的情谊。

4. 加强与海内外师生和学校的校际交流、合作

开展师生访学,2008 年启动了中日师生文化交流活动,与日本学校进行互访。2009 年启动学生赴日本游学活动,师生直接参与了国际交流。2009年 2 月,启动学生赴香港游学活动;7 月赴韩国游学;11 月赴新加坡游学交

流。通过这些活动，让更多学生体会来自世界另一端的诸多差异，有利于学生学会比较，促进国际间的理解。

三、国际文化交流校本课程开发的特点

（一）强调真正的文化对话

文化对话既是国际文化交流的表现，也是所要达到的目标。它是一种文化上的接触、了解、沟通、理解的发生过程，体现为既各自独立又相互融合。作为理解异族文化的重要条件，掌握外语是非常重要的，它有助于推动文化间的交流。

（二）强调贴近儿童的教育

对儿童来说，他们天生地具有四种本能的需要，即交谈或交流的需要，探究或发现的需要，制作或建造的需要，艺术表现的需要。这四种本能的需要，是儿童行动的自然源泉。国际文化交流课程能够利用这些本能的兴趣，让儿童先表现他们的冲动，然后通过批评、提问和建议引导他们认识已经做了的事，他们需要做什么，结果就会完全不同，就可以让学生认识到要成功地完成他们所感兴趣的事，解决他们自我活动中出现的问题，掌握一定的工具、方法和知识是必要的，从而将其一步一步逐渐引导到学科知识的学习上来，那么，学生将会深切地认识到所学东西的价值和社会意义，学生的学习将会是自然的、有动力的、牢固的和有效的。

（三）强调全体师生共同参与

国际文化交流是一门综合性课程，在设计之初，学校就发动各学科教师都参与其中。我们鼓励教师发挥各自特长，特别是那些综合知识丰富、在某方面有特长的教师，由他们选定、编写教材，极大地调动起他们的积极性。所有学科教师参与研究与实践，研究涉及各学科领域，又不断充实了校本课程开发的资源。我们看到了参与教师的忘我投入，也看到了其他教师的羡慕与期盼。

第七章
制度创新：宽基高位着陆

第一节　尊重:让心灵安适

尊重是一种高尚的美德,是个人内在修养的外在表现。尊重是一个人政治思想修养好的表现,是一种文明的社交方式,是顺利开展工作、建立良好的社交关系的基石,每个人内心里都渴望得到尊重。早在20世纪初,美国心理学家马斯洛就提出了需要层次理论,他把人的需要分为五个层次,分别是:① 基本的生理需要;② 安全的需要;③ 归属和爱的需要;④ 尊重的需要;⑤ 自我实现的需要。其中尊重是人的一种高层次的需要。在社会化过程中,尊重的需要得到满足,一个人就会自尊、自信、自励,反之就会导致沮丧和自卑。尊重作为新的教育理念,其追求的是"以人为本"的教育,其目的是实施充满人文关怀的教育。尊重是学校管理者最需要思考和探索的命题,只有将尊重落实到实践之中才能体现出其自身的价值。尊重教育规律、尊重教育对象身心发展规律、尊重人才成长规律、尊重学生人格、尊重教师的知识和尊严等等,这些都是尊重的丰富内涵。

我校的宽基教育将"尊重"这一理念,真正落实到学校生活的每一个角落,有效保证了尊重理念的不断深化,尊重文化的不断渗透和弥散。尊重教育规律,主要指教师在教育教学中按教育规律而不是按个人主观愿望去实施每一项教育活动。尊重学生的人格、个性,主要指创造和谐的教育环境,消除师生对立,尊重学生的个性发展以及他们的独立性、选择性和创造性。尊重教师的差异,让教师尽其所能扬长避短,让其充分发挥长处,让优更优,让长更长。

一、将尊重物化落实在校园环境中

第一,校园建设突出对文化多样性的尊重。为创建"成长乐园、亲情家园、人本校园"的"三园式"学校。我校倾力打造多元的校园文化,建有博雅墙、文化长廊、生态馆、蝶趣园、科技馆等景观,处处彰显人文性内涵,在孩子的面前呈现了多元文化的缩影,渗透、浸润了我校培养"优品、厚基、健体、乐性的大气、雅气、灵气的自主发展型学生"的育人目标。

第二,突出对学生认知需求、特点及差异的尊重。从学生的视角出发进行设计,让学生参与设计。让每一面墙壁都能说学生听得懂的话,让每一面墙壁的话都由学生来说,让墙壁文化成为学生学习的资源和个人才能展示的空间。如:舞墨轩、心乐坊、名人画廊、机器人实验室等,用学生自己的国画、油画、十字绣、剪纸等作品来演绎胜利的故事,体现对学生智能差异的关注。墙壁既能展示在绘画、手工、摄影等方面有特长的学生作品,也能展示论文、电脑制作等不同方面的学习成果。"小蘑菇头"王景灏现在是学校有名的"科技迷",前不久他荣获了山东省车模大赛冠军,可在两年前他还是一个有名的"调皮大王"。自从学校投资7万余元建起了机器人实验室后,他就成了这里的常客,课余时间全部投入到了摆弄车模机器人身上,爱钻研,爱提问,像变了个人似的。家长们感慨地说:"学校的科技设施使孩子爱上了科学。"在教室内、长廊中均有学生的得意之作展示,使学校里每一天、每一时刻、每一角落都能印上学生进步的足迹、发展的足迹,让每一个学生都能体验成功的快乐。

二、将尊重物化落实在校园文化活动中

在实践中,我们从尊重学生认知和发展规律的要求出发,搭建了激励学

生自主成长的丰富舞台。让学生在活动中,体验享受被尊重的快乐,并学会尊重。校园的各个角落都是展示学生才华的舞台。

第一,围绕课程学习,开展各种探究活动。注重开展学生喜爱的特色主题活动,如"探寻泉韵"社会实践活动:引导学生照泉城、画泉城、唱泉城、讲泉城、观泉城、听泉城。他们走进李清照、辛弃疾、秦琼、蒲松龄等历史名人的故居,丰富了对历史人物的认识,加深了对文学作品的理解,更增强了作为一名泉城人的自豪感。如在开展"泉城小导游"志愿者服务活动中,学生们更是争当志愿者讲述泉城的特色文化,展示学校和班级文化,在锻炼能力、增长见识的同时,体会尊重别人才能赢得尊重的道理。

第二,围绕德育目标,开展多种主题活动。本着全员育人、生活育人的原则,我校一直坚持围绕德育目标开展适合学生年龄特点的艺术、体育、文化及具有特色的少先队活动。完善国旗下讲话制度,使国旗下讲话成为教育学生的重要途径,开展如寻找校园最美的声音、胜利讲坛等多种主题活动。在每周一的升旗仪式上从学生身边的事入手,力争德育教育无痕化。让学生做到"尊重就从一举手一投足开始",并通过探寻最美的声音背后的故事,懂得"我因认真倾听尊重老师而快乐,我因尊重长辈而快乐,我因帮助别人而快乐,我因保护环境而快乐,我因节约资源而快乐……"。在细微之处去品味感受人生幸福的价值引领,促进了良好习惯的形成。

"冬天,爸爸送我上学时,总是把我的手悄悄放进他的口袋,这就是我忘不了的父爱。"这发自内心的感恩是一名调皮的男孩在语文课上的发言。教师在讲授《地震中的父与子》这一课时,抓住课文中描写父与子重逢的感人一幕,自然将生活引入课堂,引发了学生对亲情的深刻理解和感悟。这种理解和感悟使原来对父母的爱无动于衷的孩子受到心灵的震撼。这就是宽基教育下的"无痕德育"。

在我校的德育展室里,陈列着学生的一份份自制的礼仪小报,自编的童谣,以及中华礼仪故事、调查报告等图文并茂的活动资料。特别引人注意的是六年级三班刘玉佶的《校园礼仪歌》:"习文明,懂礼貌;衣整洁,品行端;……守纪律,不浮躁;做好事,多奉献;爱集体,比贡献;爱同学,敬师长;学人长,戒自满。"这里,没有空洞的说教,没有他人的指令,学生们在实践活动中通过学习、体悟相互交流,道德认识自然而然地转化成了道德行为。

第三,围绕多元目标,变革学生考核制度。为了尊重学生的差异,给学生更广阔的视野和多元的实践机会,促进每一个学生的自我发展、个性发展,创造性实施综合素质教育,我校变考试为展示,变作业为作品。以"八会"技能达标考核制度为核心的八证书达标活动,代替了传统意义的学生考核评价制度。内容包括引导学生从会写一手好字、会说日常英语、会读说写算、会制作科技作品、会计算机操作、会一项美术技能、会一项音乐技能、会一项健身技能八项中自主选择达标项目和目标,由学生推选出各项技能班级小评委,与教师一起为同学评定等级、考核等级,最终由师生共同评定。"八证书"制度有效激励了学生在自己兴趣基础上的个性化成长,丰富了宽基教育的内涵。配合"八证书"制度的实施,我校为每个学生设立了胜利娃成长档案袋,期末从"思想道德和文明素养,心理素质,学习态度、方法和能力,运动与健康,审美与表现,校本课程实践学习"六方面进行综合素质评价,记录下学生成长的轨迹。

三、将尊重物化落实在课程建设和课堂教学中

第一,建立多元化的课程体系,满足学生全面发展需求。

我校在落实国家课程、地方课程的基础上,根据学校自身情况,针对学生不同的年龄特点,努力体现"国家课程校本化的理念",开设了多元化的校本课程。如科学素养课程、艺术素养课程、健康教育课程、民族文化课程、国际教育课程、学会生活课程六大门类的近百门规范的校本课程纲要和相应的校本课程,让学生能自主选择。如:科学素养课程重在学习科学知识和科学技能,培养探究兴趣和科学的态度,主要设科学类、生物类、地理类选修课。以胜利少年科学院为活动载体,包括开设国际象棋、电脑机器人制作、皂吧、车模航模海模等科目。艺术素养课程重在培养学生的审美品位和追求美的能力,主要设艺术类选修课程。以胜利明天少儿艺术团为活动载体,包括开设书法、国画、舞蹈、合唱、民乐等科目。健康教育类课程重在培养学生强健的体魄、健康的心理、健康的人格和自立精神,形成积极自信生活的

意识,主要设体育类、心理类选修课。以胜利青少年体育俱乐部活动为载体,开设攀岩、球类、体育舞蹈等科目,使胜利的学生会生活、爱生活。以"心灵小屋"——胜利心理咨询室活动为载体,通过美丽心情、心语等科目,通过心理网站、电话咨询、当面辅导、悄悄话信箱等方式,培养学生的健康心理。学会生活课程重在主体发展学习,人与自然、人与社会和谐共生意识的培养,强化安全意识、规则意识、秩序意识,主要设安全万花筒、厨房里的科学、家庭生活礼仪、金鱼养殖、花卉栽培等科目。以学校生态馆、蝶舞童趣园为载体,进行童年之旅、蝶舞童趣活动,组织学生结合假期外出旅游,围绕地域、物产、风俗等开展研究性学习活动。借助学校科普生态馆和蝴蝶园资源优势,开发"蝶舞童趣"综合实践类校本课程,通过蝶画、蝶文、蝶曲、蝶舞等实践活动,培养学生爱科学、学科学的兴趣,提高学生综合性学习的能力。国际教育课程重在学习多元文化,通过国际交流学习,培养学生的全球视野和未来眼光,主要设英语情景剧、异国风情、英语影视欣赏、外国礼仪等科目。以小导游活动为载体,把学生到国外旅游的见闻,通过童年之旅小报或自制书、摄影图片展、见闻发布会等形式,使同学们了解外国的风俗民情、历史文化、风景名胜等;学校与日本和歌山市吹上小学是手拉手学校,每年都参加国际儿童大联欢活动,学生与前来学校参观的朋友们一起走向校园,换一种视角去体验礼仪、礼节,换一种视角关注身边的生活,加深对国际世界的深入认识,在尝试导游的实践体验活动中表现自己的能力,展示自己的才华。民族文化类课程重在学习中华传统文化和民族思想,培养人文情怀和民族精神,主要设民俗文化、经典文化的选修课程。以国学欣赏,课前两分钟经典诵读为载体,进行《三字经》《中华历史千句文》《弟子规》《论语》的通读、名著导读、绘本阅读、走进童话世界、儿歌创作、古诗新唱等科目,丰富学生民族传统文化知识的积淀。校本课程的教学方法是开放的、实践的和体验的,强调探究学习、问题学习、合作学习和体验学习,为不同年龄、不同性格、不同经历的学生搭建起一个个多元发展、个性发展的舞台。

第二,"自主学习,合作探究",建构尊重学生差异的宽基课堂。

"自主学习,合作探究"的课堂教学模式不仅仅是因为学校发展到一定高度的需要,更是学校在倡导发挥学生学习的主动性,进行分层教学,关注潜能学生,为学生的终生发展奠基,尊重学生差异等一系列理念下的自然产物。发挥学生学习主动性,落实先学后教,先练后评。培养学生发现问题、解决问题的能力,增强了学生的责任意识,发挥了学生的主动性,同时教师减少了无效教学,使教学更具针对性,真正实现了以学生为主体、教师为主导的教学理念。教师在教学中更多地关注学生的思维,关注学生的情感,把知识的积累、技能的形成作为学生发展的主体来看待,而不只关注知识的本身。教学中,教师尽量让学生通过自己的阅读、探索、思考、观察、操作、想象、质疑和创新等丰富多彩的认识过程来获得知识,使结论与过程有机融合,使学生的知识和能力获得和谐的发展,同时,努力使课堂教学过程成为学生的一种愉悦的情绪生活和积极的情感体验,使教学过程成为学生一种高尚的道德生活和丰富的人生体验。其次,开放了教学的"过程"。现在的课堂教学不再是一个封闭系统,也不再拘泥于预先设定的固定不变的程式,而是强调预设的教案在实施教学过程中可以开放地接纳始料未及的体验,出现了师生互动中的即兴创造或超越目标预定的要求等,拓展了学生学习的空间。新课程突破了"课堂教学就是在教室里上课"的传统观念,使学习活动的空间拓宽到生活和社会的各个领域,学生可以到大自然中学习,到社会实践中学习。教学评价方式也随之发生了很大的变化。在课堂教学中,教师从关心、爱护、理解学生出发,以不伤害学生自尊心和不打击学生的创造性为前提,开展了肯定性评价、激励性评价、延时评价、体态评价等,极大地调动了学生课堂学习的积极性,这些做法符合学生身心发展的规律,为促进学生的全面发展奠定了基础。

四、将尊重物化落实在学校的整体管理中

宽基管理实行校长负责制、教职工岗位聘任制、岗位责任制和考核奖惩制,建立干部能上能下、人员能进能出、职称能高能低、收入能升能降的新的用人和分配机制。目的是进一步调动教职工的工作积极性和创造性,增强学校活力。促进教育改革和发展,更好地为现代化建设服务。宽基教育下的管理强化同心圆式服务,以及"服务对象第一"的策略。调动和发挥每一位

教师教书育人、服务育人的积极性、能动性和创造性。关注教师人格尊重、平等竞争、自我实现、情感激励等方面的需求，强调营造"尊重、沟通、宽容、帮助、欣赏"的人际和谐氛围。管理者和教师之间是平等、民主的交往关系，我校采用人性化的柔性管理手段，创造具有亲情家园式的人文生态环境："三八"妇女节、教师节，校长和工会主席会一起把蛋糕和鲜花送到每一个办公室，表达的不仅仅是一份祝福，更是理解、尊重；教职工及家属生病，校长和工会主席等一起前去看望、慰问；教师节师生围坐一起，开个表彰会，学生为老师送上鲜花，校长把精心挑选、精心包装的礼物送给老师，整个会场洋溢着浓浓的真情，领导与教师、教师与学生、学生与学生沉浸于理解的氛围之中，感受到的是赞赏、激励、鼓舞，是尊重之花的绽放……这些举措有效地增进了理解，凝聚了人心。

学校管理从尊重教师做起，即"教师第一，适性发展"。教师是学生学习的促进者、教育教学的研究者、课程建设和开发者、学生全面发展培养者，要按教师自身的需求（个人申请与打造学科亮点结合）有计划地做好教师专业发展工作。我校一直坚持学研一体，为教师成长发展提供机会，搭建平台。如："331"校本研修模式，即"三个学会""三项论坛""一份教师发展档案"。"三个学会"为"胜利青年教师致远会""胜利名师研究会""班主任工作艺术研究会"。"三项论坛"为青年教师读书论坛、胜利名师行知论坛、胜利先锋发展论坛。青年教师王妍 2004 年 9 月从济南师范学校毕业，来到了胜利大街小学。对这位初登教坛的小姑娘来说，一切都是那样陌生。她从学校领导手里接到的第一份礼物是《新教师温馨提示》：如何学习，如何备课，如何上课，如何进行班级管理，温馨提示中都说得清清楚楚。她按照温馨提示，主动邀请同年级老师指导她备课，邀请教导主任听她的课……这种机制大大缩短了新教师的适应期，不到一年，王妍就登上了公开课的讲台，见习期刚满就荣获了市中区"教学新苗"的称号。她说："非常感谢学校领导给我创造了这么好的学习工作环境，我会加倍珍惜。"

同时，学校为每位教师建立了《教师成长发展档案》，通过教学案例、教研案例、科研案例以及个人特色案例等不同形式的案例以及反思研究记录教师的成长足迹。提升"软实力"，以四个研究会、"1+1""1＋x"学研体、行政组学研体建设为抓手，深化学研共同体建设工程。满足不同教师的成长需求，构筑灵活多样的立体交叉培训模式，为教师搭建多层次、梯级发展的培训平台，抓学生喜欢的有个人特点的教法（亮点、特色、风格、品牌），不定期举行研讨会，发展教师课堂教学能力、课程开发能力、课程评价能力、合作学习能力，提高幸福指数的"关键点""自励点""着力点"，极大地促进了教师的专业化发展。为打造高素质的教师队伍，学校不遗余力，每年为不同层次、不同学科、不同文化背景的老师安排、创造了许多学习与提高的机会。对于老师的培训，学校毫不犹豫，投入了大量的人力、财力，让全体老师真正感受到培训就是最好的福利。我校多年与山师大课程中心等科研院所、培训机构、兄弟学校合作，学习、借鉴、吸收，纳百川为一家，为我校教师的专业发展导航、助力。学校鼓励管理干部和全体教师摸着石头过河，并通过活动总结与反思不断完善和提高，让不同老师的特长得到极大限度的发挥，激发了全体老师的工作热情，整个校园呈现出浓厚的"比、学、赶、帮、超"的学术氛围。从教育教学到学校管理，从教学第一线到后勤的各个角落，学校根据教师的个体差异和专业特点，运用以人为本的理念，严格落实学校制度，充分体现人文关怀。让能干事、想干事的老师有了能成事的机会，发挥了特长。可以说学校在开发人力资源、培养高素质教师方面取得的卓越成效就是学校领导尊重教师的结晶。

简而言之，"尊重"提速了教师专业化的发展，使学校保持了高起点、高质量的教育和鲜明的办学特色。"尊重"提升了教师的教育智慧。"尊重"在培养学生个性、人文情感、实践能力和创新精神等方面积累了较为成功的经验。

第二节 公平：让人格健全

公平历来是一个令所有学校的管理者苦恼和被管理者敏感的问题。公平应包括机会、起点、结果的公平。它是在平等自由、机会的公正平等、差别存在等三个原则的基础上建立起来的，追求公平的目的更多要从人的发展方面理解。

公平不是用人制度上的平等，也不是分配制度上的平均，公平体现为人人参与竞争的机会平等，人人获得发展的机会平等。一切的好制度都是公平的。好的制度为学校教育教学工作的正常展开提供了有力的保障，好的制度为我校"宽基教育"改革研究的顺利进行提供了强有力的支持，好的制度让每个人都全面而自由的发展。

一、公平的制度，塑造教师健全人格

1. 以制度为准绳，构建人人参与的公平环境

创新培训模式，制定"431教师发展工程"，搭建"智慧型""科研型""技能型"教师成长的不同舞台，发挥教师专业发展自主权，创新工作机制，让所有的教师都获得不同程度的成长和发展。

围绕"教师第一，适性发展"这一核心主题，以新苗教师评比为契机，培植好青年骨干团队，细化胜利青年致远会作用，鼓励青年教师快速成长；以打造风格教师为切入点，深入发挥名师研究会的作用，开展"四读"活动，加强对教师的培养，夯实基础，促进教师个人形成教学风格；针对班主任特点，深入发挥班主任艺术研究会的作用；充分发挥云帆工作室在读书、教研的高位引领作用。同时，除学校常规教研组常态教研活动外，学校团支部、"1+x"学研共同体，满足不同教师的成长需求，构筑灵活多样的立体交叉培训模式，为教师搭建多层次、梯级发展的培训平台，使得教师们都能找到自己在

现阶段的位置，又能满怀希望地向更高的目标攀登，这已不是简单的"平均分配"，而是人人获得深层次发展机遇的公平。

例如：教师进修制度。

（1）学校大力支持教师进修学习，对学习的教师给以时间上的照顾，报销差旅费。

（2）每个教师每周要抽出 6 个小时以上时间学习教育理论、教学经验和业务知识，并记学习笔记，每周不少于 800 字，以不断提高教育教学水平。

（3）学校按计划组织全体教师集体学习，每学期不少于 4 次。教师也要积极参加各种学术研讨活动。

（4）新教师要虚心向老教师学习，结成互帮互学对子。刚参加工作的教师要拜师学习 2—4 年，直到有一定的独立教学能力为止。

（5）不达到专科水平的教师要积极参加本学科的各种学习。

（6）学校定期为教师提供教改信息，积极为教师购买学习资料，定期举行教育理论考试，努力提高教师文化与业务水平。

2. 以制度为准绳，构建人人参与竞争机会的公平环境

晋升小学高级教师职称是教师们普遍关注的事情，基于对教师平等竞争需求的关注，学校实行了以工作实绩为主的职称评定透明化管理，体现"人文性、公平性、激励性"原则。教师们普遍认可这把尺子，不管什么人，工作面前人人平等，即职位不同，地位平等；能力不同，权利平等。我校在用人、评优、奖惩等制度上，在任用干部制度上，都体现"人人平等，公平竞争"的做法。大家心平气顺，形成有序竞争、各得其所的局面，有选择地走各自的成长发展之路。

3. 以制度为准绳，构建优质高效的课堂文化体系

积极践行"绿色质量"宽基课堂教学理念。教师把课堂教学过程作为一种文化传播过程，让学生形成良好的学习习惯，掌握正确的学习方法，让小嘴常开，小手直举，小脸通红，小眼发亮。教师在课堂有限的时间内积极大力倡导学生自主学习、合作学习、探究性学习，真正做到让学生成为学习的主人，为学生学好、会学而设计课堂。

（1）做好"三课一讲堂"活动。

三课为每周一的宽基课堂展示课、宽基特色研究课（小高教师、青年教师赛课）、自录自评课。突出"学习力"，增强"情趣化"，优化课堂教学，凸显宽基课堂的模式研究，深化有效教研，加大科研"亮点"提升力度。

一讲堂：多种形式的宽基讲堂活动。

（2）端正质量意识，完善教学质量监控体系。

加强对学校教学常规管理和课堂教学质量的评估监控，改革学生评价方式，从"教师维度"和"学生维度"、从"宽"和"基"的维度，对课堂教学进行评价。

认真做好日常作业批改和阶段性检测等常规工作。丰富作业的内容形式，增加作业的新颖性、趣味性。作业的评价采用变检查为相互学习（教师自评、互评每月一次）、相互借鉴——你的亮点我欣赏。

4. 以制度为准绳，坚持多元化的评价，以促进教师全面发展

对教师的评价是学校管理工作的重点之一。评价是否科学合理，体系是否科学严谨，工作是否科学细致，都直接关系着教师们的切身利益，影响着教师们的教学、进修、活动、科研等各方面的工作，也直接影响着学校各项工作的开展，严重的还会关系到学校的发展。因此，对教师评价体系的制定要科学、合理、公正、有效。为了充分调动每个教师的积极性，对每个教师做出科学、公正、公平的评价，也为了学校各项工作的顺利开展，我校围绕学校对教师评价、教师自我评价、教师对教师评价、教师对学生评价、学生对教师评价、家长对学校评价等方面，展开了科学、细致、有效的多元评价工作。

（1）重视教师个体差异。由于教师在性格、职业素养、教育教学风格、师生交往类型和工作背景等方面都存在巨大的差异，因此使教育教学变得丰富多彩。实施多元化评价，不泯灭和消除这些客观存在的差异，而且尊重教师的个体差异，并根据这种个体差异确立个性化的评价标准、评价重点及相应的评价方法，明确地有针对性地提出每位教师改进的建议和专业发展目标。评价规范了教师的行为，方便了自我的管理，发挥了教师的特长，更好地促进了教师的专业发展和主动创新。

如:每位教师建立《教师成长发展档案》,在设计精美的"发展档案"中,有每位教师的三年发展规划,每学年的工作计划,以及不同形式记录下的成长足迹,如教学案例研究、课后反思、奖状背后的故事等等。其中独具特色的案例和反思记录下教师的成长足迹,为其探索专业成长规律提供第一手资料。从实力、能力、潜力、活力、魅力、定力六个方面评价每一位教师。实力指由学习经历、工作经历和生活经历积淀形成的整体素质;能力指是否称职和解决问题的水平;潜力指未呈现但经过学习或实践可以发展起来的能力;活力指蓬勃的朝气和创新精神;魅力指自身才智、风度和人际交往等因素形成的个人影响;定力指在复杂的社会现象面前保持淡定清醒的头脑。

(2) 在考评内容和标准的制定上,反映教师创造性劳动的性质,符合课程改革对教师角色转换要求以及教学改革的方向。不能像传统的评价体系那样,只看教师的教学成绩,看学生考试的分数,而是要看教师的教学研究、教改实验、创造性教学和校本课程的开发以及师生关系等等。

(3) 在考评的组织实施上,杜绝一切形式主义,使考评过程成为引导教师学会反思、学会自我总结的过程,从而进一步提高认识、更新观念。与外在的评价相比,教师最了解自己,最清楚自己的工作背景、工作对象以及自己在工作中的优势和困难。因此,多元化评价对教师的评价充分发挥教师自身作用,引导教师分析现象的原因,提高教师自我反思和总结的能力。

如教师对教师的评价:

教师互评标准

	内　容
敬业	有强烈的事业心和责任感,严格履行教师职责,注重教师形象,任劳任怨,工作敬业,不计时间,不计报酬。
	热爱学校,忠于职守,工作勤恳尽责、扎实有效、锐意求新。
	积极研究教育教学,及时总结经验,归纳思想,采取行之有效的教育教学手段,效果突出。
爱生	会欣赏学生,尊重学生,因材施教,让学生各有所长,各有所能,鲜活发展。
	不体罚、变相体罚、精神歧视学生,注重学生身心健康的培养和人格塑造。
	师生之间民主平等,团结合作,教学相长。

续表

	内　容
奉献	维护学校利益,顾全大局,勇于牺牲自我,不计个人得失。
	充分发挥个人主观能动性,主动承担学校工作并协助他人,形成团结协作的良好氛围。
	在保证完成本职工作的同时,教有余力,义务承担学校工作,没有畏难情绪,并积极努力以取得最佳效果。
自律	严格履行教师职责,遵守考勤制度,按时到岗,不缺岗拖堂,不带手机进入课堂。
	注重教师良好形象,穿戴符合职业特点,严于律己,语言文明,作风正派,实事求是,为人师表。

又如:

胜利大街小学教师互评统计表(一年级)

姓名	内　容				互评	考核小组评
	敬业	爱生	奉献	自评		
陈艳艳						
任晓燕						
袁雪莲						
徐蕾						

二、公平的制度,塑造学生健全人格

1. 开辟多种渠道,为学生个性特长发挥提供舞台

参加一次活动,就增长一份见识;会一项技能,就多一项生存的本领。为了孩子们的发展,为了孩子们的明天,学校以课堂教学和课外活动相结合的方式,从礼仪、习惯、情感、态度、意志、品德、知识、技能、能力、智力等各方面,对学生进行全方位的培养和训练。

"八证书"技能达标考核,不是强加给学生的一项负担,它更像一道自助餐,学生完全可以根据自身的特长自主选择。从会写一手好字、会说日常英语、会读说写算、会制作科技作品、会计算机操作、会一项美术技能、会一项音乐技能、会一项健身技能八项中自主选择达标项目和目标,由学生推选出

各项技能班级小评委，与教师一起为同学评定等级。

学校设计制作的八证书达标纪念书签、胜利娃八证书达标手册、胜利娃小粘贴等，深受学生们的喜爱。学生参与到八证书活动中便可得到这些礼物，从而使八证书活动有了一种游戏的色彩。游戏中的孩子是完全没有负担的，游戏中的孩子是最快乐的。但是，八证书又是一种荣誉，它激励着孩子们奋发向上。同时，为了激励孩子们再接再厉，学校还设立了"八证书达标小明星""八证书达标明星班""单项达标星级班"等奖项，并在召开校会时或利用升旗仪式等大型场合给予隆重表彰，张榜表扬。这些奖励措施极大地调动了学生们的参与热情，学生们都把参加八证书活动当作一件既有趣又光荣的事。八证书的发放调起了孩子们的胃口，它的五级达标层递要求，更使孩子们奋发向上，更奇妙的是"八证书达标小明星"，则激励着孩子们力争更上一层楼。学校还设立了"八证书达标明星班""单项达标星级班"两个奖项，这两个奖项的设立，不仅是对孩子们的又一次激励，还培养了孩子们的团队意识和集体主义精神。

积极组织参加科技创新大赛等，广泛开展科技创新和综合实践活动，不断增强学生创新能力和实践能力，积极建立更多的科技角，促进学生科技素养发展。

设立十种"胜利星"，有全面发展的"胜利之星"，有单项突出的"学习星""劳动星""健康星""艺术星""文明星""自立星"等，为更多的学生提供能确认自己发展的机会，让每个孩子在不同的舞台发挥并展现自己才能与智慧，获得成功的幸福体验。

2. 建立行为规范建设机制，强调文明建设

学校采取有力措施，规定教师和学生的行为规范，鼓励师生在仪表、语言、行为等方面符合社会规范。

落实"一日课程"，突出日常安全教育、礼貌教育、良好习惯教育、心理健康教育"四种基本课程"建设，积极探索新形势下加强和改进学校德育工作的新思路和新对策。制定详细的《胜利大街小学学生礼仪要求》，从学生身边的小事入手，从点滴小事抓起，让学生时时处处讲礼貌、学礼节、懂礼仪。

建立安全预警制度（学生安全员、年级主任、保安传达，安全护导岗具体到人），积极主动结合实际创造性地试行《市中区中小学德育实施细则》，培养学生乐学会学、自律自主的能力。

大队部坚持落实常规课程，即通过"一日班长""一日义工""寻找最美的声音"三种常规课程，达成培养有责任感、自然、阳光的胜利学子的目的。

为了给学生们做出表率，老师们都自觉地规范自己的言行。例如，在评价用语方面，他们首先向同学们征求意见"你最爱听的老师的话"和"最不喜欢听老师说的话"。征求信一发出，2 400多名学生纷纷发表自己的看法，说出了自己的心里话。他们最喜欢听的话有："这几天，你进步了！""相信自己，你是最棒的！""我很体谅你现在的心情！""我真爱看你写的字。""谢谢你这样用功，让老师看到了这么工整的作业！"……然后，老师们把学生们爱听的这些话编成了《教师阳光语录》，在课堂上、在课下常常说给学生听。身教胜于言传，榜样的力量是无穷的。老师们身体力行的规范行为为学生树立了良好的榜样，学生们开始学老师、学同学，文明之花灿烂地开放在济南市胜利大街小学的校园里。

3. 高效课堂，让学生学得轻松，学得愉快

针对宽基课堂模式的构建，各个学科着力研究课堂教学模式，改进教学方法，提高35分钟课堂效率，让学生在愉悦的气氛中高效率地学习。学校在课堂教学中总体的研究思路定位在"二十四个字"：整体把握，分段落实；研究课堂，主攻一课；同课异构，点上深研。制定出各学科宽基课堂发展目标，如语文学科制订的培养目标为：喜欢读书，能说会写，一手好字。数学学科制订的培养目标为：概念清楚，计算过硬，解题灵活。英语学科的培养目标为：词汇丰富，口语熟练，勤于应用。体育学科的培养目标：不怕吃苦，健康第一，动有所长。语文和数学学科围绕"宽"与"基"的落实，分别制定出各个年段"宽"与"基"的具体目标。为进一步落实宽基课堂，一方面着重抓住"兴趣、对话、倾听、体验、选择、生成、有效、共赢"八个关键词进行了深入研究，另一方面尝试知识树的构建，改进二次备课的方式，以知识树的形式进行呈现。先确立核心知识点作为树干，再建立起知识之间的联系，使教学更

有效。

注重作业的设计。学校作业模式是"基本＋特色"，强调重在参与、寓教于乐、自主体验、自我发展。基本作业（含零作业）在周一到周五布置，是关于基本知识、基本技能的作业，是保证底线目标达成的必要练习。特色作业是在双休日、假期针对学生的不同特点，采取"课外作业活动化、课余生活兴趣化"的做法，让学生从自身兴趣出发，有选择地进行，鼓励家长也参与其中。有效作业，让作业焕发出活力。

4. 大力加强体卫艺教育

实行大课间体育活动制度，精心组织各项体育活动。广泛开展学生阳光体育运动，进一步挖掘传统体育活动内容，积极开发集实用性、趣味性于一体的运动项目，逐步形成学校体育"班班有特色、人人有项目"的局面；创新运动会内容和形式，构建融群众性、竞争性、多样性、趣味性、健身性、教育性于一体的学校运动会新模式。学校田径队精心组织，严格训练，为区中小学生运动会作好充分准备。认真落实教育部《中小学学生近视眼防控工作方案》，进一步完善突发公共卫生应急机制，加强预防传染病宣传教育，确保师生身体健康和生命安全。加强艺术教育，积极开展丰富多彩的艺术节活动。民乐演奏会、民族文化艺苑线等活动将学校、家庭、社会有机结合在一起，开拓了教育渠道，整合、挖掘了体现民族精神的各种资源，使学生们在民族音乐的熏陶下，感悟传统文化的博大精深，并沉静心境，净化心灵。

第三节 规划：让境界高远

"夫志当存高远。"这是诸葛亮《诫子书》中的名言，后人又补充了下句"人生贵追求"。作为个人，在人生中要有自己的追求。作为一名教师，就要有自己的教育梦想。作为一所学校，尤其是胜利大街小学这样的老校、名校，更要有自己高远的追求境界。志向在先，为之奋斗不息，步步攀登过后，境界随之形成。印度诗人泰戈尔这样写道："花的事业是甜蜜的，果的事业是珍贵的，让我干叶的事业吧，因为它总是谦逊地低垂着它的绿荫。"教育事业虽不能轰轰烈烈，但它一直润物细无声般的滋润着每一个学生的心灵，培养着每一个"将来"拥有独立特征的社会人才。让所有的"胜利人"都怀抱着对未来的无限憧憬，踏上这条充满挑战与希望之路，不断探索、前行，追寻我们将为之奋斗不息的高远境界。

经过六十年发展的积淀，学校秉承"务实上进"的工作作风和敬业、爱生、博学、创新的优良传统，近年来，结合学校自身的实际，确立了"创生"的办学理念，提出了"立足宽实基础，面向多元发展"的宽基教育办学思想，把创办"创新型、示范性，并在全国有影响力的品牌小学"作为胜利人的发展愿景。

"宽基教育"是以发展儿童宽厚的生存与发展基础为本的一种教育，是面向全体、面向未来、面向社会，尊重学生主体地位，为学生创设生动、活泼、充实、丰富的环境和条件，促进学生全面、和谐、健康、发展的一种教育。其特点与要求是：创设宽松的环境，构筑宽厚的文化，搭建宽厚的舞台，并通过宽厚的课程和宽厚的老师，来培养宽厚的学生。

一、宽松的环境

环境是影响人成长的三大重要因素之一。王念强校长曾说，如果把遗传比做苗，视教育为田间管理，那么环境就应该充当土壤的角色。没有土壤，苗往哪里栽？土质不好，苗再好，管理再好，能有最好的收成吗？基于这一思想，我校在实施宽基教育的过程中，着力于创设精神家园，用高尚的道德、高远的理想、高洁的品质教育、引导学生，用丰厚的知识丰富学生，使之成为精神的富有者和高尚者，让人人都享有一份爱，让人人都得到尊重，让人人都享有发展的机会，让人人都有所追求，让人人都体验欢乐和成功。为了把这种理念落到实处，学校规划了"三园式学校"的发展目标，即成长乐园、亲情家园、人本校园。走进济南市胜利大街小学的校园，你会看到三五成群的学生们聚集在教学楼或活动楼的"中华千句文"前高声朗诵；校园里，各级各类的朗诵比赛此起彼伏，"朗诵大王""古诗状元"不断地在各班产生。

走进窗明几净的教学楼，迎面大厅里摆着一架钢琴，每天清晨，在学校"小音乐家"悠扬的琴声里，学生们快乐地开始了一天的读书学习。楼梯拐角处的"小书吧"设计得独具匠心：木地板、柔和的射灯，营造出温馨的读书氛围。课余时分，办公楼里的"读书银行"中、各年级流动书架前，常常看到小图书管理员们忙碌的身影。课间，三五成群的学生们围坐在书吧里、书架旁和图书角，如饥似渴地阅读着、摘录着……装修一新的阅览室，成了同学们最心仪的地方。学生们徜徉在书的海洋里，沐浴在书的馨香中。学校营造的这种和谐、融洽的教育环境，积极向上的人际环境，让学生们在学校中享受到家庭般的温暖，亲情般的呵护。为了让优美的校园、多姿多彩的课外生活、充满朝气的氛围去深化学生的心灵，改善学生的心态，陶冶学生的情操，引导学生去学习、思考、探索、研究和求知，学校还建立起了能适应不同层次学生发展需要的、具体的、创造性的教育机制与方法，并以一流的设备和优美的环境为学校的发展和腾飞奠定了坚实的基础。

二、宽厚的文化

孩子是一张白纸，染于苍则苍，染于黄则黄。文化对学生有着潜移默化的作用。我校在实施"宽基教育"的过程中，注重抓好精神文化、制度文化、环境文化"三种文化"的教育。

第一，培养精神文化，大力弘扬"责任文化"，培养"气质文化"，突出"品格文化"，特别是抓好"课堂文化"。学校把课堂教学过程作为一种文化过程，让学生形成良好的学习习惯，掌握正确的学习方法。

第二，完善制度文化。在制度建设中，学校着力建立健全六项机制：创建领导工作机制，为科学规划指明方向；创建协调联动机制，重点突破合力共进；创建制度创新机制，文化渗透管理升级；创建品牌建设机制，传递价值塑造形象；创建教育宣传机制，传递先进文化理念；创建检查考评机制，多元评价有效激励。在制度建设中，学校构建强有力的管理网络，实施"扁平化"管理模式，即学生是圆心，外围是教师，最外面才是领导干部，做到教师为学生服务，领导为教师服务，同时加强了人性化管理，把关心人、激励人、解放人、发展人放在管理工作的首位。

例如：

教师整体工作的评价与考核

为了全面贯彻、执行党和国家的教育方针，充分调动全体教师教育和教学工作的积极性，探讨与时代要求相适应的教师教育教学工作评估体系，济南市胜利大街小学从本学期始，整合对教师的考核体系，以激励教师完成自己的教育目标，争创先进。因此，学校确定了"教师的基本素质""实际业务能力""教学成绩""考勤和工作量""学生评议"五个 A 级指标，具体分解为 20个 B 级指标，并整合与之相适应的评估标准、评估细则、评估方法，形成教师教学工作评估的完整体系。

说明：

① A 系列：综合学科教师根据学科特点量化 B5 和 B7。

② B 系列：后勤人员量化一级指标的 A1、A3、A4 项目。

③ C 系列：语数英老师 20 个 B 级指标全部量化。

④ 量化的成绩作为各项评比依据。

⑤ 职称评定项目中的工作成绩，按近三年的整体考核成绩。

一级指标	二级指标	评估标准	细则	方法	备注
A1 基本素质 20%	B1 政治素质职业道德教育思想 10分	积极参加政治学习，自觉坚持四项基本原则。言行和中央保持一致，热爱祖国，遵守法律，热爱教育事业，教书育人，为人师表，具有良好的职业道德和社会公德。	将考核教师按实际工作情况折合 10 分、9 分、8 分量化。	自评、互评、领导小组评。	
	B2 工作作风和态度 10分	教育思想端正，教育者的工作责任心强，工作认真主动，有计划，有总结，对业务勤于探索和钻研，精益求精，热爱学生，教学基本功扎实，并面向全体学生。	将考核教师按实际工作情况折合 10 分、9 分、8 分量化。	自评、互评、领导小组评。	
A2 实际业务能力 45%	B3 备课 15分	依据课程标准，钻研教材，学期备课，单元备课，课时备课。二次备课齐全，具有明确的教学目标，恰当的教学重点难点，合理的教学程序，科学的多样的训练题目。	一次备课教学目标明确，突出教学重点难点，数量足且及时，备课项目齐全。二次备课详细，并体现课改精神，突出实用性。折合 15分，10 分，5 分量化。	教导处组织考评小组查阅教案，不定期抽查。	

一级指标	二级指标	评估标准	细则	方法	备注
A2 实际业务能力 45%	B4 课堂教学 20 分	教学指导思想端正，注重培养和发展学生的智能。教师在教学中发挥主导作用，充分调动学生的学习积极性。教学环节安排合理，方法得当，注重挖掘教材的思想内容，把教书育人结合起来。学生普遍乐学善思，思维与语言发展良好，基础知识与技能训练扎实。	教师上课教学水平分优质课、规范课、一般课三等计分。折合 20 分、15 分、10 分。	教导处组织评课小组听课评议。	
	B5 作业批改 10 分	作业设计科学，批改详细、认真、足量，及时细心，对学生作业的批语有指导意义，家庭作业适量。	按作业标准评出三个等级。折合 10 分、8 分、6 分量化。	教导处组织检查。	
	B6 使用教具和电化教学手段加 5 分	教师上课都要合理使用教学媒体、投影、电视录像或计算机进行辅助教学，以提高课堂教学效率，并且能自制课件、教具，组织学生制作操作学具，注重培养学习能力。	为充分利用资源，每学期制作的课件教具学期末上交教具室共享。根据课件、教具的质量评出优中三级。折合 5 分、4 分、3 分加分。	教导处组织评比小组评选。	
	B7 教学	按教学效果量化六项指标。	优秀率、及格率、平均分、达标率、后十名提高幅度、学困生成功转化率。	六项指标得分折算。	
	B8 课堂教学评选	教学过程科学，有独到之处，有改革创造性，正确处理教书育人，教授知识与培养智能、教与学的关系有明显的效益和观摩价值。	省级以上现场评优课加 5 分，市级加 3 分，区级加 2 分，校级加 1 分。示范课、观摩课折半，积极参加研究者加 1 分。	以证书为准加分。	
	B9 论文类	在教学实践过程中，及时总结自己的教育、教学和管理经验或体会。	省级以上加 2 分，市级以上加 1.5 分，区级加 1 分，校级加 0.5。	以证书为准加分。	
A3 继续教育 10%	B10 政治学习 2.5 分	积极参加学校组织的各项政治活动，按学校规定做好笔记，写好体会。	按学期保质保量完成学习任务。按优良中三级折合 2.5 分、2 分、1 分量化。	教导处检查政治学习笔记。	
	B11 业务学习 2.5 分	积极参加学校教职工大会和每周一次的学科业务教研活动，认真学习教育理论、实验方法，并认真做好笔记。	按学期保质保量完成学习任务。按优良中三级折合 2.5 分、2 分、1 分量化。	教导处检查业务学习笔记。	

续表

一级指标	二级指标	评估标准	细则	方法	备注
A3 继续教育 10%	B12 基本功过关 2分 品牌形成	教师在取得相应学历后的继续教育和教师学习培训活动。有品牌形成规划并实施。	参加学习教育教学各类培训,学时足,考试成绩合格。有效益、初步形成规划。	查阅记录档案分别加3、1、0.5分。	
	B13 参加教研活动 3分	积极参加教研活动,完成听课任务,并认真做好纪录。要求承担实验项目,对实验课题有计划、有总结。	按时参加学校教研组、学科教研组活动并积极发言。有效益、逐步形成个人风格。	查阅教研记录、听课记录,分别加5分、3分、1分。	
A4 考勤工作量 20%	B14 工作量 10分	课时工作量达到学校规定,服从学校工作安排,鼓励有能力的教师多任课。	区标准10分,校标准8分。	教导处按区校规定折算。	
	B15 考勤 10分	严格执行学校考勤制度,不旷工,不迟到,有事请假。每学期出满勤,认真完成学校教育教学任务的嘉奖。	教职工个人,每学期累计病假不超过5天、累计事假不超过3天的得10分。工作时间私事外出,实际时间折为事假天数。每学期无请假状况。	事假超过3天,多一天扣0.3分,病假超过5天,多一天扣0.15分。	
A5 评议 5%	B16 上课 1分	不备课不能上课,讲课是否认真,有无迟到、早退、旷课、拖堂现象。	优良中分别是1分、0.8分、0.5分。	学生评议问卷、家长问卷查阅记录。	
	B17 辅导 1分	是否面向全体学生,耐心细致	优良中分别是1分、0.8分、0.5分。组织、辅导学生在区级以上获奖,加0.5分。		
	B18 作业 1分	作业批改是否认真及时,是否符合要求,作业量大小是否适量。	优良中分别是1分、0.8分、0.5分。		
	B19 体罚学生1分	是否有体罚学生和变相体罚学生的现象,有无歧视学困生及有损教师形象的情况。	优良中分别是1分、0.8分、0.5分,差0分。	学生评议按优、良、中、差四等级折成分。	

续表

一级指标	二级指标	评估标准	细则	方法	备注
A5 评议 5%	B20 对学生家长态度1分	配合学生家长,做好学生工作,及时家访,态度诚恳,接待家长热情客气。	优、良、中分别是 1分、0.8分、0.5分,差0分。		学生评议按优、良、中、差四等级折成分。

第三,创建环境文化。学校的每一间教室、每一堵墙、每一个角落,甚至每一处细节的设计都浸润着平等、宽容、理解和激励;学校的每位教职员工都以微笑、激情、博爱去接受和欣赏学生。学校把自己深深地植根于社区,加强校居联手的工作力度,塑造了极具亲和力的形象。学校组织的"学雷锋为民服务队""红领巾宣传队"活跃在社区,为社区精神文明建设增添了一抹亮丽的色彩。他们既为发展得好的学生锦上添花,又为发展有障碍的学生雪中送炭;既对学生获得成功给予激励,又对学生遇到挫折给予帮助。下雨天,学校传达室里挂上几把雨伞,那是为没有带雨伞的同学准备的;作文竞赛实行分层次,每个层面的学生都能找到自信;考试可以自行申请难度大小,每个学生的考试都是成功的。学校还把自身发展植根于学生家庭,经常邀请家长当客座教师,讲古诗词、讲名著、讲书法、讲交通安全……请老红军办毛主席像章展览,讲长征故事;请家长带领学生参观自己工作的厂矿企业,到植物园参加体验劳动。学校还利用网络优势,建立家校通,并通过每学期开展胜利特色家庭评选,让家校形成合力,促进学校、教师和学生的共同发展。

三、宽基的舞台

如果说我国的中小学生缺乏创新精神和实践能力,毋宁说我们的中小学校缺乏促进和支持中小学生创新精神、实践能力、身心健康发展的环境和条件。济南市胜利大街小学实施的"宽基教育"为学生成长搭建了宽阔的舞台。

课上,给舞台。

学校积极开展"把课堂还给学生，让课堂充满生命活力""把创造还给教师，让教育充满智慧挑战"等活动，使课堂上洋溢着学生自我获取知识、自我完善提高的浓厚氛围。下面让我们透过宋本玉老师的教后反思，去了解一下她的具体做法：

一年级学生好动，喜欢游戏，难以长时间地保持注意力，思维形象具体化。对他们来说，学习汉语拼音有困难，而且容易产生厌学的心理。《语文课程标准》中"实施建议"指出："汉语拼音教学尽可能地有趣味性，宜以活动和游戏为主。"因此，在教学中，我努力创设丰富多彩的教学情境，将天使宝宝带入课堂，带领同学们复习了声母、韵母和音节。孩子们对这种形式非常感兴趣，始终投入了极高的热情。接着我用文中的插图引出 g、k、h，将学生吸引入课堂，用对声母宝宝打招呼的形式练习有礼貌的对话。另外，我还用一幅板画创设一个优美的意境，让学生做到有效学习。一幅板画贯穿于整堂课，有两拼音节的练习，也有三拼音节的练习。这样学生的兴趣一次又一次地被激发，做到教学具有趣味性，富有童趣，激起学生学习汉语拼音的乐趣。

再来看看她的另外一篇反思：

g、k 两个声母在发音时送气的多少是不同的这个知识，如果仅凭老师来讲，不但教师讲起来索然无味，学生也很难理解。这时我让学生把手放到嘴前，自己分别来发 g、k，让学生自己感受两个音有什么不同。一年级的学生本来好奇心就比较重，这样一来，他们的兴趣特别高，都有模有样地实验起来，并且很快地发现了发两个音时送气多少不同。我很庆幸自己采用了这样的教学方法，很多时候在课堂上教师的一个理念、一种想法可能就会点燃学生智慧的火花，相反也可能扼杀掉学生创造和智慧的热情。这一念之间，却需要教师具备先进的理念和对教育事业百分之百的热情，并且要为之进行不懈的思考。教师要充分抓住每一个学生的闪光点，及时给予肯定，让他们感受成功的喜悦，从而增强他们的学习兴趣。学生非常渴望得到别人的赞赏，一旦得到别人的肯定，脸上幸福快乐的光芒就情不自禁地显露出来。本课在三拼音的教学中，我引导学生认识三拼音，让学生自己感受拼读过程,在试一试的过程中体验成功的乐趣。在拼读"g-u-o ——guo"时,我问:你见过什么样的锅? 学生纷纷说出生活中用到的不同类型、不同作用的锅。学生在课堂上始终兴趣盎然,俨然是课堂上的小主人,这是让我非常感动的地方。课堂是静态的物质存在,因为有了儿童——这活生生的生命,才焕发出无限的生机,才充满着成长的气息。学生只有在宽松的氛围中,才会展现自己的内心世界,才会勇于表现自我。

课下,给舞台。

学校成立了胜利少年科学院,举办书法节、艺术节、体育节、头脑运动会等活动,实施"小博士工程",利用长假时间,让学生自选内容,编制自制书。学校在全校范围内开展"校园星"评选和考核综合能力的"会写一手好字、会说日常英语、会计算机操作、会制作科技作品、会说普通话、会一种美术技能、会一种音乐技能、会一种健身技能"的"八证书"活动,为学生发挥聪明才智提供了广阔的舞台。

四、宽基的课程

积极拓宽课程是我校"宽基教育"的一项重要内容。学校建立了新的课程结构,实现了"三个超越":

第一,学好教材,超越教材。使孩子们在科学探索中发掘智慧,在学科体验中标新立异,在创新课堂中放飞心灵。

第二,立足课堂,超越课堂。加强家庭、环境和社会对孩子成长的正面影响,让孩子真正懂得"课堂小天地,天地大课堂"。

例如:杨庆革老师在执教《认识物体和图形》一课时,走出了教室,带学生们坐到了学校的操场上,根据学生已有的生活经验和学习内容,利用在日常生活中接触过的一些长方体、正方体、圆柱和球形的物体,创设学生喜欢的情境,组织生动活泼的活动进行教学。通过分一分、说一说、看一看、摸一摸、推一推、找一找、玩一玩等一系列活动,让学生操作感知,汇报交流。活动中学生的眼、手、脑、口等多种感官参与,充分调动了学生学习的自主性和积极性。

第三,尊重老师,超越老师。孩子超越老师的过程既能促使老师自我超越，也是真正实现"教学相长"的过程。把作业变成作品，把考试变为展示，注重让学生在老师的引导和点拨下学会学习、学会思考、学会生活、学会批判，最终让学生成为学习的主人。同时，为了学生健康、全面地成长，教师还利用丰富的学校和社会资源，创编了具有自己特色的校本课程体系。

五、宽基的师资

有宽基的师资才能实施宽基的教育。学校领导们对宽基师资的要求是视野宽、思想宽、技能技巧宽、教学方法宽、教育路子宽、知识面宽。在实施宽基教育中，学校着力构建学习型、科研型的教师队伍，开展"读名篇、读名师、读学生、读自己"的学习活动，注重用先进的教育理论，武装教师的头脑，转变教师的观念，要求教师自觉做学生道德的引导者、思想的启迪者、学习的合作者、心灵世界的开拓者。特别重视教师的反思性教学研究，学校倡导教师通过"自录自评"（课后听一听自己的录音），监控自己的课堂教学，修正自己的言行，不断提高教育教学水平。学校鼓励教师开展"四自教学活动"（自选内容，自己请人听课，自己看录像，自己评价），鼓励教师自设公开课，引导教师自我检查，自我鉴定，从而达到自我表现、自我激励、自我提高、自主发展的目的。对青年教师，学校采取"十子"战略，即引路子、结对子、树样子、压担子、补脑子、出点子、写稿子、拔尖子、挑鼻子、用鞭子。这些措施的实施，为教师们的发展提供了良好的条件，为宽基教师队伍的建设提供了有力的保障，从而保证了宽基教育的顺利进行。

六、宽基的学生

在宽基教育体系建立过程中，学校狠抓一个"宽"字，突出了一个"厚"字，强调了一个"活"字，注重了一个"成"字。如果说宽松的环境和宽基的文化，为师生的成长搭建了宽基的舞台，而宽基的课程和宽基的师资又为宽基教育的实施提供了保障，那么培养出一批又一批宽基的学生才是济南市胜利大街小学进行教育教学改革的真正目的。

我校领导和老师们一致认为，宽基的学生就是要求学生成为宽识厚基的人，也就是具有宽厚的做人基础、宽厚的生存基础、宽厚的干事基础、宽厚的发展目标的人。

育人先育德，做事先做人。让学生们继承中华民族的优良传统，传承中华民族的文化精髓，懂得为人处世的行为规范，知道接人待物的礼仪常识，学会与人相处的技能技巧，养成良好的行为习惯，形成优良的心理素质等等，应当是每个教育工作者义不容辞的责任。

生存是发展的基础，没有生存也就谈不上发展。因此，让学生掌握宽广而厚实的生存基础，应当是教育，尤其是基础教育所必须完成的首要任务。高尚的人文道德、良好的习惯养成是生存的基础，宽阔的视野、丰富的经验、牢固而宽泛的知识基础也是生存的基础；巧妙的社交技能、抵抗挫折的心理素质是生存的基础，灵活的思维能力、精巧的创新意识也是生存的基础；广泛的兴趣爱好、坚强的意志毅力是生存的基础，学会学习的技能技巧、善于搜集整理信息的技术与能力也是生存的基础。生存的基础涉及到了学生今后适应社会、学会生活的各个方面。如果我们的教育，尤其是基础教育，为学生的生存奠定了宽厚的基础，那么，这一阶段的教育便是成功的。

干事创业是社会对人们提出的基本要求。学校是为社会输送人才的，因此，学校的教育必须为学生们今后的干事创业打下宽厚的基础。干事创业建立在生存的基础上，是学会生存之后的进一步发展。因此，宽厚的干事基础建立在宽厚的生存基础之后，但又在宽厚的生存的基础上有所发展，其要求也有进一步的扩展和提高。

为学生的终身发展奠基是社会对教育，尤其是基础教育提出的要求，因此，为学生的终身发展确立宽厚的发展目标，并向着这一目标开拓前进，最终培养出一批批宽基的学生，是济南市胜利大街小学的领导和老师们进行这次改革的最高目标。

制度的确立，为规划起到保障的作用；统筹的规划，为制度的合理保驾护航。在一步一步的艰难行进中，体会过程中的经验，不断发展自身素质，提升自我的高度，拥有明确的目标，当日后回望走过的路，便再不是一路荆棘，只剩花香留存心间，而这样的花香收获，就是高远的境界，完满的人生。

第四节 关注：让"我"崇高

我校管理注重人文管理与制度管理的和谐统一。在制度下关注对人性的尊重，关注人的内心感受与体验，关注个人的发展，培养具有人文关怀精神的有道德、有个性的人。

一、关注教师

教师是学校活动中最活跃的要素，是决定教育活动最终成效的关键。教师的素质，是学校教育质量的根本保证，也是学校可持续发展的最关键因素。因此，学校首先关注教师的成长与发展。

第一，关注教师对人格尊重的需求。教师知识素养较高，人格尊重不会因为条件的变化而被削弱。只有尽量满足教师对人格尊重的需求，才能赢得教师的尊重。学校要求在管理活动的各个环节都要把尊重教师人格、调动教师的积极性作为出发点和归宿。因此，我校领导树立服务意识，学会感知教师，经常主动深入到教师中间，积极了解教师的潜在需求和心理状态，感受了解他们的工作、生活，倾听他们的倾诉，了解和征求教师意见，不断完善管理工作。在轻松、和谐的氛围中，老师们积极主动地发表自己见解，提出建设性意见。对个别有违纪现象的教师，在尊重他们人格的前提下，采用"刚柔相济，法情相依"的管理手段，使他们心悦诚服地接受教育帮助，重新振作精神，投入工作。

我校柏老师是一位做事认真踏实的老教师，一直负责图书和电教器材管理工作。十几年来，他把管理工作做得井井有条。学校在为每一位胜利教师打造风格亮点时，发现柏老师不仅工作认真仔细，在科技方面也颇有专长。为了充分发挥教师的个人所长，学校创建了"胜利科学院"，并让柏老师担任校科技辅导员。柏老师带领小院士们积极探索科学知识，大胆创造发明，屡次在全国、省、市各级竞赛中获得殊荣。这正是学校关注每位教师的发展，为每位教师的准确定位、打造个人风格的有力体现。

每年的三八妇女节、教师节，总会看到校长早早地等候在校门口，亲手为每一位教师送上一束鲜艳的花朵和衷心的祝福。老师们手捧鲜花，深切地感受到学校对他们的关心与尊重。对老师人格的关注和尊重，点燃起教师的工作热情，使整个教师队伍更具有向心力。

第二，关注教师对平等竞争的需求。晋升小学高级教师职称是教师们普遍关注的事情，我校实行以工作实绩为主的职称评定透明化管理。教师们普遍认可这把尺子，不管什么人，工作面前人人平等，即职位不同，地位平等；能力不同，权利平等。我校在用人、评优、奖惩等制度上，在任用干部制度上，都体现"人人平等，公平竞争"的做法。大家心平气顺，形成有序竞争、各得其所的局面，有选择地走各自的成长发展之路。

实行工资绩效与考核评聘、评优评先、自身发展密切挂钩，鼓励教职工努力工作，让教职工真切感受到个人价值的体现，感受到成功。注重教师的显性工作和隐性工作，力求公开、公平、公正地评价每一位教职工。

第三，关注教师对自我实现的需求。在学校管理中坚持"用人所长，容其所短；助人成功，激人追优"的原则，引导每一位教师制订《自主提升素质的三年规划》，将学校对教师的培养和教师的自身努力统一起来，使每一位教师均能自觉地朝着自己的目标努力。

学校为每一位教师提供成功的机会。学校努力为教师创造能充分发挥主观能动性的工作条件，帮助教师不断超越自我，体现自身价值。学校尽力支持并创造条件，帮助教师获得成功的愿望。每一次荣誉评选和业务比赛，学校都会给每一位教师平等的机会，鼓励教师用积极的心态去面对，用自己的实力去努力争取。教师面对竞争，都有良好的心态，相互支持，相互鼓励，形成了团结互助的局面。

第四，关注教师对情感激励的需求。"感人心者，莫先乎情。"校长与教师之间经常遇到"情"与"理"的矛盾，力求时时处处以尊重人、理解人、关心人为前提，力求晓之以理要透彻，动之以情要真诚，以达到情与理的真正交融。平时，对教师多一点认可、赞誉、勉励，多一个点头、微笑、问候，让他们感到安慰、满足、成功，以增强教师对学校的认同感和归宿感。每当有老师荣获各级奖励，学校都会在大会上加以表彰。在教育教学的各个方面，学校都会树立典型，给教师提供做典型汇报和经验交流的机会，以提升教师的成就感。学校对教师工作成绩的认可，促使每位教师更加努力地对待工作。

第五，关注教师对幸福的追求。学校管理的着眼点是人，只有教师拥有幸福，才会有教师去关心学生的愉快成长。我校强调营造"尊重、沟通、宽容、帮助、欣赏"的人际和谐氛围。一方面，积极完善校内民主管理制度，确保教师主人翁地位的落实，合法权益的享受，工作生活安全感的保障；另一方面，还积极争取社会各界的支持，尽力为教师改善办公环境和福利，为每一位教师尽量创设一个舒适、优美的工作环境。

学校经常围绕"怎样提高教师的幸福指数"展开座谈，从教职工、领导等不同角度开展调研活动，力求最大限度地提升我校教职工的幸福指数。

学校内部的管理体制，决定着是否能触发人的积极性的充分发挥和人的能力的充分展现。一旦人的积极性得到充分发挥，什么奇迹都能发生。我校围绕着"关注教师成长与发展"制度，使教师的工作生机勃勃，硕果累累，有效地推动了学校的全面发展。

在保证制度落实的前提下，尽力为教师开创一种淡化行政手段进行学校管理的以尊重人、爱护人、激发人为出发点的校园人际管理氛围。这种氛围，能更好地调动和发挥每一位教师教书育人、服务育人的积极性、能动性和创造性。同时，能有效地沟通和融洽管理者与被管理者的关系，确保既定办学目标的有效实现。

二、关注学生

学生是学校的主人。宽基教育是为了儿童的教育。我们要致力于让胜利家园成为学生学习与成长的乐园。因此，宽基教育理念从关注每一个学生开始，以关爱、尊重、理解、信任为基础，给学生公正善意的评价，给学生无私真诚的帮助，成就着每一位学生。

第一，关注学生的学习差异。学生总是有差异的，无论他在智能、学习动机、学习兴趣等方面存在多大的差异，教师应通过教育教学活动使不同层次的学生获得进步和发展。因此，按照整齐划一的教学目标、教学进度、教学内容统一对学生进行授课的方式在很大程度上会忽视学生的差异，会使教育产生不公平性。因此，宽基教育强调必须在教育教学中关注学生的差异，促进每一位学生的发展，要求教师根据教学内容、学生的年龄特征以及掌握知识的水平分层制定教学目标，在学习过程中鼓励学生选择适合的学习方式，尊重学生在学习过程中的独特体验。

第二，关注学生的独特优势。面对学生之间存在的差异，学校倡导教师要发现每一位学生的优点，帮助学生树立自信，使有不同特长、不同追求的学生的个性都能得以充分发挥，实现自己的理想。我校的"八证书考核评价制度"，就是为了充分发挥学生的各自优势、促进学生的特长发展而制定的。这种方法既可以让学生清楚自己的学习状况，又可以找到身边的榜样去激励自己，同时还不会让学生产生极大的心理压力。同时我校要求教师要设立"胜利娃成长档案"，记载学生进步、发展轨迹，要求教师记录除分数以外的多种表现（态度、兴趣、作业完成等等），为着手建立全面素质教育的整合系统（网络）、综合评价提供素材，为学生的转化进取提供依据，记载时要体现个性化。

第三，关注学生的学习需求。学校要求教师必须明白学生真正的需求是什么，他需求怎样的知识，需求怎样的教师，需求怎样的上课方式。为了满足每个学生不同的学习需求，学校的课程结构做到了国家课程、地方课程与校本课程相结合，必修与选修相结合，校内与校外相结合。努力将学生"要我学习"的心态变为"我要学习"。倡导自主教育，让学生成为校园的主角是我校的一大特色。学校尊重学生属于自己的体验，让他们走进自己的生活世界，体验生活，体验社会。给孩子们一些问题，让他们自己找答案；给孩子们一些条件，让他们自己去锻炼；给孩子们一些空间，让他们自己去发展。

第四，关注学生的适性发展。学生的发展也就是教师的发展。根据多元智能理论，人的智力结构本来就不平衡，每个人都有其独特的智力构成。

那些集各方面知识能力于大成的人只是人类中的特例，要求学生在各方面做到全优是不现实的。教师应该做的，是根据每一个学生的特点，为其提供不同的发展平台，做到扬长避短，让每一个学生都有感受成功的机会，获得有效的成长与发展。

全面发展不是各学科、各领域知识的简单叠加，它是一种"学创俱能、知行合一"的要求，更是一种"内外兼修、身心两健"的境界。现代社会对人的全面成长提出了更高的要求，我们培养的人，不光要有各方面的知识积淀，更重要的是要学会动手、学会创造，不仅要有健康的体魄，更要有健全的人格和良好的社会适应能力。所以，在实施教育的过程中，教师不仅要关注学生的学业水平，更要通过各种丰富多彩的活动，为学生的身心和谐发展创造机会、搭建平台，使学生在多种活动中得到锻炼。所谓"学校小社会，社会大学校"，当学生在学校中通过参与各种活动得到了健康成长和发展，也就能很好地适应社会的发展和要求了。

学校的教育，不仅是要让学生学得知识，获得能力，更重要的是为其一生的成长奠定基础。从这个意义上讲，学生的全面发展又应该是可持续的，它应成为学生后续发展的动力，成为学生幸福人生的起点，所以，教师要通过学生在学校的全面发展，为其一生的成长打下基础。学生总是会离开学校的，在社会这个更大的学校、更大的舞台上，能不能继续做到"全面发展"，学校的教育是至关重要的。所以，教师的教育不仅要关注当前，更要着眼长远，让学生在学校的"全面发展"成为一种习惯，一种生活态度，一种人生追求。只有这样，教育的价值与意义才能得到显现。

作为教师，正视学生的发展规律，关注学生的适性发展、终身发展是最重要的，要让学生的个性得到健康发展，综合素质得到全面培养，使每个学生都能获得有效的、科学的发展和成长。

第八章
文化迁移：引领社区社会

第一节 学校环境的文化涵化

学校是国家培养人才的地方，只有在良好的校园环境中才可以培育出为国家作贡献的人才，"孟母三迁"的故事就很好地说明了环境对学生的影响。

人类社会已经进入 21 世纪，无疑给现代社会文明提出了新的要求，其中环境优美是实现现代文明的重要标志，这正成了人们的一种共识。作为现代社会文明的重要组成部分的学校，其环境的优美程度自然也是现代学校文明的重要标志。学校校园的环境当中，校园环境文明建设是至关重要的。为营造学校良好的学习环境，必须重视对校园环境文化的建设，校园环境文化建设，在学校发展中越来越显示其独特的一面。

一、建设有"情"的校园文化，管理服务化

一所学校打动人心的不是投资的巨大、设备的现代化，真正给人留下深刻印象的当属学校和教师强烈的服务意识，尊重学生的态度。胜利大街小

学创建于1948年,历史悠久,近几年的发展更是不断注入了新的活力,使丰厚的文化底蕴和现代气息协调融合,特别是在"创生"的办学理念引领下,学校倾力打造三种文化——培育精神观念文化、建设制度行为文化、开发环境物质文化。我们认为学校是和人打交道的,是思想和思想的交流、情感和情感的沟通、生命和生命对话的场所。师生的价值追求就成了学校文化的核心。

我校的领导班子例会谈的是如何经营好学校,而不是管理好学校。校长常常引导我们要有危机意识,不能以名校自居而停步不前。"经营"一词体现出学校领导和全体教职工更深层次的办学理念,学校把服务态度作为教育质量来评价,做到"管理就是服务":领导班子是否为教师服务,是否为家庭服务,是否满足家长和社会的需要。因此布置工作前要征求意见,换位思考教师的情况,完成工作不是以管理和检查为目的,而是突出指导和帮助。教师是否通过家访、德育活动等更好地服务于学生的成长。淡化教师的权威,把尊重定位在人格的尊重而不仅仅是地位的平等和尊重,因此校园内营造出融洽、友爱、互助的师生关系、生生关系。德育目标定位于"自律意识"和"三礼教育",即生活上自理—学习上自主—思想上自强—行为上自律,懂礼节、学礼仪、讲礼貌,从而使学生逐步学会独立,适应生活。

本着这种原则,我校很多活动充分体现学生的创造性和个性,放手由教师和学生自己做,师生共同参与校园和班级的文化建设。如墙壁的文化建设和板报提供主题,突出班级特色、学生所爱。德育活动不专门组织,而是通过生活化、形象化、青少年喜爱的活动精心设计德育内涵。如以坚持弘扬和培育民族精神的教育为核心,开展读书征文、古诗词诵读、中华文化千句文的诵读、故事会、班级展示、经典民乐演奏会、泉城摄影和绘画展等各种形式的教育活动。全校开展的活动都以此为主线,以学生喜爱参与为宗旨,从而潜移默化地达到教育效果,努力把校园营建为教师和学生共同的精神家园。

我校鲜明地提出平等、尊重、服务的办学宗旨,把人与人之间的平等关系作为建立现代精品学校的宗旨之一。头等大事就是要尊重学生独立完整的人格，学校和教师责无旁贷地为学生、家长和社会提供优质教育服务，不能因为是名校就对家长苛刻，每位教师要热情、客气地服务，亲情在学校里处处洋溢。我们进行"生活教育"，目的就是绝不把学生看作作业和考试的机器，而是培养学生成为学会生活、热爱生活的真善美的活人（陶行知）。确定"细、小、近、实"的德育目标，贴近学生实际，使学生更易于接受掌握，引导学生读生活之书，明生活之理，做生活之事，行生活之路。

我们总感到德育离学生遥远，教育目标生硬，我们总强调以人为本，但是实际工作中，我们的校园往往忽略了情感因素，并没有真正站在学生的角度上思考德育活动的实效性，一厢情愿地用成人眼光规划着校园文化环境，忽视孩子们眼中的童心世界。校园首先是孩子们的校园，是他们尽情释放的自由天地。德育因"情"而让孩子真心真意接受，校园因"情"而更具活力生机。

二、建设有"趣"的校园文化，活动人本化

校园文化环境对学生的辐射作用是持久深入的，它并不是石破天惊，而是春风化雨、润物无声，以它特有的符号系统给师生无时不有、无处不在的影响……正是悄然而至的文化氛围使学校有了生命力，并在发展中不断积淀，最大的受益者是师生呈现出的积极向上的那种主动、健康的精神状态。

小学就要适应儿童、青少年趣味性的特点，学生是校园文化的主体之一，保持和发扬他们在校园文化中自然天成的物质和富有生气的童趣，是使校园文化得以存在的根本之处。另外，学生在自身的文化活动中，兴趣又始终是推动他们文化形成的内驱力，因此他们的文化活动总是表现出一种昂扬而热烈的情绪色彩。这样的情绪状态能极有利地诱发学生的创造力，使之在文化参与的活动中对现实环境注入新的文化因素。如近一年来，学校进行安全教育和礼仪教育，我们贯穿在校本课程"生活与安全"和"生活与礼仪"的学习和实践之中，以课程建设促进校园文化的浓厚氛围。学校设有"课程超市"，有普及性的全员参与的课程，又有提高性的兴趣活动团队和社团活动，如明天少儿艺术团、胜利少年体育俱乐部、文学社等。既有各种礼仪常规训练、检查，又兼顾孩子的喜好，开展礼仪小品、情景剧、故事会、童

谣、歌曲、阅读、卡片制作、手抄报和宣传语、实践活动等不同的形式让孩子们展示自己和班级的特色。在校园文化建设中注重内容的儿童化，形式的趣味性，从而调节着学生紧张的学习压力。通过培养学生兴趣，从而激发他们的动机，提高素质，发展个性。

增强学校日常教育的感染力，让孩子们在学校里过不同的校园节日。在进行行为规范教育时，根据学生心理、生理特点，不仅创设良好的行为规范教育环境，制定切实可行的检查制度，更是充分利用校园有效的设施，如广播、电视、光荣墙、曝光哈哈镜等形象、生动的教育形式，引起学生的兴趣，变学生被动接受教育为主动参与教育活动，从而提高效果。

我们一直思考：学校有学生最喜欢的地方吗？因此，突出儿童趣味，本着孩子接受的角度，广设开放性的设施，让孩子们随时随地可以加入，营建出一种优良健康的、积极向上的校园文化，犹如"无声润物三春雨，有心护花二月风"，使学校里每一个成员一旦踏进校门，就会被感染，自然而然、潜移默化地受到影响和教育，接受校园文化感召，进而陶冶自己的人格和灵魂。如：生态园、科技馆、活动平台、篮球场、安全教育图片展、书吧、读书银行等都建成开放性的自由空间。我校一直努力实现为每个学生提供一生值得回味的优质小学教育。在这方面，校园文化比起正规的教育更具有独特的隐性德育功能。

我们也经常反思：有时开展德育活动，趣味性较少，教育性强，学生参加时没有新鲜感，在被动的接受说教中应付一下，因此造成虚假的表面行为，不能转化为发自内心的自觉的行为。德育工作存在的不足和问题，使德育难以入耳、入脑、入心、入行，使学生难以真信、真学、真用，必须引起我们的高度重视，并采取有效措施切实加以解决。

三、建设有"雅"的校园文化，环境生态化

我们的校园做到了"美"，但更要做到"雅"，雅致能提高学校文化品位，显示出独特的艺术、文化的高雅气息。环境高雅，同时更注重把高雅文化引进校园。

我校致力于实现人文教育与科学精神相结合的教育生态环境，把学校

办成孩子的家园、乐园、学园、花园,走进去就像走进植物园,绿树葱茏,鸟语花香。校长亲自参加抢救古槐的工作,老师学生积极保护喜鹊幼鸟,学生认养小树,学校四季不断花,除了自己栽种各种花卉,还用菊花、一串红等各种花卉装扮校园,给学生创设出美丽的氛围。一间间教室变成可爱的小乐园,孩子就像进了家一样亲切自然,舍不得离开。墙壁也有文化,展示孩子们和班级的特色。学校里有些设施虽简易但不简陋,井然有序,干净卫生。节省每一处空间,充分利用每一处空间,每一处都有绿色植物覆盖,充分体现了生态意识。

生态是近年来提倡的新思路,被应用于教育中,我认为应该赋予它新的角度和新的内涵。词典中解释生态是生物的生理特性和生活习性。我们最习惯于讲生态平衡。如果教师关注的是"育分"而不是"育人""育心",德育不贴近生活,不贴近社会,不贴近学生实际,手段成人化、简单化、形式化,那么是否造成学生受教育的生态不平衡? 我们目睹环境生态平衡破坏造成的恶果,迁移到人的教育、人的心灵,是否会产生更严重的后果呢? 而这种后果需要很久之后才能发现验证。我们注意到校园景观的人文性和生态特点,是否要加强学生德育的生态化? 记得看电视剧《张伯苓》,片中宣传了张先生大力营造的"人的教育",才使南开成为一种品牌和精神,从而成为南开特有的文化。校园文化建设一项重要内容就是加强师德建设,教师的文化素质直接影响学生。今年学校进行三礼教育,我们首先加强教师的礼仪,制定了"胜利教师礼仪守则17条",以教师优雅的言谈举止、教师的责任感和教育良知向学生、家长、社会承诺"上好每节课,教好每个孩子,让每个家庭放心",并努力践行。

关注到每一个孩子的成长而非个别发展一直是我校教育追求的目标。新课程改革以来,学校重新审视德育内容,以人为本,坚持多元化的评价,以促进学生综合素质的发展。评价是为了学生的发展,要为学生的终身发展服务,不能以学业成绩、纪律好坏看待学生。教育者肩负着关注学生成长、促进学生发展的重任。"教学生一天,想孩子终身"是每一位教师的教育准则。多几把评价的尺子,让每一个孩子学会做人,得到关注,得到发展,充满活力地生活在学校，是教师的共识。学校开展"八会技能达标活动"，让每位学生充分发展自己的个性特长。期末，学校对学生进行综合素质评价，分为思想品德和文明素养、心理素质、学习态度、方法和能力、运动与健康、审美与表现、校本课程学习情况六方面，由学生自评、小组互评、师评、家长评价组成。

在近几年的试点基础上，期末不再评选三好学生，而是评选"胜利之星"，发展较全面的被评为全明星，此外，还设有十大校园明星如读书星、艺术星、健康星、合作星、学习星、劳动星、自立星、礼仪星等，让每个孩子体会到成功的快乐。同时，对班级的评价也多元化，表彰优秀班集体、班级文化建设先进班、礼仪自律示范班、八证书活动优秀班等，充分调动班主任和学生的积极性。校园文化创造了一个陶冶人心灵的场所，宽松、友善、和谐的人际氛围，对学生良好的性情陶冶大有作用；教师高雅的气质、不凡的学识谈吐对学生是一种无形的滋养。教师对学生严中有理、严中有爱、严爱兼之，师生同乐，有利于培养学生尊敬师长，爱护、关心他人的品格。校园文化创设了一种优美、整洁、有秩序的学习和工作、生活环境，又对生活在其中的每个人起着陶冶情操与规范行为的作用。优美整洁的物质环境可以抑制学生的不良行为，健康向上的文化氛围可以激起人对美好未来的向往，他们的心灵亦能从中受到美的熏陶。

党中央提出建设和谐社会，和谐的校园必定是美的，和谐的人际关系必定会促进健康发展。人的言行产生的美，带来的美，优雅不俗，赋予德育更深层次的内涵，赋予校园更生动的活力。

四、建设有"新"的校园文化，教育自主化

学校在德育工作中，应做到常规工作细致周密、规范有加又不失创新精神，让每一位学生都成为校园文化的实践者和建设者。正如苏联教育家苏霍姆林斯基说："只有激发学生进行自我教育的教育，才是真正的教育。"在教师的指导下，学生自我管理、自我服务、自己组织设计活动，自主实践。学生在主体参与中不断丰富校园文化生活，充实精神世界，使校园文化的育人功能体现得更加淋漓尽致。如我校的"八证书"达标活动，均由学生自己申

报，学生组成评审团，在各学科教师的指导下进行评比，颁发等级证书。

校园开放日，均由学生做礼仪使者，解说员介绍班级活动。主题班会由学生自己设计主持。根据六年级学生特点，让他们成为学长，服务和带动一年级新生，满足他们渴望成熟的意愿。高年级与低年级组成友好班级，自愿承担一年级同学的入队教育和卫生管理，达到相互促进的双赢局面。

自主性也拓展到了家庭和社会。如学校定期召开家长委员会的会议，学校重要工作活动举办"听证会"，先征求家长意见，取得家长的大力支持。经常举办家庭教育交流超市、校园开放活动、亲子趣味运动会、家庭才艺大赛、每年"六一节"评选书香、健康等特色"胜利之家"家庭，倡导创建学习型家庭等和谐的家庭氛围，从亲子阅读到课题研究，分层次满足了不同家庭的需要，体现了教育的开放性、凝聚力。

积极改革家长会形式，感动家长并培训家长。聘请家长为班级客座教师，进行校本课程的教学和雏鹰假日社区小队的辅导员。

学校2005年组织了为期一周的"五一"长假快乐体验活动，以自助餐的形式为学生、家长提供力所能及和满足个人需要的体验内容。内容和形式完全由学生自己设计，有的学生在家庭的指导下办出了自制书、实践小报和调查报告。你会看出孩子们是如何精心设计，找资料，更重要的是从中不仅锻炼了动手动脑能力，还学会了放眼世界，大到爱国情，小到合作友情、亲情，增添了情感魅力的影响。学校不重形式上的美观及评选的结果，看中的是所有学生的参与精神和创造意识以及在此过程中学生得到的熏陶，同龄人、家庭成员之间的交流合作。小手拉大手，大手牵小手，共同教育引导学生，呈现出"大德育"的格局，使德育更加开放。校园连接起了社会和家庭，使校园开放日、特色家庭一系列活动的开展达到更新颖、务实的效果。学校也调动起家长的积极性，重视科学的家庭教育艺术，达到事半功倍的效果。

文化来自于内涵，形成于人的气质和修养。"腹有诗书气自华"，这样的校园怎能不蕴含文化之风？这样的学生怎能不拥有文化的气质？我国一位教育家提出了一个泡菜理论：泡菜水的味道决定了泡出来的萝卜和白菜的味道。学校的全部工作就是调整好这个"泡菜水"，营造出高品位、和谐的文化氛围，让学生在这氛围中去思考、理解、感悟，净化心灵，升华人格，完善自我。校园文化建设年仅仅是一个开始，把文化深植于孩子们的心灵，是我们教育者长期不懈的努力。

第二节　走出学校的精英

2011 年，胜利大街小学已经走过了六十余年的风风雨雨。六十余年奋斗不息，高歌不辍；六十余年春华秋实，桃李芬芳。从 1948 年创立的山东省立第一保育小学，如今发展为在社会各界广受赞誉的济南市胜利大街小学。这所学校见证了"文化大革命"、改革开放等重大历史时刻，经历了数次调整和扩建，发展到现在已经是拥有三个校区、近 200 位老师、3 000 多名学生的在社会上享有较高声誉的省级规范化学校。六十余年来，一代代胜利人励精图治，取得了辉煌的办学成就，积淀了深厚的文化底蕴，形成了"创生"的办学理念，追求"立足宽实基础，面向多元发展"的宽基教育办学特色。胜利大街小学历尽沧桑，栉风沐雨，创建辉煌，一路走过了六十余载峥嵘岁月。

六十余年风雨兼程，六十余年岁月流金。一代又一代的胜利人精诚合作，呕心沥血，使学校不断发展壮大，声名鹊起。风雨铸英才，俊彦满神州。学校培养了数以万计的莘莘学子，一届又一届的胜利学子完成了从懵懂无知的孩童到青涩少年的蜕变，留下人生中纯真无瑕的美好回忆。从这里走向全国，走向世界，不辱使命，成为各个领域的栋梁之才。

十年树木，百年树人。风雨历程尽显胜利辉煌。建校以来，各类人才遍布五湖四海，驰骋大江南北，活跃于社会各界，都在为祖国建设增辉添彩。有活跃于政界的贤能，有勇攀科学高峰的专家教授，也有弄潮于市场经济大海实业报国的企业家,有以杰出的成就、高端的技术成为各领域的专家、学者、英模,可谓英才如云霞,桃李满天下。这些优秀的英才是学校发展的见证。

这片沃土,英才辈出,群星璀璨。从这里走出的英才在各自岗位上取得的辉煌成绩,为学校增添了光彩与声誉。每一位校友的成绩都是母校的自豪,每一位校友的荣誉都是母校的骄傲。正是他们的智慧和汗水,共同铸就了母校的丰碑与品牌。

得到社会、家庭的认可,与独特的胜利文化有很大关系,即:

它,是一条历史的长河,在它身上述说着六十余年的洗礼与辉煌,却依然散发着勃勃生机,不断地播种收获。

它,是一种时代精神,坚守自己独特的教育理想和文化品位,以"自信、协力、唯新"为精神基调,以"规范、内敛、务实、求是"为工作基调,生生不息代代相传。

它,是一片热土,这里有鲜花和芳草,这里有紧张的学习和愉快的四声联动,向着世界,向着未来,从胜利走向胜利。

学校经过六十余年发展的积淀,逐步形成了以"创生"为核心办学理念,追求"立足宽实基础,面向多元发展"的宽基教育办学特色,把创办"创新型、示范性,并在全国有影响力的品牌小学"作为发展愿景。2009 年 10 月,时任政治局委员、国务委员刘延东来学校视察,充分肯定了学校探究实践"宽基教育"所取得的成绩,在人文开放精致和谐以人为本的管理文化;责任包容激情智慧适性发展的教师文化;民主交流合作探究多元创生的课程文化;乐学会学自律自主宽识博见的学生文化;生态雅致温馨童趣生态优美的环境文化;学会会学善学应用健康快乐的课堂文化等方面的新探索。指出要进一步推动学校科学发展、内涵发展,拓宽发展渠道,让这一教育实践使更多孩子受益。根据教育局"名校辐射带动战略,让小区的孩子在家门口就能享受到优质教育"的精神,学校在名校辐射方面也取得了突出成绩,2009 年 9 月泉景校区开学,2010 年 9 月领秀城校区开学。在较短时间内实现了新建学校的高起点、高水平办学，成为新的优质教育资源，教育教学质量、师资队伍建设等得到学生、家长认可，赢得了社区居民和社会的一致赞扬。

忆往昔峥嵘岁月。无论何时何地，胜利大街小学始终担负着撒播真知、传承文明、树德育才的历史使命，把"创新型、示范性，并在全国有影响力的品牌小学"作为胜利人的发展愿景。从养成良好习惯入手，让学生拥有健康人格。让教育与生命相连，让教育与生活相连，让教育与幸福相连。

校友英才弘扬的是一种精神，一种胜利精神，一种胜利人的艰苦奋斗、坚忍不拔的精神，一种胜利人的愈挫愈坚、自强不息的精神。归根结底，他们弘扬的自信、常新、全新的人文精神。

六十余年耕耘铸英才，新世纪育人谱华章，愿胜利大街小学培养出更多的栋梁之才！

第三节　与孩子一起成长——让家长因孩子更精彩

以下是来自胜利大街小学学生家长的自述——

"妈妈，今天我上学了。"

"对呀，你长大了，要成为优秀的自己。"

"那到学校，都会学习什么呢？"

"妈妈希望你……"

当孩子呱呱坠地，当孩子嗷嗷待哺，当孩子牙牙学语，当孩子蹒跚学步，多少次的成长，娇嫩的小手是在父母的手心里紧紧相握。"学校教育能赋予孩子什么？"是无数家长最大的期待。

"温文尔雅的谈吐，彬彬有礼的风度，有条不紊的生活节奏，爱人爱己的高尚风范……良好的行为习惯，使你变得高雅；合理的饮食调节，使你变得健康；积极的审美情趣，使你变得美丽；自觉的科学意识，使你变得聪慧；强烈的社会责任感，使你变得成熟；而安全意识的树立，则使你学会珍爱生命。"让孩子们继承中华民族的优良传统，懂得为人处世的行为规范，养成良好的行为习惯，形成优良的心理素质是每一个胜利人义不容辞的责任。"宽基教育"就是要让教育的泉流淌在心灵之道，流淌在理想之道，更流淌在人生之路。让孩子的生命经历能够感染每一个家庭，感动每一位家长。以下是家长陪同孩子在胜利生命成长的讲述：

时间过得真快，从第一次到校报到，到首批入队；从第一次领回胜利之星证书，到担任大队委；从入选《小主人报》小记者，到成为济南小名士，我的孩子在胜利大街小学已经度过了五年的时光。作为家长，我们深深体会到学校实施的宽基教育，在她成长中发挥了不可替代的作用，感受到学校和老师付出的心血和汗水。孩子不断成长的过程，也是我们不断成熟的过程。这五年，是家长与孩子在一起成长的五年，是共同进步的五年。我们因宽基教育而受益，生活因孩子变得更精彩。

一、经典诵读，涵养了道德文化底蕴

记得给孩子办理入学手续时，走进校园看到板报墙上刻满了"中华千句文"的诗句，后来学校又布置背诵"中华千句文"，一种强烈的认同感油然而生，这与我们的观点不谋而合。在孩子很小的时候，我们就开始给她读书、讲故事，两三岁时她就能背诵几十首古诗。三岁多开始背诵《三字经》，上学前已能背诵《三字经》《百家姓》《弟子规》《千字文》《大学》和近百首古诗。这些东西潜移默化地影响着她，如"融四岁，能让梨"让她学会了谦让。后来背诵了"中华千句文"，她对历史产生了浓厚的兴趣，三年级起开始阅读百家讲坛之《蒙曼说唐》，后来又迷上了袁腾飞的《历史是个什么玩意》以及《明朝那些事》，有时她会给我们讲上一段，一起分享阅读的快乐。培根说"读史可以明智"，我的孩子通过读历史书，增强了分析问题的能力。她还经常参加学校的朗诵，获得"诵读大王""读书小状元"等证书。有了这些积累，她写起作文得心应手，2011年1月获得全国第14届作文考级暨现场作文大赛北京总决赛第五级别二等奖，经常即兴创作诗歌、小说。良好的阅读习惯是我们共同的财富，现在我们每月去书店一至两次，每人挑选自己喜欢的书，回来后一家人如饥似渴地扑在自己喜欢的书上，家庭氛围更温馨，生活因此更精彩。

二、平等尊重，用心灵与孩子沟通交流

宽基教育强调让大家都得到一种尊重，都享有发展的机会，都有个性化的追求，人人能够体验到欢乐和成功。孩子虽然小，但也有自己的思想和见解，有自己的独立意识，与家长在人格上是平等的。我们平时尽量做到尊重她，平等沟通，正确引导。特别注意把选择权交给她，当她向我们征求意见时，总是让她学着自己作决定，然后加以适当的引导，让她学会成为自己的主人，为自己的决定负责。泰戈尔说："我愿我能在我孩子自己的世界的中心，占一角清净地。"要做到这一点，最重要的是学会倾听。她经常向我讲述班级发生的趣事以及她遇到的一些困惑，开始我总是告诉她应该怎样做，后来她不太跟我说了，因为她感觉有时按家长说的处理孩子们之间的事情行不通。以后我就注意专心致志地倾听，用目光与她交流，保持一颗童心，站在她的角度想问题。有时她只是想倾诉一下，缓解学习、交往、生活中的压力，并不需要我们去给她出什么主意。作为朋友，我也会把自己的一些想法甚至是烦恼说给她听，她感觉很受尊重，很认真地为我分析，很真诚地为我指出需要改进的地方。我的孩子有时会把自己在大队工作中总结的一些经验与我分享，比如团队协作精神、奉献精神；把与同学相处的艺术传授给我，比如相互理解、胸怀宽广、宽厚包容，让我受益匪浅，也令我对宽基教育下的孩子刮目相看。

三、身教言传，做孩子的好榜样

厚德载物，家庭是孩子的第一课堂，家长的素质状况、人格形象和实践行为对孩子思想品德的形成具有至关重要的影响，是决定教育成败的关键因素，这也对我们家长提出了更高的要求。我们一直很注重学习，家里最多的就是书，书房里两面墙摆满了书。在孩子上小学前带她到山东大学参加爸爸博士学位的授予仪式，她还带上爸爸的博士帽拍了照。我们经常加班加点对待工作的认真态度也影响着她，每次组织雏鹰小队的活动她都认真

策划,提前准备。每当遇到街头行乞的残疾艺人我都要给他们放些零钱,并告诉孩子他们不是乞讨,是在用自己的劳动养家糊口,值得尊重。后来每次遇到这种情况,她都会向我要些钱放进他们的杯子里。每年过春节、教师节,我们都会看望自己的老师或发短信祝贺节日,并且告诉孩子,只有尊重老师、相信老师,才能健康成长。平时我们注意关心孝敬双方的老人,老人也尽量为我们分忧,和谐融洽的家庭氛围让孩子感受到了温馨和责任。我们为了做合格的家长也在不断地丰富自己,提高自己,各方面都有了进步,与孩子一起成长着。

四、欣赏孩子,不去盲目攀比

记得一个教育家曾说过这样一段话:"你要想把自己的学生或孩子塑造成你渴望中的样子,只有靠激励和赞美的语言才能真正地达到目的,就像植物都是朝着有阳光的方向生长一样;而挑剔和过度的批评,只能让孩子变得胆小畏怯,不知所从,或者因为逆反心理而干脆走向反面。"有些家长总是夸奖别人的孩子好,拿别的孩子的优点与自己孩子的缺点比,越比孩子越不自信。我们注意考虑她的感受,从不打击她的自信。欣赏孩子必须保持一颗平常心,不去苛求,而是全面接纳孩子。我在美国学习期间,离开她将近半年,偶尔通过视频见面,她总是会嘱咐我多保重身体、好好学习,我感到她更懂事了。去年孩子被开水烫伤,在家休息了一个月,伤情比较严重,我问她疼不疼,她微笑着告诉我不疼。伤好以后,她悄悄告诉我其实当时很痛,需要咬着被子才能睡着觉,但她努力使自己更坚强。参加 CCTV 希望之星英语大赛,在济南赛区第三轮的选拔中落选,她没有很难过。记得之前在竞选大队委时还是忐忑不安,害怕落选,面子上过不去,看来经历是一笔财富,历练得多了,抗挫折能力有了增强。参加《小主人报》济南站小记者选拔,济南市只有 60 个公益名额,她是入选者之一,但她并没有表现出过多的兴奋,被评为济南小名士也是以一颗平常心对待。"宠辱不惊,看庭前花开花落;去留无意,望天空云卷云舒",淡泊从容一直是我努力追求的一种境界,也希望孩子能做到这一点。

五、参加活动，各方面能力得到锻炼

宽基教育理念深入人心，在班主任张老师的策划带领下，五、六班先后举办了读书交流会、安全主题班会，担任爱心班，承担升旗仪式，把文章发表在书刊上等活动，其中有些活动张老师发动同学们的聪明才智，让他们参与其中。作为一名家长，我看到了孩子通过参与这些主题活动，各方面发生了可喜变化，非常欣慰。一是进一步增强了合作意识，团队精神更强了。通过参加安全主题班会、升旗仪式、爱心班执勤、运动会等活动，孩子更好地学会了和同学们合作，集体荣誉感更强了。二是提高了组织能力，责任感更强了。通过参与策划升旗仪式等活动，从设计台词到排练，孩子认真思考，倾注了很多心力，锻炼了组织能力，同时也增强了责任意识。三是进一步提高了观察能力，写作水平更高了。通过参与把文章发表在书刊上、爱心班执勤等活动，孩子写作的兴趣增加了，用心观察感悟，爱心班执勤结束后，写了执勤日志，被小主人报网站采用。活动开展以来，先后在《齐鲁晚报》、小主人报网站、第十四届全国汉语考级总决赛《优秀作品集》等发表作品近10篇。

六、塑造品质，引导孩子全面综合发展

正确的世界观和人生观，会影响孩子的一生。胜利大街小学注重德的教育，我们在生活中也注意培养孩子有一颗感恩的心，引导她要尊敬师长，团结同学，助人为乐，不计较个人得失，尽己之力帮助需要帮助的人，对于别人的帮助要铭记在心。在公共汽车上，她会主动给老人和孩子让座；家里有人病了，她会问寒问暖，送药递水。未来社会需要具有综合素质的人才，"八证书"活动是胜利大街小学宽基教育德育体系中又一抹亮丽的色彩，孩子从中受益颇多。我们也积极鼓励她参加各种活动，锻炼能力。2005年在省体育中心，她参加了中央电视台"同一首歌——走进济南"大型演唱会，与毛阿敏同台演唱。2006年在山东会堂，参加了"国际儿童联欢节"演出，受到市长的亲切接见。2007年获得了市中区小学生"想唱就唱"杯卡拉OK大赛一等奖。曾主持济南电视台"宝贝说天气"节目。已经取得民族舞蹈四级证书，多次参加省、市的舞蹈演出。2008年获得了市中区中小学生器乐大赛一等

奖,2009年取得中国音乐学院电子琴八级证书。目前师从我省著名钢琴家、作曲家姚继刚老师学习钢琴演奏,今年通过了钢琴七级考试。参加了学校组织的胜利明天少儿艺术团,通过唱红歌坚定了共产主义信仰。先后策划实施了"采访胜利人""采访爱幼典型""迎全运环保调查""情系大西南,珍惜每滴水""玉树常青"等主题活动。曾到济南市福利院看望小朋友,捐赠书籍,得到中国残联主席张海迪同志的充分肯定,并获亲笔签名赠书。

孩子在宽基教育氛围中,视野更宽、思路更宽、心胸更宽,我们与孩子一起成长着,进步着,生活因此更精彩。衷心希望孩子的人生路越走越宽,胜利大街小学走向胜利的路越走越宽!

第四节　走出国门的中国小公民

2009年11月5日—11月10日,由市中区教育局刘彦玲副局长、济南市外事办庞龙副处长、济南市胜利大街小学唐忠亮副校长带队的一行15人到日本和歌山市吹上小学及东京进行了为期六天的中日教育友好交流访问活动。各级领导亲切关怀、指导促成了这次交流活动圆满成功。

济南市与和歌山市1983年缔结为友好城市,今年恰逢26周年。胜利大街小学与吹上小学缔结友好学校也已经11周年。结好以来,两校在人员互访、学生交流、教育交流等方面开展了积极的合作,取得了可喜的成果。

交流团在日访问期间受到了日本相关政府部门、有关学校的热情接待,在日方精心安排下,交流团拜会了和歌山市大桥建一市长,进行了两校儿童的联欢活动,开展了师生互动的体育教学,进行了愉快的家庭访问……通过这次具有历史意义的交流互访活动,使我们对日本的社会结构、经济发展、教育体系都有了比较深入的了解,同时加强了中日两校间管理教育理念、教学、活动、文化间的交流,增进了中日两国学生教师人民间的相互了解与友谊。

下面从几个方面谈谈我们的感受与收获：

印象一：干净的日本。

到了日本，感触最深的就是日本的干净。日本是海洋性气候，空气干净透明，气候适宜，无论街道、学校、商店、宾馆……全都干干净净，就像刚刚被雨水冲刷过一样。

日本的城市绿化非常好，像和歌山市这样的小城市绿树盆景随处可见，平房阁楼错落有致，小巧玲珑。就连东京这样的大都会也没有将种植绿化的土地统统建成高楼大厦，而是将其保留在城市之中，净化和绿化了城市，降低了城市的拥挤度，使人悦目。

令我们惊叹的是：日本的街道上不仅极少有垃圾，而且连垃圾桶都非常少，想想国内许多大城市的遍地垃圾桶，甚至随处可见的丢弃物，实在是无法相比。听导游说，日本是个非常注重环保的国家，没有人乱扔垃圾，因为这是在保护自己国家的环境，环境保护不仅是日本政府抓得很紧的一项工作，而且这种意识已深深地印在了每一个公民心中，成了他们自觉的行动。这让我想到我们的教育，虽然我们经常对孩子进行德育教育，但究竟有多少孩子能不乱丢杂物，看见纸屑能主动弯弯腰呢？

印象二：安静、有序的日本。

日本的街道、餐厅、游乐场……都给人一种宁静、惬意的感觉。在和歌山市我们出访学校乘坐的是大巴。日本的司机坐在左侧，而且是靠左行驶的，刚一上车我们都很不适应，和歌山的道路不宽，清冷的街道上几乎看不到个人，马路上的车几乎全是箱式的，据说既可载人又可运货很实用，车子很多却十分有序，人们都十分遵守交通规则，很少发生堵车现象。听导游说，在日本很少听到按喇叭的，堵车也好，下雨也好，极少人按喇叭，的确我们在日几天，没有见到按喇叭的车。过马路的行人在看到红灯亮时，即使没有车开过来也会耐心等待绿灯亮了再过马路。

到达日本的第一餐我们吃的是西餐，整个西餐厅都给人静静的感觉，几个交谈的日本人也都是窃窃私语，不去打扰别人。我们的中国学生也表现得十分出色,也许是受日本文化的熏陶,虽然正值活泼开朗的年龄,但在就餐时间也能顾及他人,尽量压低声音,礼貌用餐。

日语里电车就是平常的火车,但是两站之间很短,来往之频繁就像国内坐公交车一样,但载客量却比公交车多得多。第四天我们去东京有幸乘坐了新干线,车厢里都是比较安静的,听不到人接电话的声音或者大声说话的人。大家都很自觉也很在乎自己的行为带给别人的影响。这使得我们也用同样的规范来要求自己,10名学生都十分安静,体现出了我们中国学生的素养。

东京迪士尼的客流量很大,却没有给人熙熙攘攘的感觉。每个项目等候的人都能达到上百人,但人们都很自觉地排队,静静等候,整整一下午我们只参与了四个项目,大多是等待的时间,而这漫长的等待时间却没让我们感到一点烦躁,因为每个人都能用平常心去对待。

返回时,我们在东京成田机场候机,人虽然多,却非常安静,秩序井然,乘坐手扶电梯的时候,大家都自觉地靠右手边站,把左手边留出来给那些赶时间的人。而刚一到北京的机场,就能感到人头攒动,熙熙攘攘,对比十分明显,的确日本有很多地方值得我们学习。

印象三:凸显的人文精神。

日本学校的教育凸显了对人性的全面陶冶和发掘。

首先,他们对于民族文化、民族传统、民族精神充分弘扬,他们的民族很自信。临别吹上小学时,我们有幸欣赏了五年级学生表演的团体操"拉网小调",不论男孩女孩都身着短衫短裤,赤脚踩在沙地上,他们动作有力,精神抖擞,喊声响亮有气势,时不时还摆出类似我们中国"叠罗汉"的造型,很有日本民族特色,我禁不住赶忙拿起相机录下了这精彩的瞬间。试想我们中国的孩子,家长能否同意学生在这样的温度下赤脚? 能否同意孩子被踩在身下做出这样"危险"的动作? 也可能你们要说日本的孩子耐寒,可是当我们与他们亲切握手时,感觉到的是他们冰凉的小手啊! 日本的学校教育是由社区、家庭与学校协力合作来完成的,社区、家庭对学校的支持非常大,他们是整个社会大气候的教育。

其次,学校对孩子的人性关怀表现突出。中日两国学生的联欢是我们盼望已久的,因为能体现两国学生各自活泼生动的精神面貌。由于受流感的影响,日本参与联欢的只有六年级的 30 名学生。交流不到几分钟,就有一名日本男孩引起了我们的注意,他"不听指挥,我行我素",而他的身边却有一名专门看护他的老师,对他那么呵护、关照,像对自己的孩子一样。我们的第一个节目是介绍学校,采用了图片展示的方式,从学校全貌、课间、生态、艺术、课堂等多方面精练生动地让日本师生更多地了解到我校的概况。然后由队员们亲自把精美的图片送给日本的小学生,因为图片只有 10 张,所以多数日本学生没有得到图片,可就在这时,得到图片的学生竟主动把图片送到了那位"特殊学生"的手上……接下来的舞蹈、演奏、魔术表演,那位学生总是被安排在优先的位置,这就是一种"平等、尊重、自立、人文"的最好见证吧!说起教育,他们更注重人文关怀,比如教室内外都有供学生放东西的柜子,墙上贴的东西也比较随意,院子里有每位学生种植的花草。而日本教师的办公室是大敞屋,硬件设备也一般,办公条件还不如我们,但他们却给我们展示了真实的一面。试想我们的教育,是否过多地注重了知识的传授,缺少了人文教育呢?

日本在许多公共设施的设计上也充分体现了人文性。日本的厕所都分别设有成人和儿童专用的,还有专为长者、残疾人设计的。厕所里间都设计有摆挂提包、外衣的大钩子和搁板,女厕都配有婴儿换尿布的小床……让人不得不称赞日本人的细心周到,真是太人文了!

印象四:敬业的日本人。

这次日本之行对我们产生强烈的震撼还有日本人,更准确地说是日本大和民族认真、勤勉、敬业的工作精神!

这次到和歌山市接待我们的是国际公共科的工作人员,他们热情周到的服务和敬业精神给我们留下了深刻的印象。这种精神体现在任何一个细微之处。每到一处宾馆,他们都会把我们团所有人的房间安排发到我们手中,以便我们晚上查房为学生测体温,也方便学生遇到问题及时告知老师;得知我们有一学生晕车,他们积极为我们买来了晕车药……一路上虽然彼此语言不通，但我们还是真切地感受到了他们的热情和敬业。

遇到一位 50 多岁的日本女教师，通过交谈，了解到她自己竟教着 3、4、5 三个年级的数学，却深爱着自己的工作，她对工作的态度，对工作的投入，着实让人感动。

在成田机场安检时发生了这样一件事，使我们愈发为日本人的敬业精神所倾倒。我们中的一位学生刚刚安检完毕，竟然丢失了登机牌，顿时，我们师生就在附近急匆匆地寻找起来……这时，刚刚安检的工作人员问明情况，也帮忙找了起来，只见她仔细翻动着行李，不时趴到地下看看桌下，全身心地投入，在没有发现的情况下又热心帮忙去补办。我们被感动了，那时的心情无法用语言来形容。

还有，无论你到日本的哪个商店，店员都会以微笑欢迎你，并说欢迎光临，你离开时，他们会说谢谢惠顾。服务品质让你从心里觉得很舒服。日本的司机也相当的敬业，由于行程的原因，我们每天都会入住不同的酒店，以至于每天都要将行李拿上拿下，每辆车的司机都会帮我们搬运行李……

日本人的礼貌、日本人的敬业……令我们难忘。

通过这次访问，我校学生代表在社会实践活动中磨砺了自己，在与友好学校的交流中不断成长。他们学会了相互关心、相互鼓励，学会了独立自主，也学会了虚心吸纳别人的长处。

反思中国的教育：

改革开放三十多年来，我国在政治、经济、文化、教育等方面取得了长足的进步与发展，第二十九届奥运会的圆满成功向世界人民展示了一个文化、科技、发展中的强国，"神七"宇航员太空潇洒走一回，显示了我国航天高科技的蓬勃发展……

当然也应当理性地认识到我们在国民整体素质和科技水平方面还存在一定差距：中日两国的硬件设施差距已逐渐缩小，但日本市民整体素质高、社会普遍规则意识强、高科技研发快值得我们学习与借鉴！科教兴国、教育为先，我们作为教育人更是首当其冲地要想在前面，做在前面。温家宝在北京三十五中的讲话中指出，"如果说教育是国家发展的基石，教师就是基石的奠基者。国家的兴衰、国家的发展系于教育。只有一流的教育才有一流的人才，才能建设一流的国家。"作为教师，要培养全面发展的优秀人才，必须树立先进的教育理念，敢于冲破传统观念的束缚，在教学内容、教育方法、评价方式等方面进行大胆地探索和改革，比如说我们的教育课程中能进一步增加让学生走进社会适应社会的调查、实践活动吗？我们的课程体系能否进一步适应学生的内在需要？国家课程校本化能否进一步细化？日本的教育有很多值得我们学习的地方，这需要不断加以改善、提高，任重而道远。

怀着感恩的心、带着满怀的情、载着丰硕的收获，短短六天的日本交流访问之旅已经结束，但访问给我们带来的感悟与收获将陪伴我们终生，交流之后的沉淀带给我们更多思考与提升！快乐充实的日本教育交流之旅只是中日两国儿童交流的开始，愿中日友谊长存，愿梦想在孩子们身上继续传承！

第五节　宽基之花的绽放

生命之花的绽放是孕育自然的灵气和大地的滋养，教育的目的就是孕育出鲜活的生命个体。在教育之路上，诸多的风景会让我们目不暇接，但是，真正呼唤我们内心的是每一个鲜活灵动的个体能否在教育中得到最本质的生命关怀。

联合国教科文组织曾经这样提出：支撑教育的四个支柱是学知，学做，学会发展，学会共同生活。在这四个支柱的基础上，所有社会都应迈向一个必然的理想王国。在这个"王国"里，每个人身上像宝库一样被埋藏的才能都会得到充分开发而不致被埋没。

我们看到胜利人心中的涌动，从中国文化的深邃流淌到现代教育的文明，她闪烁着思想的灵光，等待着智慧的勃发。我们也看到了胜利人对于教

367

育的思考：人是整体的，整体的人在身、心、情感和精神之间，存在着显性和隐性的诸多相互关联，它们在智慧力、创造力、精神专注力、社交能力、生命状态和情感冷热度等诸方面存在着潜在能量。教育者的责任就是将这种潜在能量，在其教育事实中得到整体化的推动，使参与者同时得到整体的自身、自主优化。而这种自主优化的内驱力，源自于"心灵"的参与度。

所以，宽基教育以"心灵的启迪（心学）"方式"致良知"，达成学生与教师、教师与领导、孩子与亲人，人与人将以心灵的交融与触碰，唤醒"智慧"教育的回归，延循儒者《大学》"格物、致知、诚意、正心、齐家、治国、平天下"的经典之路，知行合一，为个人、为祖国、为人类，此心不息，教育不止。在"心灵熔炉"的思维元能推动下，宽基教育必将创生现代文明教育的新开端！胜利人就是这样践行着他们的教育理想，就是这样行走在宽基的道路之上，一路走来一路静待生命之花的绽放，一路走来一路开创着教育的生命力量。

因此，我们眼前看到的是这样一所学校：

这是一所诞生在济南战役胜利欢呼声中的学校，她伴随着泉城的新生经历了七十年代教育的"解放和复苏"，八十年代教育的"深化和探索"，九十年代教育的"成熟和发展"，在素质教育成果展示中成绩斐然，更在新课改的洗礼中傲立潮头。

这是一所有着优良传统的学校，他们以"自信、协力、唯新"的胜利精神和乐育善教的高尚师德，形成了内敛含蓄的气质。

这是一所具有探索改革精神和前瞻性领导艺术的学校。2005 年经过全面梳理学校的历史文化与办学愿景，胜利人基于先进的办学理念孕育优秀的学校文化，以"立足宽实基础，面向多元发展"为基本思想，提出了"宽基教育"的探索性研究。

这是一所具有较高社会威望的学校。建校以来，它以科学规范的管理措施，高超先进的教学手段，令人瞩目的成绩，赢得了社会的广泛承认。

这里有这样一组数据：

目前，学校省市区教学能手 24 人，区首席教师 4 人，区首席班主任 2 人，区十佳班主任 2 人，齐鲁名校长人选 1 人，济南市专业技术拔尖人才 1 人等。

学生素质得到了全面提升，近年来学校有 41 人荣获省雏鹰少年、齐鲁小名士、省少科院院士、市十佳少先队员、济南小名士等称号，有 300 多人次在国家、省、市比赛中获奖。

这里有这样一列名字：

近年来学校培养了以张泓昊、张晓等为代表的近百名剑桥、耶鲁、北大、清华等名牌大学学子，和以二胡演奏家于红梅、国家女篮队员隋菲菲等为代表的体育、艺术拔尖人才。2005 年，耿旭菲同学出席全国第五次少代会，被推选为全国少工委委员，受到胡锦涛总书记等党和国家领导人接见。2009 年，毕若凡同学作为全国第六次少代会代表进京赴会。

这里有这样一组称号：

近十年来，学校获得了山东省文明单位、山东省规范化学校、山东省教学示范学校、全国红旗大队、山东省心理健康教育先进单位、山东省综合实践课题实验先进单位、济南市德育规范化学校等称号。

这里更有这样的一张张鲜活的面孔：

近 200 位胜利教师坚守着这样的教育誓词：

我是胜利大街小学教师，我立志坚守"创生"之理念，坚守"精诚共进"之价值观，遵循"自新、常新、全新"之校训，在"自信自豪、协力协进、唯实唯新"的"胜利精神"激励下，以培养优品、厚基、健体、乐性的自主发展型学生为己任，努力做到正心尽职、求是严谨、博取精修、乐育善教，让自己在工作岗位上不断释放创新精神，获得生活质量和生命价值的永恒提升。

我们眼前会浮现他们的身影：这是一群有强烈的教育使命感的教育者；这是一群有较高专业发展前瞻素质的学习者；这是一群有高尚的师德的心灵缔造者；这是一群有扎实的专业技术基础和能力结构的操作者；这是一群有引领团队发展的智慧的实践者。就是这样的一群智慧型教师，他们要通过自己富有创造性的教育实践，独当一面，为学校的文化增添底蕴，为学校的发展提供源泉。

这里有 3 000 余位胜利孩子选择着这样的成长：

我要勤奋学习、乐于思考、善于提问、勇于创造；

模范遵守学校纪律、讲文明、懂礼貌、尊敬师长、关心同学；

努力做个"品行优良、基础扎实、身体强健、性格开朗"的好学生。

我们会看到的是孩子们的收获："八证书"等级考核（会写一手好字、会说日常英语、会读说写算、会制作科技作品、会计算机操作、会一项美术技能、会一项音乐技能、会一项健身技能等八项中自主选择达标项目和目标），让每个孩子在不同的舞台发挥展现自己的才能与智慧，获得创生的幸福体验。以播种"中国心"为德育之基的"生活德育十大活动"，让诚信、真情、尊重、自立、坚强、宽容成为孩子们自我修养的不竭源泉。"胜利少年文学社"、"胜利明天少儿艺术团"、"胜利小义工"……这一股股"为有源头的活水"在孩子们纯净的心灵里欢快地流淌。这就是宽基之花的生命温度。

我们更能感受到胜利家庭在"宽基教育"的旅程中所经历的理想、智慧、心灵的滋养，静待生命之花的绽放……

图书在版编目(CIP)数据

宽基教育:呈现学校价值力 / 王念强等著. —济南:
山东教育出版社,2013
ISBN 978－7－5328－7912－0

Ⅰ.①宽… Ⅱ.①王… Ⅲ.①小学教育—教育研究
Ⅳ.①G622.0

中国版本图书馆 CIP 数据核字(2013)第 132400 号

现代教育管理论丛
宽基教育:呈现学校价值力
王念强 等著

主　管:山东出版传媒股份有限公司
出版者:山东教育出版社
　　　　(济南市纬一路 321 号　邮编:250001)
电　话:(0531)82092664　传　真:(0531)82092625
网　址:http://www.sjs.com.cn
发　行:山东教育出版社
印　刷:山东德州新华印务有限责任公司
版　次:2013 年 7 月第 1 版第 1 次印刷
规　格:787mm×1092mm　16 开本
印　张:24 印张
字　数:332 千字
书　号:ISBN 978－7－5328－7912－0
定　价:50.00 元

(如印装质量有问题,请与印刷厂联系调换)
印厂电话:0534－2671218